러일전쟁

Русско－Японская Война

Written by Н. А. Левицкий
Translated by Kyoung-Hyoun Min
Published by Sallim Publishing, 2020.

일러두기

1. 러일전쟁기 동북아시아의 지명 중 일부는 현 지명 대신 러시아 및 서구에 알려진 이름으로 표기하고, 처음 나올 때 괄호에 현 지명을 부기했습니다.

　　보기: 조선해협(대한해협)

2. 중국과 일본 인명・지명의 한자는 간체자와 일본식 약자 대신, 한국 독자에게 익숙한 번체자(본자)로 표기했습니다.

3. 일부 확인되지 않는 중국 지명은 러시아어 표기를 그대로 한글로 옮겼습니다.

028
그들이 본 우리
Korean Heritage Books

러일전쟁

니콜라이 레비츠키 지음 | 민경현 옮김

살림

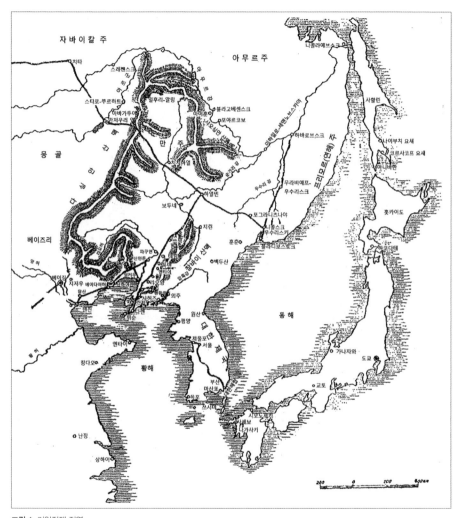

자 바 이 칼 주

아 무 르 주

니콜라예브스크

치타

스레쳰스크

스타로-쭈르하트

사할린

일후리-알링

하바가투예
미저우리

블라고베셴스크

모아르코보

하바로브스크 K/

나이부치 요새

몽골

크르사코프 요새

아니바한

만 주

하얼빈

비라머르(연해)

무라비예프-
우수리스크

보두네

포그라니츠나야

홋카이도

지린

훈춘

우수리스크

하코다테

베이즈리

파무면

백두산

블라디보스토크

망해

베이징

지저우 베이다이허

신민툰

란틴

의주

스팅지우

사허

평양

원산

동 해

엔타이

제물포만
서울

가나자와

도쿄

칭다오

황 해

부산

마산포
목포

쓰시마

난징

시모노세키
사세보
나가사키

교토

상하이

200   0   200   400 km

그림 1. 러일전쟁 전역

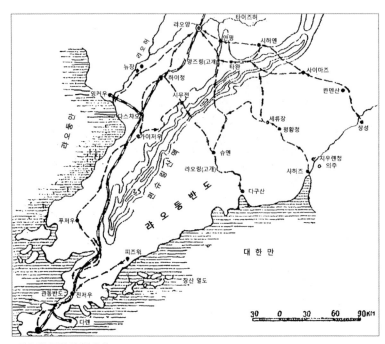

그림 2. 일본군의 작전상 동선

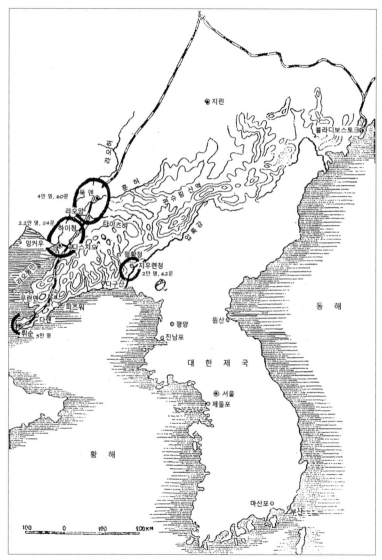

그림 3. 러일전쟁 당시 양측의 군사 전개

그림 4. 압록강 전투

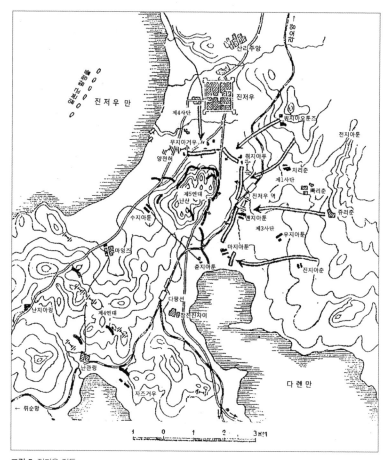

그림 5. 진저우 전투

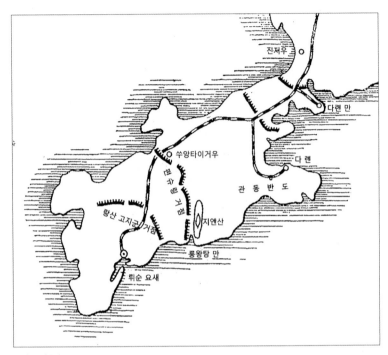

그림 6. 관동반도

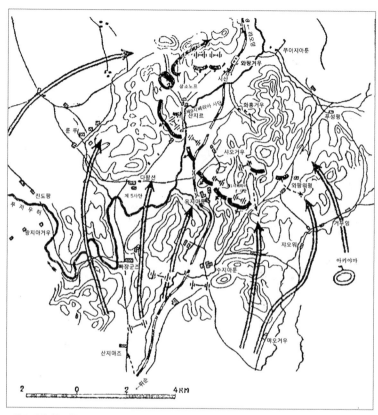

그림 7. 와팡거우 전투

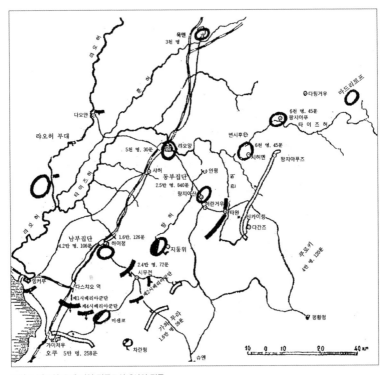

그림 8. 랴오양 요새 지역 접근로상에서의 전투

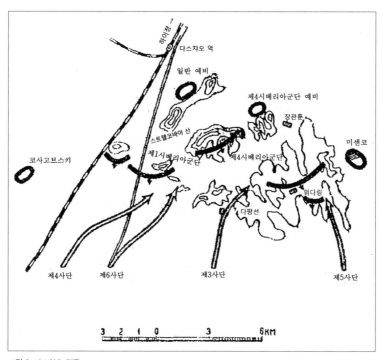

그림 9. 다스차오 전투

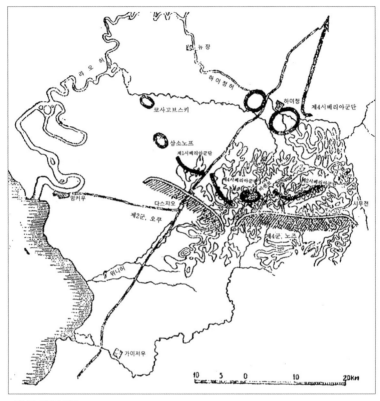

그림 10. 시무전 전투

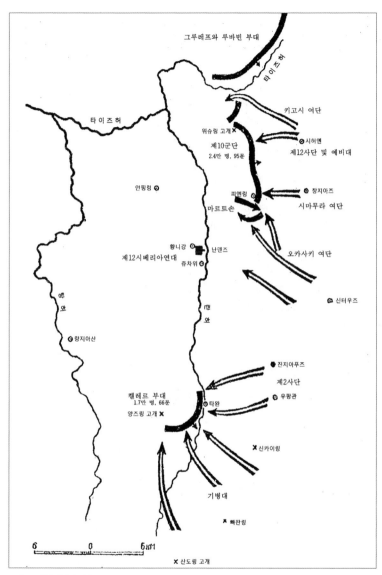

그림 11. 동부집단의 전투

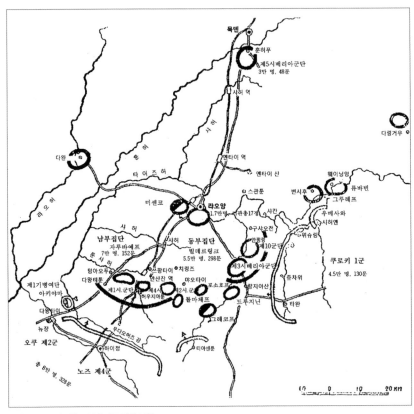

그림 12. 1904년 8월 23일경 만주 전역 상황

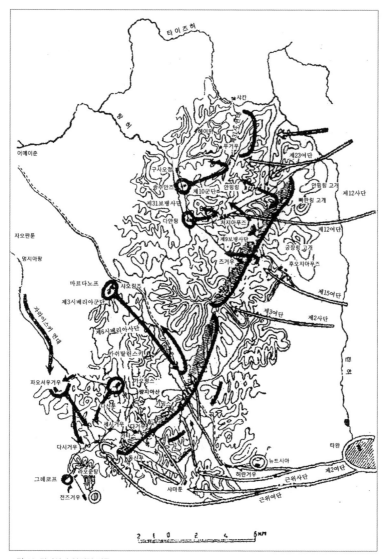

그림 13. 량자산과 안핑링 전투

그림 14. 제3시베리아군단 우측방 작전

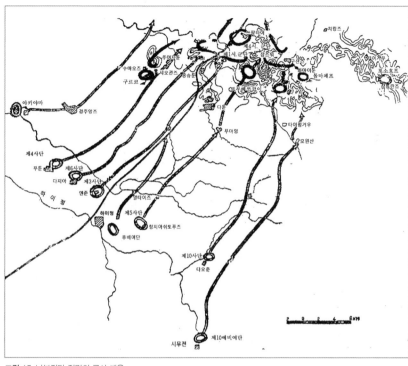

그림 15. 남부집단 정면의 군사 대응

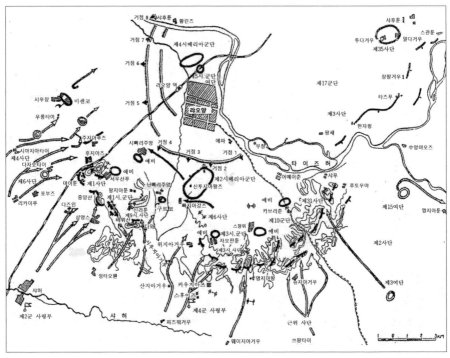

그림 16. 라오양 추진 진지 전투

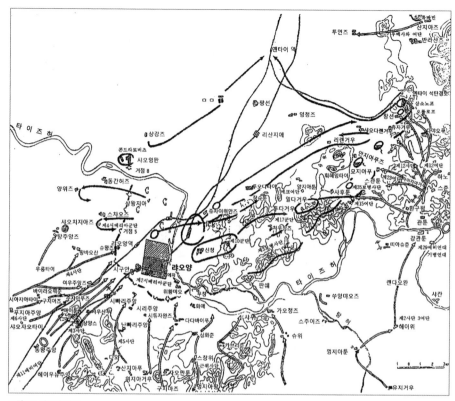

그림 17. 랴오양 작전

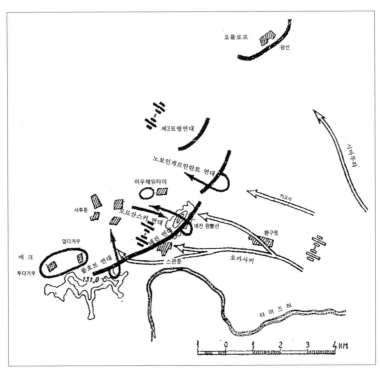

그림 18. 네진스카야 언덕 전투

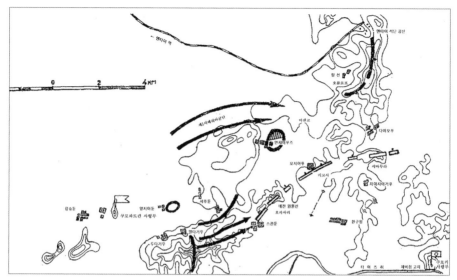

그림 19. 9월 2일 빌데를링 정면에서 군사 행동

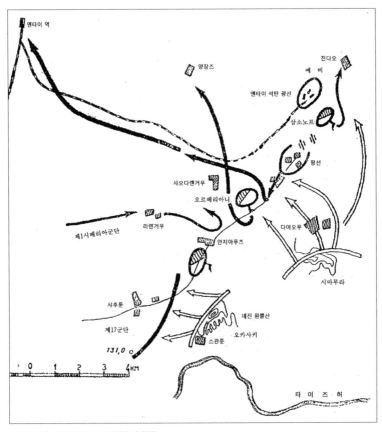

엔타이 역

양장즈

진다오

예 비

엔타이 석탄 광산

삼소노프

팡선

사오다롄거우

오르베리아니

제1시베리아군단

리롄거우

다야오푸

안지아푸즈

시마무라

샤후툰

네진 원불산

제17군단

오카사키

131.0

스광툰

0 1 2 3 4KM

타 이 즈 허

그림 20. 9월 2일 오를로프 부대의 군사 행동

24

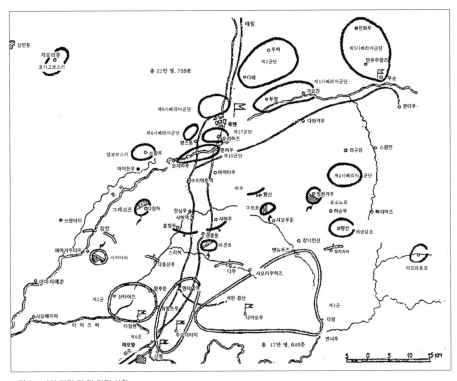

그림 21. 사허 작전 전 및 작전 상황

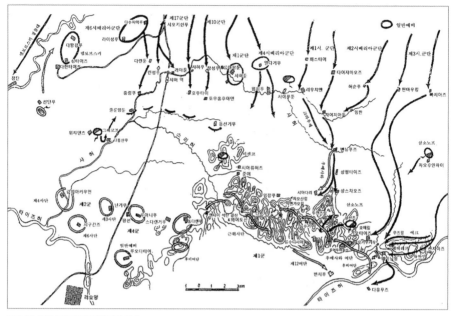

그림 22. 10월 9일 러시아군의 공격 개시

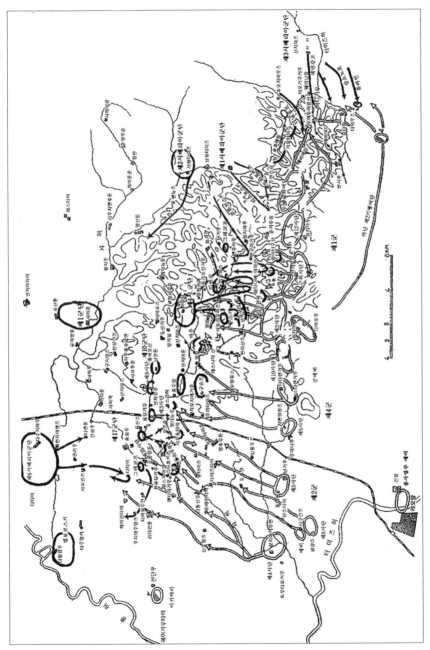

그림 23. 반격으로 전환한 일본군

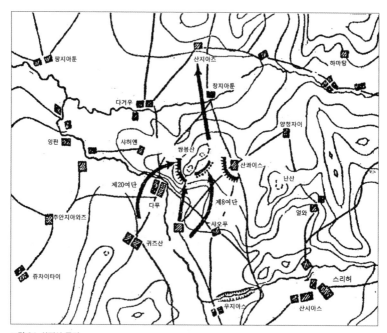

그림 24. 솽펑산 공격

그림 25. 구르피트킨의 방어 전환

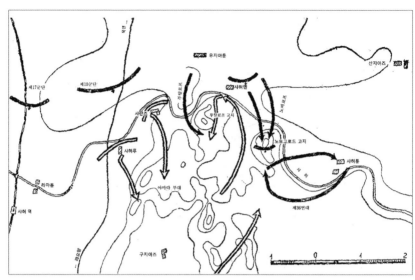

그림 26. 푸틸로프 및 노브고로드 고지 공격

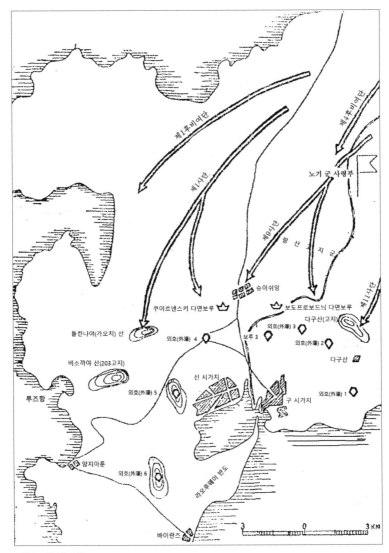

그림 27. 뤼순항 포위

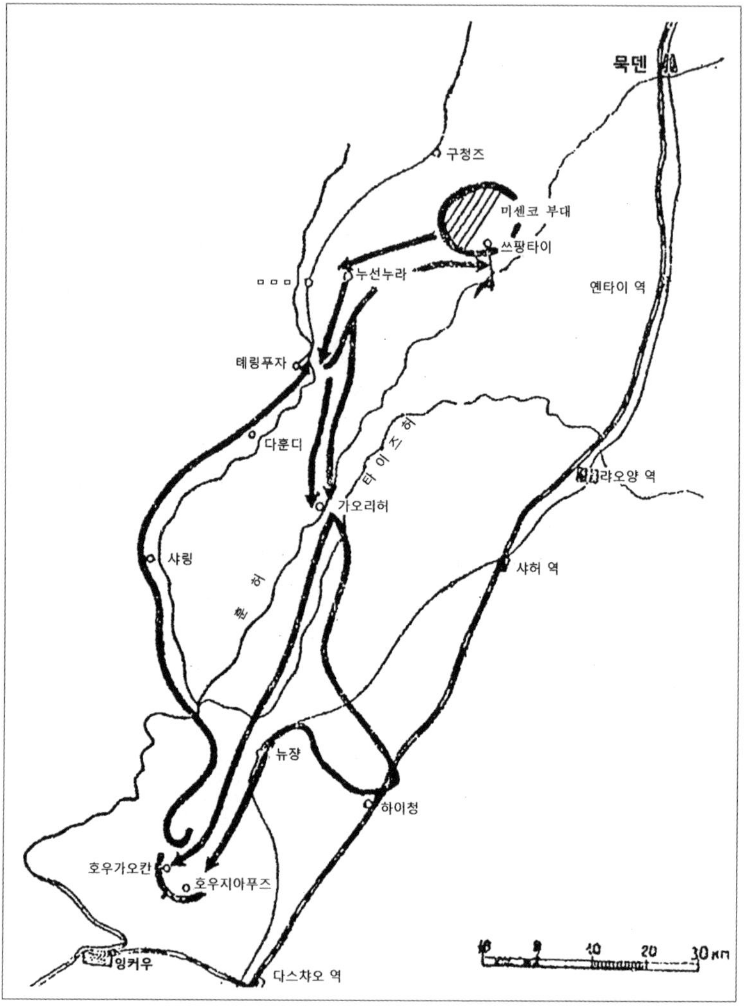

묵덴
구청즈
미셴코 부대
쓰팡타이
누선누라
엔타이 역
테링푸자
다훈디
타이즈허
라오양 역
가오리허
샤링
훈허
샤허 역
뉴장
하이청
호우가오칸
호우지아푸즈
잉커우
다스챠오 역
10
0
10
20
30 km

그림 28. 러시아 기병대의 잉커우 습격

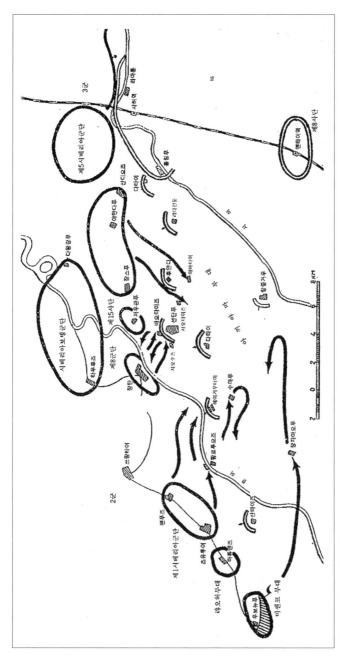

그림 29. 루프파트킨의 방어 전환

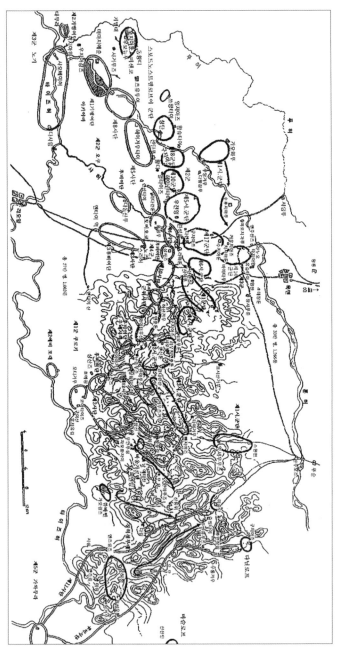

그림 30 북단 작전

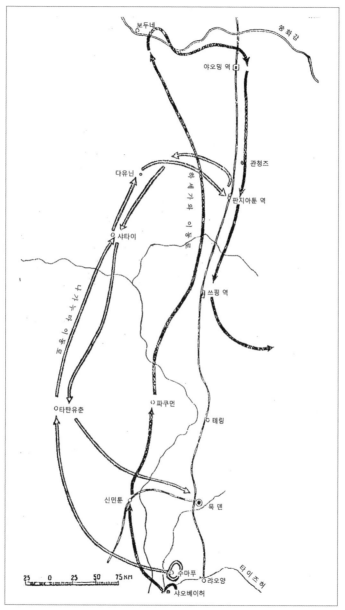

그림 31. 나가누마와 하세가와의 습격

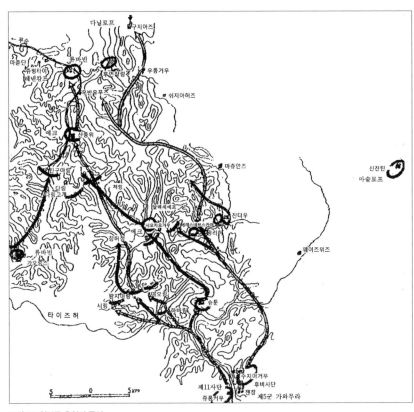

그림 32. 일본군 우익의 공격

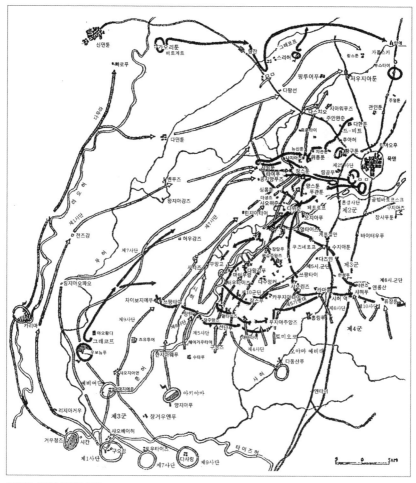

그림 33. 일본군 좌익의 공격

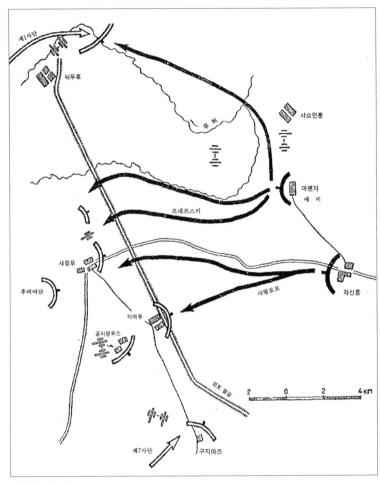

그림 34. 샤링푸 전역

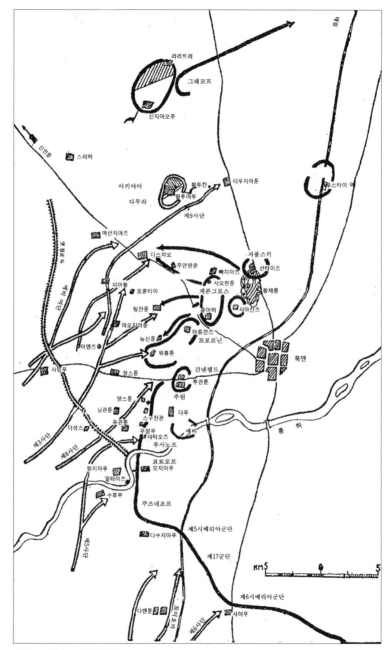

그림 35. 카울바르스 부대의 작전

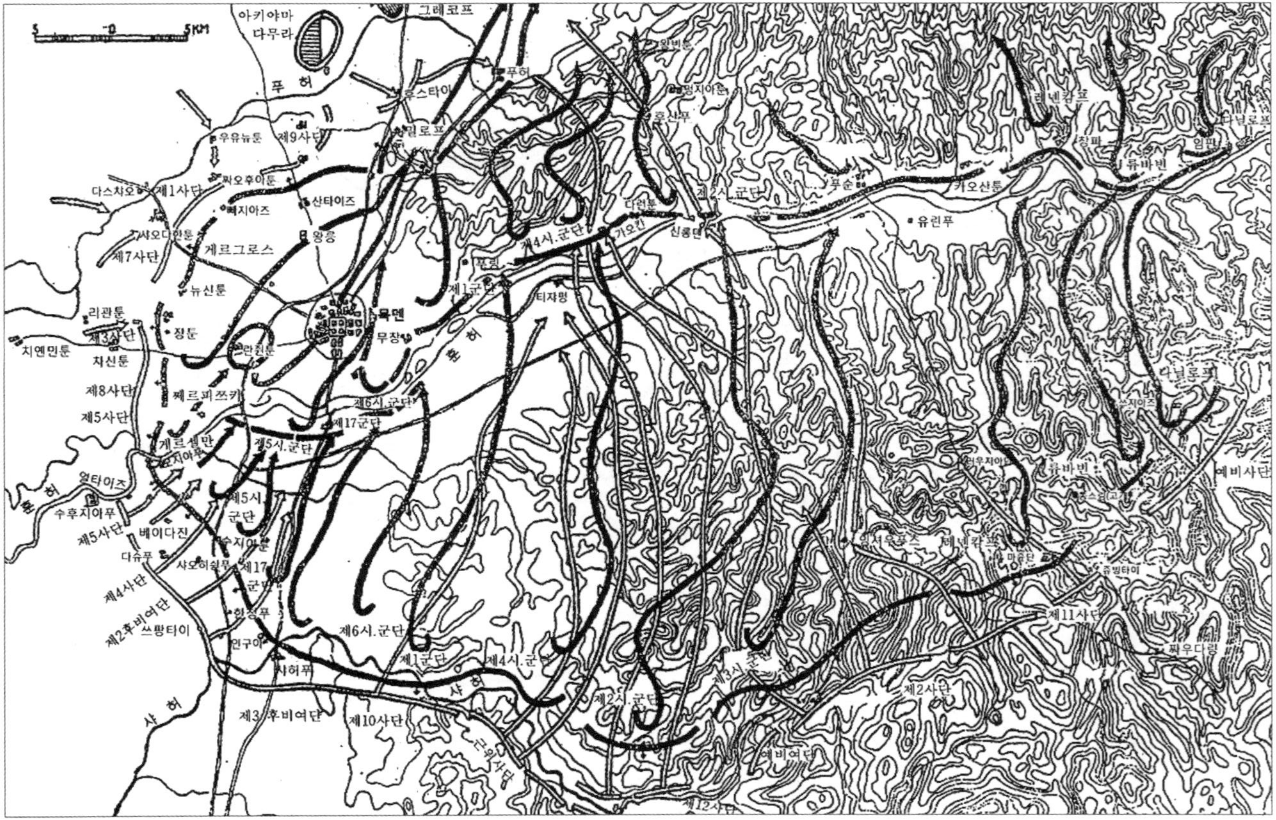

그림 36 일본군 제3군의 우회 기동

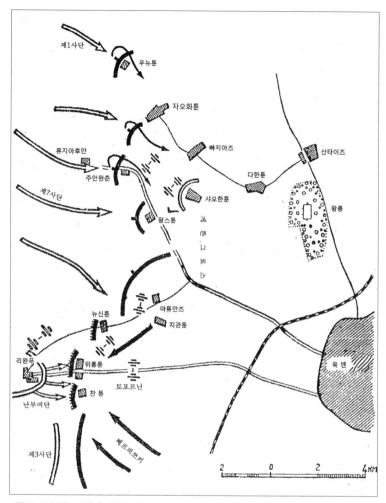

그림 37. 자오화툰, 주안완춘, 위훙툰 전투

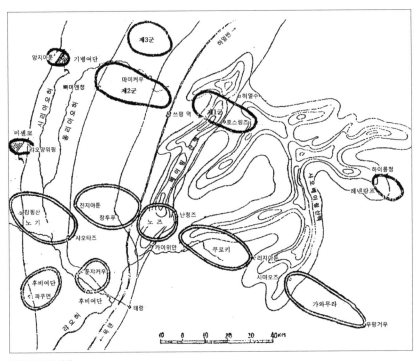

그림 38. 쓰핑 진지

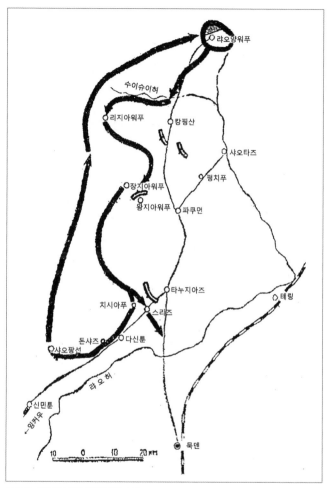

그림 39. 러시아군 기병대의 파쿠먼 습격

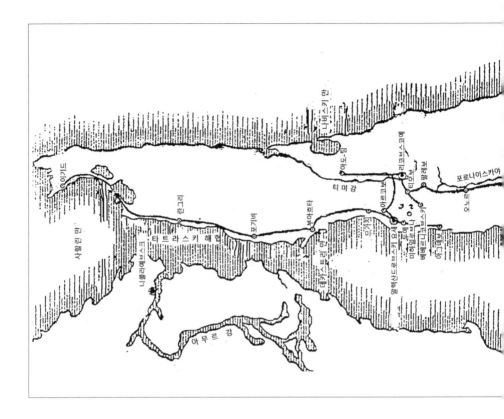

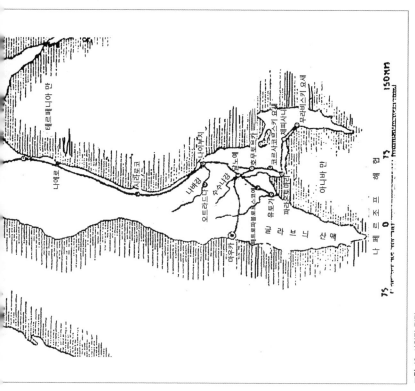

그림 40. 사힐린 전장

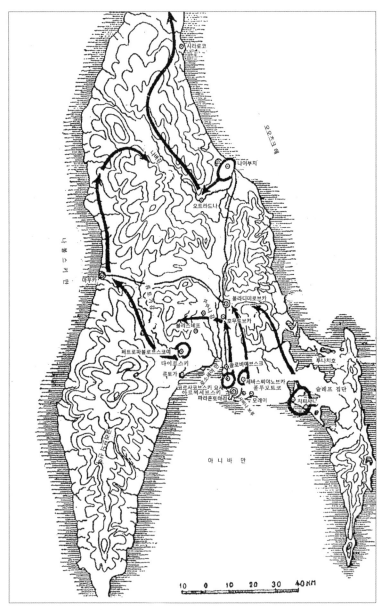

그림 41. 남사할린 유격대 활동

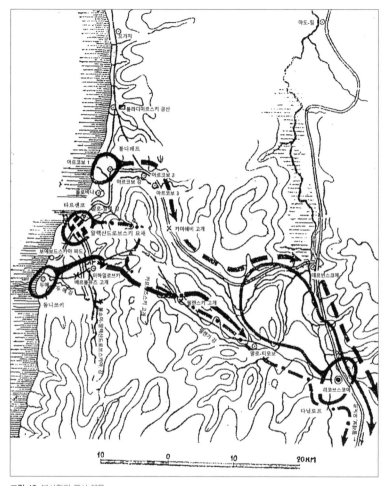

그림 42. 북사할린 군사 행동

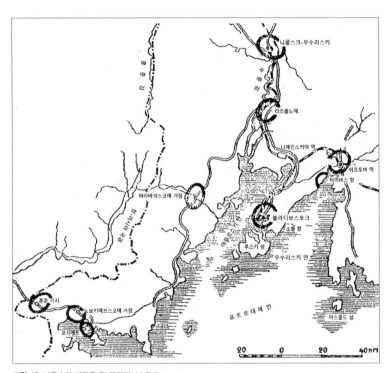

그림 43. 남우수리 변강주 및 블라디보스토크

차례

서론

1904~05년 러일전쟁은 식민지를 정복하고 극동 지역 시장을 독점하려는 목적으로 전개된 제국주의 전쟁이다. 이는 중국을 분할하려는 강대국들이 그들 사이에 드러난 제국주의의 모순을 해결하려는 시도였다.

러시아 군사·봉건 제국주의는 막대한 초과 이윤[1]을 좇아 러시아 자본을 동방으로 팽창하도록 했다. 그곳에서 러시아 전제정의 침략 정책은 일본 자본의 제국주의 이익과 충돌했다. 극동을 향한 러시아와 일본 자본의 제국주의 열망은 결국 전쟁에서 그 해결점을 찾았다.

일본과 러시아는 중국에서 의화단(義和團) 봉기를 진압하기 위해 독일·영국·이탈리아·프랑스·미국 등으로 구성된 국제 원정대에 참가한 후 전쟁의 길로 나아갔다. 이 원정대는 당장은 봉기를 진압하기 위해 조직되었으나, 향후 중국 분할을 준비하고 있었다. 제국주의 국가들은 그들 사이의 모순이 특정 단계에 이르면 공동 점령이라는 목적을 위해서 일시적으로 힘을 합칠 수 있다는 사실이 여러 차례 확인된 바 있다.

러시아와 일본은 상호 모순이 고조된 1900~01년 다른 열강들과 함께 의화단 봉기를 공동 진압하는 데 참가했다.

의화단 봉기는 유럽 자본의 가혹한 착취와 쇠락한 청(淸) 왕조의 박해에 대한 중국 노동자들의 항거였다.

이 봉기는 외국 군대들의 총검으로 진압되었으며, 중국은 제국주의자들에 의해 분할되었다. 그러나 중국이 분할되었다고 해서 러시아와 일본 사이의 제국주의 모순이 완화되지는 않았다. 오히려 양국 간 모순은 더욱 격렬해졌고, 결국 전쟁으로 이어졌다.

러일전쟁은 전쟁술 발전에서 중요한 위치를 차지한다. 대규모 육군, 무연(無煙) 화약, 속사포, 탄창 장착 소총, 신형 통신 장비 등과 같은 새로운 형태의 전쟁이 등장했다. 대규모 육군은 정면(正面)[2]의 확대를 초래했다. 러시아군의 신형 화기로 인해 정면 공격이 곤란해진 일본군은 우회와 포위로 공격했으며, 이런 군사 행동은 재차 정면의 확대로 이어졌고, 적과 아군은 상당한 거리를 두고 전투를 전개해야 했기에 전투 지속 시간은 늘어날 수밖에 없었다. 이 모든 것이 러일전쟁에서 최초로 나타난 현상이었다.

러일전쟁은 모든 면에서 차르 체제 러시아의 후진성은 물론, 일본 제국주의처럼 힘겨운 적을 상대할 경우 나타날 수 있는 전쟁 수행 능력의 한계를 완벽하게 드러냈다.

전쟁 초기 차르 군대는 19세기 후반에 이루어진 전쟁술의 발전을 간과한 채 진부한 군사 교범에 따라 훈련된 상태로 전쟁에 임한 반면, 제국주의 일본의 군대는 독일과 이탈리아가 단일 국가로 통일되던 시기의 전쟁 경험에 기초하여 육성되었다.

러일전쟁에서는 두 개의 작전 및 전략 운용이 명확하게 반영되었다. 차르 체제의 러시아에서는 낙후된 레에르 학파(Школа Леера)의 이론이 지배적이었다. 나폴레옹 전술의 '영구불변' 원칙으로부터 유래한 이 학파는 한 방면의 군사 행동을 위해 모든 전력을 집중해야 한다는 독단적 교리에 기초하고 있었다. 나폴레옹 전술에 대한 이런 식의 모방은 시대 변화와 20세기 초 러시아 육군의 특성을 고려하지 않은 채 이루어진 것으로서, 차르 체제 러시아가 지닌 경제적·사회적 시스템의 후진성을 나타내는 일례이자 러시아가 패전한 주요 원인 중 하나였다.

반면 일본군 사령부는 독일이 통일전쟁을 수행할 당시 구사한 전략을 채택했다. 이 전략의 핵심은 부대의 개별적 행동에 있으며, 전장에서 이 부대들은 연합하여 전술적 포위를 완수해야 한다.

러일전쟁은 러시아 혁명사에도 큰 영향을 미쳤다. 이 전쟁에서 제국주의 일본으로부터 받은 충격에 의해 전제정 러시아의 부패한 참모습이 완전히 드러났다. 전쟁 초기에 이미 성숙 단계에 들어선 전제정의 내적 모순은 러일전쟁을 거치면서 혁명 조건의 촉매제가 되었다.

제1장
전쟁 이전의 극동 상황

극동에서 전제정 러시아의 침략적 성향은 경제적·정치적으로 깊은 뿌리를 지녔다(그림 1).

풍부한 자원과 저렴한 노동력을 지녔지만 자본이 빈약했던 극동 지역에서 러시아 전제 정권은 러시아 자본을 유리하게 활용할 수 있을 것이라고 판단하여 동아시아를 향한 팽창 정책을 강력하게 추진했다. 극동에서 러시아 전제 정권의 정책들을 실현하려면 1902년부터 운행되기 시작한 시베리아횡단철도를 완공할 필요가 있었다. 차르 정부는 시베리아횡단철도의 부설에 막대한 의미를 부여했다.

시베리아철도는 전 세계 무역을 위해 새로운 길과 지평을 열 것이다. 이 철도 건설은 인류사에서 새로운 세기의 시작이자, 국가 간에 구축된 경제 관계의 근본적인 변화를 가져올 세계적인 사건이 될 것이다.

제정 러시아의 극동 정책 주창자이며 차르 정부의 수반인 비테(С. Ю. Витте)가 자신의 회고록에 기록한 글이다. 여기에는 극동에서 제정 러시아의 정책을 구현하는 데 필요한 시베리아철도의 역할이 충분히 묘사되어 있다.

극동에서 차르 전제정의 공격성은 아시아 대륙에서 자신의 지배권을 확립하면서 성장 중이던 일본 자본주의의 저항에 직면했다. 1894~95년 일본은 중국을 상대로 침략 전쟁을 수행했다. 이 전쟁의 결과 일본은 랴오둥(遼東)반도와 뤼순(旅順) 항을 손에 넣을 수 있었다. 그러나 일본의 이런 지위 강화는 유럽 열강, 특히 만주에서 일본의 영향력 확대를 두려워하던 러시아의 입장과 배치되었다. 일본이 점령할 랴오둥반도로부터의 위협에서 중국을 보호하고 조선의 독립을 보장한다는 구실하에, 러시아는 외교를 통해 독일 및 프랑스와 함께 시모노세키(下關) 강화조약에 간섭하여 일본이 랴오둥 점령을 포기하도록 압박했다. 대신 일본은 거액의 배상

금을 받았으며, 할양받은 타이완(臺灣)과 펑후(澎湖)제도는 보전할
수 있었다.

러시아와 자국의 해군력을 비교한 일본은 랴오둥으로부터 철수
할 수밖에 없었다. 태평양에서는 일본 함대의 총톤수가 러시아 함
대보다 약간 앞서고 있었으나, 일본 함정들의 대구경 함포가 도합
70문인 반면 러시아 함정들의 대구경 함포는 도합 105문이었다.
게다가 당시 일본은 자금 부족으로 인해 삼국간섭에 저항할 수 없
었다. 청일전쟁 동안 일본 재정은 완전히 소진된 상태였다.

랴오둥에서 일본을 물러나게 한 차르 정부는 즉시 다음 단계 침
략을 준비했다. 이러한 차르 체제의 극동 정책을 지지한 이는 독
일의 빌헬름 2세(Wilhelm II)였다. 그는 러시아의 관심을 서유럽에
서 다른 곳으로 돌려 러시아 접경지대에 배치된 자국 병력을 감축
하려 했다. 일본 자본은 조선과 남만주에서 경제 침투를 강화했고,
일본 대중에게는 배타적 민족주의 성향을 자극해서 시모노세키 조
약에 대한 러시아의 개입을, 개전(開戰)을 위한 선전 수단으로 이
용했다.

일본과 러시아 차르 정부는 조선에 대한 영향력 확보 투쟁에서
서로에게 완고한 배타적 태도를 일관되게 유지했다. 조선은 일본
을 비롯한 자본주의 열강의 이권이 집결되는 중심지 중 하나였으

며, 일본이 아시아 대륙을 침략하는 교두보였다. 1876년 중국은 자국의 속국인 조선이 일본과 독자적인 조약을 체결하는 데 동의해야 했다. 그로부터 수년 뒤 일본이 조선에서 깊게 뿌리 내리기 시작할 무렵, 중국 정부는 조선에 대한 일본의 영향력을 약화시키려는 의도에서 조선이 영국·러시아·독일·이탈리아·미국과 조약을 체결하는 데 동의했다.[3] 그러나 조선으로 이주한 일본인 수는 1904년에 이미 3만 명에 달했다.

시모노세키 조약에 따라 조선이 독립국으로 인정되었지만, 외국 자본은 조선에서 영향력을 확보하기 위해 적극적인 경쟁을 계속했다. 영국은 일본을 몰아내고 조선 정부에 자국 출신의 재정 고문(브라운J. M. Brown)을 추천했으며, 이 영국인 고문은 조선에 대한 영국의 영향력을 관리했다. 1896년 러시아 외교부는 영국 고문관을 물러나게 한 후 자국의 군사·재정 고문단을 파견했는데, 이는 일본에서 새로운 불안을 야기하지 않을 수 없었다.

차르 체제 러시아가 조선에 대해 높은 관심을 보인 것은 전제 정부 특유의 침략적인 정책이었을 뿐만 아니라, 로마노프(Романов) 왕가의 사적인 이해관계에도 원인이 있다. 모험적인 베조브라조프 일파(Кружок Безобразова)는 조선의 막대한 자원을 탈취하여 이를 러시아 황실 재산으로 전용할 수 있다는 데 관심을 가졌다.

차르 체제는 청일전쟁을 실질적으로 유리하게 이용했다. 차르 정부는 쇠약해진 청국에게 전비 배상금 지출에 대한 원조를 제공한다는 구실로 프랑스 은행가들과 함께 러청은행을 설립하고, 그 원조 조건으로 향후 80년간의 이용 권리가 보장된 만주에서의 철도 부설권을 명문화했다. 게다가 러청은행은 순수한 은행 업무 이외에도 지방 화폐 주조, 세금 징수 등과 같은 일련의 기능을 확보했다.

차르 정부는 극동 정책에 더욱 주력했다. 1897년 부설에 착수한 동청(東淸)철도 보호를 구실로 만주에 자국 병력을 진주시켰는데, 바로 이것이 러시아의 중국 영토 점령의 첫 수순이었다. 1898년 러시아는 부동항인 뤼순 항과 뤼순 요새를 포함하는 관둥(關東)반도의 조차권에 관한 조약 체결을 중국 측에 요구했다. 중국과 회담을 순조롭게 진행하기 위해 뤼순 항 정박 수역에는 러시아군 사령부의 요청에 따라 발포 준비를 한 러시아 전함 5척이 정박하고 있었다.

그 무렵 프랑스가 광저우(廣州)만, 독일이 자오저우(膠州)만과 칭다오(靑島)를 점령하였으며, 이런 상황에서 영국은 웨이하이웨이(威海衛)[4]를 점거했다. 일본은 푸젠(福建)성, 이탈리아는 저장(浙江)성[5]에 대한 권리를 주장했다.

청국 분할로 인하여 자본주의 열강, 특히 그중에서도 러시아와 일본 간의 모순이 첨예하게 불거졌다. 그에 더하여 의화단 봉기가 러시아군의 만주 점령으로 종결된 이후 양국 관계는 극도로 예민해졌다.

1900년 말, 지리멸렬한 상태인 청국 정부가 만주를 실질적으로 차르 정부의 수중에 넘겨주는 협약의 체결에 응하자 러시아는 만주에 군사·경찰 체제를 수립한 후, 질서 확립이라는 구실하에 '만주에 대한 러시아 정부의 관리 원칙'을 수립했다.

극동에서 러시아의 영향력이 강화되자 일본·영국·독일·미국 등은 자국 이익의 손상을 우려하여 러청 협약 체결에 강력하게 항의했다. 특히 일본 자본가 집단이 이 협약에 강하게 반발했다. 그들은 만주 인민들이 독립을 위해 러시아 정부를 상대로 단호히 투쟁할 것을 요구하는 동시에 다양한 방법을 동원하여 일본 국내에서 배타적 민족주의 성향을 자극하는 한편, 언론을 동원하여 러시아의 만주 침략에 반대하는 맹렬한 캠페인을 전개했다.

이처럼 한반도는 물론이고 만주까지도 러일 양국 간의 제국주의 경쟁의 대상이 되었다.

러시아 정부는 이권이 얽혀있는 열강들의 간섭으로 인해 중국과의 협약 체결을 일시 중단하고, 부설 중인 철도 보호에 필요한 일부 병력을 제외한 나머지 모든 병력을 순차적으로 만주에서 철병하겠다는 안을 중국 측에 제시했다.

한편 일본은 자국의 영향력 강화를 위해 영국과 회담을 통하여 1902년 영일 동맹을 체결했다. 영국이 이 동맹을 통해 만주에서 자신들의 이권을 지켜줄 수 있는 일본이라는 보호자를 얻었다면, 일본은 불가피해 보였던 러시아와의 전쟁에서 영국으로부터 대규모 재정 지원을 기대할 수 있게 되었다.

1903년 일본은 러시아와의 갈등을 해결하기 위해 조선 문제에 관한 협약안을 차르 정부에 제안했다. 이 협약안은 조선 영토를 양국이 군사적 목적에서 이용하지 않을 것과 러시아가 조선에 대한 일본의 배타적 권리를 인정할 것 등을 요구하고 있었다. 그에 대한 대가로 일본은 관동반도에 대한 배타적 권리와 동청철도의 경비 권리가 러시아에 있음을 인정했다.

이후 조항에서 일본은 조선 분할에 관한 문제를 제기했다. 이에 대해 차르 정부는 일본에 어떠한 양보도 하지 않았을 뿐 아니라, 심지어 중국과의 약속이었던(1902년 4월 12일) 만주에서 군대를 철수하는 의무도 이행하지 않았다.

이후의 사건들은 러시아와 일본 사이의 쟁점들을 둘러싼 갈등을 더욱 악화시켰다. 그 무렵 페테르부르크에서는 모험가적인 베조브라조프 일파가 주도권을 쥐게 되었다. 그들은 파산한 상인으로부터 조선 북부의 압록강 삼림 채벌권을 매입할 것을 차르 정부에 제안했다. 이런 제안은, 첫째, 전쟁 발발 시 일본인들을 초기에 제압하는 임무를 부여받은 부대들을 노동자로 위장시켜 조차지에 집결시킬 수 있으며 둘째, 로마노프 일가의 사유 재산이 될 수 있는 사금층이 풍부한 압록강 연안 지역의 점령 가능성을 제공할 수 있었다. 이 중 두 번째 사항이 향후 일본과의 회담이 유혈적인 종말로 치닫는 데에 상당한 영향을 끼쳤다.

극동으로 파견된 베조브라조프는 직접 이권 확보에 착수했다. 이권을 보호하기 위해 노동자·감독관·관리인 등으로 위장한 시베리아군 소속 장교와 보병이 조선에 투입되었다. 차르 정부의 이런 모험적 시도는, 러시아가 만주 철군 의무를 이행할 의지가 있는지에 관해 일본과 청국으로부터 심각한 의구심과 경계심을 불러일으켰다. 만주로부터 러시아군이 마지막으로 철병해야 할 시한이었던 1903년 9월 말 도쿄에서는 대규모 반러시아 집회가 열렸다.

그 무렵 차르 정부는 러시아가 개전 준비에 착수했다는 사실을 확연하게 보여주는 새로운 조치를 몇 가지 취했다. 그 조치들은 극동 지역 총독부 설치, 이전에 철병했던 묵덴[6] 재점령, 압록강 유역 러시아군 증강 등이었다.

이번에는 거꾸로 일본이 러시아에 상륙하기 위해 부분적인 부대 동원과 민간 기선 준비를 시작했다는 정보가 러시아에 입수됐다. 1904년 1월 일본은 일부 군용 물자를 수집하고, 군용 화물을 부대 집결 예정지로 수송하기 시작했다. 이 외에도 원양 항해 중이던 일본의 모든 기선들은 모항으로 복귀하라는 권고가 내려졌다. 이러한 사실들은 일본이 전쟁 준비에 착수했다는 것을 보여주었다.

제2장
러시아의 전쟁 준비

극동 지역에 러시아군을 집결시키는 일은 전쟁 훨씬 전부터 시작되었다. 극동에서 러시아 자본의 이익과 충돌하던 영국의 침략 정책 때문에 러시아 정부는 이미 1885년 시베리아 관구에 부대를 증강했다. 추가적인 러시아군의 증강은 1887년, 일본과 청국의 충돌이 다가오는 시기에 다시 이루어졌다. "사태를 수동적으로 관망하지 않고 자신의 이익을 보호하기 위해서는"[7] 이러한 군 병력의 강화가 필요하다고 인정되었다.

여기서 자신의 이익 보호란 북만주 점령을 의미했다. 동시에 태평양 함대의 강화 또한 필수 요소로 인정되었다. 극동 지역의 군사력 강화를 위해 많은 재원이 투입되었다.

극동의 차르 군대는 전시 편성 상태였고, 청일전쟁이 일어날 무렵에는 3만 500명의 병력과 74문의 대포가 배치되었다. 주력 부대는 카자크 기병대[8]였다.

시모노세키 조약에 개입할 상황에 대비하여 러시아 국경 관구들은 다양한 부대, 주로 포병을 증강했다. 프리아무르 총독이었던 두홉스키(C. M. Духовский)에게 부대 증강과 블라디보스토크·니콜라옙스크·사할린 요새 구축 등 일련의 책임이 부여되었다. 두홉스키는 유럽 러시아[9] 지역에서 장기간 복무한 경험이 있는 병사들로 부대를 편성할 것을 특별히 주장했다. 그는 시베리아 부대를 신병들로 충원할 경우, 그들이 "정치 관계 문제로 위험할 수도 있다"라고 판단했다.

당시 러시아는 재정상의 어려움 때문에 극동 지역 가운데 오직 아무르 지역에서만 군사력을 강화하는 정책을 취할 수 있었고, 다른 조치들은 몇 년 후로 미루어졌다. 요새 건설과 태평양 연안의 첨단 방어 시설 건설에 많은 재원이 투자된 것은 전쟁 불과 몇 년 전이었다.

극동에서 전쟁 준비가 더디게 진행된 이유 중 하나는, 유럽 전선에서 러시아가 승리하면 극동 문제가 자연히 해결될 것이라고 차르 정부가 확신했기 때문이다. 이런 이유로 차르 정부의 관심은 유럽 지역에서 극동으로 시의적절하게 이동하지 못했고, 그 결과 1896년에 극동의 군사력은 겨우 병력 6만 명과 대포 126문뿐이었다.

러시아의 재정난, 전반적으로 초보적인 수준이었던 전투 지역의 시설, 극동의 적은 인구와 형편없는 도로 시설, 부족한 병영 시설은 극동에 병력을 집중시킬 수 없는 주요 원인이었다. 일본은 군사력 강화에 더욱 박차를 가하여, 러시아가 시베리아철도의 바이칼호 우회 공사를 마무리 짓기 전에 전쟁을 시작하려고 했다.

1898년 러시아의 랴오둥반도 점령과 함께 러일 관계가 첨예해졌을 때 러시아는 1903년까지 일본이 병력 39만 4,000명과 대포 1,014문을 지닌 군사력을 갖추게 될 것이라고 예상하고, 극동의 병력을 9만 명으로, 그리고 대포는 184문으로 증강하는 계획을 세웠다.

차르 정부는 이런 예측을 근거로 극동 군사력의 증강 속도에 박차를 가해야 했다. 이런 상황은 1900~01년 의화단 봉기의 진압 덕분에 더욱 빨리 진행되었다. 이때 유럽 러시아 지역에서 상당한 병력이 이동, 투입되었고, 극동에 있던 부대에서는 신규 편성과 재편성이 진행되었다. 평상시 1개 대대는 5개의 중대로 편성되었으나, 동원령과 함께 1개 대대가 4개 중대로 편성되었다. 4개 대대는 다시 1개 연대로 편성되었고, 다섯 번째 중대는 제2선의 연대에 배속되었다. 사실 러시아·튀르크 전쟁 후에 도입된 이 체제는 큰 효과가 없었다. 통상 이 연대들은 중년 병사들로 보충되었으며, 러일전쟁 기간에 드러난 병사들의 혁명 분위기를 고려하지 않더라도 그들은 매우 약한 전투력을 보여주었다.

극동의 긴박한 상황은 러시아군의 추가적인 증강을 요구했고, 중앙에서 알렉세예프(Е. И. Алексеев)에게 "최단 기간에 극동 지역에서 우리의 정치·경제적 과업에 합당한 전투 준비를 갖추는 데 필요한 지출을 멈추지 말라"라는 명령이 하달되었다. 이러한 명령을 이행하기 위해서는 일본군의 상륙이 예상되는 지역에 집결할, 병력 5만 명 이상으로 편성되는 새로운 군단 2개의 창설이 필요했다. 이러한 군사력 강화는 유럽 러시아로부터 편성 병력을 파견하는 것이 아니라, 유럽 러시아에서 파견된 병력을 현지 병력과 함께 재편성하는 방법을 통해서 이루어졌다.

관둥 관구 방어를 위해 2개 사단과 1개 여단을 증강하고, 뤼순과 블라디보스토크의 방어 또한 강화되었다. 뤼순에는 요새보병과 요새포병이 보충되었다. 1903년 시베리아철도 운행 시험을 이유로 극동에 2개 보병여단(제10, 제17군단 소속)이 포병과 함께 이동하였다. 이 여단들에는 마차가 편제되지 않아서 행군 능력이 없었다.

사할린에도 부대가 증강되었다. 기병대는 서부 전선에서 발발할 전쟁과 혁명 진압을 목적으로 유럽 러시아에 머물렀다. 이 외에도 산이 많은 만주 지형에서 대규모 기병대를 운용하는 일은 불가능하다고 판단하여 국경 지역에 주둔하고 있던 카자크 기병대를 만주에 파견하는 것으로 제한했다.

이렇게 전쟁이 일어날 무렵 러시아는 극동에 9만 8,000명의 병력과 272문의 대포를 보유하고 있었고, 경비대로는 2만 4,000명과 48문의 대포가 있었다.

전쟁은 바로 군대가 재편성되는 시기에 발발했다. 2개 대대형 연대는 3개 대대형 연대로 확장되었고, 여단은 사단으로 확장되었다.

전투 지역의 시설 구축도 느리게 진행되었다.

일본과의 무력 분쟁이 분명해지기 시작했을 때, 예상되는 전투 지역에 대한 진지 구축 문제가 대두했다. 뤼순과 블라디보스토크의 요새 구축과 적의 공격 작전이 예상되는 지역의 야전 축성이 중요한 관심사로 떠올랐다. 뤼순의 고립된 위치를 고려하여, 구출을 기다리는 일정 기간 이 요새가 지탱될 수 있도록 강력하게 보강할 필요가 있었다.

뤼순 요새 구축은 2년 사업으로 계획되었지만, 여러 가지 이유 (1900년 청국의 민중 봉기로 노동자를 모집하기가 어려웠고, 그 후에는 콜레라가 유행했다)로 공사 시작이 지연되었다. 시작한 작업도 더디게 진행되었다.

공사는 1903년부터 본격적으로 진행되었지만, 이미 시기를 놓치고 말았다. 뤼순 요새는 완공되지 못했고, 진저우(金州)지협의 축성 작업도 같은 운명을 맞았다.

전쟁 전 블라디보스토크의 상황은 적의 급속공격[10]만 견딜 수 있었다.

국내에서 차르 체제는 확고한 지지를 확보하지 못했고, 전제정에 대한 불만은 나날이 높아만 갔다.

차르 정부는 대외 정책에서 몇 가지 성공을 거두었다. 러시아는 프랑스와 동맹을 강화하여 최신형 화포로 포병 부대를 재무장할 수 있었다. 독일과 맺은 통상(通商) 조약으로 차르 정부는 자유롭게 서쪽 국경에서 극동으로 병력을 이동시킬 수 있었다. 청국은 중립을 선언했다. 하지만 베이즈리(北直隷, 현 허베이河北성) 접경 지역에 주둔하던 중국의 위안스카이(袁世凱)와 마 장군(마옥곤馬玉崑, 마위쿤)의 군대는 러시아군 병력을 우익에서 극동의 중요한 전쟁터로 이동시키지 못하도록 가로막았다.

차르 정부가 만주에 설립한 경찰 제도와 중국 인민에 대한 가혹한 착취는 러시아에 대한 적대감을 야기했고, 이것은 다시 러시아군의 행동에 영향을 미쳤다.

러시아는 이렇듯 군사적으로나 정치적으로 전쟁에 준비가 되어 있지 않았다.

제3장

전쟁 전의 일본

청일전쟁이 끝날 때까지도 일본의 산업은 아직 중공업의 성격을 띠지 않았다. 1900년까지 일본 기업의 3분의 1만이 기계를 이용했고, 수입은 수출의 2배를 넘었다. 게다가 당시 기업의 절반 이상은 섬유 기업이었다. 하지만 청국에서 받은 전쟁 보상금 4억 프랑이 산업에 투자되면서 일본 산업은 빠르게 발전할 수 있었다. 일본은 이 시기에 중공업, 특히 철강 산업을 발전시켰다. 기계 장비는 미국에서 수입되었다.

풍부한 저임금 노동력이 산업 발달에 기여했다. 이미 20세기 초 일본의 수출은 빠르게 증가했다. 석탄은 미국과 청국, 태평양의 섬들로 수출되었고, 일본의 면사와 면직물은 극동 지역에서 영국 제품과 경쟁했다.

자본주의 발전을 위한 부르주아지와 봉건 귀족의 연합과 함께, 봉건 체제에 대한 부르주아지의 뛰어난 적응 능력은 일본 자본주의의 특징이었다. 부르주아지의 이해관계는 봉건 질서를 대변했던 무사 계급의 이해관계와 많은 면에서 일치했다. 침략 방향에 대한 논쟁은 있었지만, 일본의 전체 지배 계급은 식민지 쟁탈전에서 하나의 열정으로 뭉쳤다. 부르주아 계급은 봉건 질서와 타협하는 대신 자신들의 기업에서 노동자와 농민을 극도로 착취하여 이윤을 증가시켰고, 이러한 착취에 대한 불만은 파업과 태업이라는 형태로 나타날 수밖에 없었다.

청일전쟁은 일본 부르주아지에게 높은 이윤과 산업 발전을 보장해 줄 탐스러운 중국 시장을 안겨주었다.

자본주의 발전 초기 단계에서부터 일본 부르주아지가 지배 귀족들의 군국주의적 모험을 주도하지는 않았다. 일본 부르주아지는 금융 자본이 성장하고 그들의 욕망이 증대하자, 마침내 고위 지배 계층을 독촉하여 새로운 점령지를 요구했다. 일본은 빠른 속도로 육군과 해군을 증강하고, 다양한 선전과 선동을 통해 일본 제국주의의 계획, 즉 '대일본'을 실현하는 전쟁을 위해 국민 여론을 조성했다. 이 계획에 따르면 일본은 광대한 영토를 편입시켜야 했다.

> 동으로는 전체 폴리네시아, 남으로는 필리핀·인도네시아·
> 호주, 서로는 시암·중국 해안 지역·몽골·만주·한국·아무
> 르와 연해주 지역, 북으로는 사할린·캄차카·베링열도 및 야
> 쿠트주.

'대일본'이라는 계획은 이렇게 광범했다.

성장하는 일본 산업은 엄청난 수의 몰락한 농민들, 특히 여자들
과 아이들을 흡수했다. 그들 중 압도적 다수는 몇 년 지나지 않아
가혹한 노동 착취를 당한 결과 불구자가 되고 빈민으로 전락하여,
같은 운명을 맞이할 건강한 이들에게 자리를 물려주어야 했다. 그
런 상황 속에서 계몽되지 않은 농민 대중들, 주로 여성들과 아이들
을 받아들였던 일본 프롤레타리아트는 혁명의 언어에 능숙하지 않
았고, 프롤레타리아트 혁명 정당의 탄생도 지체되었다.

일본 총리 야마가타 아리토모(山縣有朋)의 엄격한 군국주의 통
치 아래서는 기독교사회주의자들이 지도하던 노동 운동마저 성장
하기 어려웠다. 혁명 운동을 제압하기 위해 1900년 제정된 '사회
질서와 안정 유지를 위한 경찰법'은 노동 운동의 진전을 가로막는

커다란 걸림돌이었다. 이듬해에는 훗날 군사 파시스트 조직으로 성장하는 극우 애국주의 단체들(고쿠류카이黑龍會, 겐요샤玄洋社 등)이 나타나기 시작했다.

일본 제국주의는 침략 정책의 근본 원인에 대해서 공개적으로 설명할 수 없었다. 일본열도의 과밀한 인구 때문에 농업이 발전할 수 없었다는 신화는 단지 일본 제국주의의 팽창을 은폐하고 정당화하는 눈속임에 지나지 않았다. 일본 농업이 정체되어 발전하지 못했던 이유는 토지 부족이라기보다는 오히려 농민에 대한 자본주의와 봉건 제도의 가혹한 착취 때문이었다.

* * *

일본 제국의 전쟁 준비는 러시아보다 성공적으로 진행되었다. 일본의 군사력 건설 계획은 1903년에 이미 완성되었다. 일본군은 10년 동안 2.5배가 증가한 15만 명의 병력과 684문의 포를 보유했다. 전시 편제 기준으로 일본 육군은 35만 명에 달했다. 군사력 증강을 위해 국가 예산의 절반 이상이 지출되었다.

1896년 일본 정부는 대규모 해군 증강 계획을 수립했고, 그 계획을 실현하는 데에는 영국이 중요한 역할을 했다. 대형 전함의 건조는 해외에서, 특히 영국에서 이루어졌다. 그 결과 전쟁 발발까지 러시아 해군 대비 일본 해군의 총배수량은 3.5배가량 증가했다.

조선과 만주 지역을 대상으로 진행되던 영향권 분할 협상이 만족스럽지 않자, 예비군 예비 동원령 같은 준비 조치들이 취해졌다. 해상 운송 수단의 동원에도 특별한 관심을 기울였다. 조선은 임박한 남만주 작전의 기지로 준비되었다. 무기와 장비, 식량과 사료가 제물포와 마산포에 집적되었다. 일부는 일본으로부터 파견되고 또 일부는 조선 주둔 예비군이 재편성되는 방법을 통해 병력이 조선에 비밀리에 집결했다.

그 당시 일본에서는 열도의 항구 강화 작업이 진행되었다. 사세보(佐世保)·마이즈루(舞鶴)·쓰시마(對馬島)에는 군사 기지가 구축되었고, 미국으로부터는 대량으로 식량을 구입했다. 첩보 조직을 광범하게 운영했는데, 중국인들을 많이 이용하였다. 국내에서는 여론 조성을 위한 작업이 진행되었다.

군수 산업은 활발하게 조업했다. 일본은 외국 무기 구매에도 적극 나섰다. 호치키스사(Hotchkiss et Cie)[11]로부터는 기관총을 구입했는데, 러시아 무기상들은 다른 외국 기업들과 맺어온 거래 관계를 무너뜨리지 않겠다는 이유로 이 회사 기관총의 구매를 거부했다. 해군 강화 계획의 일환으로 일본은 이탈리아에서 아르헨티나를 위해 건조한 순양함 2척을 구입했다. 당시 이 순양함들은 러시아에 우선 소개되었지만, 러시아는 절차상의 이유를 들어 구입을 거절했다. 참전자들의 말에 따르면 오스트리아 주재 일본 무관이 슈코다(Skoda)사[12]와 결탁하여 러시아군에게 불발탄을 공급하게 했다. 실제로 러시아 포병에 공급된 탄약 가운데 불발탄이 적지 않았다.

외교 분야에서 일본의 전쟁 준비는 영일 동맹 체결로 표현되었고, 그뿐 아니라 일본은 전쟁 직전 미국의 재정 지원 보장에 관한 공감대를 구축했다.

청국은 이미 전쟁 중 중립을 선언했고, 신민툰(新民屯)[13] 지역도 중립 지대에 포함시켰다. 일본은 중립 지대를 적절히 활용했다. 그들은 신민툰에서 첩보국을 운영했고, 묵덴 전투 기간에는 이곳을 노기 마레스케(乃木希典) 장군 부대를 위한 보급 기지로 활용했다.

일본이 곧 다가올 전쟁 구역에 모든 힘을 집중한 반면, 러시아는 유럽과 극동에서 동시에 전쟁을 준비했다. 러시아는 극동 지역에서 진행될 전쟁의 여건을 제대로 평가하지 않고 극동을 부차적인 전장으로 인식했다.

제4장

20세기 초 차르 군대

군 병력의 특징

엥겔스(F. Engels)가 유럽 군대에 늘 뒤처졌다고 평가한 러시아군은 전쟁을 보다 잘 준비한 일본군과 치른 만주 벌판의 전쟁에서 완전히 무능하다는 것을 보여주었다. 전쟁 초기에 러시아군은 전제정 체제하에서 뿌리 깊이 자리 잡은 내부 모순을 반영하듯 극도로 허약한 상태였다.

병사

외국인들은 러시아 역사 전반에 걸쳐 전투에서 보여준 러시아 병사의 용맹·희생정신·강인함을 언급했지만, 20세기 초 러시아 병사들은 새로운 시대, 새로운 전쟁에서 병사들에게 요구되는 기준들을 충족할 수 없었다. 그럼에도 러일전쟁 시기 러시아 병사들은 상당한 영웅성과 용감함을 보여주었고, 러시아와 일본 양국 참모부에 파견된 여러 외국 무관들도 이에 대해 수차례 언급한 바 있다.

러시아 병사 훈련의 특성은 병사들의 자발성을 발전시켜 주지 못했다. 소총 조작과 대열 훈련은 그들을 단지 밀집 대형에서만 움직일 수 있는 자동 기계로 전락시켰다. 병사들은 상관에게 맹목적으로 복종해야 했다. 계급 질서에 따라 정해진 군율 때문에 병사들은 자신을 거만하게 대하는 특권 계급 대표인 장교들에게 복종해야만 했다.

부사관(унтер-офицер)[14]도 제대로 양성되지 못했다. 그들은 평시에는 늘 장교의 보호를 받았고, 전시에는 자주성과 주도성을 발휘하지 못했다. 부사관을 배출하는 병사 집단의 높은 문맹률은 뛰어난 부사관을 양성하는 데 장애 요소였다. 병영 교육이라는 것도 혁명 운동으로부터 전제정을 수호한다는 것이 주요 내용이었다. 이것이 혁명의 위험으로부터 전제정을 방어해야 할 자들의 병영 현실이었다.

군에 입대한 다양한 인민 대중은 전제 정권이 침략 정책을 추진하는 데 믿음직한 무력 자산이 되지 못했다. 자신들과 동떨어진 전쟁 목적이 병사들에게 승리에 대한 의지를 불러일으킬 수 없었다. 동원된 예비군들은 오히려 볼셰비키의 영향을 받아 일본에 대한 러시아의 승리가 전제정을 강화하고 인민 대중에 대한 착취만 증대시킬 것이라고 믿고있었다.

러시아에서 혁명 운동의 거센 파도는 육군과 해군에도 도달했다. 일반 병사들 사이에 혁명 이념이 뿌리를 내리게 된 것은 전제정의 보루인 군대를 혁명화해야 한다는 사회민주주의자들의 활동 덕분이었다. 병사들의 정치의식을 높이는 데에는 1901년에 일어난 노동자와 학생들의 시위가 커다란 영향을 미쳤다.

노동자들의 정치 파업과 농민 운동의 규모가 커져가던 1902년에는 군대 안에서도 혁명 활동이 활발하게 진행되었다. 혁명적인 사회민주주의자들은 병사들에게 유인물과 격문뿐만 아니라 구두로도 혁명을 선동했다. 1901년 모스크바에서는 병사 세포 조직이 결성되었고, 다음 해에는 페테르부르크와 크론시타트, 1903년에는 사라토프·세바스토폴을 비롯한 다른 도시들로 퍼져나갔다.

해군에서는 혁명 운동이 더욱 성공적으로 전개되었다. 차르 정부가 해군 복무의 특성을 빠르게 익힐 수 있는 자격을 갖춘 숙련 노동자들, 특히 철강 공업 노동자들을 해군에 고용했던 상황이 이를 촉진했다. 많은 수병들이 성숙한 정치의식을 가지고 해군에 입대했다. 외국 항해를 통해 수병들은 여러 나라에 대해 알게 되었고, 러시아의 정치 체제와 비교할 수 있었다. 수병들의 세계는 혁명 활동에 유리한 토대였다. 이미 1902년에 해군에 소집된 노동자들 가운데 사회민주당원이 있었고, 1903년에는 세바스토폴 병영에 사회민주당 조직이 생겨났다. 차르 체제의 침략 전쟁에 무관심한 육군 병사와 해군 수병들은 패배주의를 확산시키는 데 유리한 토대를 제공했다. 이 모든 상황이 러시아군의 승전 가능성을 낮추었으리라는 점은 충분히 이해할 수 있다.

장교

러시아 장교단은 대체로 군사적 수준이 낮았다. 대다수가 다양한 이유로 중등 교육을 이수하지 못했고, 군사 분야에 대한 적성보다는 '출세'를 목적으로 유년 군사학교에 진학한 인물들로 구성되었다. 일부 장교가 군대에 애착을 지니고 있었지만, 전반적인 복무 체계는 군사 업무에 대한 흥미를 유발하지 못했다.

장교는 물질적으로도 보장받지 못했는데, 예를 들면 보병 장교는 15년 이상 복무해야 중대장이 될 수 있었다.

군사 업무 영역에서 장교는 혁신적이지 않았다. 그들은 오래되고 관행적인 일은 아주 간단하고 쉽게 수행했지만, 새로운 것에 대해서는 모두 의혹을 품었다. 공포에 기초하여 훈련받은 장교는 자주성과 주도성을 발휘하지 못했다.

보어 전쟁[15]의 경험에도 불구하고 러시아 장교들은 오래된 수보로프[16] 모델을 기반으로 교육받았다.

현장에서는 이런 장교들조차 부족했다. 중대 내에 중대장을 제외하고는 장교가 없는 경우도 많았다. 군대에 지원하여 단기 교육을 이수한 보충역 준위[17]들은 필요한 수준에 이르지 못했다.

연대에서 전투 준비를 담당하는 지휘부도 정상적으로 존재하지 않았다. 연대장은 부대 관리와 다양한 통지문에 매여서 전투 훈련을 실제로 지도하지 못했다. 총참모부 장교 출신의 연대 지휘 요원들은 연대 본부를 장군으로 승진하는 발판으로 생각하여 연대 활동을 구체적으로 숙달하지 않았다. 장군들 입장에서 최고의 지도는 주로 하계 전비 태세 검열에 한정되었다.

이렇게 대부분 부패한 귀족 출신의 러시아군 지휘관들은 일반 병사들을 승리로 이끌 만한 능력을 갖추지 못하고 있었다.

장성

최고 지휘부인 러시아 장성들은 창의적 지도력을 발휘해야 하는 전쟁을 수행할 능력이 없었다. 지휘 능력이 아니라 '고귀한' 혈통이나 상관의 비위를 맞추는 능력으로 승진한 이들 지휘관은 군대 안에서 권위를 인정받지 못했다.

고위 장성들은 자신의 직책이 물질적 혜택과 화려한 존경을 받는 자리라 생각했고, 특별한 경우를 제외하고는 군사(軍事) 연구를 하지 않았으며, 최근의 전쟁이자 일본에서 러일전쟁의 전초전으로 알려진 청일전쟁도 분석하지 않았다.

군사 업무 실제와 괴리되고 이론적으로 취약하게 훈련된 러시아 장군들은 전쟁 기간 이런 문제들을 해결하기 위해 노력하면서 '창조의 고통'에 시달려야 했는데, 그 문제들은 군사 이론에서는 이미 오래전에 해결된 것이지만 그들은 모르고 있었다.

전술 개념에 대한 러시아 장군들의 견해는 진부했다. 프랑스 작가 뤼도비크 노도[18]는 이렇게 표현했다.

"고위 장교들 중에는 '냉병기'[19]만을 숭배하여, 머리를 숙이고 적진으로 돌진하여 종횡무진 적을 참살하기를 꿈꾸는 사람들이 많았다."[20]

시대에 뒤떨어진 레에르 학파의 원칙으로 교육받고 군사 장비의 중요성을 무시한 러시아군 장성들은 현대적 군사 지식으로 무장한 일본 장군들 앞에서 당황해야만 했다.

작전술

고위 지휘관들 사이의 전쟁술에 대한 일치된 관점은 레에르가 주창한 구식 군사 교리에 머물렀다. 경제와 사회 질서가 전쟁술에 끼치는 영향을 간과한 레에르의 교리는 전쟁술의 '영구불변의' 원칙으로 귀결되었다. 그에 따르면 창의적인 작전을 위한 지식은 시대 상황에 구속되지 않고 적용될 수 있는 나폴레옹 전쟁술의 고전적인 모델로부터 도출되어야 했다. 전쟁술의 발전을 무시한 레에르는 자신의 전쟁사 저작에서 전쟁술을 해당 시대의 사회·경제적 요소와 독립된 것으로 파악했다. 그리하여 그는 전쟁의 역사를 동역학(dynamics)이 아니라 정역학(statics)[21]의 시각으로 연구했다. 후에는 그 자신도 작전술의 창의성을 상실한 상황을 인정했지만, 레에르는 독일 통일전쟁 시기의 전쟁술을 이해하지 못했다. 러시아에서는 1907년이 되어서야 팔리친[22] 참모총장의 지시에 따라 총참모대학에서 1866년과 1870~71년 독일 통일전쟁 시기 전쟁술의 특성을 연구하기 시작했다.

이처럼 레에르의 교리는 새로운 시대적 조건을 반영하지 못했고, 그가 클라우제비츠의 변증법을 이해하지 못했다는 점도 자명하다.

쇠락하는 체제의 군대가 수용한 작전술은 형식적이고 도식적인 틀에서 벗어나지 못했다. 나폴레옹 전쟁술의 교조화로 인해 러시아군 고위 지휘관들 사이에서는 내선 작전[23] 방향으로 행동하기 위해서는 집결이 유리하다고 인정하는 방어적인 경향이 지배적이었다.

러시아 총참모부

표트르 대제(1682~1725) 시대에 설치되고 초기에는 봉건 귀족들이 지배하던 러시아 총참모부는 자본주의 시대에 쇠약해지기 시작했다.

1815년 '종대 향도(장교)를 위한 모스크바 학교'가 설립되었고, 이는 1832년에 군사 아카데미로, 1855년 총참모대학으로 대체되었다.

크림 전쟁 무렵 이미 러시아 총참모부에는 결원이 많았다. 한편으로는 자신의 지적 능력을 의심한, 끝없는 군사 지식에 질린 일부 귀족들이 아카데미를 떠나고, 다른 한편으로는 고위직 승진이 허락되지 않는 신흥 부르주아 계급이 아카데미에 입교하지 않았기 때문이다.

19세기 후반 러시아 지배 계급은 차르 정부의 침략 정책을 뒷받침할 수 있는 총참모부의 가치를 인식하기 시작했다. 탁월한 장교는 군사 아카데미로 보내야 한다는 차르의 명령이 있었고, 1872년에는 연대장과 사단 참모장 후보자들을 위한 실습 과정이 신설되었다.

게다가 러시아·튀르크 전쟁으로 총참모부의 총체적인 위기가 드러났는데, 이 전쟁에서 총참모부 출신으로 유일하게 눈에 띈 장교는 스코벨레프[24] 사단의 참모장이었던 쿠로파트킨이었다.

러일전쟁 이전 러시아 총참모부는 러시아 군대에 만연한 발상의 부진에 빠져 극동에서 차르 체제의 승리를 보장할 수 있는 상황이 아니었다. 이론적으로 총참모부는 전쟁 계획을 수립하고, 동원 준비를 하고, 잠재적인 적과 예상되는 전장에 대한 연구를 담당해야 했다. 하지만 일본과의 전쟁은 총참모부가 모든 면에서 전혀 준비되지 않았음을 드러냈다. 일본과의 충돌이 불가피해진 1895년에도 총참모부는 일본군에 대해 충분히 관심을 기울이지 않았다.

전투 지역도 연구되지 않았다. 일본 군사력에 대한 정보는 미흡하고 모순투성이였다. 청일전쟁은 연구되지 않았다.

러시아 총참모부 장교들이 실제로 수행한 업무는 그들에게 요구된 요건에 부합하지 않았다. 평시에 그들은 작전·전술 연구보다 행정 사무에 더 치중했고, 이따금 기동 훈련이나 워 게임에 참여했다. 총참모부 장교들의 근무 조건은 전쟁에 대한 식견을 넓히는 것과 관련이 없었다. 총참모부 소속이면, 더구나 중앙 기관에서 근무한다면 더 빠른 출세가 보장되었고, 장교가 전쟁성 고위층에 더 많은 인맥을 쌓고 상관에게 더 '융통성' 있는 자세를 보일수록 더 빠른 속도로 승진할 수 있었다. 미래가 안정적인 총참모부 장교는 거의 예외 없이 직무에서 벗어나 여가 활동 등 자유로운 시간을 보내거나 자신의 직능과 무관한 일을 담당했고, 직무 숙련도는 점차 저하되고 일선 부대 실무와도 연관성을 상실했다.

총참모부 소속 장교들의 저급한 군사 지식 수준은 전적으로 총참모대학의 교수법에 원인이 있었다. 전쟁사 수업에서는 수많은 사건에 대한 지식이 요구되었지만 총참모대학 강의 계획에 청일전쟁과 보어 전쟁은 포함되지 않았다.

전술

레에르 학파가 작전술 개념을 좌우했다면, 전술 개념은 드라고미로프[25]의 강력한 영향 아래 놓여있었다. 그는 러시아군을 기계적인 훈련에서 해방시키려 했고, 군 내부에서 '자유주의자'로 알려진 인물이다. 그는 전쟁의 승리가 주로 전투 병과 지휘관의 '정신력'에 달려있고, 따라서 기계적 훈련을 지양하고 장교와 병사들의 관계는 교양 있는 관계로 전환해야 한다고 주장했다. 그의 이런 주장은 니콜라이 2세 시대의 러시아군에서 수용하기 어려운 것이었고, 당연히 보수성이 강한 장교단 내에서 불만을 야기했다.

드라고미로프는 '정신력'을 과대평가한 나머지 전투에서 장비의 중요성을 과소평가했다. 그는 전쟁에서 장비란 병력이 '정신력을 기반으로' 목표를 달성하는 데 장애물을 제거하는 보조 수단이라고 생각했다. 드라고미로프는 속사 무기의 도입에 앞서 전투원과 지휘관의 일반적인 교양 수준이 향상되어야 한다고 언급하며 속사 무기 도입에 반대했다. 그는 사격 전투의 필요성을 인정하면서도 돌격 전투를 선호했다.

드라고미로프는 요새 축성에 반대했다. 군대가 "방어 시설을, 자신의 힘을 강화하는 수단이 아니라 적군이 다가오지 못하도록 하는 장애물로만 생각한다"라는 이유에서였다.

러시아군에 공격 전술, 주도권, 전투 의지를 습득시키려는 드라고미로프의 노력은 부대를 전술적으로 운영하는 영역에서 커다란 '편향'에 빠지게 했다. 그는 병사가 전투에서 몸을 숨기는 것은 적절하지 않다고 판단했다. 전쟁의 꽃인 백병전에 나서야 할 병사가 안전한 방어벽 뒤에 숨어있다면 그를 끌어내어 돌격하도록 만들기 어렵기 때문이다.

새로운 무기의 출현으로 외국군은 전술을 개선하고, 산병선(散兵線)[26]을 설정하고, 개별 훈련과 지형 숙지 훈련에 관심을 기울이고, 적의 측방으로 넓게 기동하는 훈련을 실시하는데, 러시아군은 밀집 대형과 최대한 전개하여 돌격하기 위한 정면 공격 전술에 머물렀다. 산병선이 일반적으로 인정받았을 때, 드라고미로프는 참호를 사용하지 않고 최대로 전개된 산병선을 따라 이동할 것을 요구했다. 이때도 사격은 단독 발사가 아니라 명령에 따라, 그리고 대규모 표적에만 일제 사격을 해야 한다고 하였다.

이러한 전술의 적용은 일본군이 포복으로 기동하여 피해를 입지 않고 러시아 전투 대형의 최근거리까지 접근하는 데 크게 기여했다.

공격 시 러시아군 중대(4개 소대)의 전투 대형은 제1 제대에 2개 소대를 전개하고, 나머지 2개 소대가 예비가 되어 그 뒤를 받치는 형태였다.

러일전쟁에서 피로 얼룩진 교훈을 얻은 다음에야 러시아군은 이를 수정했다. 압록강변 첫 전투에서 러시아군 전술이 전혀 효과가 없다는 점이 명백히 드러났다. 적절한 화력 지원 없이 백병전에 돌입하려던 시도는 적군 기관총의 무차별 사격으로 많은 병력을 잃은 채 처절한 실패로 끝나고 말았다.

엥겔스는 러시아군의 전술을 이렇게 꼬집었다.

> 장교들은 자신의 부대를 하나의 집단으로 적군을 향해 던질 줄 만 안다. 이때 전술적 기동이라는 모든 개념은 연기처럼 사라진 다. 돌격, 돌격, 돌격! 할 수 있는 것이라고는 이것이 전부다. 물 론 이 밀집된 집단은 상대 포병에게 더할 나위 없이 훌륭한 표 적이 될 뿐이다.

포병 요원들이 형편없는 교육을 받았다는 점도 언급되어야 한 다. 포병은 전쟁 직전에야 무기를 교체했고, 엄폐 진지에서 사격하 는 훈련을 받지 못했다. 포병 부대는 보병 부대와 합동 훈련을 받 아본 일이 없었고, 따라서 전쟁 기간 보병에 대한 지원 사격을 해

줄 수가 없었다.

이런 조건 속에서 러시아군의 승리를 기대할 수는 없는 일이었다.

병력, 편성과 무기 체계

전쟁 전 러시아의 상비군 전체 병력은 110만 명이었다. 이 외에 예비군과 의용군이 약 350만 명이었다.

부대는 사단과 군단으로 구성되었다. 일반적으로 군단은 2개 사단, 사단은 2개 여단으로 편제되었다. 여단은 2개 연대, 연대는 4개 또는 3개(시베리아군단의 경우) 대대로 구성되었다. 군단에는 기병사단(4개 연대)이 배속되었는데, 기병사단의 연대는 6개 기병중대로 편성되었다. 보병사단에는 6~8개의 포병중대로 구성된 포병여단이 배속되었다. 군단은 공병 장비와 후방 병참 부대를 가지고 있었다.

프랑스와 맺은 동맹으로 러시아군의 무기 수준은 상당히 향상되었다. 일본제 아리사카(有坂) 소총은 러시아의 1891년형 소총보다 뒤졌다고 할 수 없지만, 일본군이 50만 자루 정도 보유하고 있던 무라타(村田) 소총은 훨씬 뒤처진 총이었다.

러시아의 1900년형 76밀리 포는 사거리와 발사 속도에서 일본군의 포를 능가했지만, 일본군의 엄체호(掩體壕)[27] 역할을 하는 대형 흙담 농가, 사당과 담장을 파괴할 수 있는 유탄(榴彈)을 보유하지 못했다.

러시아 포탄의 사거리는 6~7킬로미터였던 데 비해 일본군의 포탄은 4.5킬로미터를 나가지 못했다. 러시아 포의 발사 속도는 일본군 포에 비해 2배가 빨랐다. 신형 포 외에 러시아군은 1892~95년형과 1877년형 포를 보유하고 있었다. 전쟁 초 러시아군은 산악포를 보유하지 못했고 전쟁 직전에야 겨우 아부호프 공장(Обуховский зовод)에 주문했을 뿐이다. 중포(重砲)의 상황은 훨씬 더 심각했다. 사거리와 발사 속도는 보잘것없으면서 무겁고 낡은 1887년형 6인치 구포(臼砲)는 러시아군에 부담이었다. 이 구형 구포가 러시아군의 유일한 곡사포였다.

러시아군은 기관총이 아주 부족했다. 드라고미로프의 의견에 따르면 기관총은 "일반적인 편제를 가진 야전군에게는 무의미하다." 기관총에 대한 이런 부정적인 생각 때문에 전쟁 초기 러시아 야전군은 겨우 8정의 기관총을 보유하고 있었을 뿐이다. 후에 기관총의 수는 증가했지만 그 수는 (전쟁 발발 1년 후의) 묵덴 전투 때도 겨우 56정에 지나지 않았다.

러시아군은 다른 종류 장비에서도 일본군에 비해 훨씬 뒤처졌다. 예를 들면 전쟁 초기 러시아 만주군에는 전화와 전신을 이용할 수 있는 수단이 거의 없었다. 드라고미로프에 따르면 전화와 전신은 "보조 수단에 지나지 않으며, 보고와 명령 전달을 위한 주된 수단은 살아있는 사람, 곧 전령이다."

후방

일본군의 후방 조직 개념이 독일 학파에 기반을 둔 반면, 러시아군 사령부는 나폴레옹의 집중법을 채택했다. 나폴레옹은 광범위한 지역을 포괄하는 기지를 조직했으나, 러시아는 그것을 조직하지 못했다. 쿠로파트킨은 보급 문제에 과도한 의미를 부여했다. 후방을 작전 개념에 포함하고, 군에 힘을 실어주고 임의로 작전 범위를 선택할 수 있는 광범위한 기지를 구축하는 대신에 쿠로파트킨은 군의 전술적 행동을 완전히 철도선에 종속시켰다. 이러한 상황은 작전 기동을 제한하며, 적이 우회하거나 포위하기 쉽게 만들었다.

러시아 중심부에서 만주 전장까지 약 900킬로미터에 걸쳐 부설된 이동식 철로와 짐마차를 이용한 현지 수송 수단은 광범위한 기지 구축에 사용되지 않았으며, 야전용 철도는 주요 주둔지 중 한

곳으로 향하는 단거리 철로에 불과했다.

전쟁 전에 구축된 총연장 50킬로미터의 푸순(撫順) 지선은 전선을 따라 평행하게 건설되었기에 항시 사용할 수 있는 것이 아니었으며, 구청쯔(古城子)에서 산룽(山龍)까지 부설된 지선은 묵덴 전투 후 다량의 운송 수단과 함께 일본군이 차지했다.

러시아군은 후방 지원을 계획할 때 하천 수로를 전혀 이용하지 않았다.

일본군 지휘부는 독자적인 방식으로 비포장도로에 보급로를 만들었지만, 러시아 지휘부는 장비와 전문 인력을 현지에서 조달할 수 없어서 운송로 구축은 고려만 했을 뿐 아무것도 하지 못했다. 현지 인력을 동원하여 운송로를 건설하려 한 시도가 일부 있었지만, 러시아군에 협력하는 것을 기피하는 지역 주민들의 저항에 부딪혔다. 지역 주민들은 1900~01년 만주에서 러시아군이 민족 운동을 잔혹하게 '진압'한 것과 그 후에 러시아 행정부가 도입한 군사·경찰 체제를 잊지 않고 있었다. 그들은 러시아군에 협력할 의사가 없었을 뿐만 아니라 빨치산을 조직하여 철도를 파괴하고, 식량을 탈취하고, 러시아에 협조하는 중국인 마부들을 몰아냈다.

빨치산의 습격으로 불안을 느낀 쿠로파트킨은 후방 지원 활동을 보호하기 위해 야전 부대에서 수만 명을 차출해야 했다.

보급 조직을 위해 러시아군 지휘부는 1904년 7월, 달구지 수송대 50개와 말이나 나귀 등에 짐을 싣는 복마 수송대 10개를 만주 현지에서 조달했다. 이해 8월 랴오양(遼陽)으로 군을 집결하면서 쿠로파트킨은 이 수송대들을 군부대에 인계하도록 명령했다. 시베리아군단에는 수송 부대가 부족했고, 유럽러시아군단의 수레는 만주 도로에서는 너무나 무거웠기 때문이다. 그 외에도 러시아 병사들이 장비 하중으로 어려움을 겪고있어서 군장의 일부를 운반할 수 있는 짐마차가 필요했다. 묵덴 전투 후 수송 수단을 다수 상실했을 때는 현지에서 확보된 수송 수단으로 제2의 수송 부대를 조직해야 했다. 그러나 러시아군에 대해 적대감을 지닌 현지 주민들의 반발로 수송 부대 조직은 전쟁이 끝날 때까지 지연되었다.

그럼에도 러시아군 주력 부대는 11일분(군단 수송대에 3일분, 사단 보급수송대에 4일분, 연대에 1.5일분, 개인 휴대 2.5일분)의 식량을 보유했기에, 탄약 보급을 확보한다면 러시아군은 철도에서 이격해서 보다 광범위한 작전 기동을 시도할 수 있었다. 하지만 쿠로파트킨은 전략상 집중을 요구했기 때문에 군은 철도로부터 이격하지 않았다.

수송 부대의 제대화[28]는 적절하게 이뤄지지 못했다. 후퇴가 계속되었을 때 엄청난 양의 화물을 가까운 후방에 쌓아놓은 것이 정체를 야기했다. 청나라 마부들은 전투 패배 후 혼란 속에 후방에

버려졌고, 마차는 만주 도로의 수렁에 빠져버렸다.

만주 전역의 풍부한 식량 자원은 초기에 러시아 병참관들이 지형을 잘 알지 못해 이용하지 못했고, 그로 인해 막대한 양의 예비 식량을 철도로 수송해야 했다. 만주에 상당한 양의 밀가루가 있음에도 러시아 중앙부에서 만주로 수백만 푸트(пуд)²⁹의 밀과 곡물을 수송했다. 심지어 미국에 식량을 주문하기도 했다. 러시아 당국은 미국 식량 사업가들과 이 문제에 대해 협상했지만 미국으로부터 아무것도 얻지 못했다. 이후 부대들은 현지에서 직접 식량을 조달하려 했으나, 상황이 아주 혼란스러워 빈번히 약탈로 변질되고 주민들을 격분시켰다. 현지 주민들이 분노하자 러시아군 지휘부는 식량 보급을 부대로부터 1일 행군 거리 후방에 위치한 상점에서 구입하여 조달하거나, 하얼빈(哈爾濱)의 후방 상점에서 보충하는 것으로 전환했다. 철도 운송이 중단될 위험에 대비하여 인접한 후방 지역에 식품 상점과 물품 저장소가 이례적으로 증가했는데, 그것들이 일본군 수중으로 넘어가는 일이 종종 발생했다(랴오양과 묵덴).

쿠로파트킨은 부대 병참에 직접적인 관심을 기울였지만, 종종 일선 부대에 위통과 이질을 일으키는 곰팡이 핀 빵이 보급되었다. 전체적으로 어려운 상황에서 러시아군은 전장에서 질병으로 1만 3,000명을 잃었고, 많은 징집병이 향후 군 복무에 부적합하게 되었다.

하얼빈에 포탄이 집적되었으나, 포병 부대에는 포탄 공급이 종종 중단되었다.

물자 보급이 부족하지 않았는데도 일본군이 러시아 병사들을 부랑자나 거지라고 부른 데는 이유가 있었다. 문제는 보급이 부족한 것이 아니라 보급품의 질에 있었다. 예를 들면 보급된 신발은 며칠만 지나면 완전히 헌신짝이 되었다.

러시아군의 위생과 관련, 러시아 측 기록은 전임 주지사 트레포브이가 담당한 군 보건처에 대해 찬사를 아끼지 않는다. 그러나 외국인 역사가들의 평가는 전혀 다르다. 이를테면 한 독일인 군의관은 "우리는 1877~78년 러시아 육군의 동계 행군 상태에 경악했다. 그런데 지금 만주의 러시아군 상태는 훨씬 열악하다"라고 말했다.

「루스키예 베도모스티」지는 해외 언론의 내용을 재인용하여, 러시아 부상병은 말을 수송한 뒤 청소하지 않은 불결한 열차의 맨바닥에 뉘어 이송되었고, 며칠 동안이나 따뜻한 음식도, 의료 지원도 받지 못한 채 방치되었다고 보도했다.

이와 같은 후방 조직 상황은 러시아군의 패배를 상당히 촉진시켰다.

제5장

일본의 군사력

병사 양성 체계

일본에서 육군은 반동적 애국주의 운동의 중심이었고, 봉건 귀족 계급과 연합하여 자본 축적의 원천을 침략 정책으로 구하려 했던 부르주아 계급의 무기였다.

일본 지배층은 자본 부르주아와 봉건 귀족 계급, 군국주의자들의 공격적 성향을 보장해 주는 배타적 민족주의 정신을 군과 주민들에게 심어놓으려는 의도에서 선전·선동 기구 설립에 아낌없이 투자했다.

일본군의 징병관구 체계는 병력 보충을 위해 군부대와 지방 행정의 관계를 강화하고, 양 기구가 주민에게 효과적으로 영향력을 미치도록 조직되었다. 군부대는 모든 예비군과 미래 신규 병력을 자신의 감시하에 두었으며, 그들 가족과도 밀접한 관계를 유지하려 노력했다.

일본 병사는 학창 시절부터 준비되었다. 그들은 어린 시절부터 "일본은 동양에서 가장 중요한 역할을 담당해야 한다" "일본을 격파할 세력은 존재하지 않는다"라는 사상을 주입받았다. 또한 일본은 인구 과잉 때문에, 그리고 나라의 번영을 위해서는 영토 확장이 불가피하다는 관념이 주입되었다. "오직 러시아에 대한 승리만이 일본을 불가피한 파멸로부터 구원해 줄 것"이라고 하여 러시아의 뤼순 점령에 대한 복수심도 배양되었다.

일본인들은 유년기부터 군사 활동과 군사 공헌에 대해 애착심을 갖도록 교육받았다. 일본 출판물은 군사 교육에 대한 젊은이들의 흥미에 불을 지피며, 러시아와의 혈전을 맹렬하게 선동했다. 학생들은 종종 소총으로 무장하고 훈련에 참여했다.

정부의 선전 기관은 주민들에게 군에 복무하는 것은 명예로운 일이며 신병으로 징집되는 것은 친지들이 축하할 사건이라고 주입했다. 전사자들을 위한 성대한 장례식을 연출했다. 이런 위선적인 절차는 군인들에게 "일본의 이익을 위해" 전사할 수 있다는 결의를 보여주었다.

병사들은 사적인 이익을 배제하고 상관의 요구를 무조건적으로 수행하도록 교육되었다. 모든 훈련 체계는 각 병사를 일본 지도부에 순응하는 무기로 개조하는 데 맞춰져 있었다.

일본군 주력은 훈육에 쉽게 순응하는 농민이었다. 공업 지역에서 충원된 군부대의 경우 전투에서 특별한 열정을 보이지 않았다.

군 병력과 조직

일본 자본주의의 발전과 함께 일본군도 성장했다. 일본은 침략적 경향이 진전되던 1872년에 국민개병제로 전환했다. 이듬해엔 전국을 6개의 지방 관구로 구분하고, 약 3만 2,000명으로 구성되는 모든 병과의 상비 병력을 갖추었다. 군사 교관으로 처음에는 프랑스 장교가 초빙되었고 후에 독일군 장교로 교체되었다. 청일전쟁 직전인 1894년에 6개 사단과 1개 근위사단으로 구성된 일본 육군의 총병력은 6만 4,000명이었으며, 이는 전시 편제엔 17만 1,000명으로 증원될 수 있었다. 1903년 말 당시 일본은 15만 명의 육군 병력을 보유하고 있었고 이는 전시에는 35만 명 이상으로 증강될 수 있었다.

1904년 일본 육군은 예비역과 후비역[30]이 포함된 상비군, 지방군, 그리고 도서(島嶼) 민병대를 포함하는 국민의용군으로 나뉘었다. 상비군이 일본군의 주력을 이루었고, 전시에는 전시 편성을 위해 필요한 만큼 예비역을 흡수했다. 여분의 예비역으로는 전장에서 상비군과 대등하게 운영하도록 독립 부대를 편성했다. 상시 복무를 위한 후비역은 기간 부대를 충원하고 남는 신병들로 채워졌다. 지방군은 상비군이 없을 때 국토를 방위하고 상비군 병력을 충원하기 위한 것이었다. 상비군이나 지방군에 속하지 않지만 무기를 들 수 있는 17세부터 40세에 이르는 모든 남성은 국민의용군에 편입되었다. 의용군은 두 개 등급으로 나뉘었는데, 제1 등급은 상비군이나 지방군 복무를 마친 이들로 구성되었다. 젊은이들이 우선적으로 징집되었다. 민병대의 목표는 도서 방어였다. 민병대는 각 도서에 거주하는 주민들로 구성되었으며 1년간 복무했다.

20세가 된 남성은 군대에 징집되었다. 복무 기간은 12년 4개월이었는데, 3년은 현역으로 복무하는 기간이며 4년 4개월은 예비역에, 나머지 5년은 후비역에 속했다.

병력 충원 체계는 이미 언급했듯이 영토 분할 성격을 지니고 있었다. 전국은 12개의 사단 관구로 나뉘었으며, 각 사단 관구는 2개 여단 관구로 구성되었고, 여단 관구는 각각 2개 연대 구역을 포괄하고 있다.

육군은 육군대신이 지도했지만 전쟁 시에는 대본영(大本營) 지휘부의 지도를 받았다.[31] 대본영 지휘부는 대본영과 함께 참모본부도 관할했고 그 안에서 전쟁 계획을 수립했다. 1900년 조직된 천황 소속 군사위원회는 육군과 해군의 업무를 조율했다.

전쟁 직전 일본 육군은 156개 대대, 55개 기병중대, 19개 포병연대, 14개 공병대대, 13개 수송대대, 그리고 12개 헌병대로 구성되어 있었다.

전쟁 초기에 일본은 이미 13개 사단과 13개 예비여단 등 총병력 37만 5,000명과 포 1,140문을 보유했다. 이 중 일본열도 이외 지역에서의 군사 활동을 담당하는 상비군이 전체 군사력의 65퍼센트를 차지했다.

전쟁 기간 군부대 병력 보충은 예비군, 후비군, 이전에 신체검사를 받았던 이들, 그리고 4개월의 군사 교육을 마친 젊은 청년 등의 순서로 진행되었다. 이러한 편성은 전투 사이의 비교적 긴 휴지기 덕분에 가능했다. 전쟁 동안 일본은 대략 200만 명 이상을 동원할 수 있었지만, 전쟁에는 118만 5,000명 이상은 필요하지 않았다.

일본 육군의 최고 전술 단위는 사단이었다. 각 사단은 2개 보병 여단과 1개 기병연대, 36문의 포(절반은 산악포)를 보유한 포병연대로 구성되었다. 각 보병여단은 2개 연대로 편성되었고, 각 연대는 3개 대대로 구성되었다. 사단은 공병대, 수송대대, 그리고 포·식량 수송대를 보유하였다. 그 외에도 각 사단은 6,000명의 인부를 고용했다. 일본군이 인부를 채용한 이유는 수송대가 빈약했고 전장 일부 구역의 경사가 극심했기 때문이다. 만주 산악 지대에서는 도로가 빈약하여 군단 편성이 어려웠기에 사단이 완전한 전술 및 재정 독립권을 부여받았다.

일본군 장교는 독일식 군사학교에서 교육을 받았지만 결단성이나 주도적 성향은 뛰어나지 않았다.

영국 무관이었던 해밀턴[32]은 일본군 장교의 특성을 다음과 같이 기술했다.

본인이 이해하고 있는 일본 청년 장교들의 특성을 말하자면 그들은 명령을 아주 훌륭하게 수행한다. 그러나 평상시 자신의 주도하에 행동할 때는 그다지 결단력을 보여주지 못한다. 그러나 특기할 만한 점은, 일본인들은 시민으로서는 용기가 부족하지만 적과 마주쳤을 때에는 대담성이 표출된다는 사실이다. 그들 중에는 교육을 대단히 많이 받은 이들도 있다. 그러나 전체적으로 그들은 자기 부하를 돌보고 일상적인 의무 사항을 수행하는 데 특별한 관심을 쏟는다.

장교들은 자신의 복무가 돈벌이를 위한 것이 아닌 명예로운 직업이고 국가의 가장 중요한 고위 관리는 장교 계층에서 배출된다고 배웠다. 장교 계급 제도의 '순수성'은 치밀하게 보호되었다. 전시에는 장교 부족이 심각했음에도 불구하고 군부는 비귀족 계급인 도시 지식인층으로부터 준사관을 속성으로 양성하는 안을 받아들이지 않았다. 일본군 지휘부는 중대 조직을 확대하거나 하사관[33]을 하급 장교로 선발하여 보강하는 방식으로 장교단 부족 위기를 극복했다.

독일과 프랑스에서 교육을 받은 참모본부 일부 장교들은 야전 부대와 유리되는 어려움이 있었다.

장교단 교육의 근본이 된 것은 '무사도(武士道)'라는, 사무라이의 정신적 규율이었다. 이 규율은 정직·공정·선의 등의 가치를 지휘관들에게 함양하기 위한 것이었다. 그러나 이런 가치들은 일본 지배 계급의 이익을 위해 자기 방식대로 받아들여져서 실제로는 기만·위선·잔혹·탄압 등이 장려되었다.

작전술

일본 육군의 작전술은 독일 통일전쟁[34]의 경험으로부터 영향을 받았고 독일 군사 교관단에 의해 발전되었다. 일본 육군 총사령관 오야마 이와오(大山巖)는 1870~71년의 프로이센·프랑스 전쟁을, 프로이센군에서 관전장교 자격으로 참관했고 스당 전투[35]에서 프로이센인들의 승리를 직접 목격했는데, 이런 경험이 그의 지휘관 활동에 선명하게 각인되었다.

일본 육군에서 프랑스 장교들의 활동은 부대의 전투대열 교육에 머물렀다. 그러나 프로이센·오스트리아 전쟁과 프로이센·프랑스 전쟁의 참전자였으며 베를린 군사학술원의 교수였던 메켈(Klemens Wilhelm Jacob Meckel)은 1884년 일본에 도착한 즉시 독일을 표본으로 삼아 일본 육군을 전면적으로 재조직했다. 일본 육군을 위해 강령과 조례를 만들고 도쿄에 군사학술원을 설립한 메켈은 독일식 교범을 열광적으로 찬미한 오야마와 고다마 겐타로(兒玉源太郎)[36]의 지원하에 일본 육군 지휘부에 독일식 작전술을 적극적으로 도입했다.

일본의 언론은 메켈의 공헌에 상응하는 보답을 했다. 메켈의 한 일본인 제자는 "일본군은 메켈이 오기 전까지 대규모 전쟁 수행이라는 개념을 보유하지 못하고 있었다. 일본 육군의 모든 고위 장교는 그의 제자다. 두 차례 전쟁(청일전쟁과 러일전쟁)에서 일본이 거둔 승리는 메켈 덕분에 쟁취된 것이었다. 이것은 바로 고다마의 의견"이라고 기술했다.

메켈의 제자들은 1894년 남양(南陽)에서 양면 포위 작전을 적용했던 야마가타 아리토모 장군에게 '일본의 몰트케'[37]라는 호칭을 수여했으며, 1912년에는 일본과 프로이센의 국기가 교차하는 모양의 엠블럼이 들어간 메켈의 기념비가 도쿄에 세워졌다.

스당 전투에 고취되었으며 보어 전쟁의 경험을 부분적으로 받아들인 일본식 작전술은 막대한 손실을 야기할 수 있는 정면 공격을 지양했으며, 측면 우회 기동으로 최소한의 병력을 사용하여 승리를 거둘 수 있다고 생각했다.

이와 같이 일본군 지휘부가 시대 조건의 변화를 고려하여 도입한 독일식 작전술은 차르 체제 러시아 육군의 현실성이 떨어지는 이상주의적 논리와 완전히 대조적이었다. 러시아군에는 단일한 관점이 없었기에 각급 지휘관들이 자신의 행동에 대한 확신을 잃었으며, 쿠로파트킨에게 장문의 명령서를 작성하도록 만들었다. 반면 작전술에 대한 당시 일본군 지휘부의 통일된 관점은 주도권과 독자성을 발휘하도록 했다.

그러나 러일전쟁에서 일본군 최고 지휘부의 작전과 전략적 활동을 분석하면 알 수 있듯이 '몰트케 작전술'[38]을 맹목적으로 모방한 것이 틀에 박힌 도식주의로 이어질 수 있었다. 일본군 지휘부의 도식성은 결국 그들의 빈약한 창의성을 반영한 것이었고, 포위 작전에 실패하여 혼란에 빠진 일본군 지휘부는 새로운 방식의 작전을 거부했다.

전투 준비

러시아군 지휘부는 일본군의 전투 준비를 과소평가했다. 1900년 의화단 봉기 진압 당시 베이즈리 전역에서 일본군이 보여준 군사 행동은 일본군의 지구력이 약하다는 인상을 주었다. 일본 포병은 보병과의 합동 작전을 수행하기에 만족스럽지 못했고 준비도 부족한 것으로 평가되었다. 공병 부대의 임무 수행도 불만족스러웠다. 외국 언론은 허약한 일본 기병대를 부각시켰다.

실제로 러시아는 일본군을 정확하게 평가하지 못했다. 일본군은 독일 군사 교관에게서 훈련받았으며, 훈련 수준은 서유럽 수준에 근접해 있었다. 군 내에는 공세적 성향이 확립되어 있었다. 그러나 일본군의 공격적 기세는 극도로 조심스러운 나머지 간혹 우유부단함으로 변질되기도 했다.

독일 교리로 훈련된 일본군 보병은 러시아군과는 반대로 화력의 현대적 의미를 정당하게 평가하고 수송대에 엄청난 양의 탄약을 보유했다. 일본군은 백병전을 거부하지 않으면서 화력에 의한 돌격도 준비하였다. 방어에서 소총 화력의 중요성이 강조되었던 보어 전쟁의 경험에도 불구하고, 러시아군과의 첫 번째 전투에서 밀집 대형으로 공격을 감행했던 일본은 막대한 병력 손실을 입었다.

일본 육군은 포위 작전과 교차 사격에 익숙해지도록 훈련받았지만 실전에서는 오직 포위 작전만을 추구했는데, 그것도 언제나 끝까지 수행되지는 않았다. 인위적으로 습득된 전술이 완전히 체득되지 않은 것이다.

일본 육군이 가장 신경 쓴 부분은 보병 개개인의 각개전투였다. 보병들은 인공 장애물 극복과 자체 참호 구축에 익숙해질 때까지 훈련받았다.

일본 육군의 단점은 행군 속도가 느리다는 데 있었다. 일본군 병사들은 행군 대열에서 특정한 위치를 점하지 않고 무질서하게 이동했다. 스스로 피곤하다고 느낀 병사들은 대열에서 이탈하여 앉을 수 있었으며, 군장과 신발 등을 추스렸다.

빈약한 일본군 기병은 타격 활동을 위해 운용되지 않았다. 보병 부대로부터 3킬로미터 이상 이격하지 않았다. 기병은 냉병기(칼이나 창 등)를 사용하지 않았으며, 적군과 교전 시에 말에서 내려 화기를 사용했다. 정찰 활동에 관한 기병 훈련은 충분하지 않았고, 일본군은 첩자에게 더 많이 의존했다.

포병은 만족할 만한 수준으로 준비되어 있었다. 비록 러시아 포병에 비해 발사 속도나 사정거리가 열세였다고는 하나 기술적 측면에서 잘 훈련받았고, 엄폐된 진지로부터 포격할 수 있는 능력은 전쟁 초기 일본 포병의 큰 장점이었다. 나중에 러시아군이 엄폐된 진지에서 포격하기 시작하자 상황이 급반전되었다. 포병 간 전투는 대부분 러시아 측이 승리했고, 이후에 일본군은 사격전과 백병전에서 승리를 구해야 했다. 포병의 약세로 일본군은 종종 야간 작전을 선택해야 했다.

무기 체계

1900년 일본 육군은 조준 거리 2,000미터, 구경 6.5mm, 5발들이 탄창형 소총인 1897년식 아리사카 소총[39]으로 교체했다. 무라

타식 소총은 후비군과 지방 부대에 보급했다. 이 소총들은 조준 거리는 길었으나 총구 속도는 늦었다.

필요할 경우 아리사카 소총에는 단검을 총검으로 장착할 수 있었으며, 무라타식 소총에는 사브르식 장검을 장착할 수 있었다. 기병대는 사브르[40]와 기병용으로 개조된 아리사카 소총으로 무장했다.

소총 1정당 휴대하거나 적재할 수 있는 탄약은 초기에는 300발이었으나 나중에는 그 수가 상당히 증가했다.

야전포병과 산악포병은 최대 사거리 4.5킬로미터인 1898년식 75밀리 아리사카 포로 무장했다. 총 13개 사단 중에서 6개 사단에 산악포병이 배치되었다.

요새포병과 공성포병은 크루프사[41]에서 제작한 최대 구경 280밀리의 대구경 포들을 보유하고 있었다. 일본 포병은 포 방패와 완충 장치를 갖추지 못했으며, 탄도의 궤도가 가팔라 사격의 정확도가 낮았다.

일본의 군사 공업은 아직 초보적 단계를 벗어나지 못했다. 오사카(大阪) 조병창(造兵廠)에서는 소량의 포만이 제작되었기 때문에 일본은 크루프사와 슈네이더사[42]의 공장에서 포를 수입할 수밖에 없었다. 기관총 역시 포의 상황과 동일하여 외국에서 구매했다.

전반적으로 일본은 기술 자립도가 낮았다. 아리사카 소총 역시 핵심 부품은 독일 소총과 본질적으로 차이가 없었다.

병참

병참 조직에서는 일본이 러시아보다 훨씬 우위에 있었다. 독일식 모델에 따라 고안된 일본군 작전술은 포위용 기지를 필요로 했는데, 이 기지가 각 군의 개별적 행동을 가능하게 해주었으며, 각 군 간의 연합은 곧 적군의 포위를 의미했다.

일본 해군의 도고 헤이하치로(東鄕平八郎) 제독이 성공적인 기동으로 제해권을 장악하고 육상에서는 뤼순을 포위함에 따라, 러시아 육군의 주력이 위치한 랴오양~하이청(海城) 지역을 향해 동쪽과 남쪽에서 이동 중이던 일본 육군에게 군수품을 공급하기 위한 병참 부대 편제가 가능해졌다.

일본 육군은 세 개의 중요한 교통로에 의존하고 있었다(그림 2). 구로키 다메모토(黑木爲楨)의 제1군은 압록강에서 사허쯔(沙河子)와 펑황청(鳳凰城)을 거쳐 랴오양과 묵덴 방면으로, 노즈 미치쓰라(野津道貫) 장군의 제4군은 다구산(大孤山)에서 슈옌(岫巖)~랴오양 방면으로 움직였다. 이 통로에서 보급은 크게 이루어지지 않았고,

제4군이 동청철도의 남만 지선(南滿支線)에 접근함에 따라 제4군은 제2군과 함께 잉커우(營口)에 근거지를 정했다. 셋째 교통로는 남만 지선으로 주로 2군이 사용했다.

일본군은 짐마차가 부족하여 병참 부대 편성에 어려움이 많았다. 이는 다시 작전 전개가 느려지는 데 영향을 끼쳤다. 구로키 군은 압록강에서 랴오양까지 총 250킬로미터를 이동하는 데 4개월이나 걸렸다. 이후 야전 철도가 부설되었고, 이로 인해 병참 위기가 완화되었다.

사허쯔까지 모든 형태의 군수품이 해상으로 보급될 수 있었지만, 그 후 산악 지형이거나 도로가 없는 지역에서의 운송은 심각한 곤경을 겪어야 했다. 압록강에서 평황청까지의 야전 철도 부설에 착수하기 전까지 평황청에 집결한 제1군에 양식을 공급하기 위하여 75킬로미터의 거리를 손수레로 운송하는 데 6만 명의 짐꾼이 필요했다.

이후 일본은 이 지역에 철도대대를 배치하여 야전 철도를 부설했다. 이 부대는 전쟁 초기에 부산~서울 간 철도를 부설하는 임무를 부여받았다. 그 후 일련의 비포장도로가 정리되었다.

1904년 10월 초에 야전 협궤 철도가 제1군의 평황청까지 부설되었으며, 랴오양을 향한 철도 부설이 완만한 속도로 진행되었다.

제2군과 이후 제4군은 남만 지선에만 의존한 것이 아니라 잉커우~다스차오(大石橋) 지선과 잉커우~랴오양을 연결하는 2개의 비포장도로를 이용했다. 랴오허 역시 교통로로 이용되었다.

러시아군 지휘부는 퇴각 시에 철도를 파괴해야 한다는 사실을 망각했다. 그 결과 일본군은 중단 없이 보급을 진행할 수 있었고 그만큼 일본군의 작전 수행도 용이해졌다. 일본군은 다롄(大連)에서 약 300량의 러시아 화차를 노획했다. 그러나 일본 내에는 러시아식 광궤에 맞는 기관차가 없었던 관계로 일본군은 궤폭 재조정 작업에 착수할 수밖에 없었다. 궤폭 재조정에 많은 시간이 소요되었고, 1904년 9월에 가서야 작업이 완료되었다. 기관차를 획득하기 전까지 일본군은 인부를 동원하여 적재된 화차를 손으로 끌어서 엄청난 거리를 이동했다. 당시 육로를 통한 보급은 말이 없어 사람이 끄는 짐마차로 이루어졌다.

그러나 위와 같은 교통로가 존재함에도 동력으로 인력을 이용했다는 점, 주 창고와 추진 창고 등이 존재했으나 공업 및 농업 자원이 부족했다는 점 등으로 인하여 보급품을 지속적으로 원활히 공급할 수는 없었다. 심지어 일본이 산업 시설을 최대한 가동했음에도 필요한 전투 비품과 기타 군수품을 생산하는 데에는 충분하지 않았다. 그 결과 일본은 순차적인 작전을 위해 충분한 자원을 축적하려고 전투 간의 시간 간격을 크게 늘려야 했다.

위와 같은 이유에서 일본군은 병사들에게 식료품을 정상적으로 공급할 수 없었으며, 그 결과 생소한 남만주의 기후 조건에서 다수의 병사자가 발생하기도 했다. 전쟁 기간 일본군은 질병으로 약 2만 6,000명의 병력 손실을 보았다.

부대 병참의 경우, 각 사단은 보급품을 자체 보유했다. 사단 수송대에는 4일분의 식량이 있었다. 연대 수송대는 말이 끄는 수레를 이용하고 있었으며, 하루 치의 예비 식량을 확보했다. 그 외에도 각 병사는 3일 치 예비 식량을 개인적으로 보유했다.

해군의 특징

일본의 해군 증강 계획은 전쟁 직전 완수되었다. 이때 일본 함대는 1905년 완료 예정인 러시아 태평양함대를 능가했다.

차르 정부는 일본 해군력의 증강을 인식하지 못했다. 1895년 일본은 시모노세키 강화조약에 따를 수밖에 없었으며, 1898년에는 러시아 태평양전단과 비교했을 때 해군력의 열세를 감안하여 러시아가 관둥반도를 조차하는 것에 동의해야 했다. 그러나 1904년 일본 함대는 강력해졌으며 러시아의 해군력을 추월했다. 당시 극동에서 차르 해군의 상비 부대는 75개 전투단위로 구성되었으며 총 배수량은 19만 2,276톤이었던 데 반해, 일본 해군의 상비 부대는 약 100개 단위 부대, 총배수량이 26만 931톤이었다. 러시아와 일본 전함의 전투 능력, 무장과 항해 속도 등을 감안할 경우 일본 함대의 전투력은 러시아보다 1.5배 정도 상회했다.

일본 함대의 우위는 일본 해군 함정이 최신 해양 기술을 바탕으로 건조되고 무장되었다는 데 있었다. 당시 러시아는 함대 건조에 막대한 자금을 투입하였음에도 일본에 비해 함포의 위력이 뒤떨어지는 구식 전함의 수가 상당히 많았다. 외국에서 러시아에 판매할 목적으로 건조된 전함들은 외국 조선소와 결탁한 부패한 해군 고관들의 착복으로 인해 천문학적 고가로 구입했어도 품질이 낮았다. 이에 대해 해군 중위 시미트(Л. Шмидт)는 다음과 같이 적고 있다.

리에파야(Либава)[43]에 체류하여 로제스트벤스키(З. П. Рожест-венский)[44]의 분함대를 조직하는 8개월 동안, 상선 업체에서는 볼 수 없었던 관료주의 체제의 모든 병폐를 목격할 수 있었다. 이 희한한 메커니즘 속에서는 정직한 업무 수행 외에는 모든 일이 권장되었다. 피땀 흘려 얻은 수백만 루블이 어디로 향하는지 목격하면서, 여기에 참여하는 일이 혐오스러웠다.

　일본 함대의 병력은 상업 항해와 해양 산업의 발달에 힘입어 천부적인 수병으로 구성되었으며, 그들 중에서 많은 이들이 청일전쟁에 참전한 전쟁 경험자이자 해양 분야의 귀중한 전문가들이었다.

　러시아 함대의 병력은 해군 업무와는 거리가 먼 예비군에서 상당수 충원되었다.

　일본 해군이 포격 훈련을 충분히 한 데 비해 러시아 해군은 훈련이 부족했다. 그 결과 러시아 함대는 해전에서 적에게 타격을 입히지 못하고 막대한 손실만 입는 경우가 많았다. 대부분 구식 함선으로 구성되고 무능한 장교들의 지휘를 받은 로제스트벤스키의 분함대가 궤멸된 원인 역시 어느 정도는 훈련 부족에 있었다. 쓰시마 해전에서 일본 함포의 정확도와 발사 속도는 러시아 함대를 궤멸시켰지만, 러시아 측은 강력한 화력을 보유했음에도 명중률은 매우 낮았다.

　일본 함대의 우수한 항구와 독(dock) 시설은 보급과 정비를 손쉽게 해주었다. 반면 러시아의 태평양함대는 뤼순 항 하나에 의존했으며, 시베리아철도를 통해 보급을 받았다. 그에 더해 태평양에서 러시아 함대의 불리한 점은 태평양분함대와 극동분함대가 일본

함대에 의해 양분되었다는 것이다.

러시아 함대의 지휘부는 일본 해군이 위장 도색을 하리라고는 예상하지 못했고, 이 때문에 러시아군은 표적을 쉽게 찾을 수 없었다.

기술의 후진성과 수병 교육의 부족 외에도 러시아 함대에는 유능한 장교들과 함대사령관이 없었다. 열정적이고 경험 많은 태평양분함대의 지휘관 마카로프(С. О. Макаров) 제독은 자신이 승선한 장갑순양함 페트로파블롭스크(Петропавловск)호가 기뢰를 건드려 침몰하면서 전쟁 초기에 전사했다. 그를 대신한 인물은 태평양함대의 참모장으로서 제독 임명 사실에 스스로 놀라움을 금치 못했던 비트게프트(В. К. Витгефт)였다. 그는 극도로 의지가 약했으며 우유부단하고 소극적인 성격의 소유자였다. 그는 함대의 나머지 전함을 패배로 이끌고 그 자신 역시 일본 포탄에 맞아 전사했다. 발트분함대 지휘관으로 임명된 로제스트벤스키는 그 직위에 더욱 적합하지 않았다. 그는 평범한 데다 무지했으며, 해양 기술의 현대적 요구 사항을 이해하지 못했다. 첫 전투부터 망연자실했던 로제스트벤스키는 자신의 함대를 전투태세로 준비시키지도 못했으며, 쓰시마에서 일본 해군을 대면했을 때는 함대를 제대로 통제하지도 못했다.

그에 비해 일본 함대의 주력 부대는 영국 해군에 유학한 도고 제독의 지휘를 받고 있었다.

이와 같이 무기는 물론 구성원의 훈련 면에서도 일본 함대가 러시아 함대를 월등하게 앞서고 있었다.

쿠로파트킨과 오야마

총사령관은 쿠로파트킨과 오야마였다. 쿠로파트킨은 새로운 당대 여건을 고려하지 않고 19세기 초 모델의 전략을 차용하여 '영원히 변치 않는' 전쟁술 원칙을 고수하고 있었다. 오야마는 독일 통일전쟁 당시의 작전 모델을 모방하는 데 어떤 의심도 없었다. 쿠로파트킨 전쟁술의 중심 사상이 한 방면을 타격하기 위한 나폴레옹식 집중이었다면, 오야마의 중심 사상은 스당 전투를 재현하는 포위 전술이었다.

양 지휘관의 이러한 작전술 차이는 어느 정도는 만주의 환경에 기인했다. 즉, 러시아의 유일한 병참로는 철도였으며, 따라서 그 병참로 근처에 배치된 병참 기관에 병력을 집결시킬 필요가 있었다. 반면 일본군의 광범위한 포위 기지는 외부 전선 작전을 가능하게 했다.

쿠로파트킨은 1860~80년대에 투르키스탄, 부하라 및 코칸트 등 토착 정부들과의 전쟁에 참전하여 중앙아시아에서 차르 체제 전제정의 정복 정책을 수행하면서 전투 경험을 쌓았다. 1874년 총참모대학을 졸업한 그는 프랑스 식민주의자들에 대항하여 봉기한 원주민들을 진압하기 위해 투입된 프랑스군의 사하라 원정을 참관했다. 러시아·투르크 전쟁 당시에는 스코벨레프의 참모장으로 참전하면서 행정 관리를 하는 사무적인 방법을 익혔지만 스코벨레프의 정열과 결단력을 배우지는 못했다.

쿠로파트킨은 이론 지식과 더불어 다양한 실전 경험을 쌓았지만 계획한 목표를 달성하려는 창의력과 불굴의 의지가 부족했다. 최근 수년 동안 행정적인 업무에 종사했던 그는 현지 상황을 평가하여 신속한 결정을 내리고 그 결정을 강력하게 추진할 수 있는 능력을 갖춘 지휘관은 아니었다. 쿠로파트킨은 천성적으로 다른 사람이 결정을 내릴 수 있도록 자료를 준비하는 참모였다. 쿠로파트킨은 창의적으로 일하는 사람이 아니었고, 폭넓은 작전적 식견이 부족한 베르티에[45] 같은 총참모부 참모역이었다.

제정 체제의 모순이 나타난 차르 군대는 20세기의 길목에서 군을 승리로 이끌, 능력 있는 군사 지휘관들을 양성하지 못했다. 러시아군이 선택한 인물은 스코벨레프의 후광을 업고 일했던 쿠로파트킨이었다. 쿠로파트킨도 자신이 지휘관의 역할에 적절하지 않음을 인식한 듯하다. 그는 만주군 총사령관에 임명되자 회답 형식으로 니콜라이 2세에게 발송한 전문에서 "폐하의 선택이 저에게 머무른 것은 오직 인재의 빈곤함 때문일 것"이라고 언급했다.

쿠로파트킨은 군 지휘관으로서 결단력을 지니지 못했고 패배를 지나치게 두려워했다. 패배의 두려움이 그를 압도했고 승리에 대한 욕망을 짓눌렀다. "그는 전투를 원했지만, 그와 동시에 전투를 두려워했다. 그는 승리를 갈망했으나 패배를 두려워했다."[46] 그가 상황을 결정적인 전투로 이끌지 못한 것은 "작전이 적정한 규모보다 더 커지지 않도록 해야 한다"라는 두려움 때문이었는데, 그런 점에서 그는 용기도 모험심도 없었다. 쿠로파트킨은 "만약 작전술이라는 것이 모험을 전혀 필요로 하지 않았다면 전공의 영광은 범부(凡夫)의 몫이었을 것"이라는 나폴레옹의 격언을 잊고 있었다.

나폴레옹 작전술은 상황에 대한 충분한 정보 없이도 신속하고 과감하게 행동할 것을 요구했지만, 쿠로파트킨은 적절한 시기에 개전 결정을 내리지 못하고 적에 대한 완전한 정보가 수집될 때까지 기다렸다. 정찰을 훌륭하게 실행해도 지속적으로 변하는 상황에 대해 완전한 정보를 확보할 수 없는 것이 지휘관의 입장임에도 불구하고, 쿠로파트킨은 전쟁 기간 내내 결정적 행동을 할 준비만 하였다.

의지력이 약하고 우유부단했던 쿠로파트킨은 독자적인 작전 결정을 내릴 수 없었다. 매 작전에 앞서서 선임 지휘관들의 의견을 청했으며, 결심을 실행하겠다는 단호함 없이 '미지근한' 결정을 했다. 이와 동시에 쿠로파트킨은 부하의 주도권과 자주권을 박탈하고 자질구레한 일상적인 일까지 통제하는 경향을 보였다. 그는 전투에서 중요한 것을 희생하면서까지 자질구레한 일에 열중하여 수십만 병사들을 개인적으로 직접 통제하려 했다.

쿠로파트킨은 근면하고 열심히 일했지만 군사적 감각도, 사람을 보는 능력도 갖추지 못했다. 그는 막대한 책임이 따르는 과감한 결정을 내리지 못했으며, 군사력의 우위를 승리의 유일한 여건으로 인식했다.

그러나 쿠로파트킨의 지휘 능력 부재가 패전의 원인이 아니었음은 재론의 여지가 없다. 쿠로파트킨은 단지 차르 체제의 육군과 지휘부가 겪고 있던 위기의 표상이었다. 러시아군 지휘부의 개인적 자질은 차르 체제의 패배를 앞당기고 그 규모를 더 크게 만든 것일 뿐이었다.

쿠로파트킨의 상대는 오야마였다. 그는 1860년대 군주 체제를 강화하기 위한 내전에서 전투를 처음 경험하였다. 1870년 그는 무관 자격으로 프로이센 육군에 파견되어 프로이센·프랑스 전쟁의 종전 때까지 전장에 머무르며 독일 작전술을 연구했다. 종전 후 오야마는 일본으로 바로 귀환하지 않고 프랑스를 거쳐 스위스로 향하여 군사학 전반을 연구했다. 사쓰마 반란[47]을 진압한 후 오야마는 유럽에서 재차 군사학 연구에 임했다. 이후 육군대신에 임명되어 주도적으로 일본 육군을 재조직했다. 청일전쟁 당시 오야마는 돌격전으로 뤼순을 점령한 군대를 지휘했으며, 러일전쟁 시기에는 육군 총사령관 지위에 오른다.

쿠로파트킨이 나폴레옹을 모방하여 베네데크, 바젠 그리고 마크마옹과 흡사한 반면,[48] 오야마는 성공적으로 독일식 작전술을 모방했지만 적을 스당으로 몰아넣는 우회 포위 작전까지는 조직하지 못했다. 러일전쟁의 상황이 프로이센·프랑스 전쟁의 상황에 비해 포위 작전에 더 유리했다는 사실은 의심의 여지가 없다. 차르 체제 육군의 전투력은 제2 제국 시기의 프랑스 육군보다 교전에 능하지 못했다. 전쟁터로서 만주의 특징은 우회와 포위에 더 적절했다. 프랑스 육군이 자국 영토에서 전쟁을 수행한 데 비해, 러시아 육군은 생소한 산악 지형에서 전쟁을 치렀다. 프로이센은 더 좋은 무기[49]로 무장한 프랑스를 상대했지만, 일본은 무기의 특성에서 러시아보다 유리했다. 또한 1904~05년 당시 러시아군의 통신 수단 역시 1870년 프랑스군에 비해 열등했다.

대규모 군대와 크게 발전된 무기라는 조건하에서 치러진 1914~18년 1차 세계대전 당시 전략적 규모에서 보면 스당 전투는 비합리적이었으나, 20세기 문턱에서 '스당'과 같은 작전 계획은 아직 쓸모 있는 것이었다. 그러나 그것을 실현하려면 오야마는 러시아 육군의 연락망을 위협할 수 있는 과감한 모험을 감행해야 했다.

오야마는 작전을 성공적으로 완수하기 위하여 자신에게 필요했던 결단성을 보여주지 못했다. 오야마로부터 상당한 자주권을 부여받은 일본군 지휘관들 역시 결단성이 부족했다.

오야마의 행동은 쿠로파트킨에 비해 성공적이었다. 그러나 모든 전쟁이 이전의 전쟁 상황과는 다른 상황에서 군사 지도자에게 작전상의 문제를 새로운 방식으로 해결할 가능성을 제공한다면, 러일전쟁에서의 오야마가 쿠로파트킨보다 더 자기 시대의 수준을 넘어섰다고 할 수는 없다. 즉, 두 명의 지휘관 모두 전략에서는 모방의 한계를 벗어나지 못했다.

제6장

전장戰場 개관

만주는 두 개의 거대한 산맥으로 둘러싸인 평원으로 이루어져 있다. 다싱안링(大興安嶺)산맥은 아무르강(헤이룽黑龍강)의 북쪽 굴곡에서부터 시작하여 남쪽으로 이어지다 몽골로 향하며, 산줄기는 서쪽과 동쪽으로 뻗어있다. 백두산에서 시작하여 동북쪽으로부터 서남쪽으로 이어지면서 랴오둥반도에서 끝나는 창바이(長白)산맥은 만주의 동부를 가로지른다. 이 두 개의 산맥은 쑹화(松花)강과 그 지류 중 하나인 넌(嫩)강의 산악 계곡으로 이어진다. 다싱안링산맥의 북부는 샤오싱안링(小興安嶺)산맥으로 이어지는 이러후리(伊勒呼里)산의 지맥과 연결되어 있다.

행정적으로 만주는 헤이룽장(黑龍江)·지린(吉林)·묵덴의 3개 지방으로 나뉜다.

만주는 지리적으로 북만주와 남만주로 구분되지만 그 둘을 구분하는 구체적인 경계는 존재하지 않으며, 일반적으로 지린보다 약간 북쪽인 북위 약 44도를 기준으로 구분한다. 양 지방은 문화·기후·식생에서 차이가 난다.

북만주

러시아 국경과 마주하는 북만주는 일부는 산악 지대이며, 일부는 쑹화강과 그 지류가 가로지르는 평원이다. 러시아의 극동은 이 평원에서 곡물을 조달했다.

북만주의 산악은 타이가(taiga) 지대이며, 일부 지역에서는 풍해로 쓰러진 나무들을 얽어매며 자라는 넝쿨식물 때문에 접근이 어렵다. 치치하얼(齊齊哈爾)과 보두네(현 쑹위안松原) 사이에 있는 공간은 염도가 있는 스텝 지대다.

다싱안링산맥은 자바이칼주와 몽골에서 동쪽에 이르는 모든 길을 가로막고 있고, 부대는 하이라얼(海拉爾) 저지대를 지나는 길만 이용할 수 있다.

창바이산맥의 큰 주맥에서 갈라져 나온 일련의 산맥들은 남쪽에서 북쪽으로 주 산맥과 평행하게 놓여 연해주와 조선을 향한 유용한 진지로 이용될 수 있다. 이 산맥의 지세는 상당히 험난하여 조선 방면으로부터 진격해 들어오는 데 장애물로 작용했다. 쑹화강과 그 지류의 계곡을 제외하면 남만주에서 북만주로의 이동에는 장애물이 없다.

아무르강과 아르군강은 방어 경계선으로 활용될 수 있었다.

배가 다닐 수 있는 아무르강은 러시아와 만주의 국경을 이루고 있다. 아무르강의 강폭은 최소 0.5킬로미터에서 최대 3킬로미터에 달한다. 아무르강의 좌안(러시아 지역)은 인구밀도가 높고, 대부분의 마을은 강안을 따라 형성된 큰 도로와 인접해 있었다.

아르군강 역시 국경선을 이루고 있다. 아르군강에는 다리가 없었으나 강 중류의 수량이 적은 곳에서는 도보로 건널 수 있는 얕은 여울이 수십 곳 있다. 이 강은 아바가이투(Абагай туй)와 추루하이투옙스키(Цурухайтуевский) 사이가 통과하기 힘들다.

북만주에서 방어선으로는 다싱안링·샤오싱안링산맥과 남쪽에서 북만주에 이르는 모든 길을 차단하는 쑹화강을 들 수 있다. 치치하얼, 지린, 묵덴 방면을 차단하는 넌강도 중요한 의미를 지닌다.

북만주에는 도로가 적으며 우기에는 통행이 곤란했다. 지린은 자바이칼, 아무르, 연해주에서 남만주로 향하는 중요 교통로가 집결되는 지점이었다.

1900년 기준으로 북만주의 인구는 950만 명이었으나 그들의 거주 지역은 전체 북만주 면적의 3분의 1도 채 되지 않았으며, 그나마 대부분의 마을은 최대치의 인구 밀도를 보이던 하얼빈, 지린, 쑹화강 유역에 집중되어 있었다. 러시아 국경 지대는 주민이 거의 거주하지 않았다.

주민의 주업은 쑹화강과 넌강 유역의 비옥한 토지를 이용하는 농업이었다. 주요 농작물은 밀·보리·수수 등이며 귀리는 재배하지 않았다.

주민들 중에는 홍수와 기아로 인해 중국 내륙으로부터 이주한 빈민이 많았다. 자신의 농지가 없었던 이주민들은 이 지역의 지주나 부농에게 일용직 농부로 노동을 팔거나 양조장 또는 식용유 공장에서 일자리를 찾았다. 이주민의 일부는 비싼 지대를 내는 조건으로 지주의 소작농이 되기도 했다.

북만주의 도시 중에서 넌강변에 있으며 인구 7만 명을 헤아리던 무역 도시 치치하얼을 눈여겨볼 만하다. 이 도시는 벽돌로 된 성벽으로 둘러싸여 있었다. 하얼빈은 러일전쟁 당시 러시아군의 병참 기지 역할을 했다. 가장 큰 중심지는 지린으로서 중국인 인구만 약 10만 명에 달했다. 지린은 4미터 높이에 3미터 두께의 벽돌 성벽으로 둘러싸여 있었다.

북만주는 강한 대륙성 기후에 강우량이 많아서 종종 깊고 물살이 거친 하천이 여러 개 형성된다.

북만주에서의 생활은 지방 관리의 자의적 결정이 주민들을 구속하는 소위 관습법에 기초하고 있으며, 남만주도 마찬가지였다. 이곳에서 사형 집행은 아주 빈번한 일이었다.

1900~01년의 전쟁은 지역 주민들의 상황을 더욱 악화시켰다. 마을 일부가 파괴되었으며, 파종된 경작지가 마구 짓밟혔다. 외국 간섭 초기에 주민들은 기아의 고통을 겪었다. 러시아 점령군은 주민들에게 정복자처럼 행동했다. 거주지로부터의 추방, 자유로운 이동 금지, 체포, 심지어 사형과 같은 모든 것들이 러일전쟁 발발 직전까지 자행되었다.

이상과 같이 북만주 전장의 지형 구조상 공격 행동은 특정한 방면에서만 전개될 수 있었다. 북만주에서 진행된 차르 체제의 경솔한 식민 지배 정책의 결과는 러일전쟁 당시 러시아군에 대한 지역 주민들의 반감으로 나타났다.

남만주 전장

러일전쟁 당시 랴오둥반도의 러시아 조차지가 직접적인 위협에 처했다는 점에서 남만주 전장은 북만주 전장과는 비교할 수 없을 정도로 훨씬 더 중요한 의미가 있었다.

일본군이 동청철도의 남만 지선을 점령함에 따라 관둥 수비대와 러시아 중심지 간의 연락이 단절될 위험이 발생했다. 이 외에도 1904년 남만주 전역의 중요성은 이곳에 러시아 함대가 위치하며 일본군이 상륙하기 좋은 곳이라는 데 있었다.

남만주는 랴오허의 넓은 유역을 사이에 둔 두 개의 산맥으로 구성된 지형이다. 랴오허에서 동쪽으로는 랴오둥산맥이 뻗어나가고, 서쪽으로는 랴오시(遼西)고원이 지나고 있다. 창바이산맥의 남쪽 산맥인 랴오둥산맥은 랴오허로부터 동쪽으로 이어지면서 한반도로부터 랴오허만(灣)으로 향하는 방향의 큰 장애물이다. 타이쯔허(太子河)에서 남쪽으로는 몇 개의 통로가 있는 펀수이링(分水嶺)산맥이 가장 중요한 의미를 지닌다. 이 고원 지대는 타이쯔허에서 북쪽으로 창바이산맥 산줄기와, 일부는 산맥을 넘는 고개가 많은 펀수이링과 연결된다. 여기에서 펑황청~랴오양 방면이 접근하기 가장 용이하다. 창바이산맥의 서쪽 산줄기인 다링(大嶺)산맥은 훈허

(渾河)와 타이쯔허 사이에서 끝난다.

다링산맥의 북쪽 산줄기가 끝나는 곳은 훈허의 계곡이다. 남쪽 산줄기가 끝나는 곳은 타이쯔허의 계곡을 넘어서 이어진다. 랴오둥산맥은 서쪽으로 가면서 계속해서 고도가 낮아진다. 남만주를 허베이성과 연결해 주는 랴오시고원은 만리장성으로부터 랴오허와 몽골 국경이 교차되는 지점까지 이어지면서 군대의 이동에 방해되지 않는 구릉지를 이룬다.

남만주는 랴오둥반도에서 끝난다. 랴오둥반도의 북쪽은 도로가 없는 산악 지형이지만, 랴오둥만이 있는 바다로 향하면서 평원으로 바뀐다.

남만주는 랴오시고원에서만 소규모의 미루나무 숲을 볼 수 있을 정도로 숲이 빈약하다. 그 외에 고원의 강 계곡을 따라 주로 모여있는 관목 숲과 미루나무 숲이 있다.

남만주 지역에는 랴오둥만과 조선만(서한만) 등 두 개의 만으로 흘러드는 많은 강들이 흐른다.

랴오둥만으로 유입되는 강 중 랴오허가 가장 중요하다. 제방으로 에워싸인 저지 강안을 관류하는 약 650킬로미터의 유역을 따라 150~750미터 폭으로 느리게 흐르는 랴오허는 가장 큰 장애물이다. 랴오허의 강폭은 타이쯔허와 훈허가 합류하는 지점에서 가장 넓다. 강의 수심은 1~6미터다. 강 중류에 많이 형성된 얕은 여울로 강을 쉽게 건널 수 있다. 흘수선이 낮은 배들이 강을 따라 항해할 수 있어 교통로로 사용할 수 있다. 랴오허의 좌측 지류인 훈허와 타이쯔허는 랴오허와 평행으로 흐르며, 랴오허와 합류하여 하나의 강이 된다. 건기에는 이 지류를 건널 수 있지만 우기에는 북만주에서 남만주로 향하는 이동로상에서 큰 장애물이 된다. 타이쯔허의 오른쪽 지류인 사허(沙河)는 수심은 깊지 않고 강폭도 25미터를 넘지 않는다. 건기의 타이쯔허에서는 랴오양에 이르기까지 많은 여울이 나타나지만, 하류부터는 건너기 곤란하다.

조선만으로 유입되는 가장 규모가 큰 강은 조선과의 국경선을 이루는 압록강이다. 백두산에서 발원하는 이 강은 다른 강과 달리 유속이 빠르며, 전체에 걸쳐 몇 개의 여울이 있다. 강의 하구는 모래톱으로 갇혀있어서 대형 선박은 진입할 수 없다. 상류에서 80미터인 압록강의 강폭은 하류로 내려오면서 점점 넓어져서 하구에서는 4킬로미터에 달하고, 많은 지류가 형성되어 있다. 압록강으로 흘러드는 지류들인 아이허(靉河)와 안핑허(安平河)가 합류하는 압록강 하구 사이에는 몇 개의 섬이 있다. 도로가 없는 산악 지형을 흐르면서 일부 지점에서는 늪지대에 의해 이동이 단절된 압록강은 조선에서 남만주로 향하는 교통로에서 가장 큰 장애물이다.

남만주의 비포장도로는 굴곡이 심하고 길 양편에는 수수가 사람 키보다 높게 자라는데, 이 모든 것이 방향 측정에 심각한 장애로 작용했다. 건기에는 도로의 먼지가 심하며, 강우 시에는 서서히 마르는 진흙으로 도로가 뒤덮여서 짐마차는 물론 사람조차 다닐 수 없는 상태가 된다. 도로가 마르면서 이동을 곤란하게 만드는 큰 흙덩어리가 형성된다. 노반 침하가 계속되자 주민들은 다른 방향으로 새 도로를 만들어야 하는 경우가 발생했다.

만다린 도로에만 인공 도하 시설이 있었지만 통상 황폐한 상태였다. 만다린 도로의 교차점은 묵덴이었다. 묵덴은 테링(鐵嶺), 파쿠먼(法庫門), 잉커우, 산하이관(山海關), 뤼순, 펑황청에서 시작한 도로가 합류하는 지점이었다.

남만주 인구는 대부분 만주족과 한족이다. 1904년경 주민 수는 900만 명을 상회했다. 주민이 증가한 원인의 일부는 황허 범람에 의한 홍수, 극심한 실업에 따른 한족의 대규모 이주였다. 북만주와 마찬가지로 남만주의 빈민들도 현지의 소규모 기업에 취직하거나 지주 또는 부농의 소규모 소작농으로 정착했다. 주민은 랴오허 계곡과 랴오둥만 연안을 따라 가장 밀집된 형태로 정착했으며, 대부분 농업을 생업으로 삼았다. 주 재배 작물은 옥수수·수수·콩·고량 등이었다. 부족한 밀과 쌀이 부유한 계층을 위해 수입되었다.

농촌 주민들은 점토로 만든 두께 1미터, 높이 2미터의 담장에 둘러싸인 가옥에서 생활했으며, 가옥의 재료 또한 담장과 동일했다. 남만주에서 가장 큰 도시는 무역과 공업의 중심지로서 주민이 약 30만 명에 달했던 묵덴이었다. 묵덴에는 성벽이 있었는데 외벽은 점토로, 내벽은 석재로 구축되었다.

다른 대규모 도시로는 석조 성벽으로 둘러싸인 인구 7만의 랴오양이 있다. 랴오양은 묵덴·펑황청·잉커우와 도로로 연결되어 있었다. 랴오둥산맥 밑에는 인구 4만의 펑황청이 있었다.

만주에서 유일한 항구는 일본인들이 이용하는, 랴오허강 하구에 위치한 잉커우였다. 1900년에 이곳에는 이미 유럽풍 거리가 있었다.

남만주 기후는 더위에서 추위로 급속히 변화하는 것이 특징이다. 눈이 적은 겨울은 살을 에는 듯 추운 북풍과 서북풍을 동반한다. 추운 겨울 날씨는 여름이 되면 많은 강수량에 바닷바람을 동반한 무더운 날씨로 바뀐다. 만주에서 가장 좋은 계절은 더위가 수그러들고 비가 그치는 가을이다.

남만주 전장의 서부 지역은 지형적 특성이 러시아 유럽 지역의 저지대와 유사하여 러시아 병사들에게 더 친근했다. 반면 동부 지역은 산이 많고 도로는 없어 러시아 병사들이 활동하는 데 큰 어려움을 겪었다.

러일전쟁 당시 조선은 동쪽에서 랴오양 방면으로 활동하던 일본군의 전초 기지였다. 일본은 조선과 조선 남해안 지역을 점령함으로써 관둥과 블라디보스토크 간의 해상로를 단절시켰다. 바로 이 때문에 차르 정부는 조선 남해안을 확보하려고 노력했으나 일본이 이를 저지했다. 제해권을 장악한 일본은 조선의 서해안 제물포에 육군을 상륙시킬 수 있었으며, 바로 그 덕분에 한반도를 관통하는 장거리 행군을 하지 않아도 되었다.

작전 방향

러일전쟁을 통해 만주에서 작전상 가장 유리한 동선이 발견되었다. 일본의 각 군은 랴오양을 향해 각기 이동하면서 만주 내륙 침투에 용이하다고 생각되는 3개의 주요 방향을 선택했다.

구로키 다메모토 휘하의 제1군이 선택한 220킬로미터의 이동로는 사허쯔에서 평황청, 펀수이링 고개를 거쳐 랴오양으로 향하는 길이었다. 주민도 적고 접근이 어려운 산악 지형으로서, 몇 곳에서는 큰 고개를 넘어야 했다. 세류장(현 싱룽거우興隆溝로 추정) 근처에서 주요 도로로부터 보조 도로가 나뉘지만 타완(塔灣)촌에서 다시 주 도로와 합류한다. 이 방향에서의 이동은 불편했을지라도 창성(昌城, 압록강변)~콴뎬(寬甸)~랴오양으로 이어지는 노선이 보조 도로의 역할을 했다. 지름길은 이동이 곤란한 산악의 작은 샛길이 었다.

노즈 미치쓰라 장군이 이끄는 제4군의 주요 작전 방향은 총거리 179킬로미터의 다구산~랴오양 노선이었다. 보조 작전 방향으로는 140킬로미터의 다구산~하이청 도로와 거의 비슷한 거리의 다구산~가이저우(蓋州) 도로였다.

이 세 이동 방향 모두는 슈옌에서 각기 나와서 산악 능선을 통과하고 몇 개의 통과하기 어려운 고개를 가로질렀다. 이 방향의 장점은 뤼순과 러시아군의 주력 및 러시아 본토와의 연락을 단절시킬 수 있다는 데 있었다.

일본 제2, 제3군의 작전 방향은 뤼순~가이저우~랴오양을 잇는 총길이 약 350킬로미터의 철도 노선이었다. 일본군은 이 노선에서 자신들의 동선을 직각으로 가로지르며 배치된 일련의 강력한 진지와 만났다. 이러한 동선이 선택된 이유는 일본군의 군수품 보급에 가장 손쉬운 유리한 교통로였기 때문이다. 제2, 제3군의 두 번째 이동로는 피커우(皮口)~진저우(金州) 노선이었다. 일본은 제해권을 장악한 덕분에 아무런 방해를 받지 않고 이 노선을 이용할 수 있었는데, 이것이 뤼순의 고립으로 이어졌다.

총거리 120킬로미터가 넘는 잉커우~랴오양 방향(랴오허 계곡)은 강을 통한 수송로로 이용되었다. 부대 이동용 도로로 이용된 것은 잉커우~뉴좡(牛莊)~랴오양 노선이었다.

이와 같이 작전 지역에서는 기동할 수 있는 작전 방향이 제한되었다. 위에 언급된 이동 노선 이외는 예를 들면 남만주 전장의 동부 지역처럼 극도로 접근이 어렵거나 아예 불가능한 곳이었다.

철도의 상황은 다음과 같다. 1904년 당시 시베리아횡단철도는 이미 존재하고 있었다. 단, 환바이칼 구간[50]만은 전쟁 중 완공했다. 환바이칼 구간이 완공되기 전에 이동한 군부대는 얼어붙은 바이칼호를 이용했다. 호수가 견고하게 얼었을 때 군부대는 행군 대열로 호수를 통과했으며, 간혹 결빙된 호수 위에 부설된 임시 철도편으로 이동하기도 했다.

만저우리(滿洲里) 역에서 시작하는 동청철도는 포그라니츠나야(Пограничная, 쑤이펀허綏芬河) 역까지 이어져 만주를 관통했다. 하얼빈에서부터 남쪽으로 남만 지선이 부설되었으며, 뤼순이 남만 지선의 종착역이었다. 극도로 부족한 철도 자재, 그리고 대일 개전을 예견하여 부설 속도를 높일 필요성이 있음을 고려한 차르 정부는 시베리아횡단철도 본선에서와 같이 기술 조건을 준수하지 않았다.

1899년 러시아의 철도는 현지 주민 중에서 주로 뱃사공·짐꾼·하역부 등과 같이 철도 때문에 실업 위기를 느끼는 사람들의 공격을 받은 경험이 있었다. 1900년 여름에도 철도가 재차 공격을 받았다. 러시아 경비대와의 전투 중 중국인들이 막대한 손실을 입었음에도 여름이 끝나갈 무렵 대부분 철도는 중국인들의 수중에 장악되었다. 차르 정부가 경비대를 증강하면서, 중국인들의 대규모 운동이 시작되기 이전에도 경비대 유지 비용이 235만 루블에 달했다. 전반적으로 만주에서의 철도 경비는 대규모 군사력이 필요했기 때문에 묵덴 전투 무렵에는 철도 경비 병력이 5만 명에 달했다. 러일전쟁 당시 동청철도는 러시아군의 유일한 병참선 역할을 했다. 이런 상황에서 남만 지선은 예상되는 일본군의 조선으로부터의 작전 동선과 직각을 이루고있어 러시아군에게 불리했다.

산악 지형에다 형편없는 교통로마저 산맥으로 막혀있던 만주의 전쟁터는 사람의 손길이 닿지 않았던 만큼이나 군부대 움직임을 극도로 어렵게 만들었다. 오직 남만주 전장의 서부 지역에서만 기동 작전이 가능했다.

산악에서의 군사 행동은 각 부대에 전문적 훈련, 정확한 상황 판단, 그리고 산악 조건에 대한 부대 조직의 적응 등을 요구했지만 러시아군은 이를 충족시키지 못했다.

청일전쟁의 경험 및 대러 전쟁을 예상하여 이행된 전문적 연구를 통하여 일본군은 전장을 숙지하고 있었다. 러시아의 육군본부 역시 1901~02년에 만주에서 지형을 측량했다. 그러나 지도는 랴오양까지만 작성되었을 뿐, 그 이북 지역에서는 개별 도로만 측량했다. 러시아군이 전장의 산악적 특성을 파악하지 않음으로써 1904~05년의 전쟁에서 일본군의 군사 행동이 용이했다.

해상 전장

해군의 활동은 동해와 서해, 동중국해의 북쪽 수역에서 전개되었다. 동해와 서해를 연결해 주는 조선해협과 쓰시마해협 모두 일본이 장악한 상태였다. 이 해협의 근처에 5개의 일본 군항이 배치되어 있다. 그중 가장 중요한 군항이 사세보로, 일본 함대의 주 기지였다.

사세보 외에 일본 내해와 태평양 연안에는 조병창과 전함 수리·건조용 공장, 독, 그리고 예비용 석탄 등과 같이 함대용 군수 보급 및 함대의 항시적 전투 준비 태세 지원을 위해 필수적이고 훌륭한 시설을 갖춘 일련의 군항이 존재했다.

러시아는 극동에 단 두 개의 군항, 즉 블라디보스토크와 뤼순을 보유하고 있었다. 이 두 항구를 연결하는 가장 짧은 항로는 일본 해군력 집결의 중심지인 조선해협과 쓰시마해협을 통과해야 했다.

러시아의 군항 시설은 미비했으며, 함대를 위해 다양한 필수 물자도 확보하지 못한 상태였다. 블라디보스토크에는 대규모 전함용의 드라이 독과 절반 정도 장비를 갖춘 수리용 공방이 있을 뿐이었다. 예비용 석탄은 한정되어 있었다. 뤼순은 군항으로서 본질적인 결함을 지니고 있었다. 즉, 항만의 내해에는 해저 준설을 통해 충분한 수심을 확보한 수역의 면적이 좁았으며, 항구와 외해를 연결해 주는 출입구 역시 협소했는데, 그나마도 만조 시에만 입출항이 가능했다. 장갑함용 독과 선박 수리용 공방도 없었다. 포탄과 석탄의 예비 보유량 역시 많지 않았다.

다롄만에 위치하며 시베리아횡단철도의 종착 항만이고 원양 기선용의 훌륭한 적재 시설을 갖춘 무역항 다롄의 존재는 뤼순 요새에 극도로 불리한 요소였다. 일본군에 의해 손쉽게 점령된 다롄(뤼순으로부터 약 30킬로미터)은 병력의 상륙 및 뤼순 요새 공격에 필요한 군수 물자의 하역을 위해 이미 준비된 항만이었다.

뤼순으로부터 70해리,[51] 압록강 하구로부터 90해리의 거리에는 뤼순 감시를 위해 매우 편리한 함대용 정박장 엘리엇(Elliot)군도가 있다.

동해의 조선 연안에는 만과 도서가 적었으며, 부대 상륙에 불리했다. 동해에서 중요한 의미가 있었던 것은 조선과 일본열도 사이에 형성된 쓰시마해협과 조선해협이었다. 조선과의 교류는 일련의 섬들이 존재한 덕분에 용이했는데, 그중 가장 큰 섬이 쓰시마였다.

조선만과 랴오둥만이 있는 서해는 동해와 비교했을 때 항해 조건이 훨씬 유리했다. 연안에는 많은 섬들이 분포되어 있었는데, 다만 이곳의 연안은 수량이 적고 조수 간만의 차이가 커서 상륙하기 곤란했다. 조선만 연안에 일본 육·해군의 관심을 끄는 섬들이 존재했는데, 그 섬들이 서해에서 일본 함대의 전투 행위 전개와 상륙의 근거지가 되었다.

제7장
양측의 계획 및 육군의 전개

일본의 전쟁 계획

일본군 지휘부의 계획은 러시아의 미진한 전쟁 준비와 극동 지역의 러시아군 부족에 근거했다. 일본군 정보에 따르면 러시아는 극동에 겨우 7만 5,000명의 병력을 보유하고 있었고 전쟁 발발 후 러시아군의 만주 충원은 아주 느리게 진행될 것이라고 보았다. 철도는 단선이고 환바이칼 구간이 준공되지 않았기 때문에 유럽에서 만주로 집결할 수 있는 병력은 15만~20만을 넘지 못할 것이고, 막대한 병력이 뤼순과 블라디보스토크의 방어에 투입될 수밖에 없을 것으로 예측했다.

일본은 함대의 우위에 근거해 전쟁 계획을 수립했다. 일본은 전쟁 초기에 해군력으로 러시아의 태평양분함대를 궤멸시킴으로써 제해권을 장악할 수 있었기에 본토 병력을 아시아 대륙으로 아무런 장애 없이 수송했다. 일본군은 뤼순·블라디보스토크·사할린을 동시에 방어해야 하는 러시아가 전함을 분산 배치하느라 함대 전력이 약화될 것을 예상했다. 또한 러시아 태평양분함대가 뤼순 항에 전함 수리용 공장, 독, 예비 부품을 보유하지 못해 노후 부분을 작전 전개 시기까지 수리하지 못할 것으로 보았다. 해상에서 군사적으로 우월함을 확신한 일본은 러시아 분함대를 향한 공격을 기다리지 않고 일부 부대를 상륙시켜 제물포와 조선의 수도 한양을 점령하고 지체 없이 군부대를 조선으로 수송한다는 결정을 내렸다.

일본군은 제해권의 장악과 대륙에서 우월한 군사력을 바탕으로 전쟁 초기에 승리할 것으로 보았다.

게다가 일본군은 1894~95년의 청일전쟁과 1900년의 의화단 봉기 진압에 가담했던 경험을 통해 익숙한 만주에서 러시아와 전쟁을 준비한다는 점을 고려했다. 반면에 러시아 육군은 서쪽 유럽에서 극동 아시아로 이동하는 데다가 산악 지형이라는 낯선 상황에서 전쟁 준비를 미처 갖추지 못하고 전투를 치러야 했다.

일본은 러시아 혁명 발발로 인해 차르 정부가 불가피하게 상당한 수의 군부대를 유럽 러시아 지역에 잔류시킬 수밖에 없을 것이라 보았다. 구체적으로 일본의 계획은 뤼순에서 러시아의 태평양 분함대를 궤멸시키거나 고립시키고, 조선과 뤼순을 점령해 남만주에서 러시아 육군을 격파한다는 구상이었다. 수립한 계획을 실행하기 위해서는 러시아가 병력을 아시아 대륙에 상륙시키고 남만주에 대규모 병력을 집결하기 전에 승리를 달성하기 위한 공격적인 작전을 전개해야 했다.

동절기 기후 상황으로 인해 한양과 피쯔워(貔子窩)를 잇는 선의 남쪽 지역 중 조선만 연안의 결빙되지 않는 곳에 부대를 상륙시켜야 했다. 조선에 부대를 상륙시키면 전쟁 수행 시 필수적인 물자를 공급할 수 있었다. 또한 압록강에서 서쪽으로 진격할 때, 도로가 없어 가축을 이용하기 곤란한 산악 지형에서는 조선인 노동력을 활용해 군수품을 운송할 수 있었다. 만일 전쟁 결과가 좋지 않을 경우 조선은 일본군이 집결할 수 있는 안전한 후방 기지가 될 수 있었다.

전쟁 초기 일본 함대가 제해권을 장악했고 러시아 야전 부대가 위치한 철도 노선으로부터도 원거리여서 일본은 조선에 부대를 상륙시킬 수 있었다. 러시아군 지휘부는 조선에서 일본군의 진군을 막기 위해 최소한의 부대를 출병시킬 수밖에 없었다.

일본군이 한반도 서북쪽 제물포(1개 여단)와 진남포(주력 부대)에 상륙한 것은 조선의 동부가 접근하기 어려운 산악 지형이기 때문이었다. 하지만 결과적으로 만주 진군의 출발지에 육군을 동시 집결시킬 수 있었다.

조선 상륙은 개전 2개월 전 소집된 구로키 다메모토의 제1군이 담당했다. 근위사단, 제2, 제12사단과 2개 후비여단으로 구성된 제1군의 총병력은 4만 5,000명이었다. 구로키 부대는 평황청으로 이동해 다른 상륙 부대가 랴오둥반도에 상륙할 수 있도록 남만 지선의 측방을 점령하는 임무를 맡았다.

다른 상륙 부대는 뤼순의 병참선을 향해 신속하게 출병해 뤼순과 만주 내륙 간의 연락 차단을 목적으로 랴오둥반도에 상륙할 예정이었다. 이곳에 상륙할 부대는 제1, 제3, 제4사단 약 4만 명의 병력으로 구성된 오쿠 야스가타(奥保鞏)의 제2군이었다. 제2군은 진저우지협을 점령한 후, 뤼순 포위 작전에 배정된 노기 마레스케의 제3군에 1개 사단을 인계하기로 되어있었다. 이후 오쿠는 구로키 부대와 합동 작전을 전개, 러시아 육군 주력 부대와 맞서기 위해 철도 노선을 따라 랴오양 방면으로 이동할 계획이었다. 노즈 미치쓰라 장군의 제4군은 모든 작전이 완료된 후 상륙할 예정이었다.

제4군의 이동 방향은 구로키와 오쿠 부대의 중간이었다.

이상이 일본군의 집결 이동 원칙이었다. 전장에서 상대 부대에 근접하는 것은 우회와 포위라는 전술에 기초했다. 블라디보스토크와 사할린에서의 군사 행동은 주요 작전을 성공적으로 완수한 이후에야 가능하다고 판단했다. 블라디보스토크의 위협에 대비해 일부 부대는 일본에 잔류했다. 일본은 블라디보스토크의 점령을 강화조약 체결에서 결정적 요소로 활용할 계획이었다.

상륙 작전의 임무는 도고 헤이하치로와 우류 소토키치(瓜生外吉) 제독이 맡았다. 도고는 뤼순에 정박 중이던 태평양분함대를 궤멸시키고, 우류는 제1군의 상륙 부대를 호위하고 제물포에 정박 중이던 러시아 순양함 바랴그(Варяг)호와 포함 코레예츠(Кореец)호를 탈취하거나 파괴해야 했다. 두껍게 결빙된 바다 덕분에 상륙 작전은 수월하게 진행되었다.

일본군의 계획대로라면 첫 번째 군사 작전의 성공으로 해상 연락에 의지하는 일본군 부대를 위한 광범위한 기지가 구축될 수 있었다. 게다가 구로키 군이 한반도에 집결하면 즉각적으로 한국에 중간 기지를 건설할 예정이었다. 첫 군사 작전에서 성공하기 위해 일본은 선전 포고 없이 차르의 태평양분함대를 기습 공격하기로 계획했다.

일본은 영국의 도움으로 재정 문제를 해결할 수 있을 것이라고 판단했다. 만약 전쟁이 불리한 방향으로 진행될 경우, 일본은 미국과 동맹국인 영국의 도움을 예상하고 있었다. 왜냐하면 극동에서 러시아가 승리하면 중국 시장에서 영국이 누렸던 독점권을 위협할 수 있기 때문이다.

러시아군 지휘부의 계획

1895년에 이미 극동에서 무력 충돌을 예상한 러시아는 일본과의 전쟁에 대비한 계획을 준비했다. 하지만 계획안이 완성된 시기는 일본 함대가 뤼순에서 공격을 시작한 뒤였다.

보스포루스와 다르다넬스해협에 관심을 기울이던 차르 정부는 만주를 부차적인 것으로 인식하고 서쪽에서의 전쟁을 준비하고 있었다. 약소국 일본에 대한 승리는 유럽 쪽 전쟁 준비에 지장을 주지 않고 크지 않은 노력만으로 달성될 수 있을 것이라 여겼다.

1903년 말 극동 총독 알렉세예프의 참모부에서 작성된 대일 전쟁 계획에는 군의 전개 시기만이 명시됐고, 이후 군사 행동에 대해서는 아무것도 언급되지 않았다. 이 계획은 태평양에서 러시아 함대가 우위를 점하고 랴오양~하이청 지역에 부대를 신속하게 집결시킬 수 있다는 낙관론에 기초해 작성되었다. 또한 일본과 교전할 때마다 러시아군이 우세한 전력을 점할 것이라고 예측했다.

그러나 전쟁 초기에 보다 개연성 있는 전력비의 구체적인 계산에 따라 작전 계획이 변경되었다.

> 개전 초 가장 중요한 임무는 부대를 집결시키는 일이다. 이 임무를 달성하기 위해 지리적 거점과 전략적 판단은 전혀 높이 평가하지 않았다. 왜냐하면 중요한 것은 적이 우리의 분산된 부대를 상대로 승리할 가능성을 주지 않는 것이기 때문이다. 군사력을 최대한 증강하고 승리가 보장된 다음에 공격으로 전환해야 한다.

쿠로파트킨은 니콜라이 2세에게 보낸 보고서에서 나폴레옹식 집결의 원리를 이렇게 설명했다.[52] 러시아는 일본군이 조선의 동해안에 상륙할 것으로 예상했으며, 서해안으로 상륙할 가능성도 배제할 수 없지만 위도상 진남포를 넘지 않을 것으로 보았다.

러시아의 전쟁 계획 입안자들은 일본군의 전력을 평가하면서 약 20만 명의 병력과 포 684문만을 만주에 파병할 것으로 예상했다. 추가 파병 가능성은 매우 낮다고 생각했으며, 추가 동원으로 전력을 증강할 가능성조차 고려하지 않았다. 따라서 일본의 군사력으로는 블라디보스토크·랴오양·뤼순 가운데 한 곳만 공격할 것으로 예측했다. 일본군이 동시에 두 곳을 공격하거나 러시아 함대를 기습 공격할 가능성은 염두에 두지 않았다.

만주로 이동하면서 비로소 쿠로파트킨은 일본군이 한편으로는 뤼순을 공격하고 다른 한편으로는 평양~원산 선에서 러시아군의 공격에 대비해 요새를 구축하고 있을 것이라고 판단하고 전쟁 계획을 수정하고 보완했다. 그의 견해에 따르면 러시아군의 공격 작전 개시는 동원령 발표 후 최소한 6개월이 지나야 가능했다. 그는 압록강, 펀수이링 고개, 타이쯔허와 훈허의 방어 계선에서 수비 전술로 적군을 지연시키며 전력을 집결시킬 시간을 확보하고자 했다. 쿠로파트킨은 일부 패배로 자칫하면 "일본군의 사기가 최고조로 오를 수 있으므로" 초기 군사 행동에 신중을 기해야 한다고 주장했다.

쿠로파트킨은 충분한 병력이 집결한 다음에 일본군을 만주와 조선으로부터 축출하는 공격으로 전환할 수 있다고 생각했고, 그 후에 일본 본토 상륙을 예상했다. 쿠로파트킨은 러시아의 우수한 기병대가 일본 보병을 약화시킬 수 있을 것이라는 데 큰 기대를 걸고 있었다. 일본 기병대의 열세는 일본군의 식량 보급 문제로 이어져 일본군에게 "정신적·물질적 혼란을 가져다줄 것이며, 우리는 그것을 이용해 결정적인 타격을 가해야 한다"라고 그는 판단했다.[53]

쿠로파트킨은 남만주의 풍부한 식량과 가장 중요한 해군 기지인 뤼순과의 인접성을 고려해 랴오양~하이청 지역을 공격 개시 지점으로 삼아야 한다고 주장했다. 따라서 그곳에 주력 부대를 집결시켜야 한다. 전쟁 초 뤼순이 일본군에게 공격을 받게 된다면, 가까운 거리에 있어야 적시에 뤼순을 구할 가능성 역시 높아질 수 있었다.

이상이 러시아 육군의 운용 계획이었다.

태평양함대의 전쟁 계획도 수년에 걸쳐 수립되었으며, 1903년 12월에 최종 승인을 받았다.

일본 연안으로부터 멀지 않은 뤼순에서 복무했음에도 청일전쟁 이후 일본의 함선 상황을 전혀 모르고있었던 이 계획 입안자는 러시아 함대에게 황해와 보하이(渤海)만에서 제해권을 장악하여 러시아 함대의 세력권 내에서 일본군 상륙을 저지하고 러시아 육군의 집결을 지원하라는 임무를 부여했다. 소규모 순양함 편대는 블라디보스토크에 위치해 일본군 해상 통신에 영향을 미쳐야 했다. 순양함 편대의 지휘관 시타켈베르크(Э. А. фон Штакельберг) 장군은 전투 개시 명령을 받는 즉시 홋카이도(北海島) 연안에 접근하여 좌안을 따라 이동하면서 어선을 포함한 모든 선박을 침몰시켜 연안에 거주하는 주민들에게 혼란을 야기하라는 명령이 주어졌다. 이 계획에 따르면 다양한 형태의 함선 59척이 뤼순에 주둔하며, 4척의 순양함과 구축함 10척, 수송선 1척은 블라디보스토크에 정박하고, 뤼순분함대 소속의 순양함 1척과 포함 1척은 후일 구로키 군을 호위하던 우류의 분함대의 공격을 받게 될 제물포 항에 체류하는 것이었다.

쿠로파트킨의 전쟁 계획에는 일본 상륙군과의 전투에 관한 사항, 그리고 육군과 함대의 교신 활동에 관한 사용이 포함되어 있지 않았다. 러시아 분함대를 겨냥한 일본의 기습 공격 가능성이 해군 총참모부의 도상 훈련 과정에서 예상되었으나, 전쟁 계획에는 선전 포고에 따른 정상적인 개전 행위만 고려되었다.

차르 정부는 일본의 정치적·경제적 발전을 고려하지 않았으며, 1904년의 일본의 군사력을 1895년의 시점에서 평가했다.

예상치 않게 일본군이 2개 방향에서 공격 작전을 전개할 가능성이 대두되자 러시아군 사령부에서는 전쟁의 성격을 두고 알렉세예프와 쿠로파트킨 사이에 갑자기 동요와 이견이 발생하였고, 이는 중앙 정부의 개입을 야기했다.

자국 함대가 우월하다고 오판해 일본군이 랴오둥반도 연안에 상륙할 수 없을 것이라 예측한 러시아의 전쟁 계획은 잘못된 것이었다. 러시아군 지휘부는 해군 함정들을 한곳으로 집결시키지 않고 블라디보스토크 방어를 위해 함대를 분할했다.

차르 정부가 극동에서 전쟁을 성공적으로 수행하지 못한 가장 큰 원인은 유럽에서도 동시에 공격적인 정책을 실행했기 때문이다. 러시아 서부 국경에 주둔 중이던 군대가 만주로 파병되었으나 시기적으로 늦었다.

독일 자본주의는 차르 정부의 어려움을 이용해 자국에게 유리한 통상 조약을 체결했다. 이제 서부 국경에서 자유로워진 차르 정부는 극동으로 부대를 파병할 수 있게 되었다. 하지만 이미 시기를 놓쳤다. 랴오둥에서의 패전으로 사기가 떨어진 러시아 부대는 서둘러 북쪽으로 퇴각해야 했다.

러시아군 지휘부의 전쟁 계획과는 달리, 청일전쟁의 경험을 바탕으로 다년간에 걸쳐 노력한 일본은 훌륭한 첩보 활동을 바탕으로 모든 사안을 고려했다. 그러나 일본도 많은 면에서 오판했다. 먼저 시베리아횡단철도의 수송 능력을 낮게 계산해 러시아의 부대 파병 가능성을 과소평가했다. 다음으로 차르 정부가 폴란드의 러시아 독재 체제에 대한 반감 때문에 그곳에 체류하는 군대를 차출하지 못할 것으로 보았다. 러시아가 대규모 병력을 블라디보스토크와 뤼순 방어에 투입할 것이라고 본 일본의 계산도 틀렸다. 이러한 예상의 결과 러시아 야전군을 상대로 제한된 병력을 투입한 일본군의 공격력은 약화되었고, 신속하게 뤼순 공격을 종결짓는다는 일본군의 예상은 빗나갔다.

이러한 계획이 구체성이 없었다는 것은 일본군이 병력 부족 문제로 결정적인 승리를 거둘 수 없었던 랴오양 전투에서 판명되었다. 러시아군 지휘부의 소극적인 태세 덕에 일본군이 전략의 수정 없이 계획대로 진행했을 뿐이었다.

양측은 상대방을 서로 과소평가하면서 전쟁 계획을 수립했다. 이런 점에서 러시아의 뤼순 사수의 필요성과 일본의 뤼순 점령의 불가피성은 전쟁 내내 작전 전개에 영향을 주었다.

러시아군의 전개

110만 명을 헤아리는 상비군과 약 350만 명에 달하는 훈련된 보충대와 예비대를 보유하고 있던 러시아군 지휘부는 전쟁 초기 극동에 단지 병력 9만 8,000명과 포 272문을 집결시켰다. 이는 약

2만 4,000명에 달하는, 후방 안전을 책임지는 경비대를 제외한 숫자다. 러시아군은 관둥반도에서 연해주 북쪽 변방에 이르는 광범위한 공간에 배치되어 있었다.

단선인 시베리아횡단철도의 열악한 수송 능력으로 만주 전역에 추가적인 병력 충원은 극히 어려웠다. 개전 초 수개월 동안 시베리아횡단철도를 통한 1일 수송 능력은 왕복 3회였으며, 이후에도 1일 6~10회 정도였다. 병력뿐만 아니라 막대한 양의 군수품까지 수송해야 했던 것을 고려하면 전장에서의 병력 전개가 실로 더디게 진행된 이유가 명확해진다. 유럽 러시아로부터 만주로 이동하는 데는 약 6주가 소요되었다. 이렇게 만주로 파병되는 병력은 개전 첫 6개월 동안 한 달에 2만 명을 넘지 못했다.

철도의 수송 능력은 가장 험한 지역을 복선화하고 많은 수의 지선을 부가적으로 부설하면서 향상되었다. 그 결과 전쟁 말 1일 수송 능력은 왕복 20회로 증대되었다.

극동에 배치된 병력은 산개해 있어서 전장의 주요 방면으로 집결시키기 매우 어려웠다. 일부 부대는 철도로부터 600킬로미터 넘게 떨어져 있기도 했다.

일본의 군사 행동은 쿠로파트킨이 도착할 때까지 알렉세예프가 부대를 지휘하던 시기에 갑자기 시작되었다. 개전 직전 극동에 주둔 중이던 모든 부대 중에서 만주에 배치된 것은 27개 대대와 22개 카자크 기병중대, 포 44문에 불과했다. 게다가 연대의 규모를 2개 대대에서 3개 대대로 재편하는 중이었다. 나머지 부대는 연해주와 아무르주, 자바이칼 지역에 분산된 상태였다.

개전 45일이 경과한 뒤에야 주력 부대가 만주에 집결했다. 조선, 잉커우 근교와 중국 연안에 일본군이 상륙할 것이라 예측한 러시아군은 다음과 같이 부대를 배치했다. 29개 대대, 10개 카자크 기병중대, 포 60문, 총병력 약 3만 명은 일본군 주력 부대의 침투가 예상되는 랴오양~묵덴 지역의 조선 쪽 지름길에 집결했다. 18개 대대, 6개 기병중대, 포 54문, 총병력 2만 2,000명으로 구성된 시타켈베르크 휘하의 남부집단은 일본군이 랴오둥만에 상륙할 것에 대비해 잉커우~다스차오~하이청에 배치되었다. 일본군이 조선에서 진군해 들어올 것에 대비해 19개 대대, 23개 카자크 기병중대, 포 62문, 기관총 8정, 총병력 2만 명으로 구성된 자술리치(М. И. Засулич) 장군의 동부집단이 압록강으로 진군했다. 동부집단 미셴코(П. И. Мищенко) 휘하의 기병대는 일본군을 정찰하기 위해 조선으로 이동했다. 조선만 연안에는 5개 카자크 기병중대가 집결했으며, 랴오둥반도와 뤼순 방어에는 18개 대대와 1개 기병중대, 포 24문을 포함해 공병을 제외한 총병력 약 3만 명이 배정되었다. 유즈노우수리스크 변경주와 블라디보스토크에는 약 3만 명의 병력이 집결했다.

이러한 부대 배치는 만주에 도착한 쿠로파트킨의 승인을 받았다. 쿠로파트킨은 이러한 부대 배치로 일본군을 뤼순으로부터 축출하고, 증원군의 집결에 필요한 시간을 벌 수 있으리라 보았다.

러시아군 부대는 랴오양~하이청에 주력 부대가 집결할 때까지 적군의 이동을 관측하고 대응하기 위해 폭넓은 지역에 산개해 있었다. 쿠로파트킨은 각 부대에게 공격적 임무를 전혀 하달하지 않았다. 그 후에 우리는 러시아군 전위 부대들의 행동이 그들에게 부여된 눈에 띄지 않는 임무만큼이나 눈에 띄지 않는 것을 알게 될 것이다. 게다가 전장에서 군사력의 부족은 공격적 전투 가능성을 배제하는 동시에 선제권을 일본의 수중에 넘겨주는 것을 의미했다.

유럽 러시아에서 캅카스(Кавказ) 기병여단이 동원되었다. 개전 3개월째에 오렌부르크(Оренбург) 카자크 사단과, 1903년에 휘하 1개 여단을 극동에 파견한 적이 있는 제17군단이 동원되었다. 그 뒤를 이어 모스크바와 카잔 관구에 소속되었으나 군사 업무에 익숙하지 않은 예비군으로 구성된 제5, 제6유럽러시아군단에 동원령이 내려졌다. 제1유럽러시아군단[54]은 개전 6개월 후에야 동원되었다.

새로운 부대 편성으로 만주 주둔군 내에서 현역병과 예비역 병력의 수에 변화가 있었다. 개전 초 약 30퍼센트였던 군대 내 예비역 비율이 묵덴 작전 당시에는 72퍼센트로 증가했다.

일본의 해상 활동과 육군의 전개

오랜 시간이 걸린 일본 육군의 전개는 해군의 능동적인 협력하에 진행되었다. 선전 포고 전인 2월 5일, 개전 명령을 받은 도고 헤이하치로 제독은 함대의 주력을 뤼순으로 이동시키기로 하였다. 제물포에 정박 중이던 러시아 순양함 바랴크호와 포함 코레예츠호를 공격하고 상륙 부대를 보호하기 위해 순양함 6척과 구축함 4척, 상륙 부대가 승선한 함정 3척을 편성했고, 우류 소토키치 제독을 지휘관으로 삼았다. 2월 6일 아침, 도고 제독은 사세보에서 외해로 출항, 항해 중 다수의 러시아 상선을 나포했다.

2월 8일, 일본 영사가 승선한 선박이 즈푸(芝罘)를 출항해 뤼순에 입항했다. 한편 동일한 선박을 이용해 뤼순에 거주 중이던 모든 일본인들이 본국으로 출항했으며, 도고는 이들 일본인들을 통해 러시아 분함대가 충분한 방어 대책 없이 외항 정박 수역에 머물고 있다는 사실과 함대와 관련한 정확한 정보를 입수했다. 많은 전함들이 석탄을 적재한 상태에서 조명을 밝히고 있었으며, 러시아 구축함 단 2척만이 정찰을 수행하고 있었다.

도고 제독은 러시아 전함을 공격하기 위해 총 11척의 구축함으로 구성된 3개 편대를 출동시켰다. 야음을 틈타 러시아 구축함의 눈을 피해 성공적으로 함대에 접근한 도고의 편대는 2월 9일 밤 러시아 전함 제1선을 공격해 최신 장갑함인 체사레비치(Цесаревич)호와 레트비잔(Ретвизан)호, 순양함 팔라다(Паллада)호 등 세 척의 전함을 전열에서 이탈시켰다. 이후 두 차례 일본의 공격은 러시아 분함대의 응사로 무산되었다. 교전 시간은 40분이 걸리지 않았다.

2월 9일 아침, 15척으로 구성된 도고의 분함대가 뤼순 전면에 등장했다. 러시아 전함은 일본 전함의 포화 속에서 출항해 전투 대형을 갖추고 발포했다. 40~50분간의 교전에서 양측은 약 8,500미터의 거리를 두고 함포 사격을 주고받았으며, 전투가 끝나갈 무렵 뤼순 요새가 포문을 열었다. 양측 모두 큰 피해는 없었다.

러시아 함대를 궤멸시키려는 일본의 작전은 무위로 끝났다. 구축함 편대는 약했고, 러시아 포병의 공격으로 인해 정확도가 떨어지는 원거리에서 어뢰를 발사할 수밖에 없었다. 실패를 확신한 도고는 요새 포대의 지원 포격을 받는 러시아 전함을 상대로 노출된 상태에서 전투를 벌이지 않고 서둘러 연안으로부터 멀리 퇴각했다.

한편 우류는 2월 8일 제물포에 육군을 상륙시켜 러시아 전함이 내항에서 출항하지 못하도록 경고했다. 순양함 바랴크호와 포함 코레예츠호가 2월 9일 아침 돌파를 목적으로 전투에 임했으나 심각한 파손을 입고 제물포로 귀항하는 도중 두 척 모두 침몰했으며, 승조원은 모두 중립국 선박으로 이송되었다.

제물포 근처의 임시 기지에 정박 중이던 도고 제독은 작전에 따라 군부대의 향후 전개를 보호하려는 의도에서 러시아 분함대를 뤼순에 봉쇄한 다음 외해에서 포격으로 타격을 가하기로 결정했다.

러시아 분함대는 적극적인 군사 행동에 나서지 않기로 했다. 랴오둥반도의 방어를 위해 불가피한 활동과 근거리 지역 정찰로만 활동이 제한되었던 러시아 분함대 소속 모든 전함이 2월 10일 내항으로 돌아왔다.

일본은 협소한 어귀에 폐색선(閉塞船)을 침몰시키는 방법으로 뤼순 내항을 봉쇄하려 했다. 2월 20일, 일본 함대는 제물포에서 출항해 뤼순으로 향했다. 2월 23일 밤, 5척의 폐색선이 수뢰정의 호위를 받으면서 러시아 경계선의 전면에 등장했다. 러시아 경계선은 장갑함 레트비잔호의 지원하에 폐색선을 침몰시키려는 일본의 기도를 무산시켰다. 다음 날 도고는 뤼순에 접근해 내항으로부터 자유롭게 출항한 러시아 순양함과 포격전을 벌인 뒤, 순양함 1개 편대를 뤼순항 전면에 잔류시키고 제물포로 귀항했다.

3월 8일 뤼순에 부임한 신임 함대 사령관 마카로프는 분함대를 공격에 나서도록 준비시켰다. 그러나 그는 즉각적으로 움직이지 않았다. 일본 분함대는 라오톄산(老鐵山, 랴오둥반도의 남단) 뒤편에서 수차례 러시아 분함대를 포격한 후, 4월 13일 뤼순 전면에 모습을 드러냈다. 일본의 전력을 정확히 이해하지 못한 마카로프는 분함대를 이끌고 연안 포대의 엄호를 받으며 외해로 향했다. 하지만 접근해 들어오는 일본의 장갑함들을 목격하고 연안 포대의 엄호하에 뤼순으로 회항하기 위해 분함대의 선수를 돌렸다. 이 기동은 불행으로 막을 내렸다. 기함(旗艦)인 장갑함 페트로파블롭스크호가 하루 전에 일본 해군이 설치한 기뢰 중 하나를 건드리면서 침몰했다. 마카로프도 승조원들과 함께 전사했다. 나머지 전함들은 일본군 잠수함이 등장할 것으로 예상하고 혼란 속에 뤼순으로 귀항하여 내항에서 두문불출했다. 도고는 더 이상 포격을 가하지 않고 저녁 무렵 조선 연안으로 회항했다. 이로써 일본군의 제해권 장악은 상당 수준 달성되었다.

한편 구로키의 제1군 소속으로 장기간에 걸쳐 준비된 선봉 부대(제12사단)는 2월 6일에 이미 부산과 마산포에 상륙하기 시작했으며, 바랴크호와 코레예츠호가 침몰한 후에는 제1군 소속의 나머지 부대가 제물포와 진남포에 상륙했다. 2월 13일 제12사단은 원산~평양 선으로 진군하여 미셴코의 기병대를 물리침으로써 제1군의 다른 부대들이 조선에 집결하는 것을 보호했다. 3월 16일 제1군의 집결이 완료되었다.

적을 정찰하는 임무를 완수했다고 판단한 미셴코는 조선을 떠나 압록강 우안으로 퇴각했다. 구로키의 제1군은 압록강을 향하여 조심스럽게 진군하기 시작했다. 이후 일본군의 전개는 완만하고 주의 깊게 진행되었다. 만약 뤼순 해역에서 일본 함대가 제해권을 장악한 것이 구로키의 1군이 압록강에 최종 집결한 것보다 앞섰더라면, 3월 1일 주렌청(九連城)에서 치러진 자술리치 휘하 동부집단과의 전투에서 구로키가 승리한 것이 오쿠 휘하 제2군의 랴오둥반도 상륙 및 향후 전개에 큰 도움이 될 수 있었을 것이다. 제1, 제3, 제4사단으로 구성되어 수송선에 승선한 오쿠의 육전대는 5월 3일 진남포 집결을 완료했다.

당시 도고는 분함대의 주력과 함께 뤼순을 감시하고 1894년 청일전쟁 당시 일본군이 상륙했던 피쯔워 상륙을 엄호하기에 편리한 엘리엇군도에 집결해 있었다. 도고는 구형 전함과 포함 몇 척을 피쯔워로 투입하는 선봉 부대에 할당했다. 순양함과 수뢰정으로 구성된 다른 편대는 상륙 부대의 주력이 승선한 수송선을 호위했다.

러시아 수뢰정이 나타날 것에 대비해 엘리엇군도와 본토 연안 사이에 기뢰와 함께 부유(浮游) 부동 장치가 설치되었다. 예정된 상륙을 보호하기 위해 일본군은 5월 2일 밤 뤼순커우(旅順口) 봉쇄를 시도했으나 실패로 끝났다. 러시아 전함과 연안 포대의 포격으로 12척의 일본 폐색선 대부분이 파괴되었으며, 몇 척은 항구 어귀에서 침몰했으나 러시아 전함의 출항에 방해가 되지는 않았다.

5월 5일 제1, 제3사단을 태운 26척의 수송선 편대가 피쯔워에 접근했다. 수병들이 처음으로 육지에 올라 상륙 시설 건설에 착수했다. 간조 시에는 소형 단정이 연안으로부터 1킬로미터 떨어진 곳에 정박했으며, 이곳에서 일본 보병은 거의 허리까지 차는 물속에서 이동했다.

일본군의 상륙이 시작되었다는 소식을 접하자 뤼순을 벗어난 총지휘관 알렉세예프는 절대 공격하지 말고 요새와 협력하라는 명령을 함대에 하달했다. 알렉세예프가 푸란뎬(普蘭店)에서 일본 상륙군에 대응하기 위해 파병한 대대는 일본 포함의 포격을 받고 원위치로 퇴각했다. 연안을 수비하던 의용기병대의 상황도 마찬가지였다.

마카로프가 전사한 후, 의지가 약하고 우유부단한 비트게프트가 태평양분함대 지휘관에 임명되었다. 그는 "나는 이 직책을 담당할 준비가 되어있지 않았다"라고 했다. 비트게프트는 알렉세예프 해군 참모부의 참모장이었으며, 스크리들로프(Н. И. Скрыдлов)의 부임 전까지 분함대의 임시 사령관 직에 있었다. 그러나 스크리들로프가 분함대에 부임하지 않아 결국 비트게프트가 지휘관 직책을 수행할 수밖에 없었다. 그는 수차례에 걸친 회의를 통해 충분한 군사력이 확보되지 않은 상태에서는 일본군의 상륙을 방해하지 말고, 요새 방어를 강화하기 위해 전함에서 필요하지 않은 포를 떼어내 요새의 전방을 지원한다는 결정을 내렸다. 그러는 동안 페테르부르크로부터 파견된 전문가와 현지 노동자들이 파손된 전함을 성공적으로 수리했다.

제2군이 상륙할 당시 도고의 주력 함대는 뤼순에 매우 가까운 곳에 위치하면서 요새의 시야에 자주 모습을 드러냈지만 사정거리 밖에 있었다. 이런 상황을 포착한 기뢰 수송선 아무르(Амур)호 함장은 일본 분함대의 가장 확실한 예상 항로에 기뢰를 부설하자고 제안했다. 5월 9일, 아무르호는 안개 속에서 일본 전함의 봉쇄를 뚫고 은밀히 뤼순을 출항해 뤼순항으로부터 10~11해리 떨어진 곳에 50발의 기뢰를 약 3미터 심도로 부설한 후, 역시 눈에 띄지 않게 뤼순 내항으로 귀항하는 데 성공했다. 3월 15일, 장갑함 3척과 순양함 2척으로 구성된 일본 해군 편대가 이 기뢰 수역에 진입했다. 그 결과 장갑함 2척이 몇 발의 기뢰 폭발로 파손되어, 하쓰세(初瀨)호는 즉시 침몰하고 야시마(八洲)호는 폭발 장소로부터 몇 해리 떨어진 곳에서 침몰했다.

두 척의 장갑함 외에, 5월에 시작된 뤼순과 랴오둥의 밀집 봉쇄 시기 동안 일본은 전함 간 충돌과 기뢰로 인해 한 달 만에 두 척의 순양함과 여러 척의 구축함을 잃었다.

5월 5일에 상륙한 일본군 8개 대대와 2개 기병대는 공병과 함께 제2군에 소속된 나머지 부대의 상륙 엄호용 교두보를 설치하기 위해 전방으로 진군했다. 푸란뎬을 향해 이동하던 일본군의 소규모 부대는 아무런 저항을 받지 않았다. 5월 13일, 약 4만 명의 병력과 포 210문으로 구성된 오쿠의 부대가 랴오둥반도에 상륙하여 뤼순과의 철도 병참선을 차단한 후 진저우지협을 향해 진군했다. 러시아군 부대를 뤼순에 몰아넣은 오쿠는 휘하 부대 중 핵심 전력을 노기의 제3군에 할애했다. 제3군은 다롄에서 합류한 증원군으로 5월 말 4만 5,000명까지 병력을 늘린 후 뤼순 요새를 포위했다. 오쿠 부대는 동쪽에서 구로키를 위협하던 러시아 육군 주력 부대를 남쪽에서 공격하기 위해 동청철도를 따라 이동했다. 이후 다구산에 상륙한 노즈의 제4군이 제1군과 제2군 사이의 중간 지점으로 진군하고 있었다.

제대로 조직된 정찰대가 없었던 러시아군 지휘부는 일본의 전력과 부대 집결에 관한 정보를 전혀 보유하지 못했다. 따라서 일본 상륙군이 나타날 것으로 예상되는 모든 지역에 부대를 전개시킴으로써 주력 부대의 집결지를 보호하려 했다. 러시아군 지휘부의 이런 수동성은 일본군이 의도된 계획에 따라 아무런 방해를 받지 않고 아시아 대륙에 자신의 군사력을 전개할 수 있도록 도와주는 셈이었다.

1904년 일본군의 전개는 청일전쟁 당시 부대 전개 방식과 거의 유사했다. 그러나 일본군의 과도한 조심성 탓에 부대 전개는 아주 느리게 진행되었다. 러시아군은 소극적이었지만, 광범위한 연안 지대와 당시 수송 수단 여건으로 일본군은 총병력 17만 명으로 구성된 3개 군을 아시아 대륙에 상륙시키는 데 4개월 이상이 소요되었다.

일본군의 완만한 전개와 뤼순에서 제3군이 지체한 덕에 만주의 러시아군은 유럽 러시아에서 온 증원군으로 보강되었고, 그 결과 랴오양 전투 이전까지 러시아군이 병력의 우위를 보였다.

러시아군 지휘부는 부대 집결을 엄호하고 뤼순과 연안을 방어하기 위해 군사력을 분산시키는 실수를 범했으나, 일본 또한 그와 비슷한 실수를 저질렀다. 즉, 일본이 뤼순에 집중함에 따라 러시아 주력 부대를 상대로 한 작전이 지나치게 늦어졌으며, 그 결과 개전 수 개월 만에 결정적인 성과를 달성할 기회를 놓쳤다. 일본군의 전개가 보장될 수 있었던 것은 러시아 함대의 패전 덕분이었다. 바로 그것 이 극동에서 러시아 전제정의 보루에 가해진 첫 충격이었다(그림 3).

제8장

압록강에서 랴오양까지

압록강 전투 (그림 4)

알렉세예프의 계획에 따르면 만주 주둔군의 최우선 과제는 "뤼순을 공격하지 못하도록 집결된 전력으로 일본군을 유인하는 것"이었다. 랴오허와 압록강 하구를 향해 부대를 전진 배치한 것은 적군의 공격을 억제하고, 서시베리아와 유럽 러시아에서 만주로 향하고 있는 러시아군이 집결할 수 있는 시간을 벌기 위한 조치였다. 일본군이 전쟁 초기에 보여준 극도로 더디고 확신 없는 행동 덕분에 러시아군 지휘부는 부대를 전개할 수 있었다.

자술리치 장군의 동부집단은 구로키 군의 접근과 압록강 도하 (4월 26일)가 시작될 때까지 45일 동안 "적을 감시하고 저지하는" 임무를 부여받았다. 사허쯔~주롄청 진지에는 10개 대대, 5개 의용기병대, 포 32문이 배치되었다. 파오타이딩쯔(砲臺頂子)에는 포 6문을 갖춘 1개 연대, 포 4문을 갖추고 칭거우(淸溝)로 이동해 온 1개 대대가 배치되었다. 이 진지의 우익을 엄호한 부대는 조선만 연안에서 피쯔워까지를 감시하던 미셴코의 기병대였다. 진지의 좌측방 뒤 안펑허 하구에는 레치츠키(П. А. Лечицкий)의 부대가 배치되었으며, 계속해서 압록강 본류를 따라서는 트루힌(И. Е. Трухин)의 기병대가 경계에 임했다. 톈즈이(현 투청쯔土城子로 추정) 근처에는 5개 대대와 포 8문으로 무장한 예비대가 배치되었다. 나머지 군부대는 압록강을 따라 북쪽으로 길게 늘어서 있었다.

참호를 경시하는 러시아 육군의 성향이 이곳에서 여실히 드러났다. 진지를 강화할 수 있었음에도 실행되지 않았다. 몇 개 중대만이 빈약한 엄폐물과 참호 시설을 갖추고있었다. 포병은 적진을 향하고 있는 산악 경사면에 노출된 상태로 배치되어 있었다. 진지 후방에는 길이 없는 산악 지형이 이어져있었다.

동부집단의 긴 전투 지역 전단(前端)을 따라 가설된 전신선은 첫 전투에서 적이 쉽게 절단했다. 일본군 지휘부의 계획에 따라 구로키 군은 압록강을 도하하여 평황청 방면으로 진군한 다음 오쿠의 제2군이 피쯔워에 상륙하여 전개하는 것을 보호해야 했다. 정탐을 위해 중국인과 조선인을 폭넓게 활용하고 있던 일본군은 동부집단의 배치 현황을 알고있었고, 관측 장비를 이용해 산의 경사면에 배치된 병력과 포병중대의 움직임을 관찰할 수 있었다. 일본군의 조심스럽고 은밀한 행동은 이들이 압록강에서 시위만 하고 말 것이라고 생각한 자술리치를 기만했다.

4월 26일 밤 일본인들은 러시아 의용기병대를 퇴각시킨 후, 주리다오(九里島)와 샤말린다(Сямалинда)섬(압록강 하구 부근의 삼각주)을 점령했다. 4월 29일 몇 개의 장소에 압록강 도하장을 설치했고, 각 섬에 곡사포를 중심으로 강력한 포병을 배치함으로써 보병의 도하를 엄호했다. 다음 날 아침 우익 제12사단은 주렌청 거점의 좌익을 점령하라는 임무를 띠고 후산(虎山) 서쪽 아이허로 진군했다.

5월 1일 밤 구로키의 주력 부대는 주요 공격 방면에서 러시아보다 여섯 배나 많은 병력으로 압록강을 도하했다. 새벽 무렵 주렌청~사허쯔 정면으로 러시아군 진지를 공격한 일본군은 8시경 주렌청으로부터 러시아군을 몰아내기 시작했으며, 한 시간이 경과한 후 근위대 병력을 이용해 파오타이딩쯔를 점령했다. 한편 아이허를 도하한 제12사단은 동일한 시각에 러시아 주진지의 좌익을 포위해 칭거우로 향하는 유일한 마차 도로를 점령했다. 러우팡거우(樓房溝) 근처에서 일본군 제12사단의 전위 부대와 조우한 러시아군은 포와 마차를 버려둔 채 서쪽 방면으로 퇴각했다.

압록강에 구축된 주진지의 좌익을 엄호 중이던 러시아 기병대는 도하 중인 적군의 측방과 후방을 공격하지 않고 명확한 이유 없이 후퇴했다.

10시 무렵 자술리치의 부대는 이미 후퇴하고 있었다. 퇴각을 엄호하기 위해 제11동시베리아 연대 소속의 예비대 중에서 2개 대대가 8문의 포를 가지고 84고지로 이동했다.

황투촨(黃土川)에 묶여있던 동시베리아 제11연대는 일본군에 포위되어 있다가 15시경 백병전을 펼쳐 하마탕(蛤蟆塘) 방면으로 돌파했으나 우회 중이던 일본군의 화력 공격에 막대한 손실을 입었다. 제11연대는 60퍼센트도 남지 않은 병력과 중대장 2명만 살아남았다. 포와 기관총은 일본군의 수중에 들어갔다. 라오구둥(老古洞)촌까지 추격당한 자술리치 부대는 극도의 무질서 속에서 펀수이링 고개로 퇴각했다. 공황 상태에서 총을 난사하는 병사들과 짐마차가 서로 뒤섞였다.

동부집단의 뒤를 따라 이동하던 구로키는 첫 번째 전투 임무를 완수한 후, 5월 6일 평황청 지역에 집결했다.

동부집단에게 압록강 전투는 악몽과도 같았다. 일본군이 1,036명의 병력 손실을 입은 데 비해, 동부집단은 2,780명의 병력과 포 21문, 기관총 8정에 달하는 손실을 입었다. 압록강으로 진군하여 상당한 거리에 걸쳐 산개하고 있던 동부집단은 주렌청~파오타이딩쯔 전선에서 구로키 휘하의 3개 사단을 상대했다. 어려운 상황에서 승리를 생각할 수 없었다. 압록강으로부터 200킬로미터 이상 떨어져있는 러시아 주력 부대의 지원은 불가능했다. 이러한 상황이라면 자술리치가 전위 부대를 압록강에 잔류시킨 채 결전을 피해 자신의 주력 부대와 함께 후방 진지로 후퇴했으면 좋았을 것이다. 자술리치는 기동 방어의 원칙에 입각해 적군을 지체시키면서 중간 진지로 퇴각했어야 한다. 이것은 보어 전쟁 당시 보어인들이 성공적으로 이용한 전술이었다.

일본군이 사허쯔 근처에서 도하할 것이라는 자술리치의 예측은 잘못되었다. 구로키의 주공격 목표는 주렌청을 우회하는 데 맞춰져있었다. 그리고 이 전투에 참가한 일본군이 2만 5,000에서 3만 명이었던 데 반해 압록강 전투에 참가한 동부집단은 겨우 8,000명에 불과했다. 적이 나타났을 때 러시아군 지휘부는 사허쯔에 주둔 중인 부대와 예비대를 적의 위협을 받고 있는 전선으로 집결시키지 않았다.

전투 중 러시아군 부대의 지휘 역시 최상의 상태와는 거리가 멀었다. 자술리치의 후퇴 명령이 떨어진 것은 12시였다. 그러나 15시에도 제11동시베리아 연대는 84고지에 있었는데, 그로 인해 막대한 인명 손실을 입었다. 전선을 따라 설치된 전신선 역시 첫 전투에서 단절되었다. 길이 없는 산악 지형에서 기병 연락은 어려움을 겪었다. 결국 상호 연락이 이루어지지 않았다. 동부집단이 전체적으로 수립한 임무가 각 부대에 전해지지 않았다. 이는 각 지휘관의 주도권을 억제했다.

자술리치는 쿠로파트킨으로부터 많은 지시를 받았지만 매우 사소한 것들이었다. 이와 같은 상황이 자술리치의 주도권을 억제했다. 자술리치는 이렇게 기록했다.

작은 이동 지시조차도 왕복 문서 교환으로 이어졌으며, 쿠로파트킨 장군은 문서를 통해 예비대의 군사력에 관한 명령, 의용기병대의 보강에 관한 명령, 안핑허 방면으로 이동한 대대의 식량 확보에 관한 명령, 기병대와의 연락 유지 필요성에 대한 명령 등 많은 명령을 내렸다.

그는 쿠로파트킨의 동의 없이 포병중대 이동 결정을 내리지 않왔다. 그 결과 주롄청 고지에 위치한 자술리치가 부대에 직접 내린 지시는 후퇴 명령뿐이었다.

포병 사격은 엄폐된 진지에서 진행해야 한다는 것이 과거 보어 전쟁에서 도출된 경험임에도, 개방된 공간에 주둔했던 러시아 포병은 능숙하게 위장한 일본군 포병에 격파되었다.

당시 일본군은 주롄청~사허쯔 선인 러시아군 주진지의 측방과 후방을 공격해 승리를 쟁취할 수 있었다. 보병의 뒤를 따라 이동한 포병과의 합동 작전이 승리를 보장해 주었다. 이 전투에서 일본군 포병은 엄폐된 진지에서 포격을 가했다.

구로키가 지나치게 조심스럽고 느리게 행동했음에도 자술리치는 부대 재배치를 통해 일본군의 주공격 방향에 강력하게 응집된 전투력을 구축하지 못했다.

압록강에서 일본군은 포위와 우회 전술을 사용했다. 하지만 아직까지 포위 작전이 폭넓게 발전된 상태는 아니었다. 굴곡이 심한 지형은 제12사단의 행동을 제한했다. 포위는 측방 우회로만 전환되었고, 기병이 빈약한 상황에서 추격은 전역(戰域)의 경계를 벗어나지 못했다.

독일 군사학교에 유학한 구로키는 독일식 교리가 요구하는 대담함을 보여주지 못했다. 제12사단이 과감하게 우회했다면 자술리치 부대는 재앙과 같은 상황에 처했을 수도 있었다.

압록강 전투에서 보여준 양측 보병의 활동은 강력한 포병과 소총의 화력으로 구성되는 현대전 조건에 맞지 않았다. 예비대는 러시아 산병선 바로 뒤에서 밀집 대형으로 주둔하고 있었다. 그러나 러시아 전열의 화력은 일본군을 진압하지 못한 채 단지 백병전을 위해 진격하는 예비대에 도움을 준 정도에 불과했다. 일본군의 화력을 감안하면 이런 식의 공격으로는 패배할 수밖에 없었다.

러시아 육군의 장점이었던 백병전은 적당한 화력이 지원되지 않은 상태에서 소규모 보병 부대가 백병 공격을 벌이는 것으로만 나타났다. 이와 같은 전투는 당연히 대규모 손실을 입은 채 후퇴할 수밖에 없었다.

일본군도 러시아군과 동일하게 밀집 대형으로 진군했다. 일본군은 지형을 교묘하게 이용했고, 산악포병이 없는 러시아군의 상황 덕에 피해가 상대적으로 적었다. 일본군의 길고 밀집된 산병선에는 중대 종대 또는 횡대 전개가 수반되었다. 그들은 300~400미터 거리로 산병선을 유지하면서 중대나 소대 단위로 약진하였다. 공격 거리까지 접근하면 각 종대는 "만세!"라는 외침과 함께 대열로 뛰어들었다. 예비대 역시 밀집 대형으로 전진했다.

압록강 전투 이후 양측에 개선된 점이 있었다. 러시아군은 화력의 중요성, 강력한 진지 구축의 필요성을 인식했다. 일본군은 산개된 전투 대형으로 공격해야 한다는 사실을 깨달았다.

압록강 전투에서 구로키가 달성한 첫 승전은 향후 만주에서 일본군의 작전 성공에 커다란 영향을 미쳤다. 전달받은 명령보다 평황청 방면으로 더 멀리 이동한 구로키는 일본군이 뤼순을 포위하기 위해 나아가고 있던 남쪽 방면에서 쿠로파트킨의 행동을 제지함으로써 러시아 육군 주력 부대를 위협했다. 구로키 부대의 진출 상황 덕분에 일본 제2, 제3군의 상륙과 전개가 완전하게 보장되었다.

압록강 전투에서 러시아군의 패배는 러시아 전제정이 지상전에서 경험한 첫 번째 패전이었다.

진저우 전투 (그림 5, 6)

관둥 지역의 주력 부대는 압록강 전투 이전까지 뤼순 요새에 주둔하고 있었다. 소규모 부대가 다롄만과 다롄 방면으로 전진했다. 포크(А. В. Фок) 장군 휘하의 제4사단 소속 제5연대가 진저우지협을 점령하고 있었다. 피쯔워에서 조선만을 경계하는 임무는 60명으로 구성된 의용기병대에 부여되었다.

8개의 각면 보루와 안경 보루, 2단이나 3단 참호로 보강된 일단의 고지들이 진저우 진지를 구성했다. 이 진지에 주둔하고 있던 제5연대는 야전포 57문, 요새포 8문, 기관총 10정을 지원받았다. 제5연대에 소속된 부대들 간에 의용기병대가 배치되었다. 방어 진지의 독립된 구역에는 임시 지휘관이 임명되었다.

피쯔워에 상륙한 일본군은 뤼순 공격의 관문이었던 진저우지협을 향해 진군했다. 일본군이 진저우지협으로 향하고 있다는 사실이 확실해지자 뤼순에서 포크 장군의 사단이 진군했다. 그러나 병력 3만 5,000명에 포 215문으로 공격해 들어오는 일본군에 대항하는 중책을 총병력 3,800명에 포 65문으로 구성된 제5연대가 맡아 버텨내야 했다. 그리고 병력 1만 3,700명에 포 130문으로 구성된 포크 장군의 나머지 부대는 진지 뒤에 배치된 채 전투에 투입되지 않았다.

5월 26일 아침 제4사단이 진지의 좌익을 공격하는 것으로 일본군의 진저우 진지 공격이 시작되었다. 제1사단이 중앙을 공격했으며, 제3사단은 진지의 우익으로 진군했다. 1개 연대만이 예비대에 잔류했다. 공격에 협조하기 위해 4척의 포함과 6척의 구축함이 진저우만에서 지협이 위치한 러시아군 진지를 향해 함포 사격을 가했다. 덩사허(登沙河) 하구~푸란뎬 정면에서 전개하고 있던 부대가 북쪽으로부터 오쿠의 군사 행동을 보호했다.

이에 러시아는 다롄만으로 3척의 단정을 동반한 포함 1척을 파견함으로써 일본 제2군 좌익의 공격을 어느 정도 지연시킬 수 있었다. 오전 동안 지속적으로 이루어진 일본군의 모든 공격은 격퇴되었으나, 18시 일본군의 우익을 형성하는 사단이 마침내 진지 전선을 돌파할 수 있었다. 부대원의 3분의 1과 포병의 상당 부분을 잃은 러시아 제5연대는 지휘를 받지 못한 상태에서 중화기와 탄약 전체를 일본군 수중에 남겨두고 후퇴했다.

진저우 방어 실패는 진지선의 선명한 윤곽 때문이었다. 이 때문에 진저우 거점은 세 방향에서 격파되었다. 거점의 윤곽 때문에 러시아군 포병 구분대들이 화력을 연결하기 어려웠다. 압록강 전투에서처럼 러시아 포병은 개방된 진지에 위치했고 일본군 포병에 의해 격파되었다.

공격해 들어오는 적군의 전력에 관한 정보가 없었던 것은 첩보 활동이 성공적이지 못했기 때문이다. 그로 인해 강력한 포병을 가진 포크 사단의 주력 부대는 이 전투에 존재했을 뿐, 전투에 참가하지 않았다.

조직적인 전투 지휘 역시 이루어지지 않았다. 방어 명령이 전달되지 않았으며, 그 결과 각 부대들은 상호 연관성이 없고 통제가 이뤄지지 않았다. 주력 부대를 동원한 반격과 조직적인 후퇴를 위한 대책도 전혀 세워지지 않았다.

좁은 정면에서 대규모 부대를 전개한 일본군은 막대한 손실을 입었다. 이 전투에서 일본군의 병력 손실은 4,500명에 달했다. 진저우지협을 상대로 일본군이 돌격전을 펼친 것은 여론을 만족시키기 위해 조속한 시일 내에 랴오둥반도와 뤼순을 점령하려는 오쿠의 의지에 따른 것이었다.

진저우 전투는 육군과 해군 합동 작전의 성공적인 사례였다.

뤼순으로 후퇴하는 러시아군 (그림 3, 6)

일본군은 사기를 잃고 퇴각 중인 러시아군 추격에 즉각 나서지 않았다. 처음의 계획을 완수한 일본군 지휘부는 진저우에 1개 사단(제1사단)만을 배치했다. 오쿠의 나머지 부대는 남만 지선을 따라 북쪽 방향으로 이동했다. 푸란뎬에 상륙한 제5사단과 함께 평황청 방면에서 이동하고 있던 구로키의 부대와 6월 중순 다구산에 상륙한 노즈의 제4군과 함께 오쿠 부대는 러시아 주력 부대를 상대로 합동 작전을 개시해야 했다.

뤼순 점령을 위해 노기 장군을 지휘관으로 하는 제3군이 편성되었다. 이 부대에 제1사단과 랴오둥반도로 이동한 제11, 제9사단이 배속되었고, 7월 중순에야 상륙을 마친 2개 후비여단이 편성되었다.

약 2주 동안 관둥 요새화 지역 전방에는 일본군 제1사단 소속의 12개 대대만이 주둔 중이었다. 오쿠 휘하의 나머지 사단들이 북쪽으로 이동하는 것을 파악하지 못한 러시아군 지휘부는 고립된 일본군 제1사단에게 타격을 가할 수 있었음에도 아무런 대책을 세우지 못했다.

더구나 포크 사단은 일본군이 진격하기 이전부터 주둔하고 있었음에도 불구하고, 수차례에 걸쳐 강화된 중간 진지에서 적군을 지연시키지 않은 채 뤼순으로 후퇴했다. 일본군이 추격하지 않은 덕분에 포크는 룽왕툰(龍王屯)만과 솽타이거우(雙臺溝)촌을 연결하는 능선의 정상에 구축된 진지를 주둔지로 삼을 수 있었다.

일본군은 뤼순 포위를 위해 집결한 제3군을 향해 진군했다. 일본은 7월 26일 공격에 나선다는 결정을 내렸다. 당시 노기 군은 6만 명의 병력에 포 180문, 그리고 기관총 72정으로 편성되어 있었다.

약 25킬로미터에 걸쳐 능선 정상에 형성된 진지에는 병력 1만 6,000명에 포 70문, 기관총 30정으로 편성된 러시아군 부대가 주둔하고 있었다.

7월 26일 일본군의 공격을 격퇴한 러시아군은 하루 종일 진지에 주둔하고 있었다. 그러나 저녁 무렵 일본군은 젠산(劍山)의 전선을 돌파할 수 있었으며, 그로 인해 포크는 랑산(狼山) 방면으로 후퇴할 수밖에 없었다.

랑산을 따라 구축된 진지에서 러시아군은 오래 버티지 못했다. 7월 30일 아침 일본군이 랑산을 공격했으며, 10시 무렵 포크 장군은 이미 뤼순 요새로 후퇴했다.

이와 같이 랴오둥반도에 위치하면서 측방을 바다와 접하고 있던 일련의 천연 거점들은 적군을 지연시키는 데 활용되지 못했으며, 러시아군은 점령하고 있던 진지에서 적극적인 저항을 보여주지 못한 채 후퇴했다.

일본군의 맹렬한 공격은 커다란 손실을 가져왔다. 진저우부터 뤼순에 이르기까지 일본군의 병력 손실은 약 1만 2,000명에 달했다. 반면 러시아의 손실은 5,400명이었다.

랴오둥 요새화 지역의 지휘관이었던 스테셀(A.M.Стессель) 장군은 진저우 전투 이후 일본군에게 필요했던 휴식 기간을 이용해 중간 진지를 강화하고 견고한 방어를 구축하지 못했다. 또한 일본군이 피쯔워에 상륙한 이후 공격으로 전환하기까지의 3개월이라는 기간을 활용하여 랑산에서 진지를 구축하고 강화하지도 않았다.

와팡거우 전투 (그림 7)

압록강 전투와 관동반도에서 일본에 패하자 불안해진 페테르부르크의 수뇌부는 뤼순의 운명을 걱정하게 되었다. 일본 여론이 노기를 압박하여 뤼순 요새 점령을 위해 막대한 희생을 치르게 하는 동안, 차르 정부는 혁명의 움직임이 증가하는 가운데 압록강과 진저우에서의 패전 소식을 접하고, 러시아 전제정의 권위를 복구하는 동시에 극동에서 차르 체제의 보루라고 할 수 있는 뤼순을 잃지 않기 위해 승리를 열망했다.

쿠로파트킨이 수신한 육군대신 사하로프(В.В.Сахаров)의 편지에는 뤼순의 운명에 대한 우려가 담겨있었다. 뤼순의 상실은 "극동에서는 물론 근동과 중앙아시아, 그리고 유럽에서 러시아의 정치적·군사적 권위를 훼손할 가장 심각한 타격이 될 것이고, 의심의 여지 없이 우리의 적들은 우리를 가능한 한 곤란하게 만들기 위해 이를 악용할 것이며, 우리의 우방들은 마치 무력한 동맹에 등 돌리듯 러시아에 등을 돌릴 것"이었다.

쿠로파트킨은 당시의 작전 상황을 고려했을 때 전력이 필요한 수준까지 보강되지 않은 상태에서 뤼순을 구출하려는 모든 계획은 실로 위험하다고 판단했다. 만주 주둔군이 남쪽으로 진군하는 것은 구로키와 노즈 군에게 러시아의 병참선을 공격할 기회를 주게 될 것이고, 이는 쿠로파트킨을 극도로 힘든 상황에 처하게 만들 것이었다. 그러나 작전의 합리성보다, 권위에 손상을 입은 전제정의 정책이 우위에 있었다. 차르는 결국 좋지 않은 결정을 강요했다. 뤼순의 구출을 위해 최대 병력 4만 명으로 구성된 군단을 진군시키라는 명령이 쿠로파트킨에게 내려졌다. 뤼순의 운명이 쿠로파트킨 부대의 어깨에 달렸다.

시타켈베르크(Г. К. Штакельберг) 장군은 "적 군사력을 최대한 유인하여 랴오둥반도에서 작전 중인 일본군을 약화시키라"라는 임무를 부여받고 총병력 3만 3,000명에 포 96문으로 늘어난 군단을 이끌고 출병했다.

시타켈베르크의 군단은 와팡거우(瓦房溝)로 진군했으며, 약 7킬로미터에 달하는 거점에 참호를 구축했다. 그러나 거점 선택이 잘못되었다. 거점 앞에 펼쳐진 구릉이 거점을 굽어보는 형태여서 적이 포위하고 우회하기 용이했다.

6월 15일, 오쿠 장군은 보병 3개 사단과 1개 기병연대 등 총병력 4만 명에 포 100문을 동원, 시타켈베르크 양 측방을 포위하며 공격에 나섰다. 시타켈베르크의 우익을 엄호하던 삼소노프(А. В. Самсонов) 장군의 카자크여단은 너무 서둘러 북쪽으로 퇴각했으며, 그 덕분에 일본군 제4사단이 푸저우허(復州河)를 따라 손쉽게 우회할 수 있었다.

러시아군 좌익에서 진군하던 오쿠 병력이 러시아 포병의 화력으로 지체되자 시타켈베르크가 공격으로 전환해 일본군 제3사단을 퇴각시켰다. 그러나 일본군이 러시아군의 우익에서 포위해 들어오고 와팡거우 역 북쪽의 철도 근처에서 우회하던 일본군의 선봉 부대가 모습을 드러내면서 시타켈베르크는 북쪽으로 퇴각하기 시작했다.

와팡거우 전투에서 시타켈베르크 부대가 상대적으로 유리한 결과를 얻은 것은, 첫째, 일본군 제4사단의 우회가 늦었고, 둘째, 오쿠 장군이 포위하는 측방을 확장하기 위해 너무 일찍 자신의 예비대를 사용했으며, 마지막으로 호우로 인해 일본군의 진격 속도가 둔화되었기 때문이다. 러시아군은 이곳에서 3,563명의 병력과 포 17문을 잃었고 일본군의 병력 손실은 1,190명이었다.

뤼순에 대한 뒤늦은 지원은 결국 실패로 끝을 맺었다. 시타켈베르크의 진저우 방면 공격 작전은 오쿠의 군대가 진저우 진지 공격을 준비하고 있던 시점에서는 의의가 있었겠지만, 오쿠가 이미 북쪽으로 움직였고 동쪽에서 구로키의 부대와 다구산에 상륙하고 있는 노즈의 제4군 부대가 위협을 가하고 있는 상황에서는 극히 위험스러운 일이었다.

프랑스의 군사 평론가 바르도노(G. Bardonnaut)는 위와 같은 전장 조건하에서 이루어진 러시아군의 와팡거우 전투를 모험이라 평가했다. 적군의 군사력이나 배치에 대한 정보가 전무한 상태에서 러시아 만주 주둔군의 주력 부대로부터 200킬로미터나 떨어진 곳까지 진군한 것은 모험에 불과했다.

쿠로파트킨과 시타켈베르크는 이 작전의 불합리함을 잘 이해하고 있었음에도 불구하고 그것을 거부하는 용기를 보여주지 못했다. 시타켈베르크를 파멸로부터 지켜준 것은 오로지 오쿠의 미약한 추격전과 노즈의 나태함뿐이었다.

일본군의 승리는 제5사단과 아키야마 요시후루(秋山好古)의 기병여단의 우회 기동, 제4사단의 포위를 통해 이루어졌다. 제4사단은 전위 부대만을 시타켈베르크의 후방으로 침투시켰다. 주렌청에서 제12사단이 제대로 행동하지 못한 것이 굴곡이 심한 지형에서 기동이 어려웠기 때문이라고 한다면, 제4사단 주력 부대가 접전 지역에 뒤늦게 도착한 데다 와팡거우에서 제때에 우회하지 못한 것은 러시아 후방으로 출병하여 퇴로를 차단하라는 임무를 작전 하루 전에 전달받은 사단장이 확고한 결정을 내리지 못했기 때문이다.

오쿠의 제2군은 포병의 정확한 포격 덕택에 승리할 수 있었다. 반면 러시아 포병은 보유한 전력의 절반에도 미치지 못하는 화력을 전투에 투입했고, 그나마 배치된 포병도 개방된 진지에 주둔했다. 러시아 기병대 역시 진지의 우익을 조급하게 노출시켰고, 일본군 사단의 와팡거우 우회를 예상하지 못해 아무런 행동도 하지 못했다.

당시 일본 기병대는 많은 단점에도 불구하고 러시아군 진지의 좌익을 포위함으로써 그곳에 일본군 주력 부대가 집결할 것이라는 인상을 러시아군 지휘부에 심어주었다.

시타켈베르크는 진지를 강화할 수 있는 시간을 충분히 확보하고 있었다. 그러나 시대에 뒤떨어진 방식으로 각면보를 구축했다. 이 각면보에는 적 화력을 막을 엄폐물이 없었다. 일본군은 이를 '장난감 요새'라 불렀다.

일본군은 포위 작전에 충실했다. 그러나 종심이 깊은 우회 기동 작전의 지체와 거부로 제한적인 승전밖에 거두지 못해, 러시아군의 패전을 파멸로 연결시키지 못했다.

패전으로 인해 다수의 러시아 병사들 사이에서 승전에 대한 의구심이 생겨나기 시작했다. 일본의 군사력이 월등하다고 인정되면서 측방과 후방에서 동요가 일어났다.

뤼순을 구출하기 위한 첫 번째 시도가 실패한 시점은 러시아 함정의 수리가 종결된 시점과 일치했다. 이에 러시아군 지휘부는 일본 함대를 발견해 파멸시키는 적극적인 작전을 실행해야겠다고 판단했다. 일본 함대의 궤멸은 뤼순을 봉쇄로부터 해방시키는 것은 물론, 일본군의 연락을 심각하게 위협할 수 있었다.

6월 23일 14시, 장갑함 6척, 순양함 5척, 수뢰순양함 2척을 포함한 구축함 7척으로 구성된 비트게프트의 분함대가 동남쪽으로 항로를 잡고 외해로 출항했다. 러시아 분함대의 출항 소식을 접한 도고는 장갑함 4척, 장갑순양함 4척, 경순양함 13척, 구축함 30척으로 구성된 월등한 분함대 전력으로 연안으로부터 20해리 떨어진 곳에서 러시아 분함대를 기다리고있었다. 비트게프트는 일본군의 대구경·중구경 함포가 월등하다는 것을 고려하여 전투를 포기하고 선수를 돌려 뤼순으로 회항했으나, 일본 수뢰정이 계속해서 추격한 결과 장갑함 세바스토폴(Севастополь)호가 일시적으로 대열에서 이탈했다.

황해 북부 해역에서 제1태평양분함대를 운용하는 것은 더 이상

적절하지 못한 것으로 판명되었다. 비트게프트에게는 블라디보스토크의 순양함 편대와 합류하기 위해 출항하라는 명령이 내려졌고, 블라디보스토크의 순양함 편대는 비트게프트를 맞이하라는 명령을 접수했다. 그러나 직접 통신 수단을 보유하지 못한 블라디보스토크의 순양함 편대가 너무 서둘러 출항해, 6월 19일까지 해상에서 대기하면서 병력을 실은 3척의 일본 수송선과 1척의 기선을 침몰시켰다. 6월 28일, 블라디보스토크의 순양함 편대는 재차 조선만을 향해 출항해 가미무라 히코노조(上村彦之丞) 함대와 수차례 포격전을 교환한 후 블라디보스토크로 회항했다. 7월 러시아 순양함은 쓰가루(津輕)해협을 통과해 태평양으로 출항한 후, 도쿄 위도까지 내려와 일본의 기선을 침몰시켰다. 이에 일본 국내에서는 극도의 혼란이 발생했다. 일본의 공식적인 『메이지 37~38년의 해상전 기록(明治三十七八年海戰史)』이 증언하듯 블라디보스토크 순양함 편대의 용맹한 활동은 만주에서의 전투에도 영향을 미쳤다. 즉, 6월 4일 도쿄로부터 전달된 훈령에는 뤼순에서 러시아 함대의 출항 가능성이 해상 교통을 위험에 처하게 할 것이라고 언급되어 있다. 그 결과 일본 제2군에게는 가이저우 이북으로 진군하지 말라는 명령이 내려졌으며, 장마 이전으로 예정되어 있던 랴오양 작전이 장마 이후로 연기되었다.

랴오양 접근로 전투 (그림 8)

일본군의 공격로에서 첫 전투를 치른 러시아군은 7월 중순 두 개의 집단으로 나뉘어 배치되었다.

오쿠 휘하 제2군의 진격로인 다스차오로부터 남쪽 방면으로 향하는 만주 주둔군의 우익에는 자루바예프(Н. П. Зарубаев) 장군의 통합 지휘하에 총병력 4만 2,000명, 포 106문으로 구성된 제1, 제4시베리아군단이 배치되었다. 랴오허를 감시하고 있던 랴오허 부대와 3개 대대로 구성된 잉커우 부대가 자루바예프의 우익을 엄호했다. 좌익의 보호는 차판링(茶盤嶺) 고개로 향하는 방면에서 미셴코의 기병대가 담당했다.

일본군의 다구산 부대와 대치한 자루바예프 부대의 좌측방 뒤편에는 병력 2만 4,000명, 포 72문으로 구성된 자술리치의 제2시베리아군단이 시무전(析木鎭) 지역에 집결했다.

만주 주둔군의 남부집단으로 불리던 이 부대들은 쿠로파트킨이 직접 지휘를 맡았다. 쿠로파트킨의 참모부는 다스차오 역에 주둔하고 있었다. 총병력 1만 6,000명에 포 96문으로 구성된 제35사단과 1개 포병여단이 남부집단의 예비대로 하이청에 배치되었다.

구로키가 랴오양으로 향하는 도로인 롼허(灤河) 남쪽 연안에는 총병력 2만 5,000명, 포 84문으로 구성된 켈레르(Ф.Э.Келлер)의 부대가 진지를 구축했다. 그의 주력 부대는 량자산(亮甲山)에 주둔하고 있었다. 지둥위(吉洞峪) 지역에서 그레코프(М.И.Греков)의 기병 부대가 켈레르의 우익을 보호했다. 켈레르의 좌익 뒤편, 즉 시허옌(細河沿)에는 병력 6,000명에 포 45문을 보유한 게르셸만(С.К.Гершельман)의 부대가 배치되어 랴오양으로 향하는 도로를 방어했다.

게르셸만의 북쪽인 팡자푸(方家堡)에는 총병력 2,000명과 포 6문으로 이루어진 류바빈(Г.П.Любавин)의 부대가 위치해 있었다. 계속해서 북쪽으로는 병력 1,500명으로 편성된 마드리토프(А.С.Мадритов)의 부대가 독립적으로 활동했다. 이 2개 부대는 묵텐으로 향하는 방면을 방어했다. 그 외에도 랴오양에는 병력 5,000명과 포 30문으로 구성된 수비대가 있었으며, 묵텐에는 약 3,000명의 병력이 주둔 중이었다.

구로키 군에 대응해 배치된 러시아군 전체를 동부집단으로 호칭했다. 그러나 현지에서는 동부집단의 조직적인 통합 사령부가 존재하지 않았다.

러시아군은 전 방향에 걸쳐 강화된 거점을 구축했다. 랴오양으로 향하는 접근로에는 랴오양에서의 총력전을 예상해 요새형 진지가 구축되었다. 타이쯔허에 도하장이 구축되고 교두보가 강화되었다.

일본군에 대응해 배치된 러시아 전투 부대의 총병력은 약 14만 명에 달했으며 포는 507문이었다. 극동 총독 알렉세예프가 묵덴에 야전군 사령부를 설치하고 만주 전장의 합동 작전을 지휘했다.

당시 일본군은 세 개의 집단으로 주둔하고 있었다.

병력 4만 명과 포 120문으로 구성된 구로키의 제1군은 랴오양 방면으로 이동하면서 팡자푸에서 타칸즈(Таканцзы)에 이르는 전선에 배치되었다.

가와무라 가게아키(川村景明) 장군이 지휘하는 다구산 부대는 총병력 1만 6,000명과 포 36문의 화력으로 슈옌을 지나 시무전으로 향했다. 후일 이 다구산 부대는 오쿠 군에서 5사단을 배속받은 다음 노즈가 지휘하는 제4군으로 부대 명칭을 바꿨다.

병력 5만 명에 포 258문을 보유한 오쿠 부대는 와팡거우 전투 이후 러시아군의 저항을 받지 않는 상태에서 가이저우 지역에서 전개했다. 오야마의 참모부 역시 그곳에 자리를 잡았다.

뤼순 항을 포위 중인 노기의 부대를 제외한 일본군의 총 전력은 병력 10만 6,000명, 포 414문이었다.

쿠로파트킨의 행동 계획은 일본군과 관련해 아주 의심스러운 자료에 기초하고 있었다. 그의 참모부에 소속된 정찰대가 제공한 자료에 따르면 일본의 전력이 두 배나 과장되어 있었던 것이다. 쿠로파트킨은 우월한 전력을 보유하고 있으면서도 일본군이 남부집단의 좌익을 우회할 수도 있다는 사실을 두려워하여, 오쿠가 공격으로 나설 경우 남부집단을 잉커우와 다스차오로부터 철수시킨 다음 하이청으로 이동시킨다는 결정을 내렸다. 쿠로파트킨이 보기에 하이청으로 후퇴하는 것이 부대를 보다 더 집결시키는 동시에 오쿠 군을 뤼순으로부터 1일 이동 거리만큼 유인하는 것이었다. 게다가 제17군단의 집결이 완료되어야 결정적인 전투를 전개할 수 있었던 만큼, 제17군단의 잔여 부대가 랴오양에 집결할 시간도 확보할 수 있었다. 쿠로파트킨은 후방을 보호하기 위해서 구로키 군을 동쪽으로 밀어내야 한다고 수차례에 걸쳐 알렉세예프에게 주장했다.

이와 같이 쿠로파트킨의 계획은 소규모 적을 상대하고 있던 남부집단을 후퇴시키고, 길도 없는 산악 지형에서 동부집단을 동원해 월등한 군사력을 지니고 있던 일본군을 공격하는 것이었다.

쿠로파트킨은 잉커우 함락이 뤼순과의 연락망 손실로 이어지는 동시에 일본군의 우회 기동 기지를 확대시켜 주게 될 것이라고 판단했다.

차르 체제의 극동 정책에 반대했던 알렉세예프는 쿠로파트킨의 계획에 강력하게 반발했다. 알렉세예프는 뤼순 함락으로 극동에서 전제정의 권위가 실추될 수 있음을 지적하며, 뤼순을 탈환하기 위한 적극적인 군사 행동을 요구했다. 알렉세예프의 견해에 따르면 뤼순 방면에서 남부집단이 적극적으로 군사 행동에 임하는 것보다, 아군의 연락망을 위협하는 구로키 부대를 동쪽으로 밀어내는 것이 우선돼야 했다. 구로키를 상대로 작전 중인 부대는 제17군단으로 증강될 수 있으며, 남부집단은 일본의 전력이 월등한 경우에만 다스차오 거점을 포기할 수 있다고 보았던 것이다.

알렉세예프의 계획을 완수하기 위해 12개 대대와 포 96문이 남부집단에서 동부집단으로 재배치되었다. 그와 동시에 자루바예프에게 임무가 부여되었으나 그 성격이 불분명했다. 즉, 처음에는 남부집단에게 강력한 방어를 지시했으나, 3일이 지난 후에는 "결정적 전투를 위한 병력 비축의 중요성"을 고려해 만약 적군이 압도적인 전력으로 공격해 들어올 경우 반드시 퇴각하라고 했다.

당시 러시아군 지휘부가 수세적 행동을 정당화하기 위해 일본의 전력을 과장하는 경향이 있었던 반면, 일본군은 러시아의 전력을 실제의 절반 이하로 평가했다. 그런데 바로 그런 오해 덕분에 일본군은 적극적 군사 행동을 취할 수 있었다.

와팡거우 전투 이후 후방을 정비할 필요가 있었던 일본군은 공격 준비를 신속하게 진행하지 않았다. 오쿠의 제2군은 일본의 기차에 맞게 철도를 협궤로 재부설하는 작업에 몰두하고 있었다. 구로키 군의 공격은 굴곡이 심한 지형으로 인해 지연되고 있었다.

당시 일본군의 공격 계획에는 독일식 작전 개념이 명확하게 반영되어 있었다. 즉, 일본군의 계획은 각 군을 남쪽과 동쪽에서 함께 공격에 투입하여 작전상의 포위를 전술상의 포위로 전환시킴으로써 위협을 가하는 것이었다. 다구산 부대는 오쿠의 우익을 보호하기 위해 구로키의 부대로 강화되었으나, 오쿠가 연락망인 철도에 집중함에 따라 제2군의 우익이 우회당할 수 있는 위험성이 야기되었다.

다스차오와 시무전 전투 (그림 9, 10)

러시아군 지휘부가 구로키를 상대로 '지속적인 공격'을 위해 부대를 재편성하고 있던 7월 23일 아침 오쿠 군은 남부집단을 향해 공격을 개시했다. 러시아군이 철도에서부터 동쪽 방면으로 향하는 진지를 점령하고 있던 다스차오에서 시작된 전투는 남쪽으로 이어져 이틀간 계속되었다.

제1시베리아군단은 철도가 있는 언덕으로부터 스트렐코바야

(Стрелковая)산까지 전면에 개활지를 두고 전개해 있었다. 진지의 우익 앞에서 자라고 있던 수수밭은 러시아군 참호로부터 1,500보 종심까지 제거되었다. 계속해서 장관툰(張官屯)까지의 고지대를 따라 제4시베리아군단이 자신의 진지를 내려다보는 산 정상을 앞에 둔 상태로 주둔하고 있었는데, 이런 지형으로 인해 위다링(于大嶺) 근처의 전진 진지를 점령할 필요가 있었다. 제4군단의 예비대에는 4개 대대와 포 8문이 배치되었다. 남부집단의 지휘관은 예비대에 10개 대대와 6개 카자크 기병중대, 포 8문을 잔류시켰다.

거점의 우익은 코사곱스키(Коссаговский)의 기병대가 방어하고 있었으며, 좌익은 미셴코 기병대가 방어했다.

오쿠는 정면 25킬로미터에 달하는 4개의 사단 종대로 공격에 나섰다. 그러나 철도와 만다린 도로 사이의 질퍽한 진흙밭으로 인해 약간 우측으로 틀어야 했다. 그러나 우측의 극도로 굴곡이 심한 지형은 러시아군의 진지를 우회하기 힘들게 만들었다.

7월 23일의 전투는 포격전이었다. 일본군의 좌익에 있던 수수밭이 방위 측정을 어렵게 만들었다. 러시아군 포병은 엄폐된 지형에 자리 잡은 진지에서 포격에 임했다. 저녁 무렵 포병 사격은 잦아들었으나, 다음 날 아침 일본군 보병이 다팡션(大房身) 방향을 공격하면서 새로이 포격전을 개시했다. 그러나 제4군단의 우익에 대한 일본군의 모든 공격은 백병전에 의한 역습으로 격퇴되었다.

점심 무렵, 월등한 일본군 포병을 상대로 제1시베리아군단 소속 포병이 성공적으로 포격전을 수행했음에도 불구하고, 포격으로 보병이 사소한 손실을 입은 것을 본 시타켈베르크는 자루바예프에게 후퇴를 언급했다. 저녁 무렵 남부집단의 지휘관은 야음을 이용해 하이청으로 퇴각하라는 명령을 내렸다.

러시아군은 다스차오 전투에서 1,050명의 병력 손실을 보았으며, 일본군의 손실은 1,189명이었다.

'결전을 위한 병력 비축'이라는 쿠로파트킨의 방침이 전투에 영향을 미쳤다. 자루바예프는 자신의 예비대를 사용도 해보지 않고 퇴각하기 시작했다. 결국 제1시베리아군단에서 이 전투에 참가한 것은 포병뿐이었다.

자루바예프는 다수의 기병대를 보유하고 있었음에도 적의 전력에 관한 정보를 입수하지 못했다. 그는 오쿠의 야전군 외에도 다구산 부대가 자신과의 전투에 참여하고 있는 것으로 생각했다. 러시아 기병대는 매우 소극적이어서 적의 측방과 후방에 대한 공격을 시도하지 않았다. 기병대의 주력은 좌익에 있는 산악 지형에 위치해 있었다.

이 전투에서 러시아 포병은 엄폐된 진지에서 포격에 임하여 일본군 포병을 제압하고 일본군 보병의 진격을 멈추게 했다. 그러나 각 사단 포병대대끼리는 제병 협동을 이루지 못한 채 개별적으로 행동했다.

이 전투에서 오쿠는 지형적 특성을 고려하여 양 측방의 포위와 우회를 포기하고 중앙 돌파를 시도했으나 성공하지 못했다. 다구산 부대의 지원을 받지 못한 오쿠의 정면 공격은 높이 자란 수수밭 때문에 포병을 충분히 이용할 수 없었다. 그러나 러시아군이 성급하게 후퇴한 덕분에 일본군은 전력을 낭비하지 않아도 되었으며, 중요한 지점인 잉커우를 수중에 넣었다.

후퇴한 제1, 제4시베리아군단은 하이청 근처의 철도 양편에 집결했다. 제2군단이 시무전 거점을 점령한 상태에서 제4군단의 좌익에 합류했다. 7월 30일 통합된 자루바예프의 부대는 병력 4만 8,000명에 포 200문으로 구성되었으며, 적군이 공격해 올 경우 '가공할 반격'을 준비하고 있었다.

5만 명의 병력으로 구성된 동부집단은 넓은 전선에 전개하여 우익과 좌익이 각각 타완과 다링거우(大嶺溝)에 닿아있었다. 남부집단과 동부집단 사이에는 아밀라흐바리(Г. И. Амилахвари)의 기병대가 위치하고 있었다. 퇴각 중인 자루바예프의 부대가 철로를 파괴하지 않은 덕분에 오쿠 부대는 매우 쉽게 이동할 수 있었다. 기관차

없이 다수의 객차를 확보한 일본군은 짐꾼을 동원해 객차를 견인했다.

7월 30일 오쿠는 이미 다스차오 지역에 위치해 있었으며, 그의 우익 후방에는 다구산 부대와 제2군 소속의 제5사단을 편입한 노즈의 제4군이 주둔했다. 당시 오쿠 군의 병력은 4만 2,000명에 달했으며, 노즈의 병력은 2만 6,000명이었다. 7월 28일 오야마로부터 "가능하다면 그 지점을 점령하라"라는 명령을 받은 노즈는 29일에 시무전으로 이동했다.

제2군단이 점령 중이던 시무전 뒤편의 진지는 동남쪽을 향하고 있었다. 급경사의 정상을 따라 이어지면서 축성한 강화진지는 접근이 거의 불가능할 것으로 여겨졌다. 산악 지형으로 야전포를 운용하기에 부적합했으나 이곳에 주둔한 러시아군은 산악포병이 없었다. 그러나 러시아군 진지에 정면 공격을 시도하지 않은 일본군은 제2시베리아군단 진지의 우익을 우회하려는 의도로 부대를 집결했음이 명백했다. 자루바예프가 이런 상황을 밝혀냈으나 쿠로파트킨은 진지의 좌익을 염려하고 있었다.

7월 30일 제2시베리아군단의 정면에서 총격전이 벌어졌고, 이날 자정 제2시베리아군단과 제4시베리아군단 사이의 중간 지점을 일본군 3개 대열이 공격하기 시작했다. 18킬로미터에 걸친 이 지역에는 총 9개 대대, 16개 기병대대, 포 4문으로 구성된 3개의 러시아군 부대가 배치되어 있었다.

러시아군은 연계성 없는 행동으로 승리를 거두지 못했다. 중간 지점을 방어하던 부대는 퇴각하면서 전투에 임했으며, 그 뒤를 이어 제2군단의 우익이 후퇴하기 시작했다. 이에 쿠로파트킨은 제2군단에게 하이청으로 퇴각하라는 명령을 내렸다.

구로키와의 전투에서 동부집단이 패배함에 따라 8월 1일 쿠로파트킨은 남부집단을 안산잔(鞍山站) 진지로 철수시킬 수밖에 없었다. 철수한 남부집단의 집결이 완료된 것은 8월 4일이었다. 시무전 전투에서 러시아군은 670명을 잃었으며, 일본군의 병력 손실은 860명이었다.

이틀에 걸친 시무전 전투에서 자술리치는 좌익에 주둔한 18개 대대를 전투에 투입하지 않고 아무 행동도 하지 않았다. 이는 일본군이 좌익으로 우회할 것이라는 쿠로파트킨의 우려에 따른 것이었다. 자루바예프는 나머지 부대를 이용해 제2군단을 지원하지 못했다. 결과적으로 러시아군은 하이청으로부터 철수하여 북쪽을 향해 세 차례나 후퇴해야 했다.

제2시베리아군단의 전력 및 부대 배치와 관련해 정확한 정보를 확보하고 있었던 노즈는 가장 적은 노력으로 승리할 수 있는 행동 계획을 선택할 수 있었다. 그는 상대의 가장 강력한 진지를 피해 군사력이 가장 허약하여 승리가 예상되는 제4군단과 제2군단의 중간 지점을 공격했다. 그러나 노즈의 행동은 대본영으로부터 내려온 소극적인 공격 명령으로 제약을 받았다.

동부집단 전투 (그림 11)

7월 31일, 동부집단이 점령 중이던 진지에서 전투가 시작되었다. 구로키를 동쪽으로 밀어내려던 7월 중순의 시도가 성공하지 못한 이후, 동부집단은 랴오양으로 향하는 도로를 차단한 상태에서 방어로 전환했다. 부대 우익에는 켈레르 부대가 1만 7,000명의 병력과 포 66문으로 양쯔링(樣子嶺)~타완 거점에 배치되었으며, 좌측방의 펜링(偏嶺)~위수린(楡樹林) 거점에는 병력 2만 4,000명에 포 95문으로 구성된 제10군단이 전개하고 있었다. 양 거점 사이의 15킬로미터에 달하는 중간 지점을 위해 켈레르의 부대에서 1개 연대가 차출되었다. 거점인 펜링 구역의 문제는 후퇴로가 높은 산들로 둘러싸여 포격을 받기 쉬운 애로 지역에 있다는 것이었다.

타이쯔허를 따라 길게 늘어져있던 그룰레프(М.В.Грулёв)와 류바빈의 부대가 동부집단의 좌익을 방어했다. 랴오양 지역에는 병력 2만 4,000명에 포 89문으로 편성된 제17군단이 예비로 남았다.

이와 같이 러시아군의 좌익을 방어하고 있던 부대를 제외하고도 쿠로파트킨은 6만 5,000명의 병력과 포 250문으로 구로키의 4만 6,000명 병력과 포 108문을 상대하고 있었다.

쿠로파트킨이 동부집단의 빌데를링(А. А. Бильдерлинг)에게 부여한 임무는 모호했다. 강력한 방어를 요구하는 동시에 후방에 위치한 랴자산~안핑링(安平嶺)의 주진지로 퇴각해야 할 필요성을 경고했는데, 이런 명령은 앞선 패전으로 사기가 저하되어 있던 부대의 후퇴를 부추겼다.

제12, 제2근위사단과 3개 예비여단으로 구성된 구로키의 부대는 시허옌~딩자푸쯔(丁家堡子)~싼다오링(三道嶺) 정면에서 일부 참호를 구축하는 한편, 향후 행동에 관한 오야마의 명령을 대기하고 있었다.

구로키의 향후 작전 계획에 따르면 제12사단과 제2사단 소속의 1개 여단을 동원해 위수린에 위치한 제10군단을 공격하는 동시에, 나머지 부대를 동원해 켈레르를 공격함으로써 랴오양으로의 퇴각로를 차단할 예정이었다.

러시아군은 월등한 전력으로도 구로키를 막지 못했다. 구로키는 러시아군 지휘부의 성향이 방어적이고 진지 고수 의지가 나약한 것을 꿰뚫고 있었다.

7월 31일 새벽, 구로키가 공격에 나섰다. 기고시 야스쓰나(木越安綱)의 우익 여단이 5개 산악포병대대의 화력 지원하에 위수린 거점의 좌익을 공격해 들어갔다. 불의에 일본군의 공격을 받은 탐봅스키(Тамбовский) 연대 소속의 일부 부대들이 첫 전투에서 250명의 병력 손실을 입은 상태로 산 정상의 두 번째 정계선(頂界線)을 향해 후퇴하기 시작했다.

두 번째 정계선에서 진지 구축을 마친 탐봅스키 연대는 개활 진지에서 포병을 동원해 일본군 보병을 향해 포격을 가하려 했다. 그러나 굴곡이 심한 지형에서 일본 보병은 능숙한 엄폐술로 심각한 손실을 모면할 수 있었다. 점심 무렵 일본군은 위수린을 점령했다.

그 무렵 시마무라 다테오(島村干雄)의 여단은 펜링 고개로부터 러시아군을 몰아냈다. 마르트손(Ф. В. Мартсон) 장군은 펜링의 좌측방을 포위하려는 일본군 제12사단의 기도 앞에 굴복할 수밖에 없었다. 바로 오카자키 세이조(岡崎生三, 일본 제2사단 소속)의 여단이 그곳에 모습을 드러냈기 때문이다. 협곡을 내려다보는 정상을 남쪽에서 점령한 오카자키는 후퇴하는 러시아군에 포격을 가하여 막대한 손실을 입혔다.

극심한 더위가 일본군의 공세를 어느 정도 지연시켜 주었다. 저녁 무렵 일본군 제12사단은 2개 중대를 동원해 제10군단의 좌익을 포위했다. 그러자 양측을 포위당한 제10군단의 지휘관 슬루쳅스키(Случевский)는 후퇴하기 시작했다.

이와 동시에 일본군은 타완 거점을 공격했다. 제2사단 소속 제3여단의 예하 부대를 동원한 정면 공격으로 러시아군 진지를 묶어둔 구로키는 근위사단을 진지의 우익으로 우회시켰다.

산악 지형 공격의 한계로 구로키는 자신의 계획대로 독립 종대를 운용할 수 없었다. 5시 무렵 근위사단이 러시아군의 선봉 부대를 제압해 남쪽으로부터 양쯔링 거점을 점령하면서 롼허를 도하했다.

우회 중이던 아사다 노부오키(淺田信興)의 근위여단은 지체되었다. 13시가 되어서야 격전장에 도착한 근위여단은 양쯔링에 배치된 러시아군 우익의 포격으로 진격하지 못했다. 타완에서 러시아 포병의 강력한 저항을 받은 구로키는 타완 거점을 공격하기 위해 제2사단 소속의 모든 여단을 집결시켰으며, 12시가 넘어서 진지를 점령했다.

하루가 끝나갈 무렵, 전사한 켈레르를 대신해 새로운 지휘관으로 임명된 카시탈린스키(Н. А. Кашталинский)는 향후 행동 계획을 논의하려는 목적에서 회의를 소집했다. 회의는 패전을 시인하고 량자산으로 퇴각하기로 결정했다.

7월 31일 동부집단 전투는 러시아군 약 2,500명의 병력 손실, 일본군 구로키의 전 병력의 랴오양 접근으로 종결되었다. 일본군의 병력 손실은 약 1,000명이었다. 월등한 병력에도 불구하고 러시아군 지휘부는 구로키도 실로 위험하게 여겼던, 노출된 일본군 우익을 포위하는 반격을 가하지 못했다. 제10군단의 예비 병력은 여러 방면에서 각개 소모되었고, 쿠로파트킨의 예비대인 제17군단은 아무런 행동도 취하지 못했다.

보병은 포병의 지원을 받지 못했다. 예를 들어 시허옌에서는 총 88문의 포 중 16문만이 실전에 배치되었으며, 타완 거점에서는 포병의 3분의 1만이 실전 투입되었다. 그에 더하여, 이전의 처참했던 경험에도 불구하고 포병이 개방 진지에 포진했다. 포병이 전투에 적게 투입된 것은 뾰족한 산맥과 험준한 절벽으로 이루어진 지형으로 인해 진지가 부족했기 때문이다.

우익이 보호되지 않은 상황에서 전투력이 우세한 러시아군을 향한 구로키의 공격은 성공적으로 종결되었다. 구로키는 전체 보병과 포병을 전투에 투입하여 주공격 지역에서는 러시아군보다 강력했다. 하지만 러시아군 전력에 관한 정보가 과대평가되어 구로

키는 조심스럽고 소극적인 행동을 보였으며, 퇴각 중인 러시아군
을 추격하지 않았다.

전쟁 전반기 평가

이 단계에서 이미 일본군은 전장의 모든 병력을 총동원하는 방
법으로 결정적인 승리를 달성하려고 했다. 반면 러시아군 지휘부
는 월등한 전력에도 불구하고 랴오양에서 총력전을 펼친다는 계
획에 얽매여 소극적으로 행동했다. 랴오양으로 전력을 집결시키는
데만 집착한 쿠로파트킨은 랴오양으로 향하는 접근로의 모든 전투
를, 시간을 벌기 위한 후위 부대의 '시위'를 위한 전투로 생각했다.

결과적으로 쿠로파트킨은 랴오양에 병력을 집결시킬 수 있었
다. 그러나 "이곳에 모인 러시아 병사들은 쿠로파트킨 장군이 기대
한 것처럼 활기차고 사기충천한 상태로 집결한 것이 아니었다. 적
군의 월등한 전력에 압도된 것이 아니라, 많은 전투에서 자기보다
약한 적에게 패하면서 정신적으로나 육체적으로 무너진 패잔병들
이었다. …… 이런 사태에 대해 우리가 확실히 말할 수 있는 것은,
만약 쿠로파트킨과 그의 참모들이 확고한 의지와 과감한 결단력만

지니고 있었어도 모든 전투가 러시아군의 승리로 끝날 수 있었다는 사실이다."[55]

러시아군의 유일한 병참선이며 구로키 군의 작전 방향에 수직으로 위치한 남만주철도를 위협했던 일본군 제1군은 쿠로파트킨을 어려운 상황으로 몰았다. 구로키가 만주 주둔군의 병참선으로 진출할 수도 있음을 걱정한 쿠로파트킨은 후방에서 그 문제의 해결점을 찾고있었다. 그는 포병의 지원을 받는 소규모 부대로 오쿠와 다구산 부대를 차단한 다음, 압도적으로 월등한 전력을 집결시켜 구로키 군을 궤멸하는 방법으로 병참선을 보호하는 결단력을 보여주지 못했다. 지휘관으로서 최고의 활동을 보여준 시기의 나폴레옹이라면 그렇게 했을 것이다. 그러나 쿠로파트킨은 먼저 구로키 부대를 패퇴시켜야만 다른 일본군 부대를 상대할 수 있다고 보았다.

일본 자본주의의 정책을 만주에서 수행하던 일본군과의 싸움에서 러시아 지휘관은 창의력을 가지지 못했다. 일본 자본주의는 역사적 흐름에 따라 '허수아비 거인'에게 첫 번째 심대한 타격을 가할 수 있었다.

만약 전쟁 초기에 쿠로파트킨이 내선 작전에 따라 행동하면서 적을 각개 격파할 수 있었더라면, 병력이 속속 랴오양에 집결하면서 그런 가능성도 따라서 더 커졌을 것이다. 산이 많고 전선과 평행한 도로가 없는 지형에서 쿠로파트킨에게 시간과 공간이 거의 없었고, 러시아군의 포위 작전은 그저 전술적 포위로만 그칠 위험을 안고 있었다.

기동에 서투르고 일본군의 포위형 부대 배치라는 상황 속에서 공격 의욕을 상실한 러시아 육군의 대규모 집결은 만주 주둔군을 처참한 종말로 이끌었다. 전쟁 초기부터 총력전이 예상되었던 랴오양으로 병력을 집결시키려던 쿠로파트킨의 시도는 러시아군을 포위하려는 일본군 지휘부의 전쟁 계획이 용이하게 완수될 수 있도록 도와준 셈이 되었다.

이미 처음 몇 차례 전투에서 포위와 우회라는 일본군 지휘부의 경향은 선명하게 드러났다. 상황은 일본군에 더욱 유리하게 전개되었다. 제1군은 기동하기 불편한 산악 지역으로부터 벗어나 다른 일본군 부대와 인접함으로써 쿠로파트킨에게 포위의 위협을 가했다. 산악 지형에서 치열하게 방어할 수 있는 능력이 없었던 러시아군에게 평지에서의 방어는 그만큼 더 힘든 것이었다.

산악 지형과 통행이 곤란한 전장의 특성이 전반기 전투의 결과에 영향을 끼쳤다. 러시아 병사들은 산악에서의 군사 행동에 준비되어 있지 않았다. 육군에는 산악포병이 없었으며, 산악에 적절한 수송 수단 역시 존재하지 않았다. 육군 유년학교에서 과거 구식 무기 시대의 산악전만을 경험한 러시아 장교들은 포병과 예비대를 반격에 이용하지 못하고 산악의 험지에 숨겨 보호하기만 했다. 험지 깊은 곳에는 적의 포격만 받고 전투에 투입되지 않은 병사들이 수두룩했다.

주로 산악 지대 주민으로 구성되고 만주 전장을 면밀하게 연구한 일본군은 산속에서 더 편했다. 적절하게 군대를 훈련시킨 일본은 산악전에 더 능숙하다는 것을 보여주었다. 전쟁 전반기 전투들을 치른 결과 일본군은 러시아 함대를 봉쇄하고 뤼순을 포위하고 잉커우를 점령함으로써 후방을 견고히 한 후에 포위 작전을 위한 기지를 확대할 수 있었다.

이미 전쟁 초기부터 만주 전장에서는 진지전의 징후가 나타났고, 후에 더욱 넓은 규모로 확산되었다. 방어하는 측은 현대 무기의 위력 앞에 엄폐물을 찾기 위해 진지 구축에 의존했다. 지형적 특성도 일조했지만 일본군의 조심성과 완만한 작전 전개는 진지형 요새를 구축할 충분한 시간을 방어 측에 제공했다.

이후의 교전에서 일본군은 축적된 경험을 활용했다. 양측은 화력이 발달한 현대전의 요구에 맞추어 전술을 다시 수립하기 시작했다. 러시아군은 소극적 방어전으로 엄청난 병력 손실로 인하여 분산된 전투 대형으로 전환했지만, 모든 지휘관들이 그 필요성을 인식한 것은 아니었다. 기관총은 높은 평가를 받았다. 피로 얼룩진 경험으로 러시아군은 보루 축조에 의미를 부여한 것은 물론 일부 위장술도 도입했다. 공동의 목표를 달성하기 위해 다양한 단위 부대들 간의 일치된 행동의 필요성이 제기되면서 유선 통신과 신호의 중요성이 커졌으며, 이는 러일전쟁 이후에 더 폭넓게 적용되었다.

러시아 포병과 기병대의 재편성은 완만하고 서투르게 진행되었다. 기병대는 보병 대형에서의 기동에는 잘 적응했지만, 정찰 수준은 개선되지 않았다. 정찰 중이던 러시아 기병대는 일본 보병의 총격을 상대로 후퇴하는 것 외에는 별다른 대응을 보여주지 못했다. 이후 정찰 업무에서 양측은 기병대보다 스파이 활동에 더 많은 기대를 걸게 되었다. 러시아 포병은 시간이 지날수록 엄폐된 진지를 더 자주 이용했으며, 보병과 보다 긴밀한 관계를 유지했고, 보병 역시 포병의 위력을 높이 평가하기 시작했다.

일본군은 전쟁 기간 새로운 변화에 유연성을 보여주었다. 밀집된 전투 대형은 은밀하게 약진하는 듬성한 산병선으로 바뀌었다. 일본군은 병력 손실을 줄이기 위해 대규모 병력을 동원한 정면 공격을 지양했다. 화기의 위력을 깨달은 일본군은 외국 기업으로부터 기관총을 추가로 매입했다.

전쟁 초기 양측이 모두 전술적 방안을 개혁할 필요성을 인식했지만, 양측 군사들의 사기는 완전히 달랐다. 패전을 경험한 러시아군은 사기가 저하된 상태에서 랴오양으로 이동했다. 병사들은 승리에 대한 신념을 잃었으며 의무를 느끼지도 않았다. 소극적인 방어는 측방과 후방에 대한 공포로 이어졌으며, 일본을 이길 수 없는 상대라고 생각하기 시작했다. 방어적 성향으로 기울어진 지휘관은 후퇴할 필요가 없는 상황에서조차도 뒤로 물러났다. 이와 반대로 승리를 구가하며 향후 다시 승리를 확신한 일본군의 사기는 배로 올랐다.

만주 주둔군과 태평양함대의 계속된 패전은 러시아 통치권 내에서도 심각한 경고음을 울렸다. 시베리아횡단철도의 수송 능력이 낮은 상황하에서 발발한 원거리 전쟁으로 인하여 일련의 경제적 어려움이 계속해서 발생했다. 경제적 어려움은 시베리아 변경에서 가장 먼저 나타났다. 즉, 이 지역에서는 한여름에 노동력을 지닌 남자들의 압도적 다수가 전쟁에 소집되었으며, 말 또한 동원되어 농업경제의 쇠락을 직접 느끼고 있었다. 그에 더하여 군수품 운송으로 과부하가 걸린 시베리아철도가 일반 화물의 운송을 거부하면서 시베리아에서의 상품 유통이 급격히 줄었다.

양국 모두 첨예한 경제 위기를 서서히 경험하기 시작했다. 일련의 러시아 공업 회사들은 전쟁 초기부터 해외 은행의 대출을 받지 못하면서 세계 시장에서 러시아 공업 생산 활동의 부분적 침체로 이어졌다. 러시아 유가증권의 이율이 떨어지기 시작했다. 러시아군의 압록강 전투 패배는 루블화의 가치 하락을 야기했으며, 일본군이 성공적으로 진저우지협을 장악하고 뤼순을 향해 진군하자 루블화 가치는 더 떨어졌다. 루블화의 가치 하락 및 전비 지출 증가에 따른 과도한 어음 발행이 공채 및 화폐의 안정성 동요로 이어지면서 1억 5,000만 루블의 화폐가 유통 정지되었다. 필수품의 가격도 계속해서 상승했다.

권위에 손상을 입은 차르 체제는 혁명 세력의 성장을 막기 위해 농민과 병사들에 대한 체형을 폐지하고, 총액 1억 2,700만 루블에 달하는 매취부금(買取賦金)[56]과 관련된 농민들의 체납금을 정리하는 등 일련의 개혁을 수행했다. 수지 균형을 회복하려는 의지에서 차르 정권은 유대인과 핀란드에게 유화 정책을 취하기도 했다. 거주권과 관련해 유대인들에게 일부 특전을 제시하고 유대인에 관한 법률 제정을 재검토하기로 했으며, 핀란드에는 의회를 개원한다고 선언했다.

이런 사소한 개혁들은 만주에서의 패배로 인해 동요된 차르 체제 붕괴의 서막을 열었다. 물론 이로 인해 사회 각 계층에 폭넓게 퍼져있던 패배주의적 정서의 확산을 어느 정도 멈출 수 있었다는 지적도 있다. 하지만 현실에서 패배주의는 차르 제정의 번영에 관심이 없었던 모두를 사로잡았다.

제9장

랴오양 작전

양측의 계획과 군대 배치 (그림 17)

러시아군을 랴오양 요새 지역으로 격퇴한 후, 일본군의 공세는 열대성 강우를 동반한 혹서로 인해 현저하게 약화되었다. 잉커우와의 새로운 통신 시설을 구축하고 최근 장악한 철도 권역을 군용으로 전환하는 등 후방 구축의 필요성도 제기되었다. 무엇보다 일본에서 지원되는 군수품을 수송하기 위하여 철로를 협궤로 재부설해야 했다.

구로키 부대는 위수린~타완 진지에 잔류하고 있었으며, 노즈와 오쿠의 부대는 하이청~뉴촹 지역에서 전개했다.

러시아군은 증원군이 충원되고 있었다. 8월 초 빌데를링의 제17군단이 집결을 완료했다. 8월 중순에는 뎀봅스키(Л. М. Дембовский)의 제5시베리아군단이 도착하기 시작했다. 그리고 메이엔도르프(Ф. Е. Мейендорф)의 제1유럽러시아군단도 도착할 예정이었다.

그 무렵 일본군 역시 증원되고 있었다. 일본군은 부대 수를 늘리는 대신, 기존 부대를 완전 편성 규모로 충원하고 있었다. 이런 조치 덕에 장교 수를 늘릴 필요가 없었다.

일본군 정보원들은 러시아군의 전력과 배치, 예정된 병력 충원에 관해 상당히 정확한 정보를 제공했다. 러시아군의 증강 추세를 고려한 일본군 지휘부는 군사 행동을 종결시킬 결정적 공격을 서두르지 않을 수 없었다.

오야마의 계획은 남부집단을 상대로 제2, 제4군을 집중 진격시키고, 동부집단에 대응해서는 제1군을 집중 투입하여 랴오양 북쪽에 위치한 러시아군 연락망으로 밀어내는 것이었다. 남부집단은 정면 공격을 가하기 어려웠기에 자루바예프의 후방을 위협하고 그의 방어를 약화시키기 위해 우선 구로키의 전선에서 승리할 필요가 있었다.

구로키의 주 임무는 랴오양으로 진군하기 위하여 탕허(湯河)로 진출하는 것이었다. 노즈와 오쿠의 야전군은 안산잔 거점을 점령하고 있는 남부집단을 선제공격하여 거점으로부터 격퇴한 후, 철도 주변을 따라 랴오양 방면으로 진격해야 했다.

스당에서 몰트케의 승리를 목도한 바 있는 오야마는 랴오양 인근에 월등한 전력을 집결시킬 수 있는 기회를 얻지 못했다. 프로이센 육군이 마크마옹의 부대를 전술적으로 포위할 때만큼 병력을 집결하는 것은 만주에서는 불가능했다. 구로키에게 부여된 임무는 '가능하다면' 타이쯔허를 도하하여 러시아 병참선으로 진출하라는 것이어서 명확하지 않았다. 오쿠와 구로키는 적을 후방에서 포위하라는 명령을 하달받지 못했다.

그 무렵 쿠로파트킨은 향후 행동 계획을 확정짓지 못하고 있었다. 장기간 전선을 방어하느라 공격할 생각을 전혀 하지 못했고, 일본군이 공격해 들어오면 점령 중인 진지에서 전투에 임한다는 결정만이 확고하게 내려졌을 뿐이었다. 그렇게 결정해 놓고도 쿠로파트킨은 일본군의 강공이 예상되면 랴오양의 전진 진지로 후퇴할 준비를 하라는 명령을 사전에 각 하급 부대에 전달했다. 쿠로파트킨의 생각에 따르면 점령 중인 진지에서의 전투는 단지 시위 성격에 한정되어야 했다.

쿠로파트킨의 구상 속에서 랴오양 근교 전투의 전망은 대체로 암울했다. 8월 1일부터 그는 진지에 물자 축적을 중단시키고, 랴오양으로의 철군 가능성에 관한 의견을 모으기 시작했다.

쿠로파트킨 참모부의 정보에는 일본의 병력 수가 지나치게 과장되었다. 그러나 8월 23일 제5시베리아군단이 도착하고, 일본군이 노기 군을 증강하기 위해 부대를 파견했기 때문인지 일본군이 소극적 태도를 보이자, 쿠로파트킨은 한때 선제공격 가능성도 고려했다. 그러나 그의 그런 생각은 곧 사라졌고, 최종 결정은 '불굴의 저항'이었다.

이런 결정에 따라 자루바예프의 임무는 안산잔 거점을 끈질기게 방어하는 것이 되었다. 쿠로파트킨의 문서에 빌데를링의 임무는 만약 일본이 동부집단을 공격할 경우 "적에 대항해 반격"한다고 기술되어 있다.

8월 23일, 제1, 제2, 제4시베리아군단으로 편성된 남부집단은 전방에 강력한 엄폐물을 갖춘 안산잔 거점을 점령했다. 병력 7만 명에 포 152문을 헤아리는 남부집단은 자루바예프의 지휘하에 거점 15킬로미터 밖에 배치되었다.

제3시베리아군단과 제10유럽러시아군단으로 편성되어 5만 5,000명의 병력과 포 298문을 보유한 동부집단은 빌데를링의 지휘하에 량자산~안핑링에서 타이쯔허까지 32킬로미터에 걸친 진지를 점령했다.

일반 예비 병력으로 제17군단, 미셴코의 부대, 일부 도착한 증원군 등 총병력 2만 8,000명이 랴오양에 배치되었다. 제17군단은 전투 초기에 동부집단으로 전환되어 예비대가 되었다. 묵덴에 도착한 제5시베리아군단 병력 약 3만 명과 포 48문도 예비대가 되었다. 그 외에 측방 방어 병력 약 8,000명이 있었다.

여러 개의 소규모 부대가 남부집단과 동부집단의 중간 지점으로 이동했다.

랴오양 작전 초기 이전까지 만주 주둔군의 총병력은 약 16만 명에 포 592문이었으며, 75킬로미터에 달하는 전선에 배치되어 있었다. 따라서 1킬로미터당 평균 방어 밀도는 병력 2,130명에 포 8문이었다. 군 편성에서 알 수 있듯이 일본군의 주공격이 남쪽으로부터 있을 것을 예상하여 자루바예프 전선의 전투 대형 밀도가 빌데를링 전선을 능가하고 있었다. 이후 러시아군의 전선은 제5시베리아군단으로 보강되었다.

일본군은 최근 전투에서 자신들이 점령한 진지에 포진하고 있었다. 구로키의 부대는 총병력 4만 5,000명에 포 130문으로 위수린~타완 진지를 점령하여 러시아군의 좌익을 위협하고 있었다. 시허엔 진지의 우익 뒤편에는 우메자와 미치하루(梅澤道治)의 예비여단이 번시(本溪)호 방면으로부터 구로키를 엄호하면서 돌출된 형태로 주둔하고 있었다. 노즈와 오쿠의 병력 8만 명과 포 328문이 강의 우안에 엄호 부대를 보유한 상태에서 우다오허(五道河)의 좌안을 따라 배치되었다. 일본군의 전체 병력은 12만 5,000명, 포 484문에 달했으며, 랴오양 작전 기간 내내 병력이 충원되면서 더욱 증강되었다.

구로키와 노즈 군 사이 50킬로미터에 걸친 중간 지점의 방어는 티아셴툰(Тыашеньтун, 현 톈시거우天西溝로 추정)에 배치된 소규모 부대가 담당했다. 이와 같이 빌데를링의 부대는 구로키의 군보다 전력이 월등했던 반면, 자루바예프는 자신보다 월등한 일본 전력을 상대하고 있었다.

야전에서 전력은 러시아에 유리했다. 만주 전장에서 일본 전력의 축적은 더디게 진행되었다. 뤼순이 조만간 함락되어 노기의 부대가 자유로워질 것으로 본 일본군의 계산은 잘못된 것이었다. 제해권을 궁극적으로 장악한 사실을 아직 인식하지 못한 일본은 본국에 잔류하고 있던 제8사단의 만주 파병을 서두르지 않았다.

랴오양 작전 이전의 전체 병력에서는 러시아군이 우세했을지 몰라도, 남쪽과 동쪽으로부터 집중 공격을 가할 병력 배치에서는 의심의 여지 없이 일본 측이 유리했다. 러시아군이 동쪽 방면에서 구로키 군의 위협을 받는 유일한 철도 노선에 묶여있는 동안 일본군의 후방은 확장된 전개로 온전히 보호받고 있었다.

일본군 지휘부는 러시아군 지휘부의 소극적 방어 성향이 확연한 상황에서 월등한 사기와 포위 형태의 부대 배치로 병력의 상대적 열세를 만회할 수 있다고 판단했다.

랴오양 요새 지역

랴오양 작전은 계곡과 동쪽으로 가파른 절벽이 있는 산들로 단절되어 접근하기 어려운 랴오양 동부의 산악 지대에서 진행되었다. 서쪽으로 가며 타이쯔허 남북의 지형은 크지 않은 몇 개의 언덕들이 교차되는 평야에 가까운 특성을 보인다. 랴오양 남쪽 8~9킬로미터 지점은 반원형으로 돌출되어 랴오양에 이르는 접근로를 가로막고 있다.

안산잔 거점이 노즈와 오쿠의 진격로에서 가장 확실한 장애물이었다. 거점은 충분히 강화되었으며, 양호한 시계(視界)와 사계(射界)를 갖추고있었다. 이 거점을 동쪽으로 우회하는 것은 접근하기 어려운 산악 지형 때문에 힘들다. 따라서 마오타이(毛臺) 방면에서 진지와 근접한 거리에 포위하는 가능성만 남아있었다.

진지의 우익은 중립국 청국의 국경과 근접해 있다는 것 외에도, 협소한 지대(地帶)로 형성되어 대규모 병력의 이동이 불가능하다는 점에서 보호받고 있었다.

량자산 진지는 적이 용이하게 접근해 손쉽게 포위할 수 있었다. 더 잘 보강된 안핑링 진지가 북쪽에서 이 진지 방면으로 이어지고 있었다. 안핑링 진지는 사계가 좋지 않았고, 전방에 펼쳐진 지형은 적이 은폐된 상태로 접근할 수 있었다. 탕허가 진지를 가로지르며 흘러 전선 간 연락도 곤란했다. 동부집단의 이 두 진지의 퇴각로는 랴오양으로 향하는 길 하나뿐이었다.

약 75킬로미터에 걸쳐 활꼴을 이루고 있는 이상 3개의 진지는 산악 지형의 특성상 전선 간 연락망 구축이 빈약했음에도 만주 주둔군의 제1 방어선이 되었다. 이들 진지를 고수하기는커녕 저돌적으로 밀고 들어올 적군과 맞서 싸울 가능성도 믿지 않은 쿠로파트킨은 이들 진지를 본대의 후퇴를 지원하기 위한 후위 진지로 생각했다.

제2 방어선은 쿠로파트킨이 '추진 거점'이라 부른 진지로 형성되었다. 철도에서부터 타이쯔허에까지 22킬로미터에 걸쳐 산 능선을 따라 형성된 이 거점에는 마이툰(馬伊屯) 거점, 자오판툰(早飯屯)

진지, 카브리춴(현 첸진前進촌으로 추정) 진지 등 세 개의 방어 본대가 있었다. 이 중 마이툰 진지가 가장 양호한 사계를 갖추고 있었고, 나머지 두 개의 방어 진지에는 사격의 사각지대와 적이 접근하기 용이한 지점이 많았다.

제2 방어선에는 쓸 만한 보루 하나 구축되지 않았다. 진지 구축 역시 불완전한 형태의 참호를 구축하고, 300~600보까지 사계를 청소하며, 약간의 인공 장애물을 설치하는 정도에 불과했다. 엄폐된 진지에서 포격할 수 있도록 포 진지는 산 능선 뒤쪽 사면에 구축되었다.

스관툰(施官屯)부터 옌타이(煙臺) 갱도에 이르는 타이쯔허 우안의 지형은 계곡이 연속되는 일련의 산줄기로 이루어졌으며, 높이 자란 수수밭이 있었다. 또한 옌타이 갱도 근처의 높은 고지는 매우 넓은 시계를 제공해 주었다.

전반적으로 랴오양의 전진 진지는 적군이 정면 공격을 하는 경우에만 저항력을 지닐 수 있었는데, 그나마 일본군이 타이쯔허 우안에 출현함에 따라 러시아군은 이 진지로부터 철수할 수밖에 없었다.

랴오양 주진지가 제3 방어선을 이루었다. 이 진지의 우익은 타이쯔허 우안에 위치한 황린쯔(黃林子)촌 근처의 제8 보루에서 시작되었다. 에파(Эфа)촌 근처에서 타이쯔허가 좌익을 이루는 이 진지는 랴오양으로부터 남쪽으로 활꼴을 이루도록 구축되었다. 약 14킬로미터에 달하는 이 진지는 임시로 강화된 형태의 진지 8개와 다면 보루 8개를 보유하고 있었다.

이상의 강화진지와 각면보 사이 중간에 소총 진지와 208문의 야포를 위한 포병용 참호가 구축되었다. 거점 전방에 인공 장애물을 설치하고 사계도 청소했다. 그러나 랴오양 거점은 충분한 종심을 확보하지 못했기 때문에 그곳 예비대는 집중 사격을 당할 위험이 있었다.

이 지역을 흐르며 종심 방어에서 기동을 어렵게 만드는 타이쯔허의 랴오양 지역에는 6개의 다리가 있었으며, 그보다 북쪽에는 수송을 곤란하게 하는 깊은 여울이 여러 곳 존재했다.

인구 밀집 지역인 랴오양은 온통 수수밭이어서 기마병도 은폐할 수 있을 정도였다. 물기 많은 토양에서 자란 억센 수수 줄기가 기동과 방향 유지를 곤란하게 만들었다. 관측을 위해서는 반드시 이동식 망루가 필요했다.

랴오양 동쪽 타이쯔허 우안에 위치한 방어 지역의 강화를 위해 취해진 조치는 거의 없었다. 따라서 강의 우안에 적군이 나타날 경우, 요새화 지역에서 이 강 좌안 뒤편과 남쪽으로 뻗은 부분은 방어가 전혀 이루어지지 못했다.

구로키의 진격: 량자산과 안핑링 근교 전투 (그림 13,14)

8월 24일, 일본군 총사령관은 공격 결정을 내렸다. 오야마는 기존의 판단에 근거하여 구로키 부대에게 러시아군 동부집단을 공격하여 8월 26일까지 탕허에 위치한 적군의 진지를 점령하라는 명령을 내렸다. 구로키의 부대가 어느 정도 승리를 달성하고 나면 나머지 부대가 공세로 전환한다는 계획이었다.

구로키는 슬루체프의 제10군단이 점령하고 있는 안핑링 거점을 주공격 대상으로 삼고, 좌익을 포위하여 전선을 돌파한다는 계획을 세웠다. 주공격 방면과 관련하여 러시아군을 기만하려는 의도에서 구로키는 이바노프(Н. И. Иванов)의 제3시베리아군단을 상대로 근위사단을 미리 진격시켰다. 근위사단에 내려진 임무는 제3시베리아군단을 전선에 묶어놓는 동시에 우익을 포위할 것처럼 위협함으로써 예비대를 유인해 내는 것이었다.

당시 동부집단은 구축되어 있던 진지에 전개한 상태였다. 량자산 거점에는 제6동시베리아소총사단이 주둔 중이었다. 제3동시베리아 소총사단은 예비대로 편성되어 두 개 부대로 전개했는데, 카시탈린스키 휘하의 6개 대대와 포 16문은 가오펑쓰(高峰寺)에 주둔했으며, 마르다노프(А. Я. Марданов)의 5개 대대는 샤오링쯔(小嶺子)에 잔류했다.

안핑링 진지에는 제10군단이 주둔했으며, 10군단 예하의 제9보병사단은 300고지 지역, 즉 안핑링 고개로 진군했다. 제9보병사단의 좌익 뒤편에는 제31보병사단 소속의 1개 연대가 배치되어 있었다. 제31사단의 나머지 병력은 두 개 부대로 나뉘어 예비대를 형성했는데, 1개 연대는 다안핑(大安平)에서, 나머지 1개 연대는 쑹취안쯔(松泉子)에서 각각 전개했다. 제17군단과 제12기병중대는 예비대로 편성되어 랴오양 지역에 주둔했다.

8월 24일 밤, 타완 지역에 집결해 있던 하세가와 요시미치(長谷川好道)의 근위사단은 방어력이 취약한 제3시베리아군단 우익을 상대로 공격에 나섰다. 동틀 무렵 제2근위여단은 자신의 좌익 뒤편에 제1근위여단을 둔 상태에서 허란거우(河欄溝)~샤마툰(下麻屯) 전선으로 진출했다. 도달한 계선에서 근위사단은 참호를 구축했다.

이 2개 부대는 전위 부대를 공격에 내세워 러시아의 전투 경계 부대를 물리쳤다. 2개 대대와 기병연대로 구성된 사단 예비대는 뉴트나이(Нютхнай)의 남쪽에 머물고 있었다. 사단 포병 역시 그곳에 배치되어 있었다. 사단의 좌익을 방어하기 위하여 근위기병대는 1개 보병중대를 충원받고 전쯔거우(榛子溝)로 이동했다.

근위사단의 전위 부대는 아침 안개 속에 공격에 나서 둥신푸(東新堡)에 위치한 러시아군 거점으로 접근했다. 그러나 안개가 걷히면서 러시아군은 근거리 사격으로 일본의 공격을 격퇴할 수 있었다. 타거우(塔溝)와 둥신푸에 대한 일본군의 재공격 역시 성공하지 못했다.

이 무렵 제2근위여단은 량자산과 지밍쓰(鷄鳴寺) 사이의 전투 전초선을 돌파하여 제3시베리아군단의 전개 지역 중심을 공격했다. 마르다노프의 지휘하에 량자산으로 진격한 예비대는 승리를 거두지 못한 채 후퇴했다.

이날 제3군단은 적 전위의 공격에 의해 단지 전투 전초 진지만을 잃었을 뿐, 주둔지를 사수했다. 일본군 전위 부대는 점령한 계선에서 참호를 구축했다.

일본 근위대의 참호 구축과 포병 집결을 목격한 러시아군은 일본군이 예정된 결정적 공격을 위해 공격 개시 지점을 준비하고 있는 것으로 이해했다. 그러나 실제로는 주공격 방향이었던 제10군단의 주의를 진지로부터 끌어내기 위한 시위 행동에 불과했다.

쿠로파트킨은 일본군이 제3시베리아군단의 우익을 우회할 것을 우려하여 군단장에게 파오서우거우(砲手溝)를 점령하라고 명령했다.

다음 날 아침 일본군 근위사단은 가오펑쓰에 위치한 러시아군 거점에 포격을 가한 후 공격을 재개했다.

오후에 일본군 보병은 량자산을 점령했으며, 저녁 무렵에는 량자산~둥신푸 전선을 돌파함으로써 그날의 임무를 완수했다.

그날 제3시베리아군단은 가오펑쓰에 주둔 중이던 예비대 중에서 3개 대대를 다시거우(大西溝)로 파견하여 우익의 길이를 확장하라는 임무를 완수했다. 그와 동시에 군단의 측방을 방어하기 위해 라오쥔탕(老君堂)에 파병되었던 그레코프의 부대가 우익에 합류했다. 적의 전력을 과대평가하고 적군의 의도를 파악하지 못한 쿠로파트킨은 예비대에서 이바노프의 제35보병사단(제17군단 소속)을 차출하여 증원군으로 파견했다. 이렇게 하여 구로키는 자신이 준비하고 있던 주공격 방향과 관련하여 러시아군을 기만하는 데 성공했다. 러시아군 지휘부의 관심은 동부집단의 우익에 고정되어 있었다.

근위사단의 성공은 일본군 제12, 제2사단의 공격을 수월하게 만들어주었다. 8월 25일 저녁부터 다음 날 아침 사이, 러시아군을 타격하기 위한 제12사단의 공격이 개시되었다. 소규모 부대로 자신의 우익을 방어한 제12사단장 이노우에 히카루(井上光)는 푸거우(朴溝)~바판링(八盤嶺) 전선에서 2개 여단 종대의 형태로 자신의 부대를 진군시켰다. 우측 종대 뒤편에는 2개 대대와 포 6문으로 편성된 예비대가 전진했다.

이와 동시에 300고지인 츠거우(茨溝) 전선으로 출병하라는 임무를 띠고 하루 전에 롼허를 도하한 니시 간지로(西寬二郎)의 제2사단 역시 이동하기 시작했다. 제2사단 또한 2개 여단 종대로 진군했다. 오카자키의 제15여단으로 편성된 우측 종대는 궁창링(弓長嶺) 고개로 향했으며, 좌측 종대인 마쓰나가 마사토시(松永正敏)의 제3여단은 제3군단과 제10군단의 중간 지점에 위치한 300고지를 공격했다.

예비연대로 증강된 기고시의 제23여단은 푸거우 동쪽의 산맥을 점령 중이던 러시아군 선봉 부대를 야간에 격퇴한 후, 아직 어둠이 가시지 않은 상태에서 제10군단의 좌익을 포위하기 시작했다. 여명이 시작될 무렵 포위 중이던 일본군은 타이쯔허 좌안에 위치한 사칸(沙坎)촌 남쪽의 산 정상에 위치한 포병의 지원 포격을 받았다.

일본군의 포위 공격을 격퇴하기 위하여 러시아군이 파병한 예비대는 일본 포병의 공격을 받아 움직이지 못하고 있었다. 제10군단의 좌익을 일본군이 압박하고, 일본군 제2사단의 압력하에 군단의 우익이 후퇴하기 시작하자 러시아군은 16시에 포의 일부를 그 자리에 방치한 채로 안핑링 진지로부터 물러나기 시작하여 탕허 계곡으로 후퇴했다. 일본군 제12사단의 좌익을 담당한 여단은 러시아군을 물리친 후 처자푸쯔(車家堡子)를 점령했다.

이 무렵 제2사단의 우익을 담당한 여단은 야간에 훠자푸쯔(霍家堡子)에 도착하여 궁창링 고개의 러시아 전위 부대를 격파한 후, 츠거우 방면으로 접근하기 시작했다. 좌측 종대는 제10군단의 우익을 야간에 공격하여 백병전으로 러시아군을 서북 방면으로 후퇴시켰다. 굴곡이 심한 지형에서 전개된 이 전투에서 러시아군은 지휘 체계를 상실했다.

자신의 예비대를 이곳저곳에 소모한 제10군단장 슬루쳅스키는 7시가 지나면서 빌데를링에게 증원군을 요청했다. 그러나 예비대에 제3사단(제17군단 소속)만을 보유하고 있었던 동부집단 부대장은 예비대 병력이 조기에 소진되는 것을 원치 않았다. 증원군을 지원받지 못한 제10군단 사령관은 우익에 있는 300고지 및 그 고지와 인접한 고지들을 점령한 후, 일본 포병의 포격을 받고 있는 자신의 부대를 후방 진지로 후퇴시켰다.

이 무렵 일본군 제1군의 좌익에서도 전투가 이어지고 있었다.

8월 26일 밤 지밍쓰~둥신푸 전선에서 전개를 마친 근위사단이 공격에 나섰다. 하세가와는 제1여단의 아사다 노부오키에게 샤오시거우(小西溝)~다시거우 지역을 점령하라는 임무를 부과한 후, 자신은 좌익을 동원하여 공격에 나섰다.

다시거우와 둥신푸의 남쪽과 동쪽에 대부분 전개되어 있던 포 60문을 동원하여 새벽에 시작된 러시아군 진지에 대한 포격은 엄폐 진지에서 이루어진 러시아 포병의 강력한 응사에 직면했다. 11시가 되어갈 무렵 일본 포병은 부분적으로 제압되었으나 일본군 보병은 공격을 멈추지 않았다.

제1근위여단은 파오서우거우에서 전개한 러시아군의 우익을 포위하면서 지시된 방향으로 진격했다. 그러나 제140자라이스키(Зарайский)연대(제35보병사단 소속)가 보여준 적극적인 군사 행동으로 매우 불리한 상황에 빠졌다.

드루지닌(К. И. Дружинин)과 그레코프의 부대를 격퇴한 일본군 근위사단은 레치츠키의 제24동시베리아보병연대가 주둔 중이던 제3시베리아군단의 우익을 압박하기 시작했다.

제140자라이스키연대는 자오판툰으로부터 사단 집결 지역인 가오펑쓰로 이동하던 중 일본군이 파오서우거우에 출현했다는 사실을 접하고서 임의로 이동 경로를 변경했다. 파오서우거우에 집결한 마르티노프(Е. И. Мартынов)는 적 측면을 포위하며 다시거우에 대한 공격에 나섰다.

자라이스키 연대의 의용군 부대는 연대 주력의 우측에서 산을 따라 이동했다. 그보다 더 우측에는 1개 중대, 2개 카자크 기병중대, 1개 의용군 부대가 그레코프의 부대에 소속된 비스친스키(А. К. Висчинский)의 총지휘하에 이동하고 있었다.

불의의 공격을 받은 일본 근위사단은 고지를 지키려고 노력하면서 측면 지원을 요청했다. 그러나 제24동시베리아연대의 정면 지원을 받은 자라이스키연대의 압박하에 일본군은 무질서하게 퇴각했다. 그러나 얼류린쯔(二柳林子)에 일본군의 대규모 부대가 집결하고 있다는 거짓 정보가 자라이스키연대에 전달되면서 이 연대의 계속된 승전을 기대할 수 없게 되었다. 일본 근위사단의 좌익을 방어하고 있던 것은 사실은 단 2개의 기병중대일 뿐이었다.

이곳에서 패전을 경험한 하세가와는 카타스~다신툰(大辛屯) 정면을 공격했으나 그곳에서도 러시아 포병의 화력에 의해 격퇴되고 말았다. 이후 전투는 돌발적인 폭우에 의해 중단되었다. 그날 저녁 근위사단은 구로키의 마지막 예비대였던 예비연대의 병력으로 증강되었으나 하세가와는 더 이상 공격에 나서지 않았다.

러시아군은 이 전투의 측방에서 승리하며 430명의 병력 손실을 입은 데 반해, 일본군의 손실은 약 1,000명에 달했다.

남부집단 정면 전투 (그림 15)

일본군이 남부집단의 정면 공격에 나선 것은 8월 25일이었다. 남부집단의 병력과 부대 배치에 관한 정확한 정보에 기초한 일본군의 공격 계획은 제4군의 병력으로 동쪽에서부터 러시아군 거점을 포위함과 동시에 제2군이 정면 공격하는 것이었다. 아키야마의 기병 여단은 남부집단의 우익을 포위할 예정이었다.

그 무렵 제1시베리아군단은 안산잔과 평행하게 부설된 철로 양편에 진지를 구축하여 점령 중이었으며, 제1군단의 좌익 뒤편에 있던 장쯔워(獐子窩)~구산쯔(孤山子) 거점에는 제2시베리아군단이 주둔하고 있었다. 양 군단의 중간 지점 방어를 담당한 부대는 2개 연대와 6개 기병중대, 포 16문으로 편성되어 약간 남쪽 방면으로 전진해 있었다. 제4시베리아군단은 쓰팡타이(四方臺)에 배치되었다.

구르코(В. И. Гурко)의 기병대가 남부집단의 우익을 방어했으며, 비스친스키·톨마초프(В. Я. Толмачёв)·포소호프(С. А. Посохов)의 부대들이 좌익을 방어했다.

일본군 주력 부대의 공격은 이른 아침에, 지난 폭우로 노면 사정이 열악해진 도로를 따라 시작되었다. 남부집단의 좌익을 우회하라는 임무를 띠고있었던 제10사단과 우익의 제10예비여단만이 모윈산(摩雲山)과 타이핑거우(太平溝)의 공격 출발 진지를 점령하기 위해 하루 전에 미리 출발했다.

야간에 공격을 시작한 제10사단은 남부집단의 좌익을 포위할 수 있는 통로를 확보한 후, 톨마초프와 트루베츠코이의 부대를 구산쯔 방면으로 퇴각시켰다. 이 무렵 일본군의 나머지 부대는 자신의 정면에 위치해 있던 러시아군 전위 부대를 물리치고 앞으로 나아갔다. 러시아군 전위 부대는 강력하게 저항하지도 않았으며, 일본군의 전력과 부대 배치 상황을 밝혀내기 위해 노력하지도 않았다.

이처럼 일본군은 거의 전투를 치르지도 않은 상태에서 러시아군 거점을 타격하기 위한 공격 개시 지점을 점령할 수 있었으며, 측방을 포위할 수 있는 조건을 확보했다. 지휘부의 계획에 따른 일본군의 향후 군사 행동은 다음 날 이루어질 예정이었다.

8월 26일 오전에만 해도 강력하게 저항할 계획이었던 쿠로파트킨은 그날 오후가 되자 동요하기 시작했다. 이때 일본군이 동부집단의 전선에서 푸거우를 점령했다는 소식이 전해지자, 만주 주둔 군을 랴오양 전위 거점으로 완전히 철수한다는 결정이 내려졌다.

만주 주둔군은 철수 도중 폭우로 인해 물이 불어난 강과 고개, 운송용 수레의 정체 등과 같은 난관을 극복해 가며 호우로 물에 잠긴 도로를 따라 후퇴했다. 후퇴 당시 적의 공격을 받지 않았는데, 폭우에 젖고 지친 일본군이 즉각적인 추격전을 벌이지 않았기 때문이었다.

일본군 지휘부는 적의 군사력을 두 배로 과대평가한 데다, 패전으로 사기가 저하되고 계속해서 후방 진지만을 바라보는 장군들의 지휘를 받는 러시아군을 즉각적으로 추격하는 것의 의미를 완전히 과소평가했다. 러시아군의 때 이른 후퇴는 일본군에게도 의외였다. 비와 안개가 러시아군이 후퇴하는 모습을 가려주었으며, 충분한 수준으로 조직되지 못했던 정찰 부대 역시 후퇴에 관한 정보를 전혀 제공하지 못했다.

다음 날 아침 근위사단은 제3시베리아군단 우익의 가오펑쓰에 포격을 가하기 시작했으나 대응 사격은 없었다. 러시아군 포병은 이미 야간에 포 진지에서 빠져나와 퇴각 중이었다. 공격에 나선 제1근위여단은 후퇴를 엄호하는 러시아 후위 부대와 교전했다. 구사오청(姑嫂城)~헤이위(黑峪) 전선에 잔류하던 강력한 후위 부대가 제10군단의 정면에서 후퇴하는 부대를 엄호하고 있었다.

오야마는 8월 28일 종일 제1군의 병력으로 어메이(峨嵋)촌~멍자팡(孟家房) 선으로 진출하려는 계획을 세웠으며, 나머지 병력은 사허 남쪽으로 진군할 예정이었다. 이에 오야마는 그에 상응하는 명령을 내렸다. 그러나 열악한 도로 사정으로 인해 양식과 탄약이 부족해져 무기력한 군사 행동으로 일관한 일본군은 부여받은 임무를 완수하지 못했다.

8월 29일 아침, 만주 주둔군은 랴오양의 추진 진지에 도착했다.

랴오양 작전에서 러시아군은 4,000명 이상의 병력 및 여러 문의 포를 잃었으나 일본군의 손실은 그에 비해 적었다.

후위 부대 진지를 '완강하게' 방어한다는 예정된 계획을 완수하기 위해서 쿠로파트킨은 랴오양 거점에 대단한 애착을 보였으나, 러시아군의 방어력을 한껏 발휘하지도 못했고 일본 근위사단 좌익의 실패를 활용하지도 못했다. 랴오양 전진 진지로 후퇴할 수 있었던 것도 앞선 전투로 인해 피로에 지친 일본군의 심각한 저지를 받지 않은 덕분이었다.

만주 주둔군이 랴오양에 집결함에 따라, 통합된 전력으로 러시아군을 집중 포위한다는 일본군의 계획이 더욱 현실화되었다. 일본 야전군은 랴오양 거점에 아주 가까이 접근했으며, 동쪽과 남쪽에 배치된 일본군이 서로 접근하면서 전술적으로 포위해 들어올 위험도 있었다.

사기가 떨어진 러시아군을 즉각 추격하지 않음으로써 일본이 거둔 승리의 의미는 상당히 퇴색했다. 일본군은 전역에 첩보망을 훌륭하게 조직했지만, 전장에서는 그렇게 훌륭하게 조직된 정찰을 하지 못했다. 일본군은 러시아군의 후퇴를 눈치 채지 못한 결과, 퇴각 중인 적을 추격함으로써 빠른 시간에 더 큰 전과를 올릴 기회를 놓치는 뼈저린 실수를 저질렀다.

동부집단은 후위 진지에 전선을 따라 일정한 병력을 배치하였고, 그에 따라 러시아군은 각 방어 지역마다 우세한 적을 상대해야 했다.

랴오양 접근로의 동쪽 방어는 구로키의 진군을 차단하기 위해서 동부집단의 부대 배치를 연장하는 방식으로 이루어질 수 있는 것이 아니었다. 방어를 위해서는 구로키의 우익을 상대로 한 역동적인 대규모 군사 행동이 필요했으며, 구로키도 그것을 매우 두려워했다.

러시아 수비 부대는 적군이 나타날 경우 교전에 임하지도, 정찰을 시도하지도 않은 상태에서 후퇴하는 것이 일반적이었다. 전선의 전면에 직접 배치되어 있는 일본군의 전력에 대해서는 근접 정찰대가 어느 정도 정보를 제공했으나, 원거리 정찰대를 보유하지 못한 러시아군 지휘부는 존재하지도 않는 대규모 일본군을 상상으로 추측할 따름이었다. 쿠로파트킨이 정확한 결정을 내리지 못하고 우유부단한 모습을 보인 것도 바로 그 때문이었다.

당시 일본군은 광정면에 걸쳐 대규모 병력을 동원하여 소규모 종대의 형태로 공격하는 방식의 야간 전투를 자주 시도했다.

러일전쟁을 기술하고 있는 혁명 이전의 군사 연구들은 자라이스키연대장이 좌익의 전면에서 이동 중이던 일본군을 포위하기 위해 개인적 판단에 따라 자신에게 명령받은 진격 방향을 바꿔서 제3시베리아군단 예하 부대의 정면 공격을 지원한 공적을 찬양하고 있다. 이것은 상황에 대해 어느 정도 분별력을 갖춘 지휘관이라면 전적으로 자연스럽고도 당연한 행위로서, 모든 교범에도 규정되어 있는 것이다. 하지만 차르 체제 육군의 무지한 지휘부에서는 보기 드물고 특별한 영웅적 행위였다. 이는 주도적인 능력을 발휘할 수 있는 정신을 갖추도록 교육받지 못한 러시아 장교단의 군사적 자질이 충분한 수준에 이르지 못했음을 명확하게 강조하는 것이기도 하다.

제10장

전진 진지에서

전진 진지에서의 만주 주둔군 전개

8월 29일, 러시아군은 평면도와 지도가 부족한 탓에 익숙하지 않은 지형 속에 혼란을 겪으며 랴오양 전진 진지에서 배치를 진행했다.

쿠로파트킨은 추진 거점에 3개의 군단을 전개하고 나머지 부대는 예비로 두기로 결정했다. 묵덴으로의 퇴각을 생각하던 쿠로파트킨은 아직 대외적으로는 "랴오양 진지에 의지하여 적군을 격파"한다는 결정을 유지하고 있었다.

후자쯔(狐家子)에서 신리툰(新立屯)까지 8킬로미터에 걸쳐 배치되어 있던 제1시베리아군단은 마이툰 진지에 전개했다. 3개 연대, 즉 군단 병력의 8분의 3이 진지 안쪽의 예비대에 잔류했다. 이 진지의 좌측에 6킬로미터 길이로 이어진 자오판툰 진지에는 제3시베리아군단이 주둔했으며, 군단 병력의 2분의 1에 해당하는 4개 연대가 예비로 이 진지의 북쪽에 위치했다. 정찰 및 군단 간의 연락을 위하여 구르코의 기병연대가 난바리좡(南八里莊) 방면으로 진출했다. 제3시베리아군단의 뒤편에 90도 각도로 제10유럽러시아군단이 약 7킬로미터에 걸쳐 형성된 카브리춘 거점을 점령했으며, 전체 병력의 2분의 1에 해당하는 4개 연대를 예비대에 할당했다. 제10군단 진지의 좌익은 샤푸(Сяпу)촌 근처를 흐르는 타이쯔허였다.

쉬자툰(徐家屯)~시두자와쯔(西杜家洼子) 지역에 주둔 중이던 자술리치의 제2시베리아군단과 랴오양 역(驛) 북쪽에 배치된 자루바예프의 제4시베리아군단 등 전체 군의 약 3분의 1에 해당하는 병력이 만주 주둔군의 일반 예비대를 구성했다.

우룽툰(烏龍屯)에 진군했으나 아키야마의 기병대로 인해 마을로 진입할 수 없었던 미셴코의 기병 부대가 랴오양 요새화 지역의 우익을 방어하고 있었다. 좌익의 방어는 번시~스관툰 전선의 타이쯔허로부터 북쪽으로 이어진 진지에 배치된 제17군단의 몫이었다. 8개 대대, 8개 카자크 기병중대, 포 8문으로 편성된 류바빈 부대가 묵덴 방면을 방어하기 위하여 번시호 방면으로 출병했다(그림 12). 일련의 부대들이 랴오허와 타이쯔허의 본류를 따라 분산 배치되었다.

그 외에도 제5시베리아군단 소속의 2개 여단이 쿠로파트킨의 지휘하에 잔류했다. 이 중 1개 여단은 철도 근처의 주진지 지역에 배치되었으며, 다른 1개 여단은 북사허(Шахэ-северная) 역에 주둔하고 있었다. 이른 시일 내에 제1유럽러시아군단 소속의 부대들이 도착할 예정이었다.

만주 주둔군의 총병력은 18만 명이 넘었으며 포는 644문에 달했다.

이와 같이 랴오양 요새화 지역에는 병력이 조밀하게 배치되어 일본군의 전방 이동을 충분히 저지할 수 있었다. 제1시베리아군단의 전선에서 전투 대형의 밀도는 1킬로미터에 병력 3,120명, 포 10문에 달했으며, 제3시베리아군단의 전선 밀도는 킬로미터당 병력 3,500명, 포 11문이었다. 제10군단 전선의 밀도는 병력 3,710명과 포 17문이었다. 그러나 과도한 전력을 예비대에 배치하면서 정면의 저항력이 상당히 약화되었다.

목전에 놓인 강력한 예비대를 이용하여 우익의 우회를 차단할 수도 있었으나, 좌익의 방어는 제17군단의 정면에서만 이루어졌다. 제17군단 좌익 뒤편에서 일본군의 공격을 격퇴하기는 쉽지 않았다.

일본군 지휘부의 계획에 따르면 구로키의 제1군은 러시아군의 좌익을 우회하여 병참선을 위협하기 위해 전력 대부분을 타이쯔허 우안으로 도하시켜야 했다. 노즈와 오쿠의 부대는 주력을 동원하여 철도 지대에서 군사 행동에 임할 것이었다. 러시아군은 집요하게 저항하지 않고 주진지로 퇴각할 것으로 예상되었다. 이런 가정 하에 일본군은 예비대를 편성하지 않고 전체 병력을 동원하여 양 측방에서 러시아군을 포위하기 시작했다.

일본군은 랴오양의 전진 진지를 공격하기 위해 8월 29일 하루 동안 공격 개시 지점에 집결했다. 랴오양 요새화 지역의 좌익을 상대로 구로키 군이 진군했다. 한편 구로키의 부대 중 제12사단을 비롯해 제2사단 소속의 1개 여단과 예비연대는 타이쯔허 도하를 준비하고 있었다. 제2사단의 나머지 여단은 제10군단이 배치된 지역으로 이동했으며, 근위사단은 멍자팡 남쪽의 고지들을 점령했다.

이 무렵 노즈 군의 선봉 부대는 샤호요즈(Шахоецзы)~잉타오위안(櫻桃園) 지역에 도착했으며, 오쿠 군은 사허~우룽툰 전선에 집결했다. 제2군의 좌측은 미셴코 부대와의 접전에 들어간 아키야마의 기병여단이었다. 일본군 우익에서는 류바빈을 상대로 우메자와의 후비연대가 활동하고 있었다(그림 16).

오야마는 자신의 기존 결정을 고수했다. 일본군의 포위형 부대 배치는 만주 주둔군을 집중 포위한다는 계획에 거의 가까웠다.

구로키는 군 소속의 일부 부대가 타이쯔허를 도하할 수 있도록 준비하는 것과 때를 맞추어 명자팡 방향에서 타격하기로 결정했다. 강에 의지하고 있는 제10군단 진지에 대한 정면 공격은 성공을 보장할 수 없는 것이었고, 막대한 희생을 야기할 가능성이 있었다. 노즈는 제3시베리아군단의 우익을 포위하는 동시에 제1시베리아군단의 좌익을 상대로 병력을 증원했다. 오쿠는 제1시베리아군단의 우익을 중심 우회하여 포위하면서 공격했다. 일본군은 러시아군의 부대 배치 상황을 숙지하고 있었던 것으로 보인다.

일본군은 타이쯔허 우안으로 도하하기 직전까지는 예비대에 속했던 제12사단을 제외하면 별도 예비대를 두지 않고 랴오양 추진 진지를 상대로 자신의 모든 전력을 집중했다.

일본은 115개 대대, 33개 기병중대, 포 484문으로 구성된 전체 전력 중에서 109개 대대, 32개 기병중대, 포 458문 등 약 13만 명의 병력을 공격에 투입함으로써 랴오양에서 수적 열세를 상당 부분 만회할 수 있었다. 반면 러시아군 지휘부는 총 210개 대대, 157개 기병중대, 포 644문의 전력 중에서 불과 183개 대대,[57] 90개의 기병중대와 카자크 기병중대, 포 592문만을 랴오양에 집결시켰다.

랴오양 진지에 견고히 자리 잡은 데다 수적으로 우세한 러시아군을 상대로 이루어진 일본군의 공격은 러시아군 지휘부의 후퇴적 경향, 만주 전장의 조건에 적합하지 않은 차르 체제 육군의 상태, 전쟁에 대한 러시아군 병사 대부분의 무관심, 앞선 패전으로 인한 러시아군의 사기 저하 등을 고려한 것이었다.

랴오양으로부터의 철수가 시작되면서 러시아군 후방의 전반적인 상황도 열악해졌다. 철도를 이용한 화물 운송량이 급증했다. 그렇다고 제5시베리아군단과 제1유럽러시아군단 제대(梯隊)의 만주 파병을 지체할 수도 없었다. 이런 모든 것들이 육군의 주 기지였던 하얼빈으로부터의 물자 공급에 장애로 작용하면서 랴오양의 창고들이 비기 시작했다.

일본군도 이러한 상황을 고려하고 있었고, 이들은 타이쯔허의 우안에서 단호하고 과감한 군사 행동을 취하여 러시아군의 후방을 위협해야 했다. 그러나 랴오양 전진 진지를 상대로 하여 주력 부대를 동원해 이루어진 일본군 지휘부의 정면 공격은 일본군이 기대한 결정적인 결과를 보장할 수 없는 것이었다.

전진 진지에서의 전투는 8월 29일에서 30일로 넘어가는 밤에 제1, 제3시베리아군단의 일부 구역에서 발생한 정찰대 간의 교전으로 시작되었다. 러시아군이 진지 전면의 수수를 제거하지 않은 덕분에 일본군은 러시아군 경계 부대를 기습 공격할 수 있었다. 경계 임무를 수행 중이던 의용기병대는 공격해 오는 적의 병력과 전개 상황을 정탐하려 노력하지도 않은 채 서둘러 후퇴했다.

제1시베리아군단 전선

8월 30일 동틀 무렵, 일본군은 포 390문을 동원하여 러시아군이 배치된 모든 전선에 걸쳐 포격을 가하면서 주력 부대를 앞세워 공격에 나섰다.

06시, 오시마 요시마사(大島義昌)의 제3사단과 우에다 아리사와(上田有澤)의 제5사단은 각각 2개 종대로 이동하면서 제1시베리아군단을 공격했다. 제1시베리아군단 진지의 좌·우익은 굽은 형태로 되어있어 측방 공격과 포위가 용이했으며, 우익 전면의 수수는 일본군의 우회 기동을 은폐해 주었다.

제1동시베리아보병사단이 우측 전투 구역에 배치되었으며, 좌측 구역에는 제9동시베리아사단이 배치되어 있었다. 예비대의 주력은 서우산푸(首山堡)에 주둔 중이었다.

한편 상양쓰(尚陽寺)~다즈이푸(Дацзыип) 선에 공격 개시 지점을 확보한 오시마는 포병의 지원 포격하에 1개 종대를 스칼리스티(Скалистый) 언덕으로 진군시키고, 다른 1개 종대는 스레드냐야(Средняя)산을 공격하도록 명령했다. 제5사단은 신리툰을 공격하여 제3사단의 공격을 지원했다.

신리툰~스칼리스티 언덕 지역에 일본의 대규모 병력이 집중되자 각 부대들이 뒤섞이면서 막대한 손실이 발생했다. 결국 점심 무렵 일본군은 공격을 중단했다.

그 무렵 일본군 제6사단은 서우산푸로 진군하기 위해 마이툰을 우회하기 시작했다. 제1시베리아군단의 우익 맞은편에 제4사단의 전위 부대가 모습을 드러냈으며, 극도로 불안해진 군단 사령관은 쿠로파트킨에게 지원을 요청했다.

쿠로파트킨은 시타켈베르크의 요청을 납득하지 못했다. 후퇴의 경우를 대비해 그가 시타켈베르크에게 내려둔 명령들을 고려하면 이는 그가 이미 전진 진지로부터 철수한다는 생각을 하고있었기 때문이었다. 8월 30일 아침부터 쿠로파트킨은 랴오양으로부터의 철군에 착수했으며, 군의 야전 지휘소를 랴오양에서 묵덴으로 이

동시켰다.

　일본군 제6사단은 전선에서 제3사단 소속 부대들과 연계하여 수수밭을 통과해 러시아군 진지에 접근했다. 그러나 러시아군의 정확한 기관총 사격이 이어지자 일본군은 참호 구축에 들어갔다. 시타켈베르크 예비대 소속의 1개 연대가 주자푸쯔(朱家堡子)로 진군하자 일본군 제6사단은 자신의 좌익을 접어야 했다.

　바로 이 지점에서 "랴오양 진지에 의지하여 적군을 격파"한다는 쿠로파트킨의 계획을 실현할 가능성이 생겨났다. 쿠로파트킨이 일본군 좌익을 철도로부터 밀어내기 위한 반격을 실행에 옮겼다면 큰 성공을 거두었을 것이 확실하다. 이를 위해 쿠로파트킨에게 필요했던 것은 결단력과 약간의 모험이었다. 그러나 러시아군 사령관은 이런 자질을 갖추지 못했다.

　제1시베리아군단은 보유한 포 56문을 포격전에 투입했으나, 포 132문을 집결시킨 일본 포병의 압도적 화력 앞에 막대한 손실을 입었다. 제1시베리아군단 전선의 전황이 복잡해지자 쿠로파트킨은 자신의 예비대로부터 2개 연대와 포 24문을 증원군으로 파병했으며, 제2시베리아군단을 시바리좡(西八里莊)으로 이동시켰다.

　이날 제1시베리아군단의 정면에서 이루어진 일본군의 공격은 승리로 이어지지 못했다. 일본군 제4사단의 주력 부대는 열악한 도로 사정으로 인하여 전투가 벌어진 장소에 늦게 도착했고, 16시가 되어서야 샤자타이(夏家臺)에 나타났다.

제3시베리아군단의 전투 (그림 14)

일본군은 제3시베리아군단 전선에서 치른 전투 역시 성공적이지 못했다. 가와무라의 일본군 제10사단은 이바노프의 우익을 포위하기 위해 아침부터 우익의 맞은편에서 전개했다. 군단 진지의 좌익을 목표로 삼아 근위사단이 2개 종대를 구성하여 각각 쉬자거우(旭嘉溝)와 멍자팡을 공격했다. 공격 구역에서는 근위사단이 우월한 전력을 보유했다.

제3군단의 진지는 동떨어진 언덕에 전개되어 있어서 화력 지원을 받지 못했다. 일본군은 진지 전면에 전개된 평탄하지 않은 지형 덕분에 은폐하여 접근할 수 있었다. 우측 전투 구역에는 제6동시베리아보병사단이 배치되어 있었다. 그 왼편에는 제3동시베리아사단이 전개했다. 6개 연대로 편성된 예비대는 자오판툰의 북쪽에 집결해 있었다.

커우자쯔(寇家子)에서 방어 중이던 러시아 대대는 일본군 3개 대대의 공격을 받았으나 참호를 박차고 나온 러시아 병사들이 백병전으로 응수했다. 이후 일본군 보병은 제10근위사단 소속 포병의 강력한 화력 지원하에 재차 공격을 시도했으나 근접 사격을 받고 격퇴되었다. 일본군의 공격을 격퇴하기 위해 제10군단도 전투에 참가했다.

웨이자거우(魏家溝)로부터 러시아군의 우익을 우회하려던 일본군의 노력 또한 포병의 화력으로 무산되었다. 이 전투가 있은 후 계속된 일본군의 포위 공격에 대비하여 돌출 전개해 있던 예비대는 1개 부대를 차출하여 바자강쯔(巴家崗子) 방면으로 파병했다.

일본군 보병 공격의 지연과 러시아군 예비대의 이동을 목격한 오야마는 러시아군이 제4군의 전선을 돌파할 준비를 하고 있다고 판단했다. 제4군으로부터 러시아군 예비대를 떨어뜨리기 위하여 오야마는 오쿠에게 제1시베리아군단의 우익에 대한 공격을 강화하여 서우산푸 고지를 점령하라는 명령을 내렸다.

14시에 제10근위사단은 러시아군 진지에 대한 공격을 시도했으며, 포 72문을 동원해 보병을 지원했다. 와타나베의 제2근위여단은 시위자거우(西喻家溝)에 위치한 러시아군 거점을 공격했으며, 제1근위여단은 멍자팡으로 진격했다. 그러나 각 부대 간의 연락이 원활하지 못한 탓에 고지의 급경사에 대한 공격이 제각각으로 이루어졌으며, 이에 더하여 수적으로 월등한 러시아 포병의 포격까지 받았다.

제2근위여단이 우익에서 러시아군 참호로 돌진해 들어갔다가 격퇴당한 일본군은 러시아군 진지의 전면에 참호를 구축했다. 제1근위여단과 제10사단이 재개한 공격 역시 실패로 끝났다.

저녁 무렵 일본군은 공격을 중단했으며 야간에 웨이자거우~커우자쯔 전선으로 퇴각했다.

이날 제10군단의 정면은 조용했으며, 우익의 가장 끝자락에서 일본군 근위사단이 제3시베리아군단을 공격하여 약간의 접전이 이루어졌을 뿐이었다. 제12사단과 제2사단 예하 제15여단은 제17유럽러시아군단 좌익의 맞은편 사칸에서 8월 31일 야간에 실시될 예정인 타이쯔허 도하를 준비하느라 전투에는 참가하지 않았다. 제2사단 소속의 제3여단은 제10군단의 정면에 잔류했으나 아무런 군사적 행동을 취하지 않았다.

이와 같이 8월 30일 일본군의 공격은 시베리아 보병대의 역동적 반격으로 격퇴되었다. 손쉬운 승리에 익숙해 있던 구로키는 마쓰나가의 제3여단을 적절한 시점에 전투에 투입하지 않았다. 이후 구로키가 근위사단을 도와 합동 공격에 참가하라는 명령을 제3여단에 내렸으나, 조악한 연락망으로 인하여 명령 전달이 지체되었다. 마쓰나가의 여단이 아무런 행동도 하지 않으면서 제10군단은 우측에 위치한 예하 포병 및 예비대를 이용하여 인접 부대를 지원할 수 있게 되었다.

제1시베리아군단의 우익은 위험한 상태였다. 일본군 병력이 집결했고, 이는 비에 젖은 도로를 따라 후퇴하게 될 수 있다는 우려를 시타켈베르크에게 심어주었다.

이날 일본군 사상자는 5,100명, 러시아군의 병력 손실은 3,100명이었다.

일본군의 타이쯔허 도하 (그림 16)

8월 30일 전투에서 일본군의 패전은 쿠로파트킨의 사기를 어느 정도 북돋아 주었다. 이에 그는 다음과 같은 내용의 지령을 각 군단에 하달했다.

내일 8월 18일[58]에도 점령 중인 진지를 계속해서 고수한다. 동시에 소극적인 방어로 행동을 한정할 것이 아니라, 각 군단장의 판단에 따라 유익하고 가능한 것으로 판명될 경우 공격

으로 전환한다.[59]

각 군단은 동일한 편제로 전진 진지에 주둔한 상태에서 파괴된 참호를 가능한 한 완전한 형태로 복구하고 있었다. 일본군의 야간 공격을 예상하여 진지에 탄약과 포탄이 공급되었다. 군단 사령관들은 의용군 부대를 내보내 야간에 일본군을 "성가시게 했으며", 전초 부대를 진출시켰다.

일본군은 쿠로파트킨이 퇴각 준비에 착수했음을 인지했다. 첩보원과 제12사단의 관측 초소는 매 5~6분마다 북쪽으로 화차가 이동하고 있다는 사실을 보고했다. 상황이 이렇게 전개되자 구로키는 제12사단, 제2사단 소속의 제15여단, 제29예비연대와 기병연대 등의 도하를 서두르게 되었고, 이에 8월 30일간 렌다오완(鎌刀灣)과 사칸에 이들 부대를 집결시켜 도하에 대비했다. 8월 31일 야간에 일본군은 렌다오완에서 깊은 여울을 통해 도하하기 시작했다. 다음 날 점심 무렵 도하를 마친 일본군은 옌타이 갱도 방면으로 정찰대를 파견한 후, 14시에 이미 차이자거우(蔡家溝)~환구평(현 궁안푸公安堡촌) 고지 방면으로 이동했다.

도하를 엄호한 것은 솽먀오쯔(雙廟子)에 잔류 중이던 소규모 부대와 댜오수이(釣水)촌에 있던 포병대였다. 보병의 도하가 완료된 후 포병은 사칸 방면으로 부설된 다리를 이용하여 강 우안으로 이동했다. 일본군은 병참 부대와의 연락망을 확보하기 위하여 장관툰(江官屯)에 2개의 부교를 건설했다. 야간에 참호를 구축한 단 1개 근위사단만이 제10군단과 대치하여 잔류했다.

일본군이 도하에 성공할 수 있었던 것은 나머지 정면에서 감행된 야간 공격 덕분이었다. 제6사단 소속의 2개 연대는 야간 급습으로 후자쯔와 마이툰을 점령하려 했으나 기관총과 백병전 반격으로 격퇴당했다. 이 지점에 대한 일본군의 2차 공격 역시 실패로 끝났다. 마이툰에 대한 3차 공격으로 일본군은 처음에 철도 노반을 확보했으나 곧 격퇴당했으며, 그 과정에서 1,000명이 넘는 병력 손실을 입었다. 시타켈베르크의 명령에 따라 서우산푸로 이동한 예비대(7개 대대와 포 16문으로 구성) 소속의 포병 역시 일본군의 공격을 물리치는 데 동참했다.

밤이 끝날 무렵 제6사단은 겨우 주자푸쯔촌을 점령할 수 있었다. 제3사단 역시 야간을 이용하여 철망을 절단하는 공병대를 앞세운 상태에서 4개 종대의 형태로 스칼리스티 언덕과 스레드냐야 산을 공격했지만 막대한 손실을 입은 채 격퇴당했다. 만다린 도로를 따라 진격하던 1개 연대는 모든 소속 장교를 잃었다.

제5사단의 야간 공격 역시 과감했다. 일본군은 제1시베리아군단의 좌익을 포위하면서 러시아 진지에 근접한 지점에 도달하여 참호로 돌격해 들어갔다. 그러나 대기 중이던 예비대의 반격으로 일본군은 산더미 같은 시체를 남겨놓은 채 후퇴했다.

날이 밝자 오야마는 구로키의 제1군이 타이쯔허를 도하할 때까지 나머지 전선에서 러시아군을 묶어두었다가 적군의 우익을 공격하기로 결정했다. 일본군은 제1시베리아군단의 진지에 대한 공격을 준비하면서 약 8킬로미터의 전선에 걸쳐 병력 1만 5,000명과 포 82문을 배치한 시타켈베르크에 대응하여 약 4만 명의 병력과 다양한 구경의 포 200문을 집결시켰다.

8월 31일 전투

야간 및 아침 공격에서의 패배로 사기가 떨어진 일본군 보병은 8월 31일 오전 동안 적극적인 군사 행동을 보이지 않았다. 제10사단과 마쓰나가의 제3여단 지역에서 주로 포격전이 이루어졌는데, 이는 러시아군의 이목을 다른 곳으로 유인하려는 의도였다.

제10군단의 정면은 평온했다. 앞서 기술했듯 제12사단과 제2사단 예하 제15여단은 타이쯔허 도하를 마쳤다.

11시 30분이 되어서야 제2군의 모든 포병이 제1시베리아군단의 전개 지역을 상대로 포문을 열었다. 스칼리스티 언덕이 주목표였으며, 제3사단이 그곳에서 공격을 준비했다. 강력한 심리적 영향력을 발휘하는 작렬탄의 화력 앞에 일부 러시아군이 자신의 참호를 벗어나 고지의 반대편 경사면에 몸을 숨겨야 했지만, 특별히 실질적인 효과가 있었던 것은 아니었다.

12시에 오시마의 제3사단 소속 보병이 공격에 나섰다. 사단의 주력 부대는 스레드냐야 고지로 향했으며, 스칼리스티 언덕 방향에서 진지를 포위했다. 러시아 포병의 측방 화력과 정면에서 이루어진 시베리아 보병들의 소총 사격에도 불구하고 일본군은 이곳에서 다대한 투지를 보여주었다. 일본군은 막대한 인명 손실을 입은 상태로 전진하여 일부 참호를 점령하기도 했다. 그러나 러시아 소총수들의 단호한 반격으로 14시 무렵 일본의 공격은 격퇴되었다. 일본군 제3사단의 일부 부대들은 포격전만을 계속하며 몸을 숨기고 있었다.

사단장의 주도로 제3사단의 공격이 시작되었으나, 그 옆에서 전개했던 제5사단의 지원은 제3사단의 공격만큼 역동적이지 못했다. 아침에 다나(Дана)로 진군했던 제5사단은 정면 공격으로의 전환을 결심하지 못했으며, 제1군단과 제3군단 양 측방의 중간 접점 지역을 우회하는 것 역시 위험스러웠다.

야간과 아침에 실행한 공격에서 막대한 손실을 입으며 실패한 제6사단 역시 현 위치를 고수하고 있었다. 제4사단 예하의 1개 여단은 하루 전에 철도 방향으로 진출하여 자신의 측방을 제6사단과 인접시킴으로써 제1시베리아군단의 우익을 포위한 측방을 확장하는 형태로 전개했다. 제4사단 소속의 다른 여단은 일본군 좌익 방면에서 러시아군의 반격 가능성에 대비하여 예비대에 남아있었다.

당연히 쿠로파트킨은 일본군 좌익에 대한 적극적 공격을 생각하지 않았다. 제4사단 예하의 보병 부대에 의해 병력이 충원된 후 보병으로 일시 전환한 아키야마의 기병대를 우룽타이(烏龍臺)에서 밀어내려 한 미셴코의 무익한 군사 행동으로 인해 일본군이 착각에 빠진 것이었다.

제4군을 동원하여 제1시베리아군단의 우익에 타격을 가하고자 했던 오야마의 계획은 러시아군의 대규모 예비대가 반격을 준비하고 있다는 정보가 들어오면서 실행되지 않았다. 이 정보가 거짓임이 판명되었을 때는 날이 어두워지면서 전 전선에 걸쳐 이루어지던 포격전도 잦아들기 시작했다.

랴오양 진지에서의 러시아군 배치는 일본군 좌익에 반격을 가하기에 유리한 것이었다. 일본군 지휘부는 예상되는 공격을 두려

위하여 시베리아군단의 진지를 포위하는 것으로 자신의 군사 행동을 제한했다. 그러나 그것은 일본군의 실수였다. 쿠로파트킨의 군사 전술이란 일부 모험을 감수해야 하는 단호하고 과감한 군사 행동을 배제한 것이었다. 쿠로파트킨은 단지 후퇴에 적합한 순간만을 기다릴 뿐이었으며, 이미 후퇴 준비를 마친 상태였다.

후퇴의 순간은 쿠로파트킨이 타이쯔허 우안에서 일본군 집결 사실을 알게 된 12시에 찾아왔다. 주진지로 퇴각하라는 명령을 내린 그는 후퇴가 대재앙으로 변할 것을 두려워하여 저녁까지 현재 주둔 중인 진지를 고수하다가 야음을 이용하여 퇴각할 것을 각 군단장에게 명령했다.

그러나 오후에 우안에 집결한 일본군이 공격으로 전환하면서 러시아 육군은 혼란한 상황에 빠졌다.

제12사단과 제15여단의 초기 군사 행동은 적에 대한 정보를 확보하지 못한 상태로 이루어져 위축되었다. 일본군 정찰대는 언제나 빈약하고 모순된 정보를 제공했다. 밀정으로부터 입수하는 정보 역시 매우 지체되었다. 타이쯔허 우안에서 군사 행동에 장애가 없음을 본 구로키는 전날 입수한 러시아군의 후퇴 준비에 관한 정보가 신빙성 있는 것이라고 확신했다. 이러한 상황은 강의 우안에서 공세적인 행동에 착수하도록 구로키를 자극했다. 그는 제12사단장에게 서북쪽으로의 공격을 개시하여 러시아군의 병참망으로 진출하라는 명령을 내렸다.

일본군 총참모부의 차후 행동 계획은 양 측방 중 한 곳에서 러시아 만주 주둔군의 반격이 있을 수 있다는 우려를 반영했는데, 그것은 당시의 상황에 기인한 것이었다. 즉 막혀있는 일본군 좌익에 대치하여 러시아군의 대규모 예비대가 전개하고 있었으며, 구로키의 우익 부대가 타이쯔허를 도하하면서 제10유럽러시아군단이 강의 좌안에 배치된 일본군 우익에 강력한 타격을 가할 가능성을 확보했던 것이다.

제31사단 지휘관 바실리예프(К.Г.Васильев)는 좌안에 배치된 일본군의 우익을 상대로 공격에 대한 주도권을 잡았다. 8월 30일 아침부터 일본군 제1군의 우익이 사라진 것을 발견한 바실리예프는 자신의 우익을 약간 앞으로 추진시킨 후, 공격 전환에 대한 군단장의 허락을 요청했다. 이 공격은 잔류 중이던 구로키의 우익에 위협이 되었을 것이며, 구로키가 타이쯔허 도하를 단념하게 만들 수도 있었을 것이다. 그러나 쿠로파트킨은 군단장과 이 문제에 대해 협의한 끝에 적극적인 군사 행동을 금지한 것은 물론, 바실리예프에게 사단 병력 중에서 예비대를 차출한 뒤 최고 지휘부의 허가 없이 이를 사용하지 말라는 명령을 내렸다.

일본군의 불리한 위치를 인지한 오야마는 나머지 부대의 전선에서 오직 야음을 이용해서만 공격에 임해야 할 것으로 판단하여 구로키에게 조심스러운 행동을 요구했다.

일본군의 도하는 8월 31일 아침 6시가 되어서야 러시아 기병대에 발각되었다. 제17군단의 지휘관들이 이 사실을 접한 것은 아침 9시였다. 하루 전 빌데를링은 얀줄(Янжул)의 제3사단(11개 대대, 2개 기병중대, 포 60문)을 번시~131고지 전선에 전개했으며, 도브르진스키(К. А. Добржинский)의 제35사단(16개 대대, 6개 기병중대, 포 104문)을 터우다오거우(頭道溝)~얼다오거우(二道溝) 지역의 예비대에 집결시켰다.

도하한 일본의 군사력에 관해 상당히 정확한 정보를 입수한 빌데를링은 자신의 월등한 군사력을 동원하여 일본군에게 결정적 타격을 주어야 했으나, 제35사단 예하 1개 여단을 예비대로부터 차출하여 스콴툰을 보다 공고하게 장악하는 미봉책에 그치고 말았다. 이 여단의 임무는 일본군의 도하에 포격을 가하기 위해 포병과 함께하는 전위 부대를 보호하는 것이었다.

도브르진스키는 8개 대대와 포 48문을 131고지~네진스카야(Нежинская) 언덕 전선으로 이동시켰다. 포병의 주력 부대는 스콴툰촌 동쪽 진지에 주둔했다. 도브르진스키의 나머지 부대는 예비로서 사후툰(沙滸屯)으로 이동했다. 11개 카자크 기병중대와 포 6문으로 편성된 오르벨리아니(Г. И. Орбелиани)의 부대는 진격하여 도하 중인 일본군에 포격을 가하라는 명령을 받았다. 그러나 이런 손쉬운 임무마저 완수되지 않았고, 오르벨리아니는 우안에 주둔 중인 일본군 부대의 좌측으로 전진했다.

번시호에 잔류하던 류바빈의 부대는 도하 중인 일본군의 후방에 타격을 가하라는 명령을 하달받았다. 그러나 류바빈 역시 자신의 전방에 나타난 우메자와의 여단으로 인해 빌데를링이 하달한 임무를 완수하지 못했다.

소규모의 적에 대응하여 방어로 전환한 빌데를링은 전투를 시작하지도 않은 상태에서 적군에게 대항하기 위해 증원군을 파병해 달라고 쿠로파트킨에게 요청했다. 그는 도하 중인 1.5개 사단은 전위 부대일 뿐이며, 그 뒤를 이어 대규모 병력이 뒤따를 것이라는 추측으로 자신의 이런 요청을 합리화했다.

11시가 되어서야 일본군의 도하 사실을 알게 된 쿠로파트킨은 일본군을 궤멸시키기 위한 아무런 대책도 수립하지 않았을 뿐 아니라, 오히려 적의 도하를 주진지로 후퇴하기 위한 핑곗거리로 활용했다. 그는 주진지에서 전선이 줄어들면 타이쯔허 우안에 보다 강력한 군사력을 배치하여 구로키의 우회를 물리칠 수 있을 것이라고 스스로를 위로했다.

자루바예프의 통합 지휘하에 제2, 제4시베리아군단의 병력으로 주진지를 고수한다는 결정을 한 쿠로파트킨은 후퇴 명령을 내렸다. 자루바예프는 "어떠한 대가를 치르더라도 버텨낼 것"과 이로써 쿠로파트킨의 직접 지휘하에 구로키 군을 기습할 나머지 군단들에게 행동의 자유를 보장해야 한다는 지령을 받았다.

제10유럽러시아군단은 신청(新城)으로 이동했으며, 제3시베리아군단은 랴오양 북쪽 변두리에 집결했다. 제1시베리아군단은 잉수이쓰(迎水寺)~주차이위안쯔(韭菜園子)로 향했으며, 제5시베리아군단 소속의 제71사단은 주차이위안쯔로 이동했다. 삼소노프의 기병대는 옌타이 갱도로 강행군했다. 오를로프의 지휘를 받는 제5시베리아군단 예하 제54사단은 총 12개 대대와 3개 카자크 기병중대, 16문의 포의 전력으로 타이쯔허를 도하해 번시 북쪽에 집결한 일본군 부대의 우익을 위협해야 했다. 미셴코의 부대는 안자푸쯔(安家堡子)로 이동했다.

어둠이 내리면서 러시아 군단들의 퇴각이 시작되었으나 일본군은 이를 발견하지 못하여 추격하지 않았다. 랴오양 전진 진지에서 공격 실패로 일본군의 사기가 저하되어 있었고, 탄약 역시 부족했다.

20시, 일본군 제5사단과 제3사단은 예비 포격을 시작한 다음 공격에 나섰다. 러시아 진지로 이동한 보병은 진지가 비어있음을 알게 되었다. 일본군은 러시아군을 추격하지 않았다.

우메자와의 후비여단은 31일 저녁 번시호 근처에서 타이쯔허를 도하했다.

이와 같이 이틀에 걸친 전투에서 자신의 전선과 진지를 견고하게 방어한 18만 명의 만주 주둔군은 단 1.5개 사단이 자신의 후방을 위협한다는 이유 때문에 후퇴했다. 이것은 전황에 따른 후퇴가 아니었다. 주진지에는 제4, 제5시베리아군단 소속 일부 부대가 전개하고 있었으며, 제1유럽러시아군단이 이동해 오고 있었다.

"랴오양 진지에 의지하여 적군을 격파한다"라는 과제를 스스로에게 부여했던 쿠로파트킨은 자신의 측방 중 한 곳 또는 중앙에서 적군에게 결정타를 입힐 수 있는 여러 가능성을 이용하지 않은 것은 물론, 수동적 방어라는 자신의 통상적인 한계 역시 넘지 못했다. 쿠로파트킨의 바로 이런 소극성 덕분에 구로키는 자신의 후방을 무방비 상태로 놔둔 채 월등한 전력을 지닌 제17군단의 면전에서 타이쯔허 우안으로 1.5개 사단을 도하시킬 수 있었다.

탕허 계곡과 경계를 접하는 샤푸~멍자팡 전 지역에는 4개 중대에 불과한 미약한 일본군 병력만이 남아있었다. 이곳의 돌파를 위해 러시아군은 제10군단, 제17군단 예하 1개 사단, 삼소노프의 기병대 등 총 54개 대대, 12개 카자크 기병중대, 약 140문의 포를 동원할 수 있었다. 하지만 8월 31일 내내 제10군단과 제17군단, 심지어 랴오양으로 집결한 제5시베리아군단 예하 부대들과 삼소노프의 기병대 등은 아무런 행동도 취하지 않았다.

구로키 군에 있었던 영국군 관전장교 해밀턴은 이에 대해 다음과 같이 기술하고 있다.

> 구로키 군의 참모부는 수치상으로 사단을 능가하는 막대한 적 군사력이 쌍먀오쯔와 스쭈이쯔(石嘴子)의 맞은편에서 구로키의 군사 행동을 위협하고 있다는 정보를 야간에 입수하면서 공포에 빠져들었다. 그러나 이후 그 정보가 잘못된 것으로 판명되면서 참모부는 공포로부터 겨우 회복했다. 만약 러시아 여단이 아래쪽으로 내려왔거나, 아니면 단 1개의 러시아군 대대만이라도 왼쪽에서 상기 장소를 우회하여 탕허 계곡으로 출발했다면 러시아군은 다안핑에 대한 기습 공격에 대비하여 그곳에 배치된 전투 부대가 단 하나도 존재하지 않음을 발견할 수 있었을 것이다. 그곳에는 보급대와 수송대만 잔류하고 있었다.[60]

바실리예프의 합리적인 제안은 실현되지 못했다. 러시아군은 막대한 희생을 치르며 이틀간의 전투에서 성공적으로 방어해 낸 진지를 적군의 수중에 남겨둔 채 퇴각했다. 추진 진지 전투에서 러시아군은 6,540명의 병력을 잃은 반면, 일본군의 병력 손실은 1만 1,900명이었다.

러시아군 사령관은 결단력을 보여주지 못했으며, 유리하게 조성된 조건을 이용하여 공격으로 전환하기 위해 필요했던 약간의 위험도 감수하려 하지 않았다. 이 전투를 '후위전'으로 판단하고 있던 쿠로파트킨은 적의 포위를 고려하면 랴오양에 집결했을 때만 승리가 가능하다고 보았다. 그리하여 그는 자신의 군대를 '스당'의 상황으로 끌고 갔다.

일본군은 러시아군 지휘부의 유약함, 소극적 방어, 후퇴 지향적 성향 등을 고려하고 있었다. 그러나 오야마는 만주 주둔군을 완전히 격멸하기 위해 과감한 작전을 실행할 결심을 세우지 못했다. 포병으로 강화된 일개 군의 전력만으로도 정면에서 러시아군을 견제하기에 충분했다. 나머지 군을 타이쯔허 우안에 있는 러시아군 연락망으로 진군시켰다면 쿠로파트킨의 퇴각은 대재앙으로 이어졌을 것이다. 그러한 작전은 쿠로파트킨과 러시아 군단 지휘관들의 코앞에서도 위험 없이 진행될 수 있었을 것이다.

제11장

랴오양 작전의 결정적인 날들

9월 1일까지의 양측의 부대 편성

9월 1일로 넘어가는 야간에 러시아군은 쿠로파트킨의 명령에 따라 전개했다. '주요' 거점의 우익에 서쪽으로 정면을 두고 28개 대대, 5개 카자크 기병중대, 포 62문으로 편성된 제4시베리아군단이 전개했다. 군단의 우익은 타이쯔허 우안의 8번 강화진지와 연결되어 있고, 좌익은 철도와 닿아있었다. 제5동시베리아보병사단과 제10유럽러시아군단 소속의 1개 여단으로 편성되어 총 20개 대대와 포 50문의 병력을 보유한 자술리치의 제2시베리아군단은 에파에 이르는 나머지 구역에 배치되었다. 24개 대대와 포 72문으로 구성된 제3시베리아군단이 주 거점의 예비대로서 랴오양의 북단 후방에 배치되었다. 주요 거점으로 이동한 병력은 총 72개 대대, 14개 카자크 기병중대, 포 184문이었다.

날이 저물 무렵 제3시베리아군단은 구로키를 상대로 군사 행동에 임하기 위하여 장수툰(張書屯)으로 이동했다. 증원군으로 도착한 2개 연대와 포 24문이 일반 예비대를 구성했다.

제4시베리아군단과 교체된 제1시베리아군단은 잉수이쓰 지역에 배치되었다. 1개 여단이 빠진 제10군단은 신청~시와거우쯔(西瓦溝子) 지역을 점령했다. 미셴코 부대는 안자푸쯔로 이동했으며, 삼소노프 부대와 오를로프의 제54사단은 옌타이 갱도 지역으로 이동 중이었다. 제5시베리아군단 예하 제71사단 소속의 부대들은 주자좡쯔(朱家莊子)에 계속 머물렀다.

제17군단은 제71사단으로부터 전속 배치된 에크(Экк)의 혼성여단과 함께 구로키 군 부대들을 상대로 기존 진지에 잔류했다. 번시호에는 류바빈 부대가 주둔했다.

랴오양 아래쪽의 타이쯔허를 향해 대규모 일본군이 이동하고 있다는 거짓 소문에 영향을 받은 쿠로파트킨은 우익을 방어하기 위하여 콘드라토비치(К.А.Кондратович)를 지휘관으로 하는 부대를 새로이 편성했다. 이 무렵 블라디보스토크에서 랴오양으로 6문의 공성 포대가 운송되었다. 때맞춰 잉커우로부터 실어낸 4문의 6인치 포 역시 도착했다. 그러나 포들은 적의 수중에 넘어갈 수도 있다는 우려에서 후방으로 재배치되어 전투에 투입되지 않았다.

9월 1일 정오가 지나 러시아군이 퇴각한 전진 진지 지역에 도달한 일본군 제2, 제4군 주력은 정면이 랴오양으로 향하도록 진지를 개축하고 공성포를 방열했다.

근위사단과 제2사단 소속의 제3여단 등 총 18개 대대, 3개 기병 중대, 포 48문으로 구성된 병력이 겅자툰(耿家屯)~수이위(水峪)~카브리춘~스창위(石廠峪) 선에 배치되었다.

제4군 역시 밤새도록 전방으로 이동했다. 제10사단은 다다바이푸(大打白堡)~시두자와쯔 전선으로 전위 부대를 이동한 뒤 자오판툰~위자거우(喩家溝) 전선으로 전진했다. 제5사단의 본대는 시리좡(西里莊) 전선에 있는 전위 부대들과 함께 난바리좡 지역에서 전개했다.

제6사단과 제3사단은 철도의 좌우 양쪽 지대를 따라 마이툰과 평행하게 전개했다. 그 뒤편의 둥왕좡(東王莊)에 제11후비여단이 배치되었다. 그중 제4사단과 아키야마의 기병대는 약간 전방으로 기동했다.

일본군 총 71개 대대, 23개 기병부대, 포 364문이 타이쯔허 좌안에 잔류하여 자루바예프의 72개 대대, 14개 카자크 기병중대, 포 184문과 대치했다.

구로키의 나머지 부대는 9월 1일 아침에 타이쯔허 우안의 카네(Кане)~스창(石場)~관툰(官屯) 전선에 전개했다. 이들은 제12사단, 제2사단 예하 제15여단, 제29예비연대, 기병연대 등 총 20개 대대, 6개 기병중대로 구성되어 1만 8,000명의 병력과 포 60문을 보유하고 있었다. 이를 상대한 러시아군은 33개 대대, 20개 기병중대와 1개 카자크 기병중대, 포 150문으로 구성된 빌데를링의 부대였다. 좌익을 방어하기 위해 분산 배치되어 있던 부대를 제외하고 타이쯔허 우안에 배치된 러시아군 병력은 95개 대대, 79개 기병중대와 1개 카자크 기병중대 등 총병력 7만 2,000명에 포 352문이었다.

일본군은 우회 기동 정면을 확장했다. 반면 우익에 주력을 두고서 잉수이쓰로부터 옌타이 갱도까지 타이쯔허 우안에 분산 전개된 러시아군의 배치는 일본군 우안 부대를 패퇴시키려는 쿠로파트킨의 발상과는 맞지 않는 것이었다. 만주 주둔군 주력은 랴오양 주위에서 배치 중이었는데, 러시아군 지휘부의 소극성에 의해 집중 포위될 가능성이 충분히 있었다.

이날 좌안에 배치된 일본군 보병은 적극성을 보이지 않았다. 오야마는 다음 날 공격을 개시할 예정이었다. 오직 제4사단만이 정면에 위치한 러시아군 거점들을 정찰하는 공세적인 임무를 부여받았다.

정오 이후 제4사단은 자신의 좌익 뒤편 탕좡쯔(唐莊子)에 아키야마의 기병대를 둔 상태에서 포병의 엄호 포격하에 자신의 전위 부대를 동원하여 유좡쯔(尤莊子)~왕바오산(望寶山) 전선으로 진출했다.

16시경, 제4사단 포병은 랴오양과 철로를 따라 이어진 지대를 집중 포격하여, 도시 소개를 예상한 철수 작업이 긴급히 진행 중이던 랴오양 역을 파괴했다. 적재 작업은 미리 건설해 둔 랴오양 제2역으로 옮겨졌다.

제2군은 총 2일 동안 러시아군 진지에 대한 정찰과 다음 날로 예정된 공격 준비를 수행했다.

이날 제4군의 전위 부대는 전방으로 진출하려고 노력했으나, 정면에서 시작된 포격과 무창(木廠)에서 도착한 방어 부대의 측방 사격으로 인해 공격을 포기했다.

이날 타이쯔허 좌안에 잔류하고 있던 구로키 소속 부대는 적극적인 군사 행동을 취하지 않았다.

타이쯔허 우안에서의 군사 행동

주둔 중인 전선의 요새화를 마친 타이쯔허 우안의 일본군 부대가 정면을 향해 진군하기 시작했다.

만주 주둔군이 퇴각을 준비 중이라는 정보를 입수한 구로키는 러시아군에게 타격을 가하여 철도를 탈취하기로 결정했다.

9월 1일 아침, 제12사단이 서쪽 방면에서 공격에 나섰다. 좌익에서는 제15여단이 스관툰촌 부근의 네진스카야 언덕을 점령하라는 임무를 부여받았다. 제29예비연대와 기병연대는 예비대로 편성되어 우안 부대 공격 전선의 중앙 뒤편에 잔류했다.

일본군이 조심스럽게 전방을 향해 이동하고 있을 무렵, 구로키는 참모부와 함께 관툰 동쪽 2킬로미터 지점에 위치한 고지에 도착했다. 그곳에서 그는 우메자와의 후비여단이 번시호를 점령했다는 소식을 접했다.

구로키는 기뻐했다. 그의 인생에 위대한 순간이 다가왔다. 그에게는 이제 만저우산(滿洲山)[61]과 131고지를 돌파하고 전진하여 스관툰촌 위편 서쪽에서 활기차게 북쪽으로 향하는 기차와 함께 뚜렷하게 눈에 들어오는 묵덴행 철도를 점령하는

것만 남았다. [62]

그러나 옌타이 갱도로부터 러시아군이 접근하고 있다는 정보와 함께 구로키의 승리는 무산되었다. 이에 시마무라의 우익 제12여단은 정면을 북쪽으로 선회했으며, 좌익을 담당하던 기고시의 제23여단은 잠시 전진을 멈추었다. 제12사단은 방어로 전환했다.

사실 일본군 우익에는 심각한 위협이 존재하지 않았다. 옌타이 갱도 지역에서는 지난 전투에서 공격에 열의를 보이지 않고 일본 보병과의 교전을 대체로 회피한 삼소노프의 기병대가 정찰을 실시했다. 오를로프의 제54사단은 이전 명령이 바뀌어 샤오다롄거우(小達連溝)에 집결하라는 지시를 받았으나 그곳에서 방어에 적절한 위치를 찾지 못했다. 오를로프 부대는 이후 옌타이 갱도로 이동해 14시경 도착한 뒤 진지 구축에 착수했다.

자신의 임무를 이렇게 이해한 오를로프는 구로키 우안 부대의 측방에 위치하면서도 과감한 타격을 통해 구로키에게 패배를 안기려는 시도를 하지 않았다. 그는 아무런 위협이 없었음에도 진지 강화에 착수했다. 구로키는 우안 부대 측방에 오를로프가 나타났다는 사실 하나만으로 방어로 전환하여, 타이쯔허 좌안에 잔류 중이던 제2사단 예하 제3여단을 불러들일 수밖에 없었다.

구로키는 이러한 조치를 취함과 동시에 군의 우익 방어를 위하여 번시호에 위치해 있던 우메자와 여단에게 옌타이 갱도에 대한 공격 명령을 내렸다.

네진스카야 언덕 전투 (그림 18)

일본군 우안 부대의 정면 상황 변화를 모르던 제15여단장 오카자키는 진군을 계속했다. 아침에 이미 오카자키는 환구평을 지나 러시아 포병의 강력한 포격을 받으며 네진스키 연대의 좌익을 점령했다. 이에 네진스키 연대는 네진스카야 언덕으로 후퇴해야 했다. 오카자키 여단은 포 30문을 동원하여 네진스카야 언덕 및 에크의 71사단 예하 1개 여단에 소속된 부대들이 점령 중이던 131고지를 포격한 다음, 무성한 수수밭과 굴곡이 심한 지형에 은폐한 상태로 러시아군의 참호에 접근했다. 그러나 부대 정면의 전반적 상황에 관한 소식을 접한 뒤 공격을 중단하고 그 지역에 매복했다.

그러나 오카자키는 그 상태로 오래 있지 않았다. 러시아군의 미약한 저항을 본 그는 네진스카야 언덕 점령에 나섰다. 구로키는 이에 동의했고, 제23여단으로 오른편에서 그를 지원하겠다고 약속했다.

도브르진스키의 제35사단이 제3사단 소속 노보인게르만란드스키(Новоингерманландский) 연대로 보강되어 오카자키와 대치했다. 네진스카야 언덕은 네진스키 연대와 모르샨스키(Моршанский) 연대의 일부가 점령 중이었다.

네진스키 연대 오른편의 131고지~스콴툰 정면에는 볼홉스키(Волховский) 연대가 전개했다. 노보인게르만란드스키 연대는 왼쪽에서 네진스카야 언덕에 접하고 있었으며, 그 좌익의 뒤편에 자라이스키 연대가 자리하고 있었다. 허우헤이잉타이(後黑英臺)에도 소규모 예비대가 집결해 있었다.

총 12개 대대와 포 42문으로 구성된 일본군 제15, 제23여단은 종심에 위치한 러시아군뿐만 아니라 13개 대대와 포 40문을 지닌 적군을 상대로 정면 대치했다.

오카자키의 공격은 2개 연대를 하나의 제대로 조직하여 이루어졌다. 중앙의 후미에서는 1개 대대로 편성된 예비대가 이동했다. 우익 후미에서는 기고시의 제23여단에 소속된 1개 연대가 뒤따랐다.

9월 1일 17시, 일본군은 짙은 안개 속에서 공격을 개시했다. 19시에 일본군 보병은 포병의 지원 포격하에 네진스카야 언덕 참호로부터 700보 거리까지 접근했다.

19시가 지나면서 일본군의 포격이 잦아들자 러시아 병사들은 이것으로 그날의 전투가 마무리되었다고 생각했다. 그러나 20시가 되자 오카자키는 러시아 진지를 향해 강력히 포문을 열었다. 적의 포격을 견뎌낼 수 없었던 볼홉스키 연대가 스판툰으로부터 퇴각하자 일본군은 즉시 그 진지를 점령했다. 네진스키 연대는 지휘관의 명령에 따라 언덕의 기슭을 따라 내려오고 있었는데, 제15여단의 좌익 1개 연대가 네진스키 연대의 우익을 포위하기 시작했다. 그와 동시에 다른 측방으로부터 언덕이 점령당하자 네진스키 및 모르샨스키 연대는 공황 상태에 빠져 퇴각했다.

전열을 가다듬은 네진스키 연대는 인근 부대의 지원을 받아 백병전으로 일본군을 격퇴하여 다시 언덕을 점령했다.

어둠이 찾아들자 굴곡이 심한 지형 속에서 서로 뒤섞인 일본군은 공격이 곤란해졌다. 이에 오카자키는 월출을 기다리기로 했다. 달이 지형을 밝히자마자 일본군은 양 측방으로부터의 지원 포격하에 다시 네진스카야 언덕을 공격하기 시작했다. 일본군 보병은 견고하게 대열을 유지하면서 수수밭으로 전진했다. 대대는 전방 가까운 거리에 1개 중대를 전개한 상태에서 소대 종대 대형을 취해 3개 중대로 공격에 나섰다.

네진스키 연대는 미약하게 저항하다 사후툰으로 후퇴했다.

이처럼 일본군은 1개 여단 병력으로 제17군단 정면에서의 전투에 승리하고 중요 거점인 네진스카야 언덕~스판툰 진지를 빼앗는 데 성공했으며, 심지어 131고지의 동쪽 지맥까지 전진했다. 이는 제17군단 소속 보병이 불필요하게 산개된 상태로 진지에 묶여있던 데 기인한 것이었다.

군단장은 얼다오거우~터우다오거우 지역에 배치된 에크의 연대를 전투에 투입하지 않았다. 오를로프 역시 서둘러 군단을 지원하지 않았다. 만약 그가 구로키의 우익을 공격했다면 구로키는 서쪽 방면으로 펼쳐진 오카자키의 공격을 중단시켜야만 했을 것이다.

쿠로파트킨의 공격 계획

쿠로파트킨은 참모진과 함께 구로키에 맞설 공격 계획 수립에 온종일 매달렸다. 그 결과 채택된 계획은 이행하기 상당히 어려운 것이었다. 그 계획의 예상은 다음과 같다.

우안 집단을 스판툰~옌타이 갱도 정면에 전개한 다음 스관툰 거점을 축으로 삼아 군의 좌측 견부를 전방으로 선회하고 이로써 칸과툰에서 도하한 구로키 군 부대의 측방을 공격해 그들을 도보로 도강 가능한 지점이 많지 않은 타이쯔허 방면 으로 압박한다. 그와 동시에 일본군은 오쿠 및 노즈 장군의 맞은편에 있는 랴오양 요새화 지역을 계속해서 방어해야만 할 것이다.[63]

쿠로파트킨의 판단에 따르면 7만 2,000명의 부대가 스관툰~옌타이 갱도 전선에서 전개해야 했다. 스관툰 옆의 우익 끝단은 위치를 고수하는 한편, 거대한 밀집 대형으로 전개한 나머지 부대는 곡선형 부채꼴을 그리며 이동한다. 그가 예상하건대 부채꼴이 확장될수록 구로키 군의 상황은 더욱 곤란해질 것이었다.

쿠로파트킨의 계획은 제정 육군이 쇠락하던 시기 러시아군 지휘부의 작전적 사고의 빈곤을 명료히 보여주는 것이었다. 이 계획은 일본군 우안 부대를 '궤멸'시킨다는 쿠로파트킨의 직전의 목적에 전혀 부합할 수 없었다. 러시아군의 공격이 성공하는 최선의 경우에도 이 계획은 일본군을 밀어내는 정도였을 것이며, 여전히 일본군은 여울이나 부설된 부교를 통해 타이쯔허 건너로 퇴각할 가능성이 있었다.

쿠로파트킨은 자신의 계획을 실행에 옮기며 자루바예프에게 64개 대대, 10개 카자크 기병중대, 포 152문의 병력으로 랴오양 진지를 방어하라는 명령을 내렸고, 추가로 "마지막 한 명까지 진지를 고수할 것"을 요구했다. 쿠로파트킨은 95개 대대, 79개 카자크 기병중대와 1개 기병중대, 포 352문의 병력으로 구성된 나머지 군단을 이끌고 9월 2일 아침부터 구로키를 상대로 작전에 임했다. 공격 개시 지점을 확보하는 차원에서 23개 대대, 28개 기병중대, 포 122문 등으로 구성된 제17군단에는 스콴툰을 "견고하게" 방어하라는 명령이 내려졌으며, 21개 대대, 6개 기병중대, 포 80문으로 편성된 제10군단은 사후툰 지역으로 이동했다. 그 왼쪽에는 18개 대대, 8개 카자크 기병중대, 포 62문으로 구성된 제1시베리아군단이 정렬해 있었다. 제3시베리아군단은 18개 대대, 4개 카자크 기병중대, 포 48문의 병력으로 예비대가 되었으며, 장수툰에 집결했다.

옌타이 갱도의 가장 좌익을 형성한 것은 오를로프의 사단과 삼소노프의 부대로서 총병력이 12개 대대, 22개 카자크 기병중대, 포 28문에 달했으며, 우안에 배치된 부대의 측방 방어 임무를 부여받았다. 제1유럽러시아군단 소속으로 집결 중이던 부대들은 우메자와의 예비여단이 묵덴 방면에서 공격에 착수할 것이라는 예상하에 묵덴에 잔류했다.

대규모 일본군이 랴오양 서쪽에 나타났다는 거짓 정보에 속은 쿠로파트킨은 제1시베리아군단 소속의 콘드라토비치 부대를 랴오양 서쪽의 타이쯔허 방면으로 진군시켰다. 이렇게 13개 대대, 12개 카자크 기병중대와 1개 기병중대, 포 22문이 주력에서 이탈했다.

　　쿠로파트킨이 공격 계획을 수립하고 있던 9월 2일 야간에 상황이 약간 변했다. 빌데를링은 쿠로파트킨의 우회 부대를 위해 중요한 지지점이 되어야 했던 스콴툰을 잃었으며, 구로키는 제2사단 소속 제3여단을 강의 우안으로 이동시켰다. 러시아군이 묵덴으로 퇴각하기 시작했다고 판단한 구로키는 근위사단 지휘관 하세가와에게 가오청쯔(高城子)에서 타이쯔허를 도하하라고 명령했다. 그러나 하세가와가 이 명령을 접수하는 것은 크게 지체되었다.

　　만주 주둔군은 보급 문제로 포탄이 부족했다. 이에 쿠로파트킨은 포탄을 절약하라는 명령을 내렸다. 구로키 군 역시 식량과 탄약 부족으로 고생하고 있었다.

구로키의 9월 2일 공격 (그림 19)

　　9월 2일 아침, 제17유럽러시아군단은 제3사단의 주력 부대를

151 고지에 둔 상태로 사후툰 진지에 주둔하고 있었다.

오를로프의 12개 대대, 3개 카자크 기병중대, 포 22문의 병력이 옌타이 진지를 점령하고 있었다. 2개 대대와 11개 카자크 기병중대, 포 6문으로 편성된 오르벨리아니 부대가 임시로 오를로프에게 배속되었다. 빌데틀링의 군단과 오를로프 부대 사이의 안쟈누자(Анцзянуза)에는 미셴코의 19개 카자크 기병중대와 12개 기병포대가 정찰과 전선 연락을 목적으로 배치되었다. 동부 전선의 좌익은 19개 카자크 기병중대와 6개 기병포대로 편성되었으며, 옌타이 갱도에서 전개한 삼소노프의 기병대가 엄호하고 있었다.

동부 전선의 제1전선에는 에크의 여단을 포함하여 총 36개 대대, 63개 카자크 기병중대, 포 158문이 전개하고 있었다.

구로키에 대한 공격 준비를 마친 러시아군 제2전선은 얼다오거우 지역에 배치된 제10유럽러시아군단, 2개 종대로 리롄거우(李連溝)와 샤오다롄거우 방면으로 접근한 제1시베리아군단, 18개 대대와 4개 카자크 기병중대에 포 48문으로 편성되어 장수툰에 잔류 중이던 제3시베리아군단으로 이루어졌다. 제2전선의 총병력은 57개 대대, 18개 카자크 기병중대, 포 174문에 달했다. 제2, 제4시베리아군단은 이전과 같은 대형을 유지하며 랴오양 진지에 전개했다.

그 무렵 일본군은 타이쯔허의 양안(兩岸)에서 부대 배치를 계속했다. 총병력 71개 대대, 13개 기병중대, 포 380문을 보유한 오쿠와 노즈의 부대가 자루바예프와 대치하고 있었다. 12개 대대, 3개 기병중대, 포 42문으로 구성된 근위사단은 가오청쯔~샤푸 지역에 집결하여 타이쯔허 도하를 준비하고 있었다. 구로키의 나머지 부대, 즉 27개 대대, 6개 기병중대, 포 60문 등 총병력 2만 5,000명은 야간 전투에서 도달한 계선에서 전개하고 있었다.

이와 같이 쿠로파트킨은 타이쯔허 좌안에서는 전력이 일본에 뒤졌으나, 우안에서는 압도적인 우세를 점하고 있었다.

우안에 위치한 만주 주둔군 부대는 공격 개시 지점을 향해 서서히 이동 중이었다. 반면 구로키는 랴오양 근교에서 일본군의 다른 부대들이 거둔 승리와 예상되는 러시아군의 후퇴를 고려하여 산도푸(Сандопу, 현 리쌴제李三界로 추정, 랴오양 북쪽 약 10킬로미터)~뤄다타이(羅大臺) 전선을 향해 적극적인 군사 행동을 취하며 진군하기로 결정했다.

정해진 계획에 따라 제12사단은 산도푸 방면으로 향했으며, 제2사단은 131고지를 점령한 다음 뤄다타이로 진군했다. 근위사단은 151고지의 점령을 목적으로 가오청쯔에서 도하하라는 명령을 받았다.

아침에 시작된 구로키의 공격은 격렬하지 못했다. 포탄 부족 때문에 정면 전체에서 포격이 드물게 이루어졌으며, 보병의 진격은 고르지 못한 지형과 지나치게 빽빽한 수수로 인해 어려움을 겪었다. 우익은 오를로프의 사단으로부터 위협받았다. 또한 병사들이 지쳤고, 후방 부대를 편성하지 않았기에 보급이 곤란하여(그 시점까지도 철도 재부설이 끝나지 않았다) 식량도 부족했다.

구로키는 러시아군의 공격이 임박했다는 사실과 자신을 상대로 93개 대대, 79개 카자크 기병중대, 포 352문으로 구성된 러시아군 2개 사단 병력이 집결하고 있다는 사실을 인지하지 못했다. 구로키는 매우 조심스럽게 군사 행동에 착수했다. 그는 제12사단장에게 시마무라의 제12여단을 동원해서 오를로프 부대를 공격함으로써 서쪽으로의 진격을 준비하라는 명령을 내렸다.

한편 빌데를링은 일본군이 스콴툰~네진스카야 언덕 진지를 점령함으로 인해 쿠로파트킨의 공격 계획이 어긋난 것을 파악하고 이 진지를 공격하여 탈환하려 했다.

전날 전투 이후 전열이 흐트러진 도브르진스키의 제35사단 예하 각 연대는 터우다오거우~사후툰~양자툰(楊家屯) 진지를 점령하고 있었다. 5개 대대로 편성된 부대가 "동쪽으로부터 예상되는 강습을 막아내기" 위해 131고지로 이동했다.

빌데를링은 사후툰 진지에 총 24개 대대, 10개 카자크 기병중대, 포 112문을 보유하고 있었다.

동일한 시기에 네진스카야 언덕~스판툰 진지에는 제29예비연대로부터 2개 대대 규모의 병력을 보강받은 오카자키의 제15여단이 전개하고 있었다. 모자푸(謨家堡) 고지에는 기고시의 제23여단이 배치되었다. 계속해서 산짜거우(Cанцарoу)의 각 능선에는 시마무라의 제12여단이 위치했다. 포병은 산짜거우~환구평 지역에 있는 진지를 점령했다. 구로키의 참모 본부는 '제비 둥지' 고지에 자리 잡았다.

장수툰 동쪽의 고지에 위치한 쿠로파트킨은 오를로프의 전선에서 전투가 이루어지고 있다는 소식을 접하자 빌데를링에게 스판툰~네진스카야 언덕 진지를 공격하라는 명령을 내리는 한편, 시타켈베르크에게는 제17군단과 보조를 맞추면서 동시에 공격을 개시하라고 명령했다.

96문의 포를 동원한 2시간에 걸친 준비 포격 이후 빌데를링은 제10군단 소속의 1개 여단 병력으로 공격 부대를 보강하고서 빽빽한 수수를 헤치며 공격에 나섰다. 우측에는 예비대를 배치했다. 정오 무렵 스판툰과 사후툰 사이의 고지들을 점령하고 있던 일부 일본군 중대들이 에크 여단의 돌격에 진지를 버려둔 채 퇴각했다.

네진스카야 언덕 방어 부대는 완강히 저항했다. 러시아군은 공격 시 포병과 보병의 제병 협동이 전혀 이루어지지 않았다. 아군의 피해를 두려워한 것은 물론, "진짜 전투는 내일일 것이니 포탄을 아끼라"라는 포병 지휘관의 명령 탓에 포격이 약하게 이루어졌기 때문이다. 일본군은 러시아군의 포격을 받으면 전면에 러시아 보병이 없을 시 고지의 반대편 경사면에 몸을 숨겼다. 그러다 러시아군 보병이 일본군 진지에 접근하여 제17군단 포병의 포격이 감소할 수밖에 없는 경우에만 일본군은 자신의 참호로 들어갔다. 이는 일본군이 소총 사격으로 적의 공격을 물리칠 수 있게 했다. 이날 오카자키의 제15여단 예하 포병은 포탄 부족으로 포격을 거의 진행하지 않았다. 시타켈베르크의 공격은 적극적이지 못했다. 한편 공식적인 기록에 따르면 수수밭에서 움직임에 어려움을 겪었던 미셴코는 그 자리에서 "야영하다가" 저녁 무렵 숙영지로 복귀했다.

스콴툰~네진스카야 언덕 진지를 두고 벌어진 9월 1일과 2일의 전투로 인해 러시아군과 일본군은 각각 3,280명과 1,291명의 병력 손실을 입었다. 양측의 병력 손실에 이렇게 큰 차이가 있었던 것은 일본의 군사 행동이 포위 형태로 이루어졌던 데 비해 러시아군은 정면 공격을 택했기 때문이었다.

이처럼 좌익을 선회한다는 쿠로파트킨의 공격은 오후에 이미 완수할 수 없게 되었다. 빌데를링은 러시아군의 선회 축이었던 스관툰을 잃고서 탈환하지 못했다. 제1시베리아군단이 시간당 2킬로미터라는 속도로 공격 개시 지역으로 이동하면서 정면 중부는 제자리에 머물렀다. 좌익으로서 가장 넓은 범위에 걸쳐 이동해야 했던 오를로프 사단은 수적으로 열세인 적군의 압박에 의해 공황에 빠져 옌타이 역으로 후퇴했다.

오를로프 부대의 군사 행동 (그림 20)

전날에야 빌데를링 예하로 편입된 오를로프는 그와 협력하여 전투를 수행해야 했다.

빼앗긴 스콴툰~네진스카야 언덕 진지를 탈환하기로 결정한 빌데를링은 9월 1일 저녁 오를로프에게 전체 계획에 의거하여 공격으로 전환하되, 만약 구로키가 제17유럽러시아군단을 상대로 공세를 취할 경우 서둘러 지원에 나서라는 명령을 내렸다.

9월 2일 아침, 오를로프의 부대는 옌타이 갱도에서 남쪽 방면으로 향하는 진지에서 전개했으며, 진지 중앙에는 전체 포병이 집결해 있었다. 삼소노프와 오르벨리아니의 기병대는 양 측방에 위치했다. 수비 대대는 츠산(茨山)촌으로 이동했다. 삼소노프와 오르벨리아니의 부대는 오를로프 휘하에 임시 배속되었다. 7개 대대와 삼소노프의 기병대로 구성된 예비대는 옌타이촌에 잔류했다.

이 무렵 시마무라의 제12여단은 다야오푸(大窯堡)촌으로부터 남쪽 방면으로 이어지는 고지들을 점령하고 있었다.

전면에 전개된 지형은 수수로 빽빽이 뒤덮여서 정찰과 연락을 곤란하게 만들었다. 이런 지형에서 군사 행동은 뛰어난 부대 훈련 및 지휘관의 주도성과 자율성을 필요로 했지만 차르 체제의 러시아군에는 그런 면이 부족했다.

빌데를링의 명령을 수행하면서 아침부터 다야오푸에서 적군을 공격하기로 결정한 오를로프는 일본군의 우익을 상대로 삼소노프의 기병대를 내보냈다. 오르벨리아니는 일본군의 좌익을 상대로 군사 행동에 임했다.

1개 예비대대를 보강받고 오를로프 부대를 상대로 출병한 일본군 제12여단은 츠산에서 수비대를 격파했는데, 이로 인하여 오를로프와 빌데를링은 전선을 따라 원만한 연락을 취할 수 없게 되었다.

시마무라는 7개 대대, 2개 기병중대, 포 18문의 병력을 이끌고 오를로프의 12개 대대, 32개 기병중대, 포 34문을 상대로 공격에 나섰다. 그러나 오를로프는 일부 부대를 동원한 공격이 실패하자 전투를 포기하고 빌데를링을 보강하기 위해 사후툰으로 이동한다는 결정을 내렸다. 그는 빌데를링이 일본군에 의해 공격받고 있다고 생각했다.

오를로프가 이동에 착수한 시점은 시마무라의 주력 부대가 다야오푸 방면에서부터 공격으로 전환한 시점과 일치했으며, 그에 따라 양측이 조우하여 전투를 벌였다. 시마무라 여단의 우익인 제47연대는 1개 종대의 형태로 3개 대대를 동원하여 다야오푸 동쪽으로 공격해 들어갔다. 다야오푸 서쪽으로는 제14연대에 소속된 2개 대대가 역시 1개 종대의 형태로 진격했다. 제14연대의 나머지 한 대대는 오를로프가 진지 수호를 위해 2개 대대를 잔류시킨 옌타이 갱도로 향했다. 삼소노프 부대 역시 옌타이 갱도에 잔류하고 있었다.

일본군은 오를로프 부대의 우익을 공격하는 동시에 좌익을 포위하기 시작했는데, 오르벨리아니의 후퇴가 이를 용이하게 했다. 이동식 관측용 망루를 보유한 일본군은 수수밭을 헤치며 전진하면서도 포병을 적절하게 활용했다. 반면, 수수밭에 갇혀 혼란에 빠진 오를로프 포병은 무용지물이었다. 오를로프의 예비대는 이미 전투에 투입되었으나, 리렌거우로 접근 중이던 시타켈베르크의 제1시베리아군단 예하 부대들은 오를로프를 전혀 지원하지 않았다.

오를로프의 부대가 퇴각하기 시작했다. 퇴각로상의 언덕을 점령한 일본군은 후퇴하는 러시아군에게 강력한 화력을 집중할 수 있었다. 오를로프 부대는 샤오다롄거우 방면으로 도망가고자 했는데, 패주 과정에서 빽빽한 수수로 인해 병사들이 서로에게 총격을 가했다. 시타켈베르크의 사단은 이미 샤오다롄거우에 근접했고, 그는 오를로프에게 부대를 정비하여 다시 공격으로 전환하라는 명령을 내렸다. 그러나 사단의 전열을 가다듬으려는 오를로프의 시도는 허사로 끝나고 말았다. 전선에 막 도착한 예비군으로 구성되었던 오를로프 부대는 공황 상태로 도주했고, 그 과정에서 여러 방향으로 빠르게 이동하던 짐마차들과 서로 뒤섞였다. 결국 부대는 1,500명이 넘는 사상자를 내고서 옌타이 역으로 밀려들어 갔다. 이러한 실패에 당황한 오를로프는 각고의 노력으로 1개 대대를 수습하여 다야오푸 방면으로 공격해 들어갔으나, 일본군 보병의 대응 사격에 대대는 흩어지고 오를로프 자신도 부상을 당했다.

시마무라는 공격을 전개하면서 옌타이 갱도로부터 출병한 삼소노프의 기병대를 격파했다. 시마무라 여단을 공격하려던 시타켈베르크의 노력은 일본군에 의해 격퇴되었으며, 제1시베리아군단도 막대한 손실을 입었다. 일본군의 옌타이 진지를 공격하려던 시타켈베르크의 시도도 성공하지 못했다. 결과적으로 제1시베리아군단은 리롄거우로 후퇴했다.

이와 같이 쿠로파트킨의 공격 계획은 이미 시행 초기부터 실패했다. 우안에 배치된 만주 주둔군의 양 측방에서 활동한 일본군 2개 여단은 러시아의 7만 대군에 밀리지 않았다. 뿐만 아니라 오히려 쿠로파트킨의 계획에 의하면 반드시 공격 개시 지점이 되어야 했던 곳으로 러시아군이 집결하지 못하도록 방해하기까지 했다. 우안에 배치된 부대의 좌익은 가장 큰 지역을 담당해야 했으나 9월 2일 하루 동안 패주로 일관했다.

16시에 쿠로파트킨은 제1시베리아군단 지휘관에게 극도로 조심하여 군사 행동에 임할 것이며, 예비대를 이용하여 공격을 수행하라고 조언했다. 이로 미루어 보아 그는 자신의 동부 정면에서의 역학관계를 이해하지 못했던 것이다.

미셴코의 기병대는 시마무라의 후방을 공격하려는 아무런 시도도 하지 않았다.

빌데를링의 공격 (그림 19)

한편 제17군단과 제10군단 소속의 일부 부대들은 쿠로파트킨의 공격 계획에 따라 예정된 공격 개시 지점을 점령하려는 의도에서 스관툰~네진스카야 언덕 진지에 대한 공격 준비에 착수했다. 이를 위해 제35사단장 도브르진스키에게 27개 대대가 배속되었다.

9월 2일 17시 이후, 사후툰 남쪽 진지에 배치된 포 152문이 미약한 엄호 포격을 시작했다. 이는 한편으로 포탄이 부족하기 때문이었으며, 다른 한편으로는 상호 연락도 취하지 않은 상태에서 무질서하게 공격에 나선 아군 보병에게 피해를 줄 수도 있으리라는 우려에 의한 것이었다. 러시아군 포병대장은 아군 보병이 네진스카야 언덕을 점령했다고 여겨 이 지점에 대한 포격을 실시하지 않았다.

3개 부대로 편성된 러시아군이 정면 공격에 나섰다. 그러나 서로 다른 연대와 사단 소속 대대들이 함께 편성됨에 따라 통제가 극도로 곤란해졌다.

러시아군의 역동적인 공격이 이곳에서 성공으로 이어질 수도 있었다. 우안에 배치된 구로키의 부대는 24개 대대가 15킬로미터에 걸쳐 길게 늘어진 형태로 전투 대형 밀도가 러시아군과 비교해서 확연히 낮았다. 시마무라의 여단은 옌타이 갱도에 있었으며, 빌데를링이 공격해 들어오는 방면으로는 제2사단과 제12사단 소속의 제23여단이 전투에 참여하는 것이 최선이었다. 미셴코의 기병대는 제12사단과 대치하여 행동하지 않고 있었다.

우익에서는 러시아군의 공격이 성공적으로 시작되었다. 에크 여단의 우익을 담당한 연대는 일본군이 비워둔 131고지를 지나면 서 스관툰촌 방향으로 진군하여 일본군을 격퇴하고 그곳을 점령했 다. 이곳에서 러시아군은 네진스카야 언덕을 포위할 수 있도록 북 쪽으로 진군하려 했다. 그러나 일본군의 강력한 화력에 직면하자 정면에서 공격 중이던 연대들과 서로 뒤엉키게 되어 서남쪽으로 물러났다. 하지만 일부 개별 부대들이 일본군에게 사격을 가한 후 백병전으로 공격했다.

일본군 진지의 나머지 지역에서 이루어진 공격은 포병의 지원 포격을 받지 못했다. 도브르진스키의 좌익은 밤이 되어서야 네진 스카야 언덕에 접근했다. 처음에는 일본군의 저항이 미약했는데, 이는 사실은 러시아군의 접근을 기다리기 위한 것이었다. 러시아 군이 근접하자 일본군은 공격해 들어오는 적에게 강력한 포격과 총격을 가했다.

교차된 방향으로 공격하던 러시아군 연대들은 야음과 혼란 속 에서 서로를 일본군이라고 오인하여 아군간 교전을 벌였다. 그 때 문에 러시아군 1개 연대는 병력의 3분의 1을 잃었다.

"퇴각!" 신호와 "종대로 모여 집결!"이라는 신호로도 혼란을 멈 출 수 없었다. 쳄바르스키(Чембарский) 연대 예하의 일부 중대들은 어두운 수수밭 속에서 같은 연대 소속의 타 중대로부터 총격을 받으면서도 공격으로 전환하려는 시도를 멈추지 않았다. 야전 군악대의 신호가 있고서야 각 중대는 사격을 멈추었으며, 무질서하게 후방인 사후툰으로 향했다. 혼란 속에서도 네진스키 연대의 일부는 언덕의 북쪽 가장자리를 점령할 수 있었다.

오카자키 여단 내에서도 비슷한 혼란이 발생했으나, 퇴각 신호와 함께 혼란이 진정되었다. 자신의 위치를 고수하던 네진스키 연대는 일본군의 퇴각 신호 후 언덕의 북쪽 끝을 점령할 수 있었다. 그러나 일본군의 맹공격으로 러시아군은 2시에 재차 언덕으로부터 퇴각했다.

이처럼 스판툰~네진스카야 언덕 진지를 점령하고 있던 오카자키의 제15여단 예하 7개 대대는 지원 포격을 받지 못한 도브르진스키의 27개 대대가 좁은 전선에서 산만하게 펼친 정면 공격을 격퇴하기에 충분한 전투 대형 밀도를 갖추고있었다.

적절한 지휘가 결여된 상태에서 이루어진 네진스카야 언덕에 대한 공격은 러시아군이 3,500명의 병력 손실을 입는 것으로 종결되었다. 반면 일본군 병력 손실은 1,290명이었다.

9월 2일 자루바예프의 전선

일본군 지휘부가 9월 2일 아침부터 랴오양 진지를 공격하기로 결정한 것은 전날 저녁이었다. 제4군은 대구경포 16문을 포함하여 포 124문의 지원 포격하에 화에(Хваэ)~싼리좡(三里莊) 정면을 공격했다. 오쿠의 명령에 따라 제3사단은 수광(曙光) 방면 전반에서 공세를 취했다. 그 왼쪽 철도 지대에서는 제6사단의 공격이 예정되었다. 제4사단은 쉬왕쯔(徐往子)를 목표로 삼았으며, 예비여단은 후자쯔를 향해 진군했다. 포병은 명령에 따라 시바리좡에 집결하여 그곳에서 전개했다.

이 무렵 자루바예프는 "마지막 한 명까지 현 위치를 사수하라"라는 명령에 따라 점령 중인 진지에 잔류하고 있었으나, 쿠로파트킨의 명령에 따라 공격에 나설 수밖에 없었다.

9월 2일 정오, 제4시베리아군단 소속 부대들이 제8, 제5강화진지의 정면에서 공격으로 나서면서 자루바예프 정면의 전투가 시작되었다. 쿠로파트킨의 계획에 따르면 이 공격은 우안에 배치된 만주 주둔군이 구로키의 정면에서 승리하기 전까지의 양공(佯攻, 거짓공격) 성격을 지닌 행동으로서 적군을 랴오양 근교에 묶어두려는 의도였다.

이 양공에 9개 대대, 3개 카자크 기병중대, 16문의 포가 배정되었다. 이들 부대는 2개 종대로 공격을 개시했는데, 첫 번째 종대는 3개 대대, 2개 카자크 기병중대, 포 8문으로 편성되어 둥간허쯔(東干河子)~양위츠(養魚池) 전선을 공격해 들어갔으며, 나머지 부대로 구성된 좌측 종대는 스차오쯔(石橋子)~첸스차오쯔(前石橋子) 전선에서 공격으로 전환했다. 우측 종대는 이동 중에 적군과 만나지 않았다. 좌측 종대는 예정된 공격을 위해 공격 개시 지점으로 움직이던 일본군 제4사단 소속 부대들과 충돌했다.

일본 제2군의 측방에서 보여준 러시아군의 적극적인 군사 행동은 오쿠를 불안하게 만들었다. 이에 그는 예비대에서 4개 대대를 차출하여 제4사단 병력을 보강했다.

러시아군의 좌측 종대는 일본군 2개 대대를 상대로 총격전을 펼쳐 이들을 밀어내는 데 성공했다. 그러나 일본군의 반격으로 전투가 종결되었다. 이 전투에서 러시아군의 병력 손실이 1,274명인 데 반해, 일본군의 손실은 469명에 불과했다. 이로써 양공은 종결되었으며, 부대는 주진지로 복귀했다.

이후 일본군은 200문 이상의 포를 동원하여 포문을 열고 주진지를 공격했다. 포격은 종일 지속되었으나 랴오양 강화진지에 대한 일본군의 포격은 효과적이지 못했다. 노즈 군의 정면 공격 역시 성공을 거두지 못했는데, 러시아 병사들이 일본군의 포격을 피해 참호 속에 엄폐했기 때문이었다.

제3사단은 좌익 후방에 제6사단을 둔 상태에서 쌴리좡으로 이동했다. 이날 이루어진 제4사단의 공격 역시 러시아군의 집요한 저항에 직면했다.

랴오양 진지에 대한 일본군의 공격이 실패한 데다 대규모 병력을 동원하여 구로키를 계속해서 공격하는 것이 가능했음에도 쿠로파트킨의 공격 결의는 9월 2일 저녁 무렵에 눈에 띄게 저하되기 시작했다. 자루바예프는 빈약한 예비대와 포탄 부족으로 인해 진지를 장기간 사수할 수 없을 것이라고 호소했으며, 빌데를링은 네진스카야 언덕에 대한 공격이 실패했음을 보고했다. 리롄거우로 퇴각 중이던 시타켈베르크는 자신의 군단이 능동적 군사 행동에 필요한 전투력을 상실했다고 보고했다.

이와 동시에 일본군이 모종의 대규모 병력을 동원하여 번시호 방면으로부터 묵덴을 공격하기 시작했다는 날조된 정보가 이중 첩자들로부터 입수되었다. 실제 묵덴에서는 우메자와의 후비여단만이 활동하고 있을 뿐이었다. 그런데 이 거짓 정보는 쿠로파트킨에게 강한 영향을 미쳐 그가 "묵덴으로 그리고 더" 퇴각하는 결정을 내리도록 했다.

그사이 모든 상황은 일본에 극도로 불리하게 전개되고 있었다. 저녁 무렵 강 우안에 배치된 쿠로파트킨 부대의 전력에 관한 정보를 접수한 구로키는 수도 적은 데다 피로에 지치고 식량과 탄약의 부족에 시달리는 자기 부대의 향후 군사 행동이 어떤 결과를 맞이할 것인가를 걱정하고 있었다. 제3보병사단에 의해 저지당하고 있던 근위사단은 도하에 성공하지 못했다. 제4군과 제2군의 공격은 막대한 병력 손실만 입은 채 실패로 종결되었다.

모든 상황과 관련하여 일본군 지휘부에서는 랴오양 점령을 시도해 보되, 만약 실패하면 사허를 건너 남쪽으로 후퇴한다는 결정이 무르익고 있었다. 구로키는 우안의 일본군 부대 전면에 대규모 러시아군 병력이 전개한 어려운 상황을 고려하여 아침 6시부터 타이쯔허를 넘어 우회한다는 계획을 세워야 했다.

그런데 문제가 더 쉽게 해결되었다. 아침 4시가 되자 쿠로파트킨이 각 군단에 9월 3일 자로 퇴각하라는 명령을 하달한 것이었다.

러시아군의 퇴각

쿠로파트킨의 후퇴 명령에는 계속 밀려드는 다수의 짐마차를 랴오양으로부터 철수시키기 위한 시간 벌기와 제2, 제4시베리아군단의 안전한 타이쯔허 도하 보장, 도하 이후 모든 교량 파괴 등의 의도가 반영되어 있었다.

자루바예프의 부대는 9월 3일이 끝나는 시점까지 랴오양 진지를 사수해야 했다. 자루바예프는 일본군의 타이쯔허 도하를 방해함으로써 러시아군의 후퇴를 엄호하기 위하여 랴오양 서북쪽 샤오잉판(小營盤)에 주둔 중이던 콘드라토비치 부대를 엔타이 역으로 파견하라는 명령을 접수했다. 이 부대의 병력은 6개 대대, 2개 카자크 기병중대, 포 8문에 달했다.

제17군단은 잉청쯔(營城子)~장수툰 중간 진지로 파병되었으며, 제3시베리아군단은 엔타이 역 방면을 엄호하면서 후퇴했다. 제1시베리아군단은 만주 주둔군 후위로서 리렌거우 지역에 잔류하면서 총퇴각을 보호했다.

구로키는 러시아군 진지를 약하게 포격했을 뿐이었는데, 구로키의 이런 소극적 행동 덕분에 우안에 배치된 만주 주둔군의 퇴각이 순조롭게 진행되었다.

9월 3일, 노즈와 오쿠 군이 상당히 공세적인 모습을 보여주었다. 아침부터 근거리에서 랴오양 강화진지를 파괴하기 시작한 포병의 지원 포격하에 일본군은 수수밭 속에 은폐하여 공격에 나섰다. 러시아군 진지의 전진 참호가 곧 점령되었으나 러시아 포병의 포격 앞에 일본군의 진격은 18시까지 저지되었다. 18시에 두 일본군 부대는 랴오양 진지를 향한 결정적 공격을 재개했다. 이 무렵 자루바예프의 일부 부대가 강 우안으로 도하했는데, 덕분에 일본군의 공격이 용이해졌다.

그리고 자정 무렵 일본군 제10사단 예하 부대들이 유이후안먀오(Юйхуанмяо)를 점령했으며, 이 전선의 좌익 뒤편에는 제5사단 예하 부대가 배치되어 있었다.

자루바예프의 부대는 아무런 방해를 받지 않고 타이쯔허 우안으로 도하한 후 교량을 파괴했다. 그러나 철로와 타이쯔허를 건너는 철교는 손상되지 않은 채로 남아있었다.

한편 9월 1일까지도 싼자쯔(三家子)를 점령하고 있던 우메자와의 여단은 류바빈 부대(8개 대대, 8개 카자크 기병중대, 포 4문)를 격퇴한 후 옌타이 갱도로 이동했다. 류바빈은 적군의 병력 규모를 확인하려 시도하지도 않은 채 후퇴했다.

대규모 병력의 만주 주둔군의 후방에 우메자와의 4개 대대가 출현할 수도 있다는 가능성에 극도로 불안해진 쿠로파트킨은 일련의 대책을 수립했다. 그 결과 옌타이~투먼쯔(土門子) 전선에 2개 대대, 19개 카자크 기병중대, 포 8문이 집결되었다. 게다가 이 강력한 부대는 일본군 예비여단을 궤멸하라는 임무를 받지 못한 것뿐이 아니었다. 쿠로파트킨은 이 병력으로는 5킬로미터에 걸친 전선을 견고하게 방어할 수 없다고 판단했고, 상당한 병력 증강을 명령했다.

일본군은 비에 젖은 도로를 따라 퇴각하는 만주 주둔군을 추격하지 않았다. 랴오양과 그 근교에 입성한 일본군 제4군과 제2군은 타이쯔허 도하 준비에 착수했으며, 앞선 전투에서 소모한 군수품을 보충하면서 후방을 조직했다.

제4, 제6사단은 러시아군을 추격하라는 뜻으로 도하 명령을 받았지만, 당일에는 타이쯔허 좌안에 계속 잔류했다. 1개 근위사단이 이미 우안에 위치해 있었으나 적극적인 행동을 취하지 않았다. 구로키의 군은 늘 그랬듯 러시아군의 퇴각을 눈치 채지 못하고 현위치를 고수하고 있었다. 총지휘부와 구로키의 연락이 단절되었던 것이다.

결국 14시가 되어서야 오쿠 부대의 랴오양 점령과 러시아군의 퇴각 사실을 알게 된 구로키는 추격 명령을 내렸다. 제12사단과 제2사단을 각각 선단푸(沈旦堡)와 뤄다타이로 파병했으며, 자신은 나머지 부대와 함께 네진스카야 언덕에 머물렀다. 그러나 구로키의 뒤늦은 명령은 당일에 수행되지 못했다. 우메자와의 여단만이 해질 무렵에 투먼쯔에 근접하여 그곳으로 진군한 러시아 부대와 포격을 교환했다. 러시아 부대의 병력 보강이 밤새도록 진행되어 15개 대대, 19개 카자크 기병중대, 포 14문으로 증강되었다.

만주 주둔군은 아무런 방해를 받지 않고 퇴각했다. 퇴각 중이던 러시아군의 후위인 제1시베리아군단은 9월 6일 밤이 되어서야 샤오다롄거우에서 일본군 제12사단과 충돌했다. 이 전투에서 제12사단은 몇 차례에 걸쳐 이루어진 러시아의 백병 반격전으로 병력 손실을 입고 후퇴했다.

9월 7일, 만주 주둔군은 제10시베리아군단을 훈허 남쪽에 남겨둔 채 강 건너편에 도착했다.

일본군은 구로키의 군이 약간 전진한 상태에서 반라산쯔(半拉山子)~옌타이 갱도~팡선(房身)~랴오양 전선에 머물고 있었다.

랴오양 작전의 결과

랴오양 작전은 전제정의 내적 모순을 반영하던 러시아제국 육군의 상태를 완전히 드러내 주었다.

7만 2,000명에 달하는 쿠로파트킨의 강 우안 부대가 자신에 비해 수적으로 3분의 1에 불과한 구로키의 우안 최약체 부대에 패했다는 사실은, 차르 체제 육군 지휘부가 무능함은 물론이고 랴오양 전투에서 입증된 러시아 병사들의 불굴의 투지와 수적 우세를 활용할 능력조차 없음을 분명히 증명했다.

마찬가지로 15개 대대, 19개 카자크 기병중대, 포 14문의 병력이 투먼쯔에서 방어만 공고히 한 채 우메자와의 4개 대대, 2개 기병중대, 포 6문을 "견뎌내기만" 한 것이었다.

랴오양 작전에는 두 가지 전략적 기동 방법이 명확하게 반영되었다. 하나는 쿠로파트킨이 이론적으로 고안한 것으로, 적에게 타격을 가하기 위해 내선 작전 방향에 따라 나폴레옹식 집결을 추구하는 것이었다. 다른 하나는 독일 통일전쟁의 작전 사례를 모방한 것으로서, 만주 전장에서 스당의 승리를 완수하려는 시도였다.

쿠로파트킨은 알렉세예프에게 발송한 전문에서 "안심하고 증원군을 기다릴 수 있는 확실한 방법이 보장된 상태에서 군을 집결시키고, 동시에 적군을 각개격파하기 위한 부분적 공격으로 전환할 수 있는 모든 가능성을 활용하는 것"을 만주 주둔군의 최대 과제로 규정했다.[64]

적이 포위형으로 부대를 전개하는 상황에서 쿠로파트킨이 결정적이고 과감한 행동 없이 군의 집결만을 추구한 것은 러시아군에게 재앙을 초래할 수도 있었다. 랴오양에서 그렇게 되지 않았던 것은 다만 일본군 지휘부의 지나친 조심성과 큰 모험 없이 승리의 월계관을 거머쥐고 싶어 했던 성향 덕분이었다.

랴오양에서 '나폴레옹식' 집결을 달성한 쿠로파트킨은, 집중시킨 전력으로 강력한 타격을 가하려 들지 않았다. 집결한 부대의 주력은 진행 중인 전투를 방관하거나, 고작해야 '협소한' 지점을 봉쇄하는 데나 부분적으로 사용되었다. 양 측방 중 한 곳을 포위하여 집결된 병력으로 타격을 가하는 나폴레옹식 공격도 실행되지 못했다.

과단성과 모험심을 결여한 채 이루어진 나폴레옹식 집결의 결과는 랴오양의 패전으로 나타났다. 쿠로파트킨은 거대한 규모의 병력을 집중시키는 것이 바로 그 주먹으로 강력한 타격을 내리쳐 결정적인 승리를 쟁취하는 공격 전략을 위해 필요한 일임을 이해하지 못했다. 공격적인 적군 앞에서 방어와 후퇴로 일관하면서 이루어진 병력 집결은 적의 포위를 도와주어 파멸을 초래하게 된다. 당시 쿠로파트킨이 분명한 성과를 내고자 했다면 응집된 병력을 한 방향에서 공격에 투입했어야 한다. 그러나 그는 그것을 소규모의 부대를 동원한 여러 방향으로의 공격에 이용했다. 이 부대들은 상이한 부대에서 차출되어 편성된 데다가, 일본군의 면전에서 지리멸렬하며 주체성도 없고 준비도 미약하던 장군들의 형편없는 지휘를 받았기에 어디에서도 승리하지 못했다.

부대의 상비 조직을 흔드는 것은 일부 전투 상황에서만 허용될 수 있는 것이었다. 그러나 투르키스탄 민족의 비조직적이고 자잘한 집단들을 상대로 한 소부대 전투로 성장했던 쿠로파트킨은 이것을 실전에서 폭넓게 적용했다.

한편 양 측방을 포위하려 한 일본군의 시도는 절반밖에 성공을 거두지 못했다. 월등한 전력을 확보하지 못했던 점도 있으나 무엇보다도 모험을 감수하지 않은 것이 가장 주된 이유였다.

랴오양 작전의 결과 일본군은 랴오양 요새화 지역 및 만주에서 가장 중요한 무기와 포탄·식량 비축 기지였던 랴오양을 점령함으로써 광대한 지역을 얻었다. 그러나 이 성공은 랴오양 전투에서 일본군이 입은 막대한 희생을 정당화할 수 있는 것은 아니었다.

일본군은 랴오양에서 2만 4,000명 이상의 병력을 잃었고, 이는 일본군 전체 병력의 약 20퍼센트에 해당하는 숫자였다. 반면 러시아군의 병력 손실은 1만 7,000명으로 만주 주둔군의 약 9퍼센트에 불과했다. 게다가 일본군 지휘부는 랴오양에서 더 적은 손실로도 결정적인 전과를 달성할 수 있는 모든 가능성을 가지고 있었던 것이다.

주력 부대를 동원하여 랴오양 진지를 정면 공격한 것은 합리적이지 못했다. 랴오양 남쪽에서 러시아군을 압박하는 것은 더 적은 병력으로도 가능한 일이었다. 일본군 주력 부대는 타이쯔허 우안에서 과단성 있게 러시아군을 우회하여 그 후방으로 진출해야 했다. 작전에서 과감함이 부족했다는 것만으로도 일본군 지휘부가 이러한 작전을 수행하지 않기로 한 이유를 설명할 수 있다. 게다가 이 작전은 사실 모험과는 거리가 먼 것이었다.

만주 주둔군과 그 지휘부를 묶어두었던 방어적이고 후퇴적인 성향은 일본군이 성공적으로 포위를 수행할 수 있도록 해주었을 것이다. 의지가 없는 쿠로파트킨이 "랴오양 진지에 의거하여 적을 격파한다"라는 자신의 이론적 계획을 수행하기 위해 아무런 조치도 취하지 않았으리라는 것은 충분히 이해할 수 있는 일이다.

일본군은 후퇴하는 러시아군을 추격하지 않음으로써 랴오양의 전과를 확대시키지 못했다. 구로키 예하의 2개 사단 및 우메자와 후비여단이 투먼쯔를 거쳐 적시에 철도 방면에 대한 공격적 군사 행동을 취했더라면, 강 우안에 배치된 구로키 부대에 관한 정보가 없었던 러시아군 지휘부를 아주 어려운 상황으로 몰고 갈 수 있었을 것이다. 일본군의 추격 포기는 부대의 피로나 군수품 부족으로도 해명될 수 없다. 9월 4일과 5일에 걸쳐 구로키 군은 거의 군사 행동에 임하지 않았으며, 부족한 군수품은 막대한 전리품으로 보충할 수 있었다. 일본군이 거둔 절반의 승리는 랴오양 작전에서의 지휘부의 결단력 및 지도력 부족에 의해 설명되는 것이다.

구로키와 총사령부 간의 연락망에도 문제가 있었다. 구로키는 전체 전선의 전황을 숙지하지 못했다. 러시아군 군단들의 철수를 너무 늦게 인지한 그는 성공적으로 추격할 수 있는 시간을 놓쳐버렸다. 덕분에 러시아군은 사기가 저하되고 지리멸렬한 지휘부의 통제를 받았으면서도 일본의 3개 군의 면전에서 손실 없이 질서 있게 후퇴할 수 있었다. 일본군은 랴오양 작전에서 분투했지만, 이를 차르 체제 육군의 궤멸로 연결 짓지는 못했다.

구로키 부대가 타이쯔허를 도하함과 함께, 예비대를 보유하지 않았던 일본군 지휘부는 전체적 지휘 능력을 잃어버렸다. 구로키 역시 예비대를 보유하지 않았으며, 따라서 전투의 진행에 미친 그의 영향력은 크지 않았다. 즉, 작전 주도권이 사단장과 여단장의 주관적 결정에 따라 좌우되었다.

만약 쿠로파트킨이 적극적인 군사 행동 능력을 보유한 군인이었다면, 일본군은 예비대를 보유하지 못한 상태에서 강의 좌·우안으로 분리된 채 적군과 직접 대치하여 곤란한 결과에 직면할 수 있었다. 그러나 이전 전투들에서 확인된 러시아군 지휘부의 소극성 덕분에 일본군의 그런 부대 배치는 정당화된다. 차라리 모두 도하시키지 않은 걸 질책할 수도 있다.

랴오양 전투에서 쿠로파트킨의 지휘는 실종되었다.

> 랴오양 작전의 전 과정에서 러시아 육군의 지휘관은 단 한 번도 전투를 지휘하지 않았다. 스스로와 자신의 수하들에 대한 신뢰를 완전히 잃은 그는 적의 의지에 수동적으로 따라갔으며, 전혀 필요하지 않은 상황에서 전장을 떠나면서 자신을 승리자라고 생각했다.[65]

쿠로파트킨에게는 확고한 계획이 없었다. 그는 군대의 주둔 위치를 공고히 하는 데 더 의존했다. 따라서 그는 일본군이 타이쯔허의 우안에 나타나자 랴오양으로부터의 후퇴가 포위된 뤼순의 전황을 더 악화시킬 것임을 알면서도 퇴각을 결정했다.

랴오양 전투에서 움직임의 주도권을 장악하려는 시도는 보이지 않았으며, 수적으로 가장 열세인 적을 상대로 수동적인 방어만이 이루어졌다. 쿠로파트킨의 방어에는 공격적 요소가 완전히 결여되었다. 우안에 배치된 구로키의 부대가 후방을 위협하자 쿠로파트킨은 공격에 나서야 했다. 그러나 그는 전개된 구로키의 부대를 타이쯔허로 밀어내려는 목적에서 한 지점의 주변을 우회하는, 의미 없는 기하학적 정면 공격 결정을 내렸다. 그러나 이런 계획 역시 전개 위치상 구로키에게 가장 위협적이던 오를로프가 도주하면서 초기에 무산되었다. 시타켈베르크의 군단은 하찮은 일본군 병력을 상대로 전투를 벌이고는 오를로프의 뒤를 이어 후퇴했다. 빌데를 링 군단은 제29예비연대 소속 부대들로 증강된 오사카 여단의 2개 연대의 공격을 받고 패퇴했다.

타이쯔허 우안에서 전개된 쿠로파트킨의 공격 작전이 실패한 것은 현대전의 무기 체계와 동떨어진 차르 체제 육군의 전술적 후진성에 기인한다. 즉, 현대식 화기 앞에서 밀집된 전투 대형은 막대한 병력 손실을 수반했다.

반면 좌익의 전황은 일본에게 불리하게 전개되었다. 제2, 제4군의 공격은 랴오양의 강화진지 정면에서 격퇴당했다. 타이쯔허 우안에 배치된 구로키의 부대는 수적으로 열세였으며, 구로키가 철도로부터 떨어진 것과 궤도 재부설 작업으로 인해 정상적인 후방 운영이 어려워졌다.

쿠로파트킨이 일본군을 우익으로부터 포위하면서 강 우안에 배치된 구로키의 부대를 격파한 다음, 자신의 주력 부대를 양위츠~ 스차오쯔 지역으로 파견하여 좌안에 배치된 일본군의 측방과 후방을 공격했다면 결정적인 전과를 달성할 수도 있었다. 그렇게 승리하고 나서는 구로키에 대항할 약간의 엄호 부대만을 잔류시킨 상태에서 오쿠의 측방과 후방을 상대로 군사 행동을 전개할 수 있었다. 강 좌안에서 랴오양을 목표로 군사 행동에 임한 일본군이 패했다면 구로키는 만주 주둔군의 후방을 공격할 수 없었을 것이다.

러시아군과 그 장군들은 이런 과감한 기동을 수행할 능력이 없었는데, 이것은 라이프치히 전투 당시 프랑스군이 보나파르트의 점령 정책이 지닌 모순된 상황 속에서 기동 작전 능력을 상실한 것과 정확하게 일치한다. 정력적이고 재능 있는 나폴레옹이 내부 작전 방침에 따라 불운한 군사 행동에 임한 데 반해, 재능과 의지가 결여된 쿠로파트킨은 자신의 진지를 고수하는 일과 파멸을 맞지 않고 전투를 회피하는 일만 생각했다.

구로키가 소규모 병력을 동원하여 타이쯔허 우안으로 도하하는 모험을 감행한 것은, 러시아군이 참호를 벗어나 반격으로 전환하는 경우가 드물다는 확신에 기초한 것이었다. 우메자와 후비여단의 과감한 행동 역시 러시아군의 소극성에 따른 것이었다. 우메자와로부터의 약한 압력에도 우세한 전력의 류바빈은 후퇴했으며, 투먼쯔 근교에서도 러시아군의 강력한 부대가 소극적 방어로 일관했을 뿐이었다.

일본군이 러시아군 지휘부의 소극성과 우유부단함을 고려한 것은 전적으로 옳았다. 오를로프 사단의 도주는 묵덴을 향한 만주 주둔군의 퇴각을 미리 결정지어 버렸다. 이는 개별 지휘관 휘하의 예비대 외에도 쿠로파트킨 휘하에 대규모 예비 병력이 존재했음에도 불구하고 일어난 일이었다. 다만 쿠로파트킨은 각 지휘관들의 예비대를 논의 없이 마구 투입하는 경향이 있었다. 이런 경우 그는 투입한 예비대를 상황을 복구하는 데 쓰는 것이 아니라, 어느 정도 규모의 적군 앞에서 후퇴하는 것인가에 대한 정보를 전혀 갖지 못했음에도 퇴각을 엄호하는 데 이용한 것이었다.

랴오양 작전을 통해 러시아와 일본이 예비대의 의미를 각각 다르게 이해하고 있었음을 명백하게 확인할 수 있다. 일본군은 처음부터 모든 전력을 전투에 투입했다. 통상 1개 여단은 1개 대대를 예비대로 보유하고 있었으며, 일반적으로 연대 예비대는 존재하지 않았다. 반면 쿠로파트킨은 대규모 부대를 예비대에 할당했으나 이용은 소규모로 이루어졌다. 군단장이나 부대장들 또한 그런 방식으로 예비대를 활용했다. 즉, 예비대의 응집된 병력으로 타격을 가한 것이 아니라 전선의 여러 구역에 산발적으로 예비대가 투입되었다. 게다가 마지막 예비대가 소진되고 나면 러시아 지휘관들은 후퇴 결정을 내렸다.

러시아군의 각 단위 부대 지휘관은 자신이 보유한 병력의 절반 정도를 예비대에 편입시켰다. 결국 1개 사단 예하의 1만 5,000명의 병력 중 총격전에 참가한 것은 1,000명도 되지 않았다. 이런 현상은 러시아·투르크 전쟁 이후 역사의 뒤안길로 사라져가던 공격 전술의 잔존물이었다. 전투 진형의 중앙 뒤편에 예비대를 배치하는 것이 러시아군의 특징이었는데, 그로 인해 양 측방을 포위하는 일본군을 상대로 적시에 예비대를 활용할 수 없었다.

일본군은 속사포와 함께 탄생한, '정면에서 강력한 전투, 약한 예비대'를 둔다는 독일식 화력 전술을 터득했다. 러시아군 지휘부가 항상 일본의 전력을 과대평가한 원인이 바로 여기에 있었다. 일본군의 강력한 전선 뒤편에도 자기네만큼 강력한 예비대가 배치되어 있을 것이라 넘겨짚은 것인데, 실제로는 그런 예비대가 존재하지 않았다.

대규모 포병을 예비대에 편입시킨 것도 큰 문제점이었다. 그럼에도 불구하고 러시아 포병은 만족스럽지 못한 군마의 상태, 빈약한 마차, 마부의 훈련 부족 등이 특징이었던 일본군 포병을 능가했다. 일본군에서는 보병이 손으로 포를 끄는 일이 드물지 않은 일이었다.

양측의 정찰 활동은 모두 만족스럽지 못했다. 러시아군 지휘부는 보통 적의 병력과 부대 배치에 관한 정보를 보유하지 못했다. 일본군 지휘부는 대부분 자신의 첩보망을 통해 정보를 입수했다. 측방의 각지에서 활동하던 군 정찰대는 적군의 출현에 관한 정보만 제공하고, 나머지는 지휘부의 추측에 남겨두었다. 작전 실패의 심각한 심리적 영향력하에 놓여있던 러시아군 지휘부는 개략적이었던 정찰 자료를 무수히 많은 일본군에 대한 상상으로 보충하고 있었다. 그에 반해 일본군은 러시아군이 보여준 극도의 소극성을 고려하여 러시아의 병력에 구애받지 않고 공격함으로써 승리를 쟁취했다.

러시아군 참모부의 첩보망은 이중 첩자들의 활동으로 인해 본질적으로 득이 되지 못했다. 러시아군은 만주에서의 군사 개입으로 인하여 지역 주민들이 차르 체제 러시아 군대에 대해 적대감을 가지고 있음을 고려하지 않았다. 그 무렵 일본군은 비록 시기적으로 뒤늦긴 했지만 러시아군과 관련된 신빙성 있는 정보를 종종 입수했다. 반면 러시아군은 애매하면서도 간혹 의도적인 거짓 정보를 일본군과 동일한 첩보망으로부터 제공받았다.

보병의 정찰 활동도 매우 미약했다. 러일전쟁에서 스파이 활동은 이전의 전쟁에 비해 보다 광범위하게 이용되었고, 양측은 여기에 정찰 업무를 의존했다. 정보가 제시간에 입수되지 않았던 것은 스파이에 의한 야전 첩보 활동의 심각한 단점이었다.

통상적으로 러시아 기병대는 정찰 임무를 철저히 수행하지 않았다. 기병대는 활동 중에 일본군 보병과 일상적으로 조우했으며, 일본군 보병은 러시아 기병대에 사격을 가하여 퇴각하도록 만들었다. 러시아 기병대는 조우전에서 적군의 전력을 밝혀내려 노력하지 않았다. 반면, 약체였던 일본군 기병대는 다수의 러시아 기병대를 상대로 일대일 전투를 피하고, 보병대 근처에 머무르며 보병대 간 연락 업무에 종사했다.

러시아 기병대의 활동이 미흡한 것은 정찰 분야만이 아니었다. 러시아 기병대는 종종 적의 측면에 위치하면서도 그 유리한 위치를 활용하지 않았다. 많은 경우 기병대는 치열한 전투 순간에 보병을 내버려둔 채 먼저 후퇴했다.

만주 전장의 기병대 중 대부분은 동원 카자크의 2, 3군으로 구성되었는데, 이들은 전쟁 중 단 한 번도 적진 돌파를 시도하지 않았다. 상류층 출신으로 평시에는 자기 연대의 기사도적 전통을 뽐내던 장교들이 지휘하는 차르 체제의 기병 부대도 다를 바 없었다.

러시아 포병의 활동도 불만족스럽기는 마찬가지였다. 편리한 진지 및 관측 지점 선정에 관심이 없었던 포병은 겨우 이틀(8월 30~31일)에 걸친 랴오양 전투에서 무려 10만 발의 포탄을 낭비했다. 그에 더하여 적이 점령하지도 않은 평지를 종종 집중 포격하기도 했다. 일부 계산에 따르면 러시아 포병은 랴오양 전투에서 일본 병사 한 명을 죽이는 데 86발의 유산탄을 사용했다고 한다. 러시아 포병의 포격 능력은 랴오양 작전이 종결될 무렵에야 향상되었다. 쿠로파트킨의 명령에 따라 포격은 엄폐된 진지에서만 이루어졌으며, 진지에 배치된 포를 위해 위장술이 도입되었다.

지형은 양측 군사 행동의 특성에 큰 영향을 미쳤다. 일본군 보병은 능선 반대쪽 경사면으로 대피했다가 러시아 보병이 접근하여 포격이 잦아들었을 때에만 참호로 복귀했다. 러시아군은 편리한 도로가 부족한 지형에 익숙하지 않았으며, 이는 러시아의 군사 행동에 부정적으로 작용했다. 즉, 기동 작전이 심각하게 제약되었으며, 가파른 산 능선이 사각지대를 형성하고 있어서 공격에 나선 적군이 손쉽게 러시아군 진지로 접근할 수 있었다. 계곡이 번갈아 나오며 이어지는 산악 지형은 우회와 포위에 도움을 주었다. 수수밭 역시 군사 행동에 적지 않은 영향을 주었다. 수수밭은 포격 및 관측에 장애가 되었으며, 통제·연락·정찰이 곤란해지면서 전투가 밀림전의 특성을 갖게 되었다.

고립된 지형적 특징은 랴오양 전투에서부터 광범위하게 적용되었던 진지 작전의 발전을 가져왔다. 러시아군은 방어 수단으로 참호를 사용했으며, 일본군은 전방 돌격에 앞서 포격을 피하기 위해 참호를 구축했다.

러시아군이 강화진지의 건설 범위를 확대함에 따라 방어적 성향 역시 증가했으며, 동시에 진지전의 특성이 강화되면서 기동성이 제한을 받았는데, 바로 이런 특징이 제1차 세계대전에서도 나타났다.

쿠로파트킨은 자신의 보고서에서 러일전쟁의 패전 원인이 지휘부의 무능력, 군부대의 전술적 준비와 투지 부족 등에 있었다고 설명했다. 실제로 러시아군은 종종 적의 군세를 파악하지도 않고 전투 초기에 후퇴했다.

쿠로파트킨이 차르 체제 러시아군의 의지 결핍에 주목한 것은 옳았다. 그러나 그는 그런 현상의 원인은 설명하지 못했다. 쿠로파트킨은 부대의 의지가 적절한 전투 준비의 결과만은 아니며, 러시아와 일본의 민족적 특성은 더더욱 아니라는 사실을 이해하지 못했다. 부대의 의지는 병사의 광범위한 다수가 전쟁의 목적과 승리의 중요성을 명백하게 이해해야만 형성된다. 그러나 일본과의 전쟁 당시 차르 체제의 육군에서는 그런 이해를 찾아볼 수 없었다. 랴오양 패전의 주된 원인은 대다수 병사들이 차르 체제의 침략 전쟁에 관심을 보이지 않은 데 기인한다.

그러나 패전의 책임은 무능한 지휘에 있었다. 알렉세예프 참모부의 급양(給養)계 장군 플루크(B.E.Флуг)의 보고서를 일독해 보자.

가이저우부터 묵덴에 이르기까지 만주 주둔군이 패전했던 전적인 원인은 …… 적의 용감한 기동이 우리로 하여금 적군의 기동에는 기동으로, 공세에는 공세로 대응하지 못한 채 단지 소극적으로 공격을 회피하게끔 하였고, 이것이 군지휘부의 상상력에 영향을 주었기 때문이다. 애석하게도 만주 주둔군 최고 지휘부의 그런 성향은 일부 선임 지휘관들에게도 반영되었고, 다시 그것은 전투의 결말을 보겠다는 최고 지휘부의 결단력을 약화시켰다. 이런 악순환이 타이쯔허 우안의 군사 행동에 특별히 투영되었다.[66]

차르 체제 육군의 전술적 후진성 및 새로운 조건하의 전쟁과 전투에 대한 적응 부족은 매우 부정적인 역할을 했다. 러시아 지휘관의 유약한 전략은 차르 체제의 승리를 보장해 줄 수 없었다. 쿠로파트킨은 알렉세예프에게 발송한 공한(公翰)에서 다음과 같이 기술했다.

만약 사안이 우리의 전쟁 상황하고만 관련되어 있었다면 절대 현 상황을 어렵다고 인식하지 않았을 것입니다. 우세한 적 병력과 조우할 경우 우리 병력을 더욱 보강하면서 후퇴하게 되면 그만큼 적군이 약해졌을 것이기 때문입니다. 그러나 난점은 정치적 고려로 인해 남만주, 특히 묵덴을 고수해야만 했다는 데서 발생했습니다. 그런 정치적 고려가 당연히 중요하다고 해도, 만약 군사적 이유로 필요하다면 그것을 희생해야 합니다.

랴오양의 함락이 갖는 정치적 결과는 막대했다. 쿠로파트킨이 랴오양 지역의 요새화에 7개월이라는 시간과 막대한 금액을 투자해 가며 그렇게 오랫동안 준비한 랴오양 전투의 결과는 러시아에서도 깊은 관심의 대상이었다. 누군가는 승리를 희망했으며, 다른 이들은 패전을 바라고 있었다.

랴오양 패전으로 러시아 인민들 사이에서는 전쟁 부담에 대한 불만이 광범위하게 확산되었다. 극동에서 심각한 타격을 재차 받은 차르 체제가 일련의 유화책을 취함으로써 러시아 역사에서 '새로운 시대'가 도래하게 되었다. '흑색 백인조'의 일원 플레베[67] 내무장관의 후임에 진보주의자인 전직 헌병대장 스뱌토폴크미르스키(П.Д.Святополк-Мирский)가 임명되었다. 그의 임명과 동시에 '자유의 봄'이라고 불리는 시대가 시작된 것이다.

자유의 봄은 검열의 완화, 행정부에서 추방된 일부 진보적 인사들의 복직 등과 같은 하찮은 부분을 정부가 양보함으로써 종결되었다. 그러나 전반적으로는 만주 사태가 하나의 척도로서 차르 체제의 국내 정치에 반영되고 있었다. 후에 쿠로파트킨이 차르 정부의 강력한 압력하에 인위적인 방법으로 공격적 성향을 조장하려 하며 부대들에게 형식적인 공격 명령을 내리자, 만주에서의 패전의 원인을 이해하지 못했던 전제정의 최고 통치자는 망상과도 같은 승리를 예상하고 랴오양 패전 이후 취했던 사소한 양보조차 취소했다.

랴오양 작전의 실패는 러시아 육군을 와해시키기 시작했으며, 극동에서 침략 전쟁을 기도하던 전제 체제의 부패를 이해하기 시작한 병사들 내부로 혁명 사상이 침투하는 데 일조했다. 차르 체제가 이긴다고 하여 자신들의 상황이 개선될 여지는 없으며, 승리를 쟁취한 차르 체제는 인민 대중에 대한 억압과 착취를 더 강화할 것이라는 사실을 병사들이 서서히 깨닫기 시작하면서 만주 주둔군 내부의 패배의식은 점점 더 널리 확산되었다.

제12장
사허 작전

랴오양 전투 이후의 전황

랴오양 전투 후 러시아군은 북쪽으로 퇴각했다. 쿠로파트킨은 톄링으로 퇴각할 계획이었으므로 묵덴에 오래 머물 생각이 없었다. 일본군과의 다음 전투 시점을 늦추려 한 쿠로파트킨은 묵덴에 집결된 대규모의 군수 예비품 및 철도에 석탄을 공급하던 푸순 탄광을 포기할 준비가 되어있었다. 그러나 일련의 상황이 쿠로파트킨으로 하여금 묵덴에서 지체하게 했다.

그런 상황의 형성에 결정적 영향을 미친 인물은 차르 체제 극동 정책의 주도자였던 알렉세예프였다. 그는 묵덴으로부터의 즉각적인 철수는 "적을 위해 너무나 큰 승리가 될 것이며, 동방 전 지역은 물론 특히 중국에 대한 일본의 권위를 확연하게 강화시켜 주는 것"인 만큼 극도로 불리하다고 판단했다.

그와 동시에 알렉세예프는 뤼순에 간접적인 도움이라도 주기 위해 재차 노력해야 한다고 주장했다. 일본 측으로부터의 추격이 없었다는 사실, 그리고 묵덴 진지가 방어에 매우 편리하다는 점에 주목한 제10군단장 슬루쳅스키 장군의 충고를 들은 쿠로파트킨은 훈허를 따라 부대를 주둔시키기로 최종 결정했다.

랴오양의 충격으로부터 회복되기 시작한 만주 주둔군은 집결을 마친 제1유럽러시아군단과 만주에 새로 도착한 제6시베리아군단으로 충원되었다.

쿠로파트킨의 초기 결정은 러시아군 지휘부 작전술의 전형적 특징을 보여주었다. 즉, 묵덴 진지에서 적을 상대로 '집요하게' 저항하다가 공격으로 전환한다는 것이었다. 랴오양 전투 이후 9개 군단으로 증강되어 258개 대대, 143개 기병중대와 카자크 기병중대, 포 758문과 기관총 32정 등 총병력이 21만 명에 달하게 된 만주 주둔군은 이러한 결정에 따라 방어형으로 배치되었다.

9월 29일, 주력 부대가 54킬로미터에 걸친 전선에 전개하면서 가장 유력한 일본군 공격로를 차단했다. 제10, 제17유럽러시아군단, 뎀봅스키의 제5시베리아군단 예하 부대, 그레코프의 기병대 등으로 편성된 서부집단이 빌데를링의 총지휘하에 우익을 맡았다.

제5시베리아군단 사령관 젬봅스키의 부대(10개 대대, 10개 카자크 기병중대, 포 25문)는 훈허를 따라 배치된 전위 부대와 함께 쓰왕푸(四王堡)에서 전개했다.

제9, 제31보병사단과 오렌부르크 카자크 연대로 구성된 제10군단은 황산(黃山)의 전위 부대와 함께 훈허 좌안에 배치되어, 다리 앞 진지로 불리던 모자푸~훈허푸(渾河堡) 진지로 이동했다.

제17군단(제3, 제35보병사단과 독립기병여단)은 제10군단 좌익 뒤편의 묵덴 근처에 집결했다. 그러나 제17군단의 선봉 부대는 제10군단 선봉 부대보다 오른쪽에 있는 홍링푸(紅菱堡)~사허푸(沙河堡) 전선으로 이동했다.

10개 카자크 기병중대와 포 6문으로 구성된 그레코프의 기병대는 다쫭커(大莊科)에 주력 부대를 보유한 상태로 방어를 위해 훈허에서부터 철도를 따라 전개했다.

빌데를링의 참모부는 묵덴에 잔류했다.

군의 좌익에서는 제1, 제2, 제3시베리아군단과 기병대로 구성된 동부집단이 방어 준비에 임했다.

제2시베리아군단(제5사단에 기병대와 포병 증강)은 라구유(Лагую)로부터 남쪽 방면에 주둔했다. 그 오른쪽에는 18개 카자크 기병중대와 포 6문의 병력으로 편성된 삼소노프의 기병대가 전면으로 전진하여 잉판거우(營盤溝)에서 전개했으며, 잉판거우 뒤편의 샤오푸툰(小堡屯)에는 구르코의 기병대가 주둔했다. 21개 카자크 기병중대와 포 6문으로 편성된 미셴코의 부대는 장후툰(江戶屯)으로 이동했다. 렌넨캄프(П. К. Ренненкампф)의 부대(5개 대대, 12개 카자크 기병중대, 포 8문)는 판신(Фаншин)에 집결했다. 제3시베리아군단(제3, 제6시베리아사단)은 2개 보병연대 및 1개 카자크 연대의 병력으로 보강되어 푸순의 북쪽에서 전개했다.

동부부대의 일부 부대는 제3군단 사령관 이바노프에 의해 푸순에 위치한 참모부로 임시 통합되었다.

제1, 제9시베리아사단으로 구성되어 총병력이 24개 대대, 6개 기병중대, 포 64문, 기관총 16정에 달하는 제1시베리아군단은 가오칸(高坎)~푸링(福陵) 진지에 위치하면서 서부집단과 동부집단 간의 연락을 담당했다.

가오리툰(高力屯)에 배치된 코사곱스키 부대(6개 대대, 3개 기병중대, 포 12문)가 우익의 엄호를 담당했으며, 후아이젠샨(Хуайженсянь)의 마드리토프 부대(1개 대대와 6개 카자크 기병중대)가 좌익의 엄호를 맡았다.

군의 예비대 일반은 다음 군단으로 구성되었다.

메이엔도르프의 제1유럽러시아군단(제22, 제37사단)은 32개 대대, 6개 기병중대, 포 96문의 병력으로 푸허(蒲河)~다와(大瓦) 지역에 배치되었으며, 자루바예프의 제4시베리아군단(제2, 제3시베리아사단)은 총 24개 대대와 포 104문으로 묵덴에 주둔했다.

소볼레프(Л. Н. Соболев)의 제6시베리아군단(제55, 제72사단)은 24개 대대, 6개 카자크 기병중대, 포 90문의 병력으로 이동이 끝날 때까지 묵덴과 톄링 중간 지역의 후방 방어에 임했으나 나중에는 묵덴으로 집결했다.

쿠로파트킨은 공격을 서두르지 않았다. 각 부대는 점령 중인 진지에서 적의 공격을 기다리며 집중적으로 증강되었다. 공성포가 운반되었으며, 일본군의 포위 성향을 고려할 때 향후 톄링으로의 퇴각을 엄호해야 할 필요가 있었던 만큼 좌익 말단 뒤편에 이에 대비하는 형태로 진지를 강화해야 했다. 훈허를 건너는 다리가 약 15개 건설되었다. 이렇듯 방어 준비는 전체적으로 완전히 수세적인 특징을 보였다.

일본군은 랴오양 전투 이후 그들이 점령한 경계에 머물고 있었다. 기력과 군수품의 소진으로 즉각적인 공격 가능성이 사라졌다.

쿠로파트킨이 추격을 두려워한 것은 기우에 불과했다.

구로키 군의 영국군 관전장교였던 해밀턴의 기록에 따르면 "러시아군이 후퇴할 당시, 일본군 모두가 러시아군으로부터 벗어났다는 사실에 진심으로 기뻐했다."[68]

일본군은 철로를 서둘러 협궤로 재부설했으며, 진지를 정면이 북쪽으로 향하도록 다시 구축하고, 타이쯔허를 지나는 다리를 건설하는 등 랴오양 진지의 강화 작업을 수행했다.

랴오양 전투 이후 일본 군부는 추가적인 동원령을 내려 현역 충원에 모든 노력을 집중했다. 심지어 병역 의무자 중 과거에 전역한 이들도 소집되었다.

제2근위사단과 제12사단, 3개 예비대대 등 총 76개 대대, 9개 기병중대, 포 278문으로 편성된 구로키의 제1군은 장치자이(張其寨)~타누(Тану) 전선에 있는 전위 부대의 엄호를 받으면서 볜뉴푸쯔(邊牛堡子)~석탄 광산~번시호 전선에서 전개했다. 이후 8개 기병중대로 재차 편성된 간인노미야 고토히토(閑院宮載仁) 친왕의 제2기병여단이 제1군에 배속되었다. 구로키의 참모부는 다야오푸에 위치했다.

제5, 제10사단과 1개 예비여단으로 편성되어 32개 대대, 5개 기병중대, 포 84문을 보유한 노즈의 제4군이 구로키의 좌익과 접해 있었다. 전위 부대는 다둥산푸(大東山堡) 전선으로 전진했다. 제4군의 참모부는 뤄다타이에 주둔했다.

이전 편성(제3, 제4, 제6사단, 3개 예비여단, 3개 기병중대로 각각 구성된 3개 기병연대,[69] 아키야마 기병대)에서 변함이 없는 오쿠의 제2군은 60개 대대, 26개 기병중대, 포 252문을 헤아리는 병력으로 창탄(長灘)에 배치된 전위 부대 및 헤이거우타이(黑溝臺)에 위치한 아키야마 기병대와 함께 랴오양의 북쪽에서 전개했다.

일본군의 전체 병력은 약 17만 명[70]에 포 648문을 헤아렸으며, 60킬로미터의 전선에 걸쳐 전개했다. 오야마의 참모부는 신청에 자리 잡았다.

제1군의 보급선은 변함없이 스허옌~펑황청을 거쳐 사허쯔로 이어졌으며, 제4군의 보급선은 하이청~슈옌을 거쳐 다구산으로 이어졌다. 제2군의 후방은 철도와 일부 랴오허를 따라 형성되었다.

이와 같이 사허 작전에 앞선 초기 전개에서 러시아의 전력이 현저히 우세했음에도 불구하고 러시아군 전선의 전투 대형 밀도는 일본군 전선보다 높지 않았다. 쿠로파트킨이 대규모 병력을 후방 및 측방 방어에 차출함에 따라 러시아군의 전투 정면이 상당히 약화되었기 때문이다. 일본군이 1킬로미터의 전선에 약 2,600명의 병사와 포 10문을 배치한 데 비해 러시아군의 1킬로미터당 전투 대형 밀도는 병사 2,590명과 포 12문을 넘지 않았다.

러시아군 지휘부의 공격 계획

랴오양 전투 패전 이후 러시아의 혁명 운동 성장은 러시아 지배층 내에 극도의 불안을 야기했다. 재직 시절의 내무장관 플레베가 그 필요성을 역설한 "승리가 확실한 단기간의 전쟁"은 장기간의 전쟁으로 변모했으며, 확실한 승리와도 거리가 멀었다.

평판이 좋지 않은 침략 전쟁에서 혁명 사상이 고취되어 가는 러시아군의 승전 가능성은 점점 더 불명확해졌다. 뤼순 함락은 하루하루 다가오고 있었다. 그 무렵 전제정은 러시아의 국내 사정에 의해 만주에서의 승리를 필요로 했으나 쿠로파트킨은 소극적 방어만을 준비하고 있었으며, 동시에 향후 북쪽으로의 퇴각에 유리한 조건을 미리 준비하고 있었다.

제국의 '명예'를 구하고 전제 체제의 추락하는 권위를 높이는 데 여념이 없던 차르 정부는 포위된 뤼순을 지원함으로써 부분적인 성공을 거두고자 쿠로파트킨에게 공격적인 군사 행동을 요구했다. 결국 그 시도는 이루어졌다. 그러나 소극적 방어에 이미 익숙해져 있던 데다 일본군과의 전투 이후 매번 후퇴하면서 사기가 꺾인 러시아군은 전제정의 공격적 극동 정책을 보장해 줄 수 있는 상태가 아니었다. 의지박약에다 지휘관의 재능도 갖추지 못했던 제정 육군의 사령관 쿠로파트킨 역시 분명 그럴 능력이 없었다.

쿠로파트킨의 전략에는 공격적 행동이 조금도 반영되어 있지 않았다. 그러나 그는 더 이상 수동적인 방어를 정당화할 수 없었다. 러시아군이 21만 명으로 증강된 데 반하여 참모부의 자료에 제시된 일본의 전력은 약 15만 명으로 과소평가되었다. 나중에 일본군은 노기의 제3군으로 보강될 수 있었다. 뤼순 요새에 대한 일본군의 맹렬한 공격은 곧 그 힘 앞에 요새가 무너질 것임을 예견하는 것이었다.

러시아군은 패전 후 휴식을 취했으며, 예비대도 증강되었다. 추위가 시작될 때까지의 시간을 활용해야만 했다. 그 밖에도 일본군이 아직 공격적 군사 행동을 위한 채비를 마치지 못했을 것으로 판단되었다.

일본군의 부대 배치에 대해서 러시아군은 모호한 정보만 가지고 있었다. 전방에 있는 기병대는 오직 '감시'만을 수행했다. 첩보원들은 필요한 정보를 제공하지 않았다. 러시아군은 벤뉴푸쯔의 우메자와 예비여단과 인접하면서 그곳에 대규모의 일본군이 집결되어 있다는 인상을 받았다. 만주 주둔군 참모부의 작전 입안자들과 서부 및 동부집단의 지휘관, 비공식적 인사들이 참가하여 합동으로 공격 계획을 작성했다. 그러나 결과적으로 계획은 각 입안자가 쿠로파트킨 참모부에 개별적으로 제출한 계획을 요약해 합친 꼴에 그쳤다.

공격 계획은 50킬로미터가 넘는 전선에서 만주 주둔군이 두 개의 그룹으로 공격에 나서 타이쯔허 우안 방면으로 이동하는 것을 예상하고 있었다. 주 타격은 번시호 방면에서 좌익이 담당하기로 되어있었다. 빌데를링의 서부집단은 70개 대대, 56개 기병중대와 1개 카자크 기병중대, 포 222문의 병력으로 조심스럽게 사허 방면으로 이동한 다음, 적군의 공격에 대비하여 점령한 철도 지대를 경계 삼아 강화하면서 적의 이동로상에 주둔해야 했다.

동부집단은 86개 대대, 50개 카자크 기병중대, 포 194문의 병력으로 시타켈베르크의 지휘하에 번시호 방면에서 일본군의 우익을 포위하는 동시에 바자쯔(八家子)~허순푸(和順堡) 전선에서 공격으로 전환하는 임무를 부여받았다.

군의 일반예비대는 88개 대대, 26개 카자크 기병중대, 포 326문으로 편성되었으며, 만다린 도로의 양쪽을 따라 두 개의 부대로 전진해야 했다. 제6시베리아군단은 서부집단의 우익 뒤편에 진형을 갖추고 있었으며, 제1유럽러시아군단과 제4시베리아군단, 미셴코의 부대는 서부집단과 동부집단 사이 20킬로미터에 걸친 중간 지점에 배치되었다.

좌우 양 측방은 이전과 같이 코사곱스키와 마드리토프의 부대가 보호했다.

쿠로파트킨이 이 계획을 채택하면서 가한 유일한 수정은 공격 속도를 늦추는 것이었다. 즉, "첫 시기에 우리는 5베르스타[71] 이상을 전진하지 않는다"라는 것이 그것이었다. 공격을 두려워한 쿠로파트킨은 공격의 우선권을 일본군 측에 넘기고 싶었던 것이다.

공격 준비가 더디게 진행되었다는 사실은 쿠로파트킨이 각 참모부의 모든 참모장을 포함하여 중대장과 기병중대장에 이르기까지 만주 주둔군의 각 단위 부대 지휘관에게 내린 명령에 부분적으로 표명되어 있다. 명령의 내용은 전술의 초보 단계를 넘지 못했다.

랴오양 북쪽의 지형도가 없어서 지형 조사를 실시할 수밖에 없었다. 그러나 서둘러 제작된 지도에는 노선 표시와 부락 명칭이 상당히 누락되어 있었다. 이 지도에는 조사되지 않은 다수의 지역이 공백으로 남았으며, 후일 군사 행동에서 실수의 원인이 되었다.

만주 주둔군 참모부는 일본군의 계획에 대해 아는 바가 거의 없었다. 반면, 중국인 첩자들을 통해 러시아군의 배치를 숙지하고 있던 일본군은 러시아군의 공격 준비를 이미 간파하고 있었다. 러시아군에서는 모두가 예정된 공격 계획을 알고 있었으며, 공공연히 이에 대해 떠들기도 했다. 단지 공격 개시 일자만이 알려지지 않았다.

랴오양 전투 이후 일본군 지휘부는 향후 군사 행동 계획을 선택하면서 고민에 빠졌다. 뤼순 포위가 길어지면서 노기를 지원해야 했다. 후방을 조직하기 위한 시간이 필요했기 때문에 러시아군에 대한 공격 준비도 이루어지지 않았다. 뤼순을 포위 중인 노기의 군이 엄청난 양의 탄약을 소비함에 따라 포탄 역시 부족했다. 일본 본토에 잔류 중이던 제7, 제8사단이 충원 병력으로 도착하지 않는한 일본군은 공세로 전환할 생각을 할 수 없었다.

비록 쿠로파트킨이 실제로 공격해 올 가능성은 낮다고 믿었음에도 일본군은 러시아군의 공격 준비에 관한 정보를 접한 뒤 진지 강화를 위한 일련의 대책을 수립했다. 만약 러시아군이 공격해 올 경우 오야마는 접근이 어려운 진지에서 방어함으로써 적을 소진시키고 이어서 반격으로 전환한다는 결정을 내렸다.

공동으로 작성된 러시아군 지휘부의 공격 계획은 지휘관들의 통일된 창조적 사고가 결여된 것으로서 상황에 부응하지 못했으며, 향후 패배의 전조들을 갖추고 있었다. 군사 행동의 목표가 된 것은 살아있는 적의 실제 전력이 아니라 타이쯔허 연안이라는 제한된 공간이었으며, 그 후방을 위협함으로써 일본군의 반격 가능성을 제거할 계획 역시 존재하지 않았다. 좌익의 공격은 통행이 어려운 산악 지형에서의 적극적인 군사 행동을 필요로 했으나 러시아군은 그런 준비가 부족했으며, 산악포도 형편없이 적은 수가 보급되었다. 우익을 이용한 공격에는 이점이 많았다. 그곳은 러시아 병사들에게 보다 익숙한 평원이 이어져 있었다. 게다가 우익을 이용한 공격은 일본군을 주요 보급선인 철도와 하천 교통로로부터 떨어뜨릴 수 있었다. 공격 전선 제1 제대의 밀도가 거의 동일했다는 점에서 공격 시 전투 편성은 집중 공격을 가한다는 사고에 적합하지 않았다.

쿠로파트킨이 채택한 계획은 다수의 러시아 기병대를 적절하게 이용할 가능성이 없었다. 기병의 60퍼센트는 기동에 극도로 불리한 좌익의 산악 지형에 집결되었다.

이런 공격 계획의 공동 작성자들은 세부 사항을 고려하지 않았다. 제10, 제17군단의 일부 부대는 산악 전투 경험이 있었는데도 명확한 이유 없이 평야에 배치되었으며, 반대로 평야에서 활동한 제1, 제2시베리아군단을 익숙하지 않은 산악 지형 공격에 배정했다.

3개 군단으로부터 거대한 예비대를 차출하여 공세의 타격력을 약화시킨 것은 현대전의 특성을 고려하지 않은 나폴레옹 전술의 모방이었다. 나폴레옹 당시의 장비와 상황은 전선을 따라 이어진 봉건적 군대의 전열을 파괴하기 위해 대규모 예비대를 밀도 높은 종대 형태로 집중 투입하여 전투의 운명을 결정짓는 것이었다. 따라서 그런 의도라면 낮은 밀도의 산병선으로 전투에 착수할 수도 있었다. 그러나 속사 화기가 등장한 시대에 대규모 병력을 예비대에 편입하는 것은 공격진의 화력을 약화시킬 뿐이었다.

그와 동시에 일본군 지휘부는 방어와 후퇴에 익숙해진 러시아군과의 전투에서 주도권 장악이 용이하다는 사실, 러시아군 수장과 그 지휘부 전체의 극히 무미건조하고 후진적인 성향을 고려하여 반격으로의 전환을 예정하고 있었다.

일본군이 러시아군의 예정된 공격을 격퇴할 준비 시간을 충분히 확보할 수 있었던 것은 러시아군 지휘부 덕분이었다. 적극적 군사 행동의 개시 시점을 연기하고 싶었던 쿠로파트킨은 9월 28일 공격 명령을 내렸다가, "공격에 대한 진지한 궁리"를 위해 각 부대에 일주일의 시간을 제공하여 공격 개시 일자를 10월 5일로 연기했다. 휴식을 충분히 취했고 장기간에 걸쳐 공격을 준비한 러시아군에게 필요했던 것은 진지한 궁리가 아니었다. 그러나 덕분에 일본군은 자신의 반격 계획을 고안할 일주일이라는 시간을 벌 수 있었다.

러시아의 후방 준비 상태는 양호했다. 러시아군은 남만 지선과 푸순 지선에 근거를 두었다. 우익은 묵덴의 창고로부터 군수품을 공급받았으며, 좌익의 급양을 위해 푸순 지선에 있는 다와거우(大瓦溝)에 소모품 창고가 마련되었다. 부대의 진격로상에 일련의 중간 창고가 준비되고 있었다.

참모부가 입수한 정보에 따르면 일본군의 전개는 이전과 같으며, 잉커우로부터 더 집중적으로 군수 보급을 받고 있었다. 화차가 (다스차오를 거쳐) 랴오양으로 운행되었으며, 일부는 샤오베이허(小北河)의 선창(船艙)까지 평저선으로 이송된 후 다시 그곳에서 군수품이 소달구지로 랴오양까지 공급되었다.

러시아가 연락선 보호에 대규모 병력을 투입한 데 반하여 일본군은 구식의 단발 장전식 소총으로 무장한 소규모의 연락선 수비대를 보유했을 뿐이었다.

서부집단의 '시위성' 공격 (그림 22)

서부집단의 진격로는 남쪽으로 내려가면 철도가 가로지르고,

철도에서 서쪽으로 랴오허와 훈허의 중간 지점에 있는 모래언덕이 교차되는 평원으로 이루어져 있었다. 동쪽으로 가면서 지형은 구릉으로 변하며, 그에 더해 서부집단의 작전 방향을 수직으로 가로지르면서 이어진 가늘고 긴 언덕은 방어에 도움을 주었다. 남쪽으로 펼쳐진 개활지에는 작은 숲들이 있어 다양한 모습을 띠었으며, 이 숲들은 사허 우안과 경계를 접하며 형성된 다수의 주거 지역들 사이에 있었다. 수량은 적지만 연안이 가파른 사허는 폭 25미터 이하여서 심각한 장애물이 되지 않았다. 사허의 지류인 스리허(十里河) 역시 걸어서 도하할 수 있었다. 그 무렵 수수의 수확이 끝났으며, 도로는 완전히 마른 상태여서 대규모 공격에 유리한 지형이 되었다.

동쪽으로 향할수록 접근하기가 더 어려운 다링산맥을 따라 이동해야 하는 동부집단의 상황은 상대적으로 열악했다.

동부집단이 군사 행동에 임해야 하는 지역은 산악 지형의 특성상 군사 기동과 정찰·통신이 곤란했다. 그러나 다른 한편으로는 산악의 협곡에서 활동하는 소규모 병력으로도 적의 우세한 병력을 억제할 수 있었다.

10월 5일, 만주 주둔군은 러시아 병사들이 '양(羊)'이라 부른 공격에 착수했다.[72]

서부집단은 동부집단이 담당한 주공격 방향으로부터 일본군을 유인하기 위해 당분간 시위적 군사 행동을 취하라는 임무를 부여받아 남쪽으로 완만하고 조심스럽게 이동했다. 서부집단의 당면 목적은 철도 지대에서 향후 공격을 위해 사허로 이동하는 것이었다.

철도의 서쪽에서는 제17군단이 이동했으며, 그 동쪽의 도로를 따라서는 제10군단이 진군했다.

10월 6일 저녁, 2개 종대 형태로 이동하던 볼코프(B.C.Волков)의 제17군단 소속 좌측 종대가 다롄툰(達連屯)에, 우측 종대는 린성푸(林盛堡)에 각각 도착했다.

슬루쳅스키의 제10군단은 공격로 정면 전방에서 제17군단 소속의 부대와 교대한 후, 북쪽으로 향하여 10월 5일 저녁 사허푸~창성푸(長勝堡) 지역에 도착했다.

훈허 우안에 잔류한 상태에서 창탄(長灘) 방면을 정찰하던 젬봅스키 부대가 서부집단의 우익을 보호했다. 서부집단의 정면 앞에서 미셴코의 기병대가 정찰을 수행했다.

동시에 서부집단은 쿠로파트킨의 명령에 따라 일본군이 공격으로 전환할 경우에 대비하여 사허 북쪽과 남쪽에 방어 진지를 준비해야 했다.

서부집단은 일본군의 빈약한 전진 초소들과 조우했음에도 극도로 더디게 이동했으며, 빌데를링은 일본군의 사소한 공격에도 소극적 방어로 전환했다.

동부집단의 군사 행동

동부집단의 공격 역시 더디게 이어졌다. 대규모 일본군 병력이 벤뉴푸쯔~번시호 지역에 집결한 사실에 대해 모호한 보고만을 받았던 시타켈베르크는 벤뉴푸쯔와 가오타이즈(高臺子)에 위치한 적군을 집중적으로 협동 공격하기 위해 자신의 부대를 3개의 군단 종대로 편성하여 이동했다. 종대의 공격은 시타켈베르크의 명령에 의거하여 10월 6일 주력 부대를 선봉 부대와 함께 화스타이(化石臺)~다이자먀오쯔(代家廟子)~허순푸~판마우링(Панмаулин)~바자쯔 전선으로 이동시키는 선에서 제한되었다. 숙영을 위해 이동을 멈추면 진지 강화에 들어가라는 명령이 선봉 부대에 내려졌다.

번시호에서 정면이 동쪽으로 향하도록 구축된 일본군의 진지를 발견한 삼소노프의 기병 부대는 렌넨캄프 부대와 함께 그 진지를 점령하여 제3시베리아군단이 도착할 때까지 그곳을 고수해야만 했음에도 불구하고 차오후안자이(Чаохуанзай)로 이동했다. 동부집단의 우익은 그레코프[73]의 보호를 받았다.

이틀 동안 이동했음에도 만주 주둔군의 우익은 사허 강안 부근에 도착한 것이 고작이었으며, 좌익 역시 대략 그와 평행한 곳에 위치해 있었다. 주력 부대를 보호한 것은 선봉 부대로서, 남쪽으로 6~7킬로미터 전진해 있었다.

동부집단의 좌익을 보호하는 렌넨캄프는 아무런 저항을 받지 않는 상태에서 전위 부대를 싼자쯔까지 이동시켰다. 시타켈베르크의 일반예비대는 푸순 지선 남쪽에서 전개했다.

이 무렵 러시아군의 예정된 공격을 인지한 일본군 지휘부는 반격으로 전환한다는 결정을 내렸다.

러시아군의 이동으로 벤뉴푸쯔에서 앞으로 진군해 있던 우메자와 여단의 배치가 위험하다고 판단한 구로키는 리수거우(梨樹溝) 방면으로 여단을 퇴각시켜 우익을 강화했다.

이처럼 구로키의 군은 10월 7일 하루에 걸쳐 번시호~옌타이 갱도 전선에서 전개했다. 노즈의 제4군 전선은 옌타이 갱도에서 남만주철도까지 이어졌으며, 철도 남쪽에 오쿠의 제2군이 집결했다. 하루 전 일본군이 방어형 부대 배치를 선택한 사실은 일본군이 통상적인 경우보다 더 대규모 예비대를 차출한 것으로도 확인된다. 러시아군 지휘부의 진격 속도가 제자리걸음하는 덕에 일본군 지휘부는 계획을 완수할 수 있었다.

10월 7일, 서부집단은 현 위치에 머물며 린성푸~창성푸 진지를 강화했다. 젬봅스키의 부대는 타이쯔허를 도하하여 빌데를링의 좌익 뒤편에 머물렀다. 그레코프의 기병대는 다둥산푸에서 사허를 도하하려 했으나 적의 화력에 직면했다.

일본군과 아직 접전해 보지 않았던 동부집단의 지휘관 시타켈베르크는 행군 중인 각 부대에 하루의 휴식 시간을 주는 동시에 전위 부대의 전선 방비를 강화하기로 결정했다.

동부집단의 정찰 부대는 적에 대해 극히 모순된 정보를 제공했다. 지나치게 조심스러운 시타켈베르크는 8일 내내 주력 부대로 선봉 전선의 공격 개시 지점을 점하고 있다가 그다음 날에 벤뉴푸쯔를 포위함으로서 공격을 개시하기로 했다. 그러나 우메자와의 여단은 이미 그곳으로부터 철수한 상태였다. 시타켈베르크는 이때 동부집단이 삼소노프와 함께 번시호 방면으로 공세를 취하도록 지원해 줄 것을 렌넨캄프에게 요청했다.

결과적으로 러시아군은 결정적 공격의 모든 이점을 퇴색시켰다. 일본군 보병과 조우하면 후퇴해 버렸던 기병대는 적의 부대 배치에 관해 아무 정보도 제공하지 못했으며, 중국인 밀정은 적에 관해 과장되었음이 확실한 정보를 제공하여 상황을 더 복잡하게 만들었다. 예를 들면 중국인 밀정은 우메자와의 예비여단이 주둔 중이었던 벤뉴푸쯔 지역에 일본군 20만 명이 집결해 있다고 러시아군 지휘부에 보고했다.

상황이 불명확했기 때문에 러시아군 지휘부는 공격을 포기한 채 수비로 전환했다. 10월 7일과 8일, 제자리에 머물러 있었던 만주 주둔군은 일본군의 공격을 예상하여 진지를 강화했다.

렌넨캄프 부대의 번시호 공격

렌넨캄프는 일본군이 벤뉴푸쯔에서 철수한 것도 모른 채 시타켈베르크의 벤뉴푸쯔 공격이 10월 8일에 시작될 것으로 예상하여 당일 웨이닝잉(威寧營)~번시호 방면을 공격하기로 결정했다. 렌넨캄프의 공격은 3개 종대로써 시작되었다. 5개 대대, 1개 카자크 기병중대, 포 20문으로 편성된 에크의 종대는 야오거우커우(窯溝口)~호에링(Хоэлин) 언덕 전선에서 공격으로 나서기 위해 우쯔링(悟子嶺) 고개를 넘었다. 페테로프(Э-Я.К.Петеров)의 3개 대대와 1개 카자크 기병중대[74]는 중앙 종대를 형성한 상태에서 싼자쯔를 거쳐 우쯔링 남쪽으로 향했다. 5개 카자크 기병중대와 포 4문으로 편성된 류바빈의 좌측 종대는 일본군 진지를 남쪽으로부터 포위하기 위하여 웨이닝잉으로 이동했다.

렌넨캄프의 공격 결과는 큰 의미가 없었다. 17시에는 웨이닝잉을 점령 중이던 일본군 1개 대대가 중앙과 좌측 종대의 포격으로 인해 어쩔 수 없이 후퇴했다. 우측 종대는 시타켈베르크의 명령에 따라 웨이닝잉으로 방향을 변경했는데, 이것은 예정대로 번시호를 공격하기 위한 조치였다. 저녁 무렵 렌넨캄프의 전체 부대는 웨이닝잉에 집결했다.

이처럼 나흘 동안 만주 주둔군이 이동한 거리는 매우 짧았다. 그에 더해 쿠로파트킨은 무슨 이유에서인지, 전투를 치르지 않았음에도 벤뉴푸쯔의 점령을 대규모 승리라고 평가했다.

시타켈베르크는 구로키의 주력 부대로부터 고립되어 있던 우메자와의 여단을 궤멸시킬 수 있는 완벽한 기회를 갖고 있었다. 그러나 시타켈베르크의 더딘 행동 덕분에 우메자와는 러시아 3개 군단 및 막대한 수의 기병대와 근접해 있었음에도 아무런 손실을 입지 않고 자신의 여단을 탈출시켜 제1군의 우익에 배치시킬 수 있었다.

10월 9일의 군사 행동

만주 주둔군이 제자리걸음을 하고 있을 무렵, 러시아군의 의도를 파악하지 못한 오야마는 적군의 강습에 대비하면서 10월 9일 아침까지 병력을 더 집결시켰다.

노즈의 제4군은 구로키 군이 배치된 전선을 향해 전개했으며, 자신의 오른쪽 뒤편에 3개의 예비대대를 보유하고 있었다. 난가이(Наньгай)~랸쟈코우밑(Лянцзякоумынь)~시구탄즤(Сигутанцзы) 지역에 3개 사단을 집결시킨 오쿠의 제2군은 대기 상태를 취하고 있었으며, 아키야마의 기병대가 그의 좌익을 보호했다.

그 무렵 서부집단의 주력 부대는 훙링푸~라마툰(拉馬屯)~호우훙구아단(Хоухонгуадян) 전선에서 전개했으며, 그 선봉 부대는 준룬양툰(현 옌타이烟臺촌 추정)~둥산커우(東山口) 전선으로 이동해 있었다. 동부집단의 주력 부대는 벤뉴푸쯔에 있는 선봉 부대와 함께 류첸후툰(劉千戸屯)~차이자툰(蔡家屯)~잉판(營盤) 전선에 주둔 중이었다.

삼소노프의 기병대는 좌익 후방에 렌넨캄프의 부대를 둔 상태에서 웨이닝잉~다위푸쯔(大峪堡子) 지역의 샹산쯔(響山子)촌에 도착했다.

쿠로파트킨의 일반예비대는 3개 부대로 전개하고 있었다. 즉, 자루바예프의 제4시베리아군단 주력은 얼다오거우 지역에, 메이엔도르프의 제1유럽러시아군단은 사허툰(沙河屯)~류장툰(柳匠屯) 지역에, 소볼레프의 제6시베리아군단은 '전략 예비대'에 계속해서 잔류한 상태에서 라이성푸(來勝堡)~다쑤자푸(大蘇家堡) 지역에 각각 주둔하고 있었다.

10월 9일, 쿠로파트킨은 서부집단을 약간 앞으로 전진시키기로 했다. 쿠로파트킨은 이런 군사 행동이 동부집단을 상대로 한 일본군의 이동을 억제할 것으로 판단했는데, 그는 일본군의 대규모 병력에 의해 동부집단이 포위될 수도 있다고 보았던 것이었다. 여기서 쿠로파트킨은 빌데를링에게 "전투에 말려들지 말 것"을 권고했다. 그날 서부집단은 일본군 전위 부대를 격퇴하고 4~6킬로미터를 이동할 수 있었다. 미셴코는 샤류허쯔(下柳河子)촌에 도착했다. 제4시베리아군단은 서부집단과 동부집단 사이의 간격을 메우기 위해서 이동했다.

10월 9일 동부집단 전선의 군사 행동은 이에 비해 성공적이지 못했다. 동부집단 예하 부대들은 좌익을 일본군 진지 방향으로 접근시키며 전개했다. 시타켈베르크는 고개를 점령하기 위해 전 부대를 동원한 정면 공격 계획을 택했는데, 이는 그가 이전 전투에서 구로키 군이 보여준 단호한 군사 행동에 의한 심리적 영향 아래 놓여있다는 사실을 명백히 나타내는 것이었다. 그는 제1시베리아군단을 첸가오링(前高嶺)과 투먼링(土門嶺) 고개로 보내고 제3시베리아군단은 가오타이쯔~야오거우커우로 이동시켰다. 하지만 한편으로 자신의 부대에는 소규모에 불과했던 우메자와 후비여단을 공격하라는 임무를 하달하지 않았다. 시타켈베르크가 제2시베리아군단에게 "벤뉴푸쯔로 이동하여 숙영할 것"을 명령한 바로 보건대, 분명 그는 그날 결정적 군사 행동을 취할 계획이 없었던 것이다. 제3시베리아군단은 적의 측방과 후방을 공격하라는 임무를 받지 못했는데, 그런 사실은 제3시베리아군단의 전개 그 자체에서도 드러났다.

고향으로 돌아가기를 바라며 자신들이 이해할 수 없는 전쟁의 종결을 초조하게 기다리던 시베리아 카자크의 제2, 3열 병력으로 구성된 러시아 기병대를 신뢰할 수 없다는 사실이 이미 충분히 밝혀진 만큼, 기병대는 적의 후방으로 진출하는 임무를 수행할 수 없었다.

차르 체제의 육군 최고 지휘부가 공세적 전투의 원칙을 자기 식으로 이해하고 있었다는 사실은 시타켈베르크가 제1시베리아군단장에게 내린 아래의 추가 명령에서 드러난다.

만약 적군이 스스로 귀관을 상대로 공격에 나서고 귀관이 어느 곳에서든 적의 압박을 받게 될 경우, 귀관은 육군 사령관의 명령에 의거하여 행동하기 바란다. 즉, 예비대를 이용하여 퇴각 중인 부대를 지원한 후, 유리한 첫 번째 진지에 주둔하여 어떠한 상황에서도 적군의 공격을 억제하라는 것이다. 적군의 진지를 점령하면 군단 예하 부대들의 진형을 갖추고, 그 진지에서 방어를 공고히 하기 바란다.

제1시베리아군단은 2개 종대로 진군했으며, 인장푸(銀匠堡) 방향에서 이동해야만 했지만 길을 잃은 크라우제(Краузе)의 우측 종대는 결국 상핑타이쯔(上平臺子)로 이동하여 샤스차오쯔(下石橋子)로 향하고 있던 콘드라토비치의 좌측 종대 뒤를 따랐다. 이런 상황으로 인해 제1시베리아군단이 지체되면서 샤다리(下達力)~샤스차오쯔 전선으로 진출할 수 없게 되었다.

삼소노프는 호에링으로부터 위수디샤(楡樹底下)로 이동했으나 적의 공격을 받자 샹산쯔 방면으로 퇴각했다.

제3시베리아군단은 야오거우커우~웨이닝잉 방면으로 향하는 도중에 일본군의 우익에 위치한 소규모 병력을 상대로 전개한 전투에서 패배했다. 구로키의 명령에 따라 그곳으로 이동 배치된 제

12사단 소속 제12여단은 번시호로 향했으나 밤이 되어서야 도착하여 전투에는 참가하지 않았다.

뤄튀링(駱駝嶺) 정상에서 전투가 발생하여 몇 차례의 충돌 이후 일본군이 정상을 장악했다.

저녁 무렵 제3시베리아군단의 부대들은 가오타이쯔~야오거우커우~웨이닝잉 전선에 도착했다. 그러나 이 전선은 이미 하루 전에 렌넨캄프에 의해 점령되었음에도 그 소식이 적시에 시타켈베르크에게 보고되지 않았다.

10월 9일 아침부터 렌넨캄프는 타이쯔허를 따라 2개 병참중대가 방어하고 있던 번시호를 공격하기 시작했다. 번시호로 파병된 류바빈 부대의 화력 앞에 일본군 중대들이 후퇴했다. 그러나 류바빈은 다음 군사 행동을 결심하지 못했고, 렌넨캄프는 그의 증원 요청을 받아들이지 않았다. 이처럼 보병의 지원을 받지 못한 러시아 기병대는 일본군 2개 병참중대와의 전투를 수행할 수 없었다.

10월 9일의 군사 행동의 결과를 보면 동부집단에 부과된 사소한 임무조차 완수되지 못한 것으로 판명되었다. 그러나 제3시베리아군단의 이동에 의해서 상대적으로 큰 성공을 거둘 가능성이 나타났다. 일본군 제1군의 우익을 포위할 가능성이 제시되었던 것인데, 후방 방어를 위해 단 1개 중대만을 시허엔(번시호 남쪽 15킬로미터)에 두고 있던 구로키 역시 이것을 우려하고 있었다.

그러나 무기력하고 유약하게 진행된 빌데를링과 시타켈베르크의 행동은 쿠로파트킨에 의해 발목이 잡혔다. 그는 빌데를링에게 진군하되 "전투에 말려들지 말라"라고 충고했으며, 시타켈베르크의 군사 행동에 대해서는 지나치게 위험한 것으로 판단하여 조심할 것을 경고했다.

제13장

일본군의 반격

10월 10일 전선의 상황 (그림 22, 23)

러시아군과 그 지휘부가 보인 우유부단한 공격은 일본군의 사기를 고양시켰다. 오야마는 주도권을 장악하기로 결정하고, 10월 10일 아침부터 러시아군 진지의 우측을 포위함과 동시에 반격으로 전환하였다.

이날 제1군은 자신의 진지를 고수해야 했고, 제4군은 닝관툰(寧官屯)으로 향하라는 명령을 받았으며, 제2군에게는 정면에서의 공격을 제4군의 부대와 맞추어 만주 주둔군의 우익을 포위하라는 임무가 하달되었다. 아키야마의 기병여단 역시 정면으로 진군했다.

이와 같이 일본군의 우익은 현 위치를 고수했으며, 공격은 중앙과 좌익에서 이루어졌다.

일본군 총사령부의 결정은 앞선 전투에서 이미 드러난 러시아군의 허약한 전투 능력을 고려한 결과임에 의심의 여지가 없으며, 승전에 대한 오야마의 확신을 증명해 주고 있다.

그런데 우리가 앞으로 확인하게 되는 바와 같이, 러시아군이 사허 전투에서 보여준 약간의 적극성만으로도 일본군 총사령부의 의지가 상당 수준 제약받아 일본군은 계획을 변경해야 했으며, 결과적으로 승리를 포기할 수밖에 없었다.

10월 10일 만주 주둔군의 군사 행동은 일본군을 저지하지 못했다. 그날 쿠로파트킨은 서부집단의 선봉 부대를 동원하여 우리타이쯔(五里臺子)의 동쪽에 위치한 능선과 탄하이스(Танхайши) 동쪽 일련의 고지들을 점령한 다음, 서부집단을 이용하여 스리허 전선을 강화하기로 결정했다. 동부집단은 "좌익을 이용하여 전방으로 선회하고 서쪽으로 이동하라"라는 추가 명령을 받았다. 렌넨캄프는 번시호 지역에 잔류하면서 타이쯔허를 보호하라는 명령을 받았다.

그러나 이날 시타켈베르크는 쿠로파트킨의 추가 공격 명령을 접수하기까지는 정찰 활동을 지형 숙지로만 제한한다는 결정을 내렸다. 동부집단 소속의 군단들에게는 현 위치를 고수한 상태에서 전위 부대를 이용하여 적 진지로 향하는 접근로를 조사하라는 명령이 내려졌다. 정찰을 엄호하기 위하여 렌넨캄프의 부대에게만 번시호 방면에서 적극적인 군사 행동에 임하라는 명령이 떨어졌다.

의화단 봉기 진압 당시 렌넨캄프는 돌격성에 휩싸인 인물로서 실로 역동적이라는 평판을 받았고, 아직까지 그 명성이 사라지지 않았다. 엉성한 조직에 무장 수준도 낮았던 의화단원들과의 전투에서 역동적이고 단호했던 렌넨캄프가 일본과의 전쟁에서는 지속적으로 퇴각하는 경향이 생기며 심히 우유부단한 지휘관이 되어버렸다.

시타켈베르크는 추가 공격 명령을 받았으나 자신의 결정을 번복하지 않았다. 그는 군사 행동 지역의 지도가 없다는 이유로 이를 정당화했다. 그러나 일본군의 적극적 공격으로 인해 시타켈베르크는 결국 전투에 말려들었다.

10월 10일 아침, 구로키는 점령 중인 진지에 제2근위사단을 잔류시킨 뒤, 부대의 우익을 전진시켰다. 제12사단이 오른쪽으로 이동했다. 제2기병여단은 타이쯔허 방면으로부터 야전군을 보호하기 위하여 우익으로 전환 배치되었다. 예비연대들로부터 차출된 4개 대대로 이루어진 예비대가 추이자(崔家)~다냐오누(Даняону) 지역에 집결했다.

10월 10일 밤, 번시호에 도착한 시마무라는 새벽에 뤄퉈링 방면으로 공격해 들어갔다. 그곳에는 제3시베리아군단 소속의 소수 부대가 자체 판단에 의해 하루 전부터 주둔하고 있었다. 지원을 받지 못한 러시아 부대는 산을 포기했다.

한편 제3시베리아군단의 우익은 서쪽으로부터 산을 포위하면서 뤄퉈링을 공격하기 시작했다. 서로 다른 연대에 소속되어 있던 3개 대대가 일괄적인 지휘 없이 공격에 임했다. 산으로 접근한 시베리아 보병들은 아군의 포격에 의해 병력 손실을 입으며 공격 개시 지점으로 퇴각했다. 이것으로써 제3시베리아군단의 정찰은 종결되었다.

이날 제1시베리아군단은 전방에 전개된 지형을 일부 밝혀내는 것에 그쳤으며, 제2시베리아군단은 샤닝타이쯔(Сянинтайцзы)에 위치한 진지 강화를 계속했다. 렌넨캄프 역시 어느 누구로부터도 위협받지 않으면서도 좌익이 개방되어 있다는 우려로 공격을 거부하고 아무런 행동을 하지 않았다.

쿠로파트킨이 고안했던 동부집단의 공격은 이렇게 종결되었다. 시타켈베르크를 비롯하여 그의 휘하 장군들이 일본군의 영향으로 적극성이 마비되지 않았더라면, 일본군의 20개 대대와 포 45문에 맞서 60개 대대와 포 150문을 전개한 시타켈베르크는 크게 승리했을 것이다. 시타켈베르크가 의도했던 적군의 양 측방과 후방에 대한 지형 정찰 역시 이행되지 못했다.

이날 제4시베리아군단이 실시한 포격 역시 아무런 성과를 얻지 못했다.

반면, 일본군은 이날 서부집단 전선에서 더 의미 있는 성공을 거두었다. 반차오푸(板橋鋪)~타이핑좡(太平莊) 전선으로 진출하는 임무를 맡고 있던 일본군 제2군은 약간 늦게 출동했다. 제3사단은 반차오푸~류탕거우(柳塘溝) 지역을 점령하기 위하여 2개 종대의 형태로 공격에 나섰다. 그 왼쪽에서는 천자(陳家)~쥰룬양툰 전선으로 출병하라는 임무를 부여받은 제6사단이 2개 종대를 이루어 공격해 들어갔다. 제17시베리아군단의 우익을 포위하기 위해 배치된 제4사단은 쥰룬양툰~타이핑좡~리다런툰(李大人屯)으로 이동했다. 예비대로 편성된 오쿠의 나머지 부대는 스관쯔(施官子) 지역에 집결했다.

10시 30분경 제3사단의 전위 부대가 멍후툰(孟葫屯) 정상에 도달했다. 그 무렵 그곳에 제6사단의 전위 부대가 접근했다. 15시경 일본군은 이미 러시아군을 몰아내고 솽타이쯔(雙臺子)~다둥산푸를 점령했으며, 그 좌익의 뒤편 수베이타이(樹碑臺)에는 제4사단 예하 부대들이 위치했다.

　저녁 무렵 일본군의 압박하에 제17군단 예하 부대들이 첸류탕거우(前柳塘溝)~반차오푸 전선으로 후퇴했고, 제10군단은 훙바오산(紅寶山)~닝관툰으로 퇴각했다.

　11시, 일본군 제10사단은 마우(H.И.May)의 전위 부대를 물리치고 솽룽쓰(雙龍寺)를 점령했으며, 저녁 무렵에는 제4군이 솽룽쓰~구수쯔(古樹子)~우리타이쯔 전선에 접근했다.

　이와 같이 일본군은 그날의 임무를 채 완수하지 못했음에도 불구하고 군사 행동의 목표에 근접할 수 있었으며, 다음 날로 예정된 공격에 필요한 공격 개시 지점을 점령했다. 제2군 좌익과 아키야마 기병대의 전진 배치로 인해 만주 주둔군의 우익이 포위될 위험마저 조성되었다.

　이날 러시아군은 서부집단의 정면에서 완성된 진지들을 잃었을 뿐만 아니라, 동부집단 정면에서 적보다 세 배나 우세한 병력을 활용하여 큰 승리를 달성할 기회마저 활용하지 못했다. 일본군은 구로키의 전선을 부차적인 것으로 판단하여 만주 주둔군의 우익에 주력 부대를 집결시킴으로써 군사 행동의 주도권을 장악했다.

인더뉴루 전투

다음 날 인더뉴루(音得牛彔)촌 근처에서 전투가 이어졌다.

10월 11일 아침, 제17군단의 주력 부대가 제3보병사단 소속의 선봉 부대와 함께 첸류탕거우~류탕거우 지역의 얼스자쯔(二十家子)~스리허 진지에서 전개했다. 진지의 우익은 양자오완(羊角灣)에 있는 스타호비치(П. А. Стахович) 부대(1개 대대, 5개 기병중대, 대포 2문)와 준룬양툰에 위치한 그레코프 기병대의 엄호를 받았다.

제10군단은 랴빈킨(Ф. Т. Рябинкин) 여단을 훙좡(洪莊)~판자툰(范家屯) 진지로 이동시켰다.

동부집단 부대들은 좌익 후방에 렌넨캄프의 부대를 둔 상태에서 몐화푸(棉花堡)~웨이닝잉 전선에서 전개했다. 제2시베리아군단은 계속해서 예비대에 잔류했다.

서부집단과 동부집단의 사이에는 제4시베리아군단이 하마탕 지역에 주력 부대를 배치한 상태로 주둔했다. 미셴코의 기병대는 류허쯔(柳河子) 지역에 배치되었다.

쿠로파트킨은 동부집단의 전선에서 승리를 기대하며, 서부집단은 방어 태세를 취한다는 결정을 고수했다. 빌데를링이 진지를 상실하자 쿠로파트킨은 그에게 상황을 복구하라는 명령을 내렸다.

이날 오야마는 철도 노선으로부터 서부집단을 이탈시킨다는 목표하에 아침부터 단호한 공격에 나섰다. 일본군 총지휘부의 명령에 따라 구로키 군은 헤이뉴툰(黑牛屯)~망자평을 공격했다. 제4군은 우리타이쯔를 점령한 다음, 동북 방면으로 전선을 돌려서 전개하라는 임무를 부여받았다. 제2군의 진군 방향은 사허푸였다. 오야마의 예비대는 약간 북쪽으로 집결했다.

서부집단의 전선에서 인더뉴루촌에 있던 제3사단이 멍후툰 진지에 배치된 포병연대의 지원 포격하에 공격에 나서면서 전투가 개시되었다. 이곳에서 방어 태세를 갖춘 러시아군이 역동적인 포격을 가하며 반격에 나서 종종 백병전을 펼치자 일본군은 퇴각할 수밖에 없었다.

오시마 장군은 사단 전체 병력을 동원한 두 번째 공격으로 러시아군을 격퇴했으며, 수차례에 걸친 러시아군의 탈환 시도를 좌절시키고 인더뉴루촌을 점령했다.

이와 동시에 일본군 제4, 제6사단의 강습을 받은 스타호비치 부대는 준룬양툰으로 퇴각했으며, 그레코프의 기병대는 푸자좡쯔(富家莊子) 방면으로 후퇴했다.

일본군 제4사단은 리디우툰을 점령했다. 하지만 쿠로파트킨의 전략 예비대이자 목전에서 벌어지는 제17군단 예하 부대들의 전투를 방관하고 있는 제6시베리아군단이 측방을 위협할 것을 우려하여 4사단장은 린성푸로의 진격을 단념했다.

제17군단 지휘관은 인더뉴루에 집결된 적군이 중앙을 돌파할 수도 있는 만큼, 인더뉴루촌을 포위하기 위하여 마르티노프의 지휘하에 모르샨스키 연대와 자라이스키 연대의 6개 대대 병력을 출동시켰다.

야음을 틈타 3개 대대는 단일 제대로 공격하면서 동쪽과 서쪽으로부터 촌락 측면을 포위함과 동시에 엔돌리울루로 진격했다. 불시의 기습을 당한 일본군은 백병전을 견디지 못하고 많은 시체를 남긴 채 마을로부터 후퇴했다.

쿠로파트킨식 전략을 맹렬하게 비판했던 제6시베리아군단 사령관 소볼레프는 10월 11일 전투에서 극도로 소극적이고 우유부단하게 행동했다. 제17군단의 우익과 가장 가까운 지역에 위치한 그는 오쿠 군의 좌익을 공격하는 것이 필요하지 않다고 판단한 것은 물론, 빌데를링을 전혀 지원하지 않았다. 소볼레프의 발언에 따르면 그는 제17군단이 퇴각할 경우 오직 그 우익을 보호하기 위한 지원만이 필요하다고 판단하고 있었다.

소볼레프는 쿠로파트킨의 압력하에 약간 남쪽으로 군단을 이동시켰으며, 다타이(大臺)를 향해 3개 대대를 출병시켰다. 그러나 그레코프 부대가 퇴각하자 곧바로 대대를 원위치로 복귀시켰다.

쿠로파트킨과 소볼레프 모두 제6시베리아군단과 젬봅스키 부대가 일본군 제2군의 측방과 후방을 상대로 결정적 공격으로 전환하는 것이 지니게 될 막대한 의미를 평가할 능력이 없었다. 만약 그 공격이 이루어졌다면 러시아군이 승리했을 것이다.

제10군단의 전선에서는 일본군 제5사단 예하 부대들이 보로네즈 연대 소속 3개 대대가 점령한 구수쯔를 10월 11일 야간에 공격했다. 보로네즈 연대장은 전날 받은 "전투에 개입하지 말 것"이라는 명령 때문에 훙창~판자툰 진지로 퇴각했다.

러시아군 제10군단 정면에 대한 일본군 제5, 제10사단의 이후 공격은 포격전으로 진행되었다. 그러나 제10사단은 우측과 좌측에서 인접 부대의 손쉬운 승리를 기대하면서 적극적인 군사 행동을 전개하지 않았다.

구로키 제1군의 공격

러시아 만주군의 중앙에 대한 구로키의 공격은 10월 11일 아침에 개시되었다.

구로키는 원위치에 잔류한 제12사단에 근거한 상태에서 근위사단을 출병시켜 라오쥔위(老君峪)촌 인근의 고지들을 점령하고, 계속해서 류허쯔의 북쪽에 있는 고지들을 공격하려 했다. 이와 동시에 제2사단은 샤류허쯔촌을 점령해야 했다. 제1군의 공격은 제4시베리아군단 및 마우, 미셴코 부대와의 충돌로 이어졌다.

마우 부대(제10시베리아군단의 선봉 부대) 및 제4시베리아군단 예하 전위 부대들이 점령 중인 전선으로 제2사단을 투입하면서 구로키군이 전투에 돌입했다.

새벽녘, 마쓰나가의 제3여단이 톰스크(Томск) 연대(제4시베리아군단 소속)가 점령 중이던 산오쉬산(Саньошисан) 대산괴(大山塊)의 기슭에 접근했다. 일본군은 최초 공격으로 대산괴의 남쪽 지맥을 점령했으나 러시아군의 포격으로 협곡에서 더 이상 진격하지 못했다.

정오 무렵 마쓰나가는 예비대까지 동원하여 재차 공격에 나섰다. 일본군의 역동적인 공격은 세미팔라친스키(Семипалатинский) 연대의 지원을 받은 톰스크 연대와의 백병전으로 이어졌으나 일본군의 기습으로 러시아군은 산오쉬산 북쪽 산맥 방향으로 퇴각해야 했다.

오카자키의 15여단은 새벽녘에 반라산쯔에서 공격 개시 지점을 장악한 다음, 마우 부대 예하 2개 중대가 점령 중이던 레스나야(Лесная) 언덕을 공격했다. 레스나야 언덕은 북쪽에서부터 남쪽으로 길게 펼쳐진 지형상 적에 의한 측방 우회와 포위의 가능성이 높아 방어가 어려웠다.

제15여단은 짧은 시간에 걸친 예비 포격과 사격을 마친 후, 두 개의 연대를 하나의 제대로 구성하고 다시 각 연대는 세 개의 제대를 형성하여 공격에 나섰다. 16시, 일본군이 언덕에 접근하여 굴곡진 지형에서 산을 포위함으로써 수비대가 후퇴하도록 압박했다.

그와 동시에 근위사단은 와이터우산(歪頭山) 대산괴를 공격했다. 제1근위여단이 탄기오푸쯔(Тангиопудзы)~잔헤이툰(Чжанхэйтунь) 지역으로부터의 포병의 강력한 지원 포격하에 제4시베리아군단의 선봉 부대를 물리친 후, 대산괴의 남쪽 능선을 점령했다. 근위사단에 소속된 나머지 부대들은 와타나베산(Ватанабе-яма)을 공격했다. 공격에 나선 근위여단들은 각기 몇 개 연대로 구성되었고, 각 연대는 다시 3개 제대로 편성되었다. 6시경 일본군은 이미 대산괴를 점령했다.

류허쯔와 바자쯔 방면으로 후퇴한 제4시베리아군단 소속의 부대들이 와타나베산을 탈환하기 위해 반격에 나섰다. 미셴코 부대는 근위사단의 우익을 포위하기 시작했다.

제1시베리아군단을 지원하기 위해 바자쯔에서 첸가오링 고개로 이동한 쉴레이코(А. Д. Шилейко) 장군의 부대 역시 근위사단과 전투에 돌입했다. 근위사단은 16시경 퇴각했다. 그러나 마우의 부대가 퇴각하면서 제4시베리아군단의 부대들이 근위사단의 공격을 받고 다시 일본군 제12사단 예하 부대들의 우측에서 근위사단을 지원하자 자루바예프는 제4군단 부대들을 하마탕으로 후퇴시켰다.

상황을 회복하려던 제4시베리아군단의 공격은 일본 근위사단과의 야간 전투로 이어졌으나 결과는 좋지 않았다. 결과적으로 10월 11일 만주 주둔군의 중앙은 자신의 진지를 고수하지 못했다.

시타켈베르크 부대의 고개 공격 실패

이날 제12사단과 우메자와 여단을 상대로 한 동부집단의 군사 행동 역시 실패로 끝났다. 쿠로파트킨으로부터 좌익을 동원하여 서쪽으로 진격하라는 이전의 명령을 확인받은 시타켈베르크는 제1시베리아군단의 병력을 동원하여 첸가오링·투먼링·투먼쯔링(土門子嶺) 고개를 포위하기로 결정했다. 그는 제3시베리아군단에게는 허디거우(赫地溝)~번시호 도로상에 위치한 고개로부터 일본군을 물리치라는 임무를 부여했으며, 렌넨캄프에게는 번시호로 이동하여 일본군의 후방을 위협하라고 명령했다.

동부집단의 예비대인 제2시베리아군단은 샤스차오쯔로 이동했다. 산악 지형에서 공고하게 포진 중인 적군을 정면 공격할 예정이었던 시타켈베르크의 계획은 막대한 희생을 요구하는 것임과 동시에 그 결과도 의문스러웠다. 수일에 걸쳐 제자리걸음을 하고 있던, 심히 소심한 렌넨캄프가 자신의 부대를 진격시켰지만 적군의 측방과 후방을 심각하게 위협하진 못했다.

시타켈베르크는 차르 군대의 다른 장군들과 마찬가지로 과감한 결정을 내릴 수 있는 능력의 소유자가 아니었다. 그가 동부집단의 주력 부대를 자신의 좌익에 집결시키고 번시호를 거쳐 계속해서 후방으로 과감하게 이동했다면 구로키 군의 우익을 곤란한 상황에 몰아넣고, 서부집단과 대치하던 상당수의 일본군 병력을 자기 쪽으로 유인할 수도 있었을 것이다. 자신의 좌익을 걱정한 제3시베리아군단장 이바노프가 허디거우 맞은편의 타이쯔허 우안에 렌넨캄프 부대를 잔류시켜 달라고 청원함에 따라 렌넨캄프를 번시호로 이동시키기로 한 결정마저도 실행되지 않았다.

이처럼 동부집단의 부대들은 대산괴의 정상에 위치한 일본군의 강력한 거점들을 공격할 것이 요구되었으나, 이를 우회하는 것이 현명한 선택이었다.

10월 11일 아침, 제1시베리아군단은 3개 종대로 출병했다. 3개 대대, 1개 기병중대, 대포 8문으로 편성된 카츄진스키(Катюжинский)의 우측 종대는 첸가오링 고개로 향했으며, 그 왼쪽에서 6개 대대와 포 22문으로 편성된 리솝스키(Лисовский) 종대가 투먼링 고개를 향해 공격에 나섰다. 9개 대대와 포 28문, 기관총 8정으로 편성된 콘드라토비치의 좌측 종대는 투먼쯔링 고개로 이동했다. 군단의 우익은 그레코프 기병대의 보호를 받았다. 6개 대대, 포 16문, 기관총 8정이 군단 사령관의 예비대에 편입되었다.

일본군 진지에 대한 3개 종대의 정면 공격은 성공적이지 못했다. 우측 종대는 제4시베리아군단의 좌익을 상대로 한 일본군의 공격으로 지연되다가 몐화푸에서 접전했다. 고개에 접근한 중앙 종대는 일본군의 화력 때문에 더 이상 진군할 수 없었다. 산 정상의 접근하기 힘든 경사면에 위치한 일본군 진지를 포위하려던 콘드라토비치의 시도 역시 성공하지 못했다.

제1시베리아군단 사령관은 그날의 공격 실패를 야간 공격으로 만회하려 했다. 그러나 제1시베리아군단의 여러 전위 부대들은 통신조차 되지 않아 행동에 연계성이 없었고, 나머지 부대들마저 수수방관하면서 공격은 실패로 돌아갔다.

제3시베리아군단의 공격 역시 그보다 성공적이지 못했다. 군단장인 이바노프는 2개 종대로 공격 진형을 편성하게 되었다. 다닐로프(Данилов)의 우측 종대는 10개 대대와 포 4문으로 뤄튀링을 점령하는 임무를 띠고 있었다. 렌넨캄프의 좌측 종대는 11개 대대와 포 26문으로 허디거우~번시호 도로를 따라 형성된 3개의 고개를 점령해야 했다. 10개 대대와 2개 카자크 기병중대로 구성된 강력한 예비대가 카시탈린스키의 지휘하에 가오타이쯔로 집결했다.

동부집단의 좌익을 보호한 것은 우이뉴닌의 남쪽에 있는 삼소노프의 기병대와 하루 전에 다위푸쯔로 이동한 류바빈 부대였다.

10월 11일 아침부터 제3시베리아군단이 가오타이쯔에 배치된 포 12문을 동원하여 뤄튀링·휘자푸쯔·타이쯔허 좌안의 일부를 집중 포격하기 시작했다. 그러나 일본군은 이 바위산으로의 접근이 어렵다고 판단하여 소수의 경계병만을 배치했기 때문에 러시아 포병의 예비 포격은 무의미한 것이었다.

12시가 되어서야 다닐로프는 탐사되지 않은 지형을 따라 공격에 나섰으나 예기치 않은 암석 장애물과 접근이 어려운 협곡을 만났다. 훌륭하게 엄폐된 진지에서 퍼붓는 적의 화력으로 막대한 손실을 입은 다닐로프는 밤까지 공격 개시 지점으로 복귀했다. 목표물로부터 멀리 떨어져 있었던 관계로 러시아 포병의 지원 포격은 효과를 발휘하지 못했다.

진지를 방어 중이던 소규모 일본 병력을 목표로 이루어진 렌넨 캄프의 정면 공격도 성공하지 못했다. 일본군의 화력으로 손실을 입은 렌넨캄프는 어둠이 내리면서 공격 개시 지점으로 귀환할 수밖에 없었다. 렌넨캄프는 저녁 무렵으로 예정되었던 재공격을 위해 제3시베리아군단 사령관으로부터 5개 대대를 증원군으로 충원받았지만, 적극성을 보여주지 못했다. 밤까지 연기된 공격은 삼소노프가 후퇴하면서 이루어지지 않았다.

삼소노프의 부대는 종일 아무런 활동을 하지 않았다. 류바빈은 측방을 보호하기 위해 요다완으로 이동한 일본군 대대의 공격을 받고 후퇴했다. 자기 부대 일부와 함께 요다완에 도착한 류바빈은 공격 결정을 내리지 못했고, 렌넨캄프는 그의 증원 요청에 응하지 않았다.

렌넨캄프의 지나친 조심스러움은 제4시베리아군단의 후퇴 소식을 접한 뒤 동부집단 부대들에 공격을 중지할 것을 지시했던 시타켈베르크의 명령과 완전히 어울리는 것이었다.

지형적 특성을 고려하지 않은 상태에서 10월 11일에 이루어진 동부집단의 공격은 이렇게 성공을 거두지 못하고 종결되었다. 접근이 불가능한 암벽 정상에 위치한 일본군 진지를 정면 공격하면서 동부집단 좌익에서만 5,000명의 병력 손실이 발생했다. 공격은 개별 종대 간의 상호 연락이 갖춰지지 않은 상태에서 이루어졌다. 보병, 대포, 심지어 기관총까지 보유한 대규모 병력이 예비대에 편성되면서 공격력이 약해졌다. 예비대는 부분적으로 사용되었을 뿐이고, 그에 따라 합리적으로 운용되지 못하거나 전투를 방관했다.

현대적 작전 개념에 낯설었던 쿠로파트킨은 만주 주둔군의 유리한 배치를 활용할 능력이 없었다. 아직 전투에 투입되지 않은 제6시베리아군단과 젬봅스키 부대가 우측 후방에 있었고, 3개 시베리아군단과 렌넨캄프 부대(예비대를 포함하여 총 97개 대대, 40개 카자크 기병중대, 포 200문)가 좌익에서 구로키 군의 취약한 우익을 상대로 대치하고 있었다. 그렇다면 우익을 오쿠의 측면과 후방으로 강력히 투입하고, 동부집단의 주력을 번시호로 이동하는 동시에 기병대를 구로키의 연락망에 진군시켜야 했다. 이러한 경우에도 제1유럽러시아군단이 쿠로파트킨의 예비대에 잔류할 것이었다.

쿠로파트킨이 이런 과감한 결정을 내렸다면 대승을 거뒀을 것이다. 일본군 역시 유사한 부대 배치 상황이라면 같은 행동을 취했을 것이다. 그러나 독일 통일전쟁 시기 발달한 전술을 이해하지 못했던 쿠로파트킨에게 그런 발상은 떠오르지 않았다.

예비대 편성에 집착한 쿠로파트킨과 러시아군 지휘관들은 이미 전체 전선에 투입된 제4시베리아군단을 제외한 대규모 병력을 전선으로부터 떼어냈다. 대규모 예비대 중에서 겨우 일부만이 전투에 투입되었을 뿐, 나머지 부대는 전투를 방관했다.

반면 일본군은 동부집단의 공격을 물리친 뒤, 서부집단의 전선에서도 어느 정도 진격했다. 제17군단의 우익을 우회하려던 일본군은 확실한 성공을 일궈내지 못했다. 비록 완전히 소극적이긴 해도 제6시베리아군단의 존재는 매우 심각한 위협으로 작용했다.

10월 11일은 만주 주둔군 총사령관과 지휘관들의 심리에 전환점이 되었다. 산악 고개에 대한 동부집단의 공격 실패는 향후 익숙하지 않은 산악 지형에서 공격을 성공으로 이끌 수 있다는 러시아군 지휘부의 믿음을 꺾어버렸다. 우익의 상황 역시 일본군이 서부집단을 우회할 위험성이 제기됨에 따라 안정적이지 못한 것으로 생각되었다. 제4군단과 제1군단 사이에 형성된 10킬로미터에 달하는 중간 지역은 공격받을 위험을 안고 있었다.

일본군의 양자오산 점령 (그림 24)

시타켈베르크의 불명확한 보고서로 동부집단의 전황을 오해하고 있던 쿠로파트킨은 좌익에서의 공세가 아직 가능하다고 생각했다. 그는 10월 12일에 시타켈베르크 부대를 앞으로 진군시키고 서부집단의 전선을 계속해서 방어하기로 결정했다.

이 무렵 오야마는 자신의 우익을 현 위치에서 고수하고 좌익을 적극적으로 공격에 가담시켜 만주 주둔군의 우익을 포위한다는 계획을 아직 포기하지 않고 있었다. 이 문제를 해결하려면 제2군이 반차오푸~류탕거우 전선으로 출병하여 러시아군의 우익을 사허푸로 밀어내야만 했다.

러시아군의 공격 실패로 사기가 충만한 일본군은 야간 전투에서도 주도권을 확실하게 장악하여 10월 12일 아침부터 이어질 공격을 위해 유리한 공격 개시 지점을 점하고자 했다. 제1군 사령관 구로키는 10월 12일로 넘어가는 야간에 샤류허쯔와 양청자이(楊城寨) 중간에 위치한 고지를 점령하기로 계획했다. 노즈는 야간 전투에서 양자오산을 점령할 계획이었다. 오쿠는 각 부대에 10월 12일 아침부터 공격에 나서도록 명령한 후, 야간 전투로 제3사단 구역에 있는 룽왕마오(龍王廟)와 제6사단 구역에 위치한 랑즈춘을 점령할 수 있다고 판단했다. 사허푸~라마툰 전선으로 진출하라는 임무가 제3사단에 부과되었다. 제6사단은 제3사단과 연계하여 행동하면서 라마툰~린성푸 전선으로 진출해야 했다. 제4사단은 제17군단의 우익을 위협하면서 관리푸(官立堡)로 이동하라는 명령을 받았다.

예비연대로 증강된 일본군 제10사단이 양자오산에 대한 공격을 개시하면서 야간 전투가 시작되었다. 당시 양자오산은 만드리코 장군의 지휘하에 6개 대대와 포 16문의 병력으로 편성된 제1유럽러시아군단 예하 전위 부대가 하루 전부터 점거하고 있었다. 일본군은 2개 종대로 공격해 들어갔다. 제20여단 소속의 6개 대대로 구성된 우측 종대는 양자오산을 동쪽으로부터 포위하기 위하여 진군했다. 언덕을 서쪽으로부터 포위하는 임무는 제8여단과 예비여단 소속의 9개 대대로 편성된 좌측 종대에게 하달되었다.

자정이 지나서 일본군 종대는 완전한 정적을 유지하며 불빛 신호에 따라 착검한 상태로 목표를 향해 동시에 공격해 들어갔다. 일본군은 피아 식별을 위하여 군용 외투의 왼쪽 소매에 하얀 붕대를 감았다.

일본군은 30미터를 앞서가는 첨병을 따라 병사들 간에 팔꿈치 거리를 유지하면서 움직였다. 1개 연대가 2개 제대의 형태로 그 뒤를 따랐다. 첫 번째 제대에는 2개의 대대가 전개했으며, 두 번째 제대는 약 100미터의 간격을 두고 소대 종대의 대형으로 첫 번째 제대의 뒤를 따랐다.

산에 접근한 우측 종대는 산 정상과 탄하이스촌 방면에서 가해지는 러시아군의 강력한 사격을 받았다. 일본군은 마을을 불태우고 백병전에 돌입했다. 그 무렵 제8여단이 서쪽 방면에서 양자오산을 점령한 것으로 드러났다. 양자오산과 탄하이스 방어군은 막대한 손실을 입은 상태에서 싼자쯔 방면으로 후퇴했다.

일본군 역시 양자오산을 점령하기 위하여 막대한 희생을 치렀다(병력 손실 1,500명). 그러나 그 덕분에 러시아군 전개지의 중앙을 비집고 들어가면서 적진 돌파의 가능성을 확보했으며, 돌파된 정면의 양 측방을 따라 군사 행동에 임할 수 있는 유리한 공격 위치를 점령했다. 이 야간 전투에서 제10사단의 사기는 매우 심각하게 저하되었다. 이에 노즈는 10사단을 예비대에 편입시켰다.

그 밖의 전선의 야간 전투

제4시베리아군단 구역에서 마우의 부대와 제10사단 우익 간의 야간 전투는 늦게 시작되었다. 일본군 제2군 소속 제3여단이 제4시베리아군단 소속 레베스탐(М. Ю. Левестам) 장군 예하의 1개 여단이 주둔하고 있던 샤류허쯔를 공격했다. 그 무렵 제15여단은 얼와(二洼)촌 근방의 고지를 향해 진격했다.

아침 무렵 러시아군은 진지를 버리고 후퇴했다. 근위사단 역시 야간 전투에서 승리를 거두며 진군하여 10월 12일 아침에는 라오 쥔위와 멘화거우(棉花溝)를 점령했다.

일본군은 서부집단과의 야간 전투에서도 부분적으로 승리를 거두었다. 일본군 제5사단은 10월 12일로 넘어가는 야간에 스리허촌에 있는 러시아군 전진 참호를 점령한 뒤, 자오제거우(交界溝) 방면으로 포병을 전진시킴으로써 아침에 있을 공격을 용이하게 했다. 제3사단 역시 야음을 이용하여 엔돌리울루와 직접 근접한 공격 위치를 확보했다. 제6사단은 얼스자쯔 방면으로 좌익을 이동시켜 제17군단의 우익을 위협했다.

결과적으로 모든 전선에 걸쳐 치러진 야간 전투는 러시아군에게 실패로 돌아갔으며, 러시아군이 몇 개 유리한 위치를 잃고 일본군이 10월 12일 아침으로 예정된 공세에 유리한 공격 개시 위치를 점령하며 마무리되었다.

일본군의 10월 12일 공격

만주 주둔군의 10월 12일의 임무는 형태상 이전과 다름이 없었다. 부대의 우익은 점령 중인 진지를 사수해야 했다. 이전처럼 동부집단의 임무는 구로키의 후방으로 진출해야 하는 렌넨캄프 및 삼소노프 양 부대의 도움을 받아 고개들을 점령하는 것이었다.

그러나 임박한 전투에 대한 쿠로파트킨과 시타켈베르크의 대책에는 서부집단의 강력한 방어와 동부집단의 공격이라는 초안이 전혀 반영되지 않았다. 빌데를링은 만약 일본군이 우익을 우회할 경우 류탕거우~훙바오산으로 후퇴하라는 명령을 접수했다. 제10군단장은 제10유럽러시아군단과 제4시베리아군단의 연결 지점에 대한 일본군의 가능한 진격을 격퇴하기 위하여 좌익의 뒤편에 강력한 예비대를 편성하라는 임무를 받았다. 시타켈베르크는 예정된 중앙 돌파를 물리치기 위해 일련의 대책을 미리 생각하고 있었다. 그러나 쿠로파트킨은 자신의 참모부를 통해 시타켈베르크에게 "월등한 병력의 압력을 받을 경우" 동부집단은 만주 주둔군의 좌익을 엄호하면서 벤뉴푸쯔로 퇴각하라는 명령을 하달했다.

중앙의 돌파를 예기한 쿠로파트킨은 시타켈베르크에게 제2시베리아군단을 양신툰으로 이동시키라고 명령했다.

그사이 일본군은 러시아군이 자신들의 후방으로 진출할 위험에 대비하여 우익을 강화한 후 공격 준비에 착수했다. 이미 언급된 바와 같이 시마무라 장군의 여단이 번시호 방면으로 향했으며, 간인노미야 친왕의 제2기병여단 역시 다위푸(大峪堡)로부터 그곳으로 향했다.

서부집단의 전투

10월 12일 새벽, 서부집단의 정면에서 일본군이 공격을 개시했다. 09시 무렵 일본군 제4사단은 이미 다타이를 점령하고 헤이린타이(黑林臺)에 근접해 있었다. 이에 스타호비치 부대는 예비대로부터 1개 여단을 증원받았다. 제4사단의 이후 공격을 저지한 것은 제17군단의 우익 뒤편에 있던 제6시베리아군단이었다.

이 무렵 이른 아침부터 예비 포격을 시작한 일본군 제6사단은 준룬양툰과 얼스자쯔를 공격했다. 제3, 제35보병사단에서 차출된 병력으로 혼성 편성되어 얼스자쯔에 배치된 부대는 우측 측면으로부터 포격을 받고 2개 포대를 일본군 손에 넘겨주며 무질서하게 후퇴했다. 제17사단장 볼코프의 지휘하에 감행된 반격은 일본군에 의해 격퇴되면서 막대한 손실로 종결되었다.

전날 첸류탕거우로 재배치된 제6시베리아군단 소속의 1개 연대가 샤오둥타이(小東臺)로 전진하여 상황을 호전시키려 했으나 그 역시 실패로 돌아갔다. 밀집 대형으로 랑쯔가이로 접근하는 도중 일본군의 강력한 포격에 부딪힌 연대는 결국 막대한 손실을 입은 채 공격 개시 지점으로 복귀했다.

스타호비치는 제17군단의 측방을 지원하기 위해 휘하 부대 중 일부를 얼스자쯔로 진격시켰다. 그러나 일본군 제6사단이 준룬양 툰촌을 공격하자 스타호비치는 그 마을을 버리고 훙링(紅菱)으로 퇴각했다. 제17군단 전개지의 중앙에서 일본군 제6사단 소속의 부대가 제3사단 예하 부대의 지원하에 인더뉴루를 점령했다.

제17군단 전진 진지에 배치된 부대의 지휘관 자수크(Защук) 장군은 더 이상의 전투는 무익하다고 판단하여 자신의 부대에게 주진지인 첸류탕거우~반차오푸로 철수하라는 명령을 내렸다. 그러나 패전으로 사기가 저하된 부대는 무질서 속에 퇴각하다 지정한 경계를 넘어 북쪽으로 계속해서 후퇴했다.

사오린쯔(邵林子)~다롄툰 지역에 배치된 제6시베리아군단은 스스로를 만주 주둔군 사령관의 예비대라고 생각하여 제17군단의 전선에서 발생한 사태를 방관했다.

제6사단의 전투 결과를 기다리고 있던 제3사단 사령관 오시마는 15시에 공격으로 전환하여 스리허를 철도 방면으로부터 포위했다. 아직 그곳을 방어 중이던 제17군단 부대들은 일본군의 강력한 기습을 견뎌내지 못하여 여러 문의 대포를 남겨두고 후퇴했다.

일본군이 추격을 하지 않은 덕분에 무질서 속에 후퇴하던 제17군단의 부대들은 사허 역 근처에서 집결할 수 있었으며, 야음을 이용하여 사허를 도보로 도강하여 린성푸~라마툰 진지에 주둔했다. 밤새도록 훙링에서 지체하고 있던 스타호비치의 부대는 아침에 북쪽으로 퇴각했다가 이후 해산했다.

이날 일본군의 주력 부대는 훙바오산~첸류탕거우 전선으로 이동하지 않았다. 일본군의 압박을 받지 않은 제10군단은 어두워질 때까지 자신의 진지를 고수했으며, 제17군단이 후퇴한 이후 구자쯔(古家子)~첸산린자(Ченсанлинцза) 진지로 퇴각하라는 서부집단 지휘관의 명령을 접수했다. 제6시베리아군단은 라이성푸~펜드난자(Пенднанза) 전선으로 퇴각했다.

이와 같이 제17군단의 전투는 제6시베리아군단과 제10유럽러시아군단의 지원을 받지 못한 상태에서 서부집단 전체와 쿠로파트킨에 배속된 전략 예비대가 퇴각하는 것으로 종결되었다.

오쿠의 제2군 측방에 대한 제6시베리아군단의 공격은 전황을 상당 정도 변화시킬 수 있었으나, 군단장 소볼레프는 공격 주도 능력을 보여주지 못했다. 공격의 성공에 대한 신념을 완전히 잃어버린 쿠로파트킨은 만주 주둔군의 차후 퇴각을 엄호하기 위해 자신의 전략 예비대를 유지했음이 분명하다.

중앙 돌파 시도

10월 12일 아침 만주 주둔군의 중앙에서, 야간 전투 이후 마우의 부대가 퇴각해 온 하마탕 방면에 제4시베리아군단의 주력 부대가 집결했다. 제4시베리아군단 예하의 코소비치(Коссович) 여단이 양청자이~중가오리거우(中高力溝) 전선에 배치되었다. 하마탕에 주둔 중이던 미셴코 부대는 제4시베리아군단의 좌익을 보호하기 위하여 동쪽으로 이동했다.

야간 전투 이후 오카자키의 제15여단은 얼와 북쪽에 진지를 구축했다. 오카자키의 오른쪽에 전개한 마쓰나가의 제3여단은 제4시베리아군단의 부대들을 공격하여 퇴각하도록 만들었다. 그러나 정오가 지나 제1군의 우익으로 자신의 연대를 이동시키라는 명령을 접수한 마쓰나가는 공격을 중지한 후, 어둠이 내리기를 기다렸다가 지시된 곳으로 향했다.

아침 9시, 일본군 근위사단은 2개 중대를 제2시베리아군단에 대응하여 배치한 후, 제4시베리아군단의 좌익을 포위하면서 공격에 착수했다. 난거우(南溝)에 주둔 중이던 그레코프와 미셴코의 기병대는 일본군의 공격을 받고 북쪽으로 퇴각했다. 제2시베리아군단에 대한 후방 공격을 우려한 근위사단장은 화거우(花溝)에서 진격을 멈췄다.

반면, 근위사단의 공격을 목격한 제2시베리아군단장은 적의 측방과 후방에 타격을 가할 수 있는 기회를 활용하지 않고 자신의 진지에 주둔하며 원위치를 고수했다.

2개 예비여단으로 증강된 일본군 제10사단은 그날이 끝나갈 무렵 탄하이스에 배치되어 있던 포 72문의 지원하에 하마탕을 점령하려고 했다. 그러나 제1유럽러시아군단 예하 2개 연대로 보강된 제4시베리아군단은 일본군을 격퇴했다.

동부집단 전선

10월 12일 동부집단의 전선에서는 그 누구도 공격을 예상하지 않았다. 동부집단의 일부 구역에서 이루어진 야간 전투가 실패하자, 난공불락의 적 진지로 인해 병사들의 사기는 극도로 저하되었다.

제12사단 소속의 1개 여단으로 증강된 상태에서 동부집단을 상대하고 있던 일본군 3개 여단 역시 일본군 전체 전선의 좌익에서 결정적 결과가 나오기를 기대하며 적극적인 군사 행동을 자제했다.

제1시베리아군단의 임시 지휘관이던 게른그로스(А. А. Гернгросс)

는 이미 전날 "제1군단이 새로운 명령을 접수하기 전까지 내일과 이후의 임무는 군단이 현재 점령하고 있는 진지를 고수하는 것"이라는 방어적 군사 행동에 관한 명령을 내렸다.

이날 제1시베리아군단은 공격으로의 전환을 야간으로 연기한 상태에서 무기력한 포격전을 수행했다. 그러나 양신툰으로 이동해 있던 제2시베리아군단을 대신하여 군단 병력 중에서 강력한 예비대를 시핑타이쯔(西平臺子)로 이동시킬 필요가 발생함에 따라 게른그로스는 야간 공격을 단념했다.

제3시베리아군단은 공격 대상이었던 일본군의 우익으로부터 적의 주의를 돌리려는 의도에서 아침부터 뤄퉈링 및 그 산과 인접한 진지를 포격하기 시작했다.

그사이 일본군은 포병을 이동 배치함으로써 우익을 강화한 뒤, 러시아군의 좌익 끝단에 대한 우회 가능성을 비치기 위해 타이쯔허 좌안에 모습을 드러냈다.

류바빈의 부대는 계속해서 현 위치를 사수했으나 정오에 일본군 우익에서의 전황이 변했다. 그곳으로 접근한 간인노미야 친왕의 기병여단이 자신에게 배속된 유일한 포병중대와 몇 정의 기관총을 진지에 배치한 후, 근거리에서 류바빈의 부대에 집중 사격을 가했다.

류바빈은 서둘러 동쪽 방면으로 퇴각한 후, 타이쯔허 우안으로 도강했다.

이후 측방 포격을 받은 삼소노프와 렌넨캄프의 부대 역시 후퇴하기 시작했다. 렌넨캄프와 삼소노프의 퇴각 소식을 접한 제3시베리아군단의 지휘관 이바노프는 부대를 북쪽으로 철수시켰다. 만주 주둔군 좌익 또한 소규모의 일본 기병여단의 등장에 후퇴했다.

10월 12일 전투는 러시아군의 확연한 공격 포기와 방어로의 전환, 그리고 부분적인 후퇴 등으로 특징지을 수 있다. 10월 12일 이전의 공격 작전에서는 만주 주둔군 사령부가 아직 일본군 우익에 대한 포위를 포기하지 않았던 반면, 12일에는 러시아군 동부집단 지휘부가 단호하고 합리적인 군사 행동을 수행할 능력을 결여하고 있음이 명백히 드러났다. 러시아 장교들은 일본군 진지에 대한 공격을 결정하지 못했으며, 적극적인 군사 행동을 야간으로 연기했다. 이후 여러 가지 이유로 인해 공세적 군사 행동이 채택되지 않았다.

쿠로파트킨은 자신의 계획 이행을 관철하지 못했다. 일본군의 군사 행동에 수동적으로 대응하고 있던 쿠로파트킨은 동부집단으로부터 관심을 돌려, 적이 서부집단과 동부집단 사이의 접점을 탐지하여 돌파를 계획했던 제4시베리아군단에 주의를 기울이기 시작했다.

러시아군의 산개된 군사 행동은 승리를 주지 못했다. 러시아군 내 상호 지원 부재와 러시아군 지휘부의 완전한 주도권 결여 덕분에 일본군은 측방과 후방을 걱정하지 않고 과감하게 행동할 수 있었다.

그와 동시에 일본군 지휘부는 양 측방을 포위할 수 있는 병력을 보유하지 못한 상태에서 만주 주둔군의 중앙을 상대로 공격을 전개했다. 일본군은 일련의 성공을 쟁취했다. 그러나 항상 그랬던 것처럼 패주하는 러시아군을 추격하지 않은 결과 그 이상의 전과는 거두지 못했다.

10월 12일은 차르 군대의 장군들이 사령부가 고안한 극히 소극적인 공격 계획조차 완수할 수 없음을 확인시켜 준 날이었다.

제14장

공세에서 수세로

방어로 전환한 쿠로파트킨

10월 13일의 쿠로파트킨의 명령은 지난 전투에서의 실패로 균형 감각을 잃어버린 러시아군 지휘부의 내부 사정을 반영하고 있었다. 원래 쿠로파트킨은 방어에 배정된 젬봄스키 부대를 포함하여 만주 주둔군의 우익에 집결해 있는 전체 병력을 동원하여 공격으로 전환하려고 했다. 이 생각은 합리적이었지만 실행에 옮겨지지 않았다. 수차례나 결단을 내리지 못한 쿠로파트킨은 방어로 전환한다는 결정을 내렸다.

서부집단은 사허 경계를 사수하라는 명령을 받았으며, 전방으로 전진해 있던 제4시베리아군단은 후방으로 회군했다. 동부집단은 벤뉴푸쯔~가오투링(高土嶺) 고개 전선에서 방어로 전환하라는 명령을 받았다. 군사 행동의 주도권은 일본군의 수중에 있었지만, 러시아군에 비해 전력이 열세였던 일본군 사령부는 큰 승리를 얻을 수 없는 사소한 임무로 행동이 제한되었다. 오야마는 구로키의 제1군에 허우거우(後溝)~상와팡(上瓦房) 전선으로 출동하라는 명령을 내렸다. 동시에 오야마는 마쓰나가의 제3여단을 러시아 후방으로 급속 행군시켜 러시아군의 퇴각로를 차단하려 했다. 노즈의 제4군은 류장툰~천상링쯔를, 오쿠의 제2군은 사허푸~린성푸를 공격하라는 명령을 각각 받았다.

러시아군의 긴 전선과 일본군의 우익으로 돌출된 제6시베리아군단의 배치 형태로 인해 일본군 지휘부가 측방 포위를 포기하면서 일본의 공격은 확연하게 정면 공격의 성격을 띠게 되었다.

10월 13일 아침, 러시아군은 넓은 전선에 걸쳐 전개했다. 빌데를링의 주장에 따라 서부집단에 배속된 제6시베리아군단은 서부집단 우익 후방에 돌출된 대형으로 라이성푸~펜디안자(Пендианза) 지역에서 전개했다.

제17군단은 제3사단을 구자쯔~쓰팡타이 지역에 배치한 후, 나머지 부대인 제35사단 및 전날 제10군단 제9사단으로부터 자신에게 배속된 1개 여단을 동원하여 린성푸~라마툰의 강안을 점령했다.

이 무렵 제10유럽러시아군단은 웨이자쯔(魏家子)~양자오산 전선을 따라 현지에서 구할 수 있는 자재를 이용하여 참호를 구축하고 있었다.

제10유럽러시아군단과 제4시베리아군단 사이에 제1유럽러시아군단 소속의 제37사단이 전진 이동 배치되어 메이엔도르프에 배속된 마우의 부대와 함께 허산거우(河山溝)~하마탕 전선에서 전개했다.

그 왼쪽의 먀오얼거우(廟爾溝)~중가오리거우 진지에 제4시베리아군단이 배치되었다. 제4시베리아군단의 좌익 방면에 제4시베리아연대로 증강된 미셴코의 부대가 접해 있었다.

제1시베리아군단은 동부집단 내에서 인장푸~가오자푸(高家堡) 전선을 담당했다.

제3시베리아군단은 좌익 후방에 있는 웨이닝잉에 렌넨캄프의 부대를 둔 상태에서 바다이자위(八代家峪)~야오거우커우 전선에 배치되었다.

양스툰(楊土屯)~볜뉴푸쯔 지역 진지를 점령한 제2시베리아군단은 동부집단의 예비대에 잔류했다.

삼소노프와 류바빈의 부대는 타이쯔허 좌안으로 재이동했다. 만주 주둔군의 우익을 보호한 것은 샤오한타이쯔(小韓臺子)~다한타이쯔(大韓臺子)에 위치해 있던 젬봅스키 부대였다. 이 부대는 빌데를링에 배속되어 저녁 무렵 제6시베리아군단 방향으로 집결했다.

10월 13일의 전투 후 일본군은 정면을 약간 전방으로 전진시켰다. 일본군의 최우익 방어는 12일의 전투 후 타이쯔허 좌안에 머물고있는 간인노미야의 제2기병여단이 담당했다.

예비여단과 제12사단은 이전에 그들이 점령한 진지에 잔류했다.

구로키 군의 우익을 지원하기 위해 파병된 마쓰나가의 제3여단은 첸가오링 고개로 접근했다.

우메자와의 왼쪽에는 근위사단이 배치되었는데, 그 좌익이 쭌에(Цуньэ)까지 이어졌다.

제1군의 좌익은 제2사단 소속의 제15여단이 전개한 얼와촌의 북쪽에서 끝났다.

얼와에서 쌍타이쯔에 이르는 제4군의 전선에는 제10사단과 예비여단이 배치되었다. 제5사단은 예비대로 구수쯔에 집결했다.

제2군은 예하 제3사단, 제6사단을 왕러우쯔(王樓子)~한구이푸(Хангуйпу) 전선에, 제4사단을 사허의 우안 쭌룬툰(Цуньлуньтунь)~다타이 지역에 두는 형태로 배치되었다.

일본군 전체 전선의 좌익은 주력 부대가 선단푸에 집결해 있는 아키야마의 제1여단이 보호했다. 그리고 오야마의 참모부는 무토 우소(Mytoyco)촌에 잔류했다.

대치 중이던 양측의 병력 비율과, 오쿠 군을 포위하는 형태의 만주 주둔군 부대 배치는 러시아군의 공격에 확실히 유리했다.

10월 13일 아침부터 일본군은 서부집단의 전선에서 적극성을 보여주지 못했다. 적정을 탐지하기 위하여 일본군이 시작한 포격과 사격은 러시아군이 주둔 진지를 공고히 하는 것을 저지하지 못했다. 16시 무렵이 되어서야 일본군 제4사단이 사오린쯔와 키샤오툰(스싼툰史三屯)에 모습을 드러내어 러시아 제17군단의 우익을 위협했다. 그러나 일본군은 제17군단의 뒤편에 돌출하여 저녁까지 사오린쯔 방면으로 이동하라는 명령을 받은 제6시베리아군단의 존재를 고려하여 더 이상 진군하지 않았다.

일본군은 제10군단의 전선 앞에서도 종일토록 소극적인 자세를 유지했다.

제1군단의 지역에서 일본군은 소규모 부대로 정찰을 강화하며 아침부터 강력한 포격을 가했다.

제1군단과 제10군단 사이에 방어 공백이 형성되자 메이엔도르프는 포위 가능성을 무력화시키기 위해 자신의 우익 뒤편에 제대를 배치해야 했다. 그러나 적군은 이곳을 공격하지 않았다. 정오가 되어서야 지난밤 일본군이 사허 방면으로 제10유럽러시아군단을 이미 우회시켰다는 소식을 접수한 메이엔도르프는 자신의 부대를 잉서우툰(英守屯) 정상으로 퇴각시켰으며, 마우의 부대는 얼다우로 후퇴시켰다.

제4시베리아군단의 구역에서 아침부터 포격전이 이루어졌다. 그러나 18시가 되자 오카자키의 제15여단은 더 강력한 포격을 가한 후 공격에 나섰다. 제4시베리아군단은 점령 중이던 진지를 포기하고 펑지푸(奉集堡) 방면으로 후퇴했다.

미셴코는 자신에게 배속된 제4시베리아 연대를 동원하여 멘화푸 북쪽의 언덕을 점령했다. 진지의 오른쪽에는 보병으로 전환된 여러 개의 카자크 기병중대가 전개했다.

근위사단 소속 부대들은 아침부터 미셴코 부대의 좌익을 포위 공격하고 제4연대의 후방을 위협하면서 비 오듯 포격을 퍼부었다.

결과적으로 미셴코의 부대는 일본군의 포격으로 인해 막대한 손실을 입었다. 탄약을 모두 소진한 러시아 병사들은 일부 지역에서 백병전으로 반격에 나섰다. 제1유럽러시아군단 예하 1개 대대로 보강된 러시아군이 일본군의 공격을 격퇴했으나 어둠이 내리면서 미셴코의 부대는 양신툰으로 퇴각했다.

점령 중인 진지를 사수하기로 결정한 시타켈베르크는 자신의 부대가 "최후의 순간까지 점령 중인 진지에서 저항할 것이며, 후퇴는 없을 것"이라고 최고사령관에게 보고했다.

부대의 예비대에 소속된 제2시베리아군단은 알렉세예프 장군의 지휘하에 6개 대대, 1개 카자크 기병중대, 그리고 포 24문의 병력을 동원하여, 퇴각 중인 미셴코의 부대를 지원하기 위해 출동했다. 알렉세예프는 진격 도중 일본군 근위사단 소속 부대들과 교전했다.

공격 준비 포격을 시작한 알렉세예프는 왼쪽에서부터 언덕을 포위하며 공격에 나섰다. 그러나 시타켈베르크가 쿠로파트킨의 뒤늦은 명령을 접수하면서 공격이 중지되었다. 이 명령서는 이미 지난 저녁에 서부집단이 사허로 퇴각했음을 알리면서 다음과 같이 통지했다.

향후 고개를 점령하고자 하는 행동을 취하지 말 것. 귀관에게 배속된 부대를 한곳으로 집결시켜 부대의 좌익을 보호할 수 있는 위치를 점할 것. 부대 집결은 가능한 한 신속하게 수행할 것. 부대 우익에서의 향후 패전은 내일부터 육군의 우익이 묵덴으로 퇴각하는 것으로 이어질 수 있음.

이 명령서에 따라 렌넨캄프의 부대도 쌴자쯔로 퇴각할 예정이
었다.

제1시베리아군단의 전선에서 포병의 지원을 받고 있던 마쓰나
가의 제3여단은 첸가오링 고개의 북쪽에서 아침부터 공격에 나섰
으나, 고개를 점령하고 있던 러시아군의 측방 사격에 의해 저지되
었다.

제3시베리아군단은 일본과 포격전을 지속하면서 종일 점령 중
인 진지에 머물렀다. 20킬로미터에 걸쳐 전개한 예비여단과 제12
사단은 아무런 조치도 취하지 않았다. 마우 부대와 제4시베리아군
단이 밤 동안 후퇴함에 따라 전 동부집단이 북쪽으로 퇴각했다.

이와 같이 10월 13일 일본군은 임무를 완수하지 못했으며, 마쓰
나가의 우회 역시 성공하지 못했다. 쿠로파트킨의 명령서에는 공
격이 전면적으로 배제되었으며, 묵뎬을 향한 만주 주둔군의 후퇴
보장과 관련한 조치의 윤곽이 드러나 있었다.

10월 14일 정면에서의 상황

10월 14일 아침 무렵, 만주 주둔군은 좌익을 북쪽으로 퇴각시

켰다.

제6시베리아군단과 제17유럽러시아군단은 부대를 부분적으로 사허 좌안으로 진출시켜 놓은 상태에서 현 위치를 고수했다. 왼편으로 제17군단은 라마툰~샨란자(Шанланцза) 지역에서 제10군단과 접해 있었는데, 야간 전투에서 패한 후 이 지역으로 퇴각했다.

러시아군 전선의 중앙에는 제1유럽러시아군단이 앞으로 전진하여 허산거우~잉서우툰 진지에서 잔류했다.

미셴코의 부대는 잉서우툰으로부터 북쪽으로 재차 이동한 후, 10월 14일 아침 얼다거우 방면에 집결한 제4시베리아군단의 퇴각을 엄호했다.

동부집단은 며칠간 점령했던 진지를 버려두고 북쪽으로 퇴각했다. 퇴각 중이던 제2시베리아군단은 쑹무푸쯔(松木堡子)로부터 북쪽으로 방향을 돌려 벤뉴푸쯔의 북쪽에 위치한 진지를 점령 중이던 제1시베리아군단과 합류했다.

만주 주둔군 좌익의 제3시베리아군단은 장치자이~가오투링 고개로 이어지는 전선에 주력 부대를 전개했다.

렌넨캄프의 부대는 삼소노프 및 류바빈의 부대와 함께 싼룽위(三龍峪)촌으로 퇴각하고 있었다.

서부집단과 동부집단 간의 연락을 담당한 것은 그레코프의 부대였다.

　만주 주둔군의 부대 배치는 대규모 병력이 집결된 우익에서 공격으로 전환할 수 있는 형태였다. 그러나 쿠로파트킨은 이미 공격을 염두에 두지 않았으며, 점령 중인 진지의 사수를 유일한 임무로 제시했다.

　그 무렵 오야마는 하루 전에 내려진 명령문에서, 지정된 경계에 도달하라는 임무를 각 부대에 하달했다.

　동부집단 소속의 병력이 대규모로 후퇴하면서 구로키는 러시아군의 중앙으로 군사 행동을 집중할 수 있었다. 마쓰나가의 여단은 제1시베리아군단의 좌익을 포위하기 위해 상핑타이쯔로 이동하라는 명령을 받았다. 제4군에서 임시로 구로키에게 배속된 제5사단에게는 와이터우산을 점령하는 임무가 떨어졌다. 근위사단과 제2사단은 펑지푸 방면으로 진군했다. 제10사단에게 내려진 명령은 허산거우를 공격하는 것이었다.

　오쿠의 제2군은 만주 주둔군의 우익을 포위하는 위험한 작전을 포기하고, 시선의 중심을 라마툰에 두었다. 린성푸를 상대로 배치된 병력 중 일부가 제3, 제6사단 소속의 예하 부대와의 합동 작전에 참가하여 일제 진격으로 라마툰을 공격할 예정이었다.

빌데를링의 공격과 일본군의 반격

진지를 사수하라는 임무를 받았던 빌데를링은 쿠로파트킨의 재가를 받아 자신의 우익을 공격에 투입하기로 결정했다. 그러나 쿠로파트킨은 늘 그랬던 것처럼 그 어떤 구체적인 지침도 하달하지 않았다. 쿠로파트킨은 공격에 반대하지 않으면서도 서부집단의 공격이 반드시 다른 군단의 군사 행동과 보조를 맞추어야 한다는 사실만 지적했다. 그의 명령서에는 "만약 귀관이 공격을 받았으나 적군을 물리쳤을 경우, 공격으로의 전환은 귀관의 판단에 따를 것"으로 기술되어 있었다.

10월 14일 아침, 빌데를링의 공격이 시작되었다.

제6시베리아군단은 다타이와 훈리푸를 향해 진격했다. 젬봅스키 부대(14개 대대, 16개 카자크 기병중대, 포 32문)는 오쿠 제2군의 측방과 후방인 샤오위중푸(小欲忠堡) 방향으로 이동하여 제6시베리아군단의 공격에 협력해야 했다. 그레코프의 기병대는 러시아군 공격진의 우익을 보호하기 위하여 신타이쯔(新臺子) 방면으로 이동했다.

오전 7시, 사오린쯔~다롄툰 전선에서 공격 개시 지점을 점령한 제6시베리아군단은 제72사단장 투간바라놉스키(Д. И. Туган-Мирза-

Барановский)의 지휘하에 1개 여단으로 구성된 우측 종대를 다타이로 진격시켰으며, 제55사단 소속의 1개 여단으로 편성되어 라이밍(В. А. Лайминг)의 지휘를 받는 좌측 종대는 훙링푸로 진격했다. 이들 종대의 뒤편에서 제6군단의 주력이 움직이고 있었다.

정오 무렵 우측 종대는 일본군 제4사단의 전위 부대를 격퇴한 후 싼자쯔를 점령했으며, 주력에 소속된 일부 부대가 우전잉(武鎭營)촌으로부터 일본군을 몰아냈다. 그러나 좌측 종대는 장량푸(張良堡)에서 일본군의 강력한 저항에 직면하여 후퇴하기 시작했다.

라이밍 종대가 장량푸에서 일본군의 측방과 후방으로 이동하지 못함에 따라 이들의 지원을 받지 못한 제6시베리아군단 우익 부대들 역시 후퇴하기 시작했다. 결국 저녁 무렵 전체 군단 병력은 공격 개시 지점으로 퇴각했다.

결과적으로 군단 병력의 절반 이상이 전투에 참가하지 않은 제6시베리아군단의 공격은 실패로 끝났다.

반면, 지시에 따라 정해진 방향으로 이동한 젬봅스키 부대는 아키아마 기병대에 소속된 부대를 푸자좡쯔와 리디우툰으로부터 격퇴했다.

그러나 제6시베리아군단과 젬봅스키 부대의 공격이 시간적으로 조율되지 않았다. 리디우툰~푸자좡쯔 전선을 향한 젬봅스키의 계속된 진격은 이미 제6시베리아군단이 퇴각한 다음에 이루어져, 일본군에 의해 격퇴당했다.

그 무렵 일본군은 새벽에 러시아군 진지에 대한 공격 준비 포격을 개시한 후, 서부집단의 전선에서 공격으로 전환했다.

웨이자와쯔(魏家洼子)~사허 역~장량푸 전선에서 공격 개시 지점을 점령한 일본군은 린성푸와 라마툰을 공격해 들어갔다.

린성푸 전투는 14시까지 지속되었다. 강우 속에서 일본군 2개 중대가 마을을 우회하여 측방 포격으로 서부집단의 진지를 격파하면서 마을을 공격해 들어갔다. 반격으로 마을을 수복하려는 러시아군의 시도는 실패로 끝났다. 일본군은 예비대로부터 2개 대대의 증원을 받은 뒤 북쪽을 향해 진격하려 했으나 저지되었다.

같은 시각에 일본군은 사허 역 동쪽에 위치한 작은 숲으로부터 라마툰을 공격했다. 러시아군의 강력한 포격과 사격 속에서 전진하던 일본군은 적의 진지 전면에 참호를 구축하기 시작했으나 일부는 퇴각하기도 했다.

제10군단 구역에서 허우타이(後臺) 화산을 향해 일본군 제3사단 소속 부대가 실시한 야간 공격은 실패로 돌아갔다. 제10군단 예하 2개 대대가 점령하고 있던 웨이자와쯔에 대한 일본군의 공격 역시 성공을 거두지 못했다. 그러나 새벽 직전 일본군은 재차 허우타이와 웨이자와쯔를 공격하여 그 둘 모두를 점령했다.

10월 14일로 넘어가는 야간 내내 공격을 실시한 일본군은 예비대를 밤사이 모두 소진해 버린 제10군단의 정면을 돌파하여 아무런 장애 없이 사허푸로 진군했다. 이에 러시아군은 그곳을 비우고 후퇴할 수밖에 없었다.

이 무렵 제10군단장은 쿠로파트킨이 "자신의 통제하에 있는 모든 병력을 동원하여 난강쯔(南崗子)~구자쯔 방면에 있는 적의 우측방을 공격 중"이라는 소식을 참모장으로부터 접수했다.

슬루쳅스키는 적의 측방에서 쿠로파트킨의 지휘를 받는 예비대가 나타나는 순간 공격으로 전환하라는 명령을 받았다.

사허푸를 공격하기 위하여 슬루쳅스키는 2개 대대를 샨란자(Шаланцза) 방면으로, 2개 대대를 묵덴 도로를 따라 출동시켰다. 바오자쯔(鮑家子)보다 남쪽에 위치한 진지를 점령 중이던 3개 포병중대는 슬루쳅스키의 사허푸 공격을 지원했다. 그 결과 러시아군이 사허푸의 북쪽 지역을 장악했다.

반드시 필요한 지원군이었던 쿠로파트킨의 예비대는 아직 도착하지 않았다.

제1유럽러시아군단의 전투

쿠로파트킨의 예비대가 싼자쯔에서 난강쯔와 구자쯔를 공격하기 위해 준비하고 있을 무렵, 제1유럽러시아군단의 구역에서는 노즈와 구로키 군 소속의 부대를 상대로 전투가 치러지고 있었다.

체크마레프(Чекмарев)의 제37사단이 점령하고 있는 허산거우~잉서우툰 전선의 진지는 사단 전개 지역 전방에 솟아오른 일련의 언덕으로 인해 시계를 확보하지 못했다.

제22사단 소속 제88여단이 진지의 우익을 보호했다. 제10군단과의 연락은 카자크 연대가 담당했다. 제22사단 소속의 나머지 3개 연대는 군 총사령관의 예비대에 편입되었다.

제1유럽러시아군단 사령관에게 임시로 배속되어 그의 명령에 따라 제37사단의 진지 좌측을 보호해야 하는 마우의 부대는 밤 동안 퇴각했다. 제37사단의 좌익 뒤편에 있었던 미셴코의 부대는 전선 정면으로 이동 배치되어 잉서우툰 지역에 집결했다.

9시, 일본군이 체크마레프 진지의 좌익을 공격하기 시작했다. 오카자키 휘하 제15여단의 공격은 미셴코의 화력 앞에서 후퇴했다. 제37사단의 나머지 전선에서는 제11, 제10예비여단의 부대들이 공격에 나섰다.

제1유럽러시아군단 좌익에 대한 계속되는 일본군의 공세는 잉서우툰 남쪽에 위치한 강력한 포병의 지원을 받았으며, 이들의 포격은 37사단의 측면으로 가해졌다.

같은 시각 제88연대는 일본군의 거센 공격을 버텨냈는데, 강력한 포격과 사격으로 일본군의 공격을 물리칠 수 있었다. 그러나 정오 무렵 제88연대는 총사령관의 예비대에 합류하기 위해 싼자쯔로 퇴각하라는 명령을 받았다.

제88연대는 퇴각하기 시작했고, 연대의 전투 중지 이유를 몰랐던 제37사단의 우익 부대 역시 같이 후퇴하기 시작했다.

이 무렵 쿠로파트킨은 제1유럽러시아군단 소속으로 공격에 나선 부대의 우익이 난강쯔를 공격하고 있는 예비대의 좌익과 연결되어야 한다고 판단했다. 이에 그는 제10군단 전선에서 일본군의 돌파를 막을 수 있도록 공격에 나서라는 명령을 제1유럽러시아군단의 지휘관 메이엔도르프에게 내렸다.

그러나 이와 같이 인위적으로 구상된 기동은 성공하지 못했다. 메이엔도르프가 자신에게 부여된 공격을 준비하기 전에 먼저 일본군이 제88연대가 진지로부터 철수했음을 이용하여 메이엔도르프의 우익을 우회하기 시작했으며, 강력한 측방 포격으로 제37사단의 진지에 타격을 가했다.

적군의 공격으로 움직일 수 없게 된 제37사단장은 공격 명령을 접수한 후, 현 위치를 고수하다가 공격 적기를 기다리기로 결정했다. 그러나 시간이 흐를수록 사단 전면의 전황이 더욱 악화되었다. 미셴코 부대는 일본군 제2사단의 강습하에 후퇴하면서 제37사단의 좌익을 노출시켰다.

한편 일본군 포병은 측방 진지로부터의 강력한 화력을 체크마레프의 부대에 퍼붓고 있었다.

전황이 이렇게 전개되자 체크마레프는 일부 부대를 후방으로 후퇴시킬 수밖에 없었다. 이와 동시에 나머지 부대는 그곳까지 돌파한 일본군 소규모 단위 부대들과 백병전을 펼치면서 깊은 진창을 따라 퇴로를 개척하여 일본군의 십자포화 아래서 퇴각하기 시작했다.

사허를 따라 형성된 전선을 고수하려는 체크마레프의 노력은 성공을 거두지 못했다. 일본군은 산악포병을 동원하여 제37사단이 퇴각한 정상에서 강 협곡을 집중 포격했다. 이와 동시에 퇴각 중이던 러시아군의 좌익이 일본군에게 포위될 위험에 처하게 되었다.

사허를 도하한 제37사단은 얼다거우 남쪽에 위치한 산의 정상에 전개했다.

솽펑산 공격

제37사단이 완전 퇴각할 당시 쿠로파트킨의 예비대인 제22사단은 시비츠키(И. Ф. Сивицкий)를 임시 지휘관으로 삼아 후라오툰(胡老屯)촌 남쪽에 있는 진지에 포병을 배치한 후, 난강쯔 동북쪽에서 전개했다.

17시 이후 시비츠키는 부대의 우익을 형성하고 있던 보로네즈 연대 소속의 2개 대대를 난강쯔 공격에 투입하여 솽펑산(雙峰山)을 공격했다. 두 개 연대가 동쪽 및 동남쪽에서 솽펑산을 공격했고, 나머지 부대는 북쪽으로부터 진격했다.

잠시의 전투 이후 러시아군이 난강쯔와 창링쯔(長嶺子)를 점령했으며, 전위 부대는 후타이 화산까지 전진했다.

땅거미가 내리면서 공격이 중단되었다. 그러나 제10군단과 제37사단 전선에서의 패전 소식은 쿠로파트킨으로 하여금 시비츠키의 부대를 점령 중인 경계에 머물게 했다가 밤이 되면서 숲이 있는 노브고로드(Новгород)산으로 퇴각시키도록 했다.

동부집단의 전선에서는 쿠로파트킨의 요청에 의해 제1시베리아군단을 쌴자쯔~로샨툰(Лосянтунь) 지역의 예비대에 이동 배속시킨 것 외에는 특별한 사안이 없었다.

마우 부대는 바오자쯔로 보내져 제10유럽러시아군단에 배속되었다. 동부집단이 후퇴함에 따라 제4시베리아군단 역시 사허 북안으로 후퇴했다. 나머지 부대는 원위치를 고수했다.

일본군의 경우 마쓰나가의 여단이 상핑타이쯔 방면으로 진군했으며, 제12사단은 샤스차오쯔 방면으로 이동했다. 간인노미야의 제2기병여단은 퇴각하는 렌넨캄프 부대를 추격했다.

10월 14일 전투의 결과

10월 14일의 전투 결과 제10군단 전선의 소규모 돌파를 격퇴하려 했던 쿠로파트킨의 모든 대책은 실패로 돌아갔다.

만주 주둔군의 지휘관은 러시아군의 우익에서 형성된 유리한 부대 배치를 이용하여 5만 병력의 강한 타격력으로 일본군 제2군의 측방에 타격을 가하지 않았으며, 빌데를링의 개별적인 선제 공격 역시 적절한 규모로 확대되지 못했다. 제17군단의 측방에 밀접해 있던 제6시베리아군단과 젬봅스키 부대는 일본군의 측방을 폭넓게 우회하기 위해 필요한 시간과 공간을 확보하지 못했다. 이 외에도 소볼레프와 젬봅스키는 보유한 병력 중에서 소규모 부대만을 동원하여 공격을 준비했는데, 바로 그것이 공격력 약화로 이어짐에 따라 막대한 손실을 입고 격퇴당했다.

동부집단의 재빠른 퇴각은 만주 주둔군 동·서부집단의 중간 지점으로 일본군이 돌진할 가능성을 제거했다.

일본군 지휘부의 역동성 역시 확연하게 떨어졌다. 오야마는 제10군단 전선 돌파를 더 큰 성공으로 연결시키지 못했다. 이곳에서의 중앙 돌파는 러시아군의 우익을 포위하지 못한 것을 확실하게 보상할 수 있었다. 적시에 병력을 중앙에 투입하고 북쪽 방면에서 성과를 확대시켰더라면, 소심하고 우유부단한 러시아 장교들은 서둘러 후퇴했을 것이다.

사허 전투의 마지막 기간 동안 오야마의 군사 행동을 보면 그가 명확히 고안된 구상을 가진 것이 아니었으며, 계획을 이행함에 있어 집요함도 결여했음을 알 수 있다. 오야마는 자신에게 익숙했던 포위 방식을 적용할 가능성이 사라지면서 창의적 사고가 마비되었다. 그는 오래전부터 고안했던 러시아군 우익에 대한 포위 계획을 용이하게 할 조건을 만들고자 부대를 재배치하려는 시도를 하지 않았다. 동부집단의 수동성은 이러한 시도에 완전히 적합한 상황이었는데도 말이다. 오야마가 러시아군 전선의 중앙에 관심을 집중했다고는 하나, 그것은 성과를 낼 수 있는 적합한 부대 배치로 구현되지 않았다.

동부집단과 서부집단의 접점 지역에 마쓰나가의 1개 여단만을 투입한 것 역시 확실한 결과를 보장하지 못한다는 점에서 전혀 이해할 수 없는 행동이었다.

이와 같이 일본군 지휘부의 비체계성은 일정한 수준에서 만주 주둔군에게 용이한 상황을 형성해 주어 유리한 작전을 개시할 가능성을 제공했다. 하지만 차르 군대의 지휘부는 단호한 군사 행동을 보여줄 능력을 갖지 못했다.

방어로 전환한 오야마

모든 작전 진행 과정에서 전력비와 부대 배치가 일본군에게 불리하여, 일본군 지휘부는 결정적인 승리를 거두지 못했다.

전투는 러시아군의 전선에서 공방전으로 이어졌을 뿐이다. 독일 군사학파가 다듬은 측방 포위 작전은 오야마가 공격의 주도권을 장악한 경우에만 성공적이고 효과적으로 적용될 수 있는 것이었다. 그러나 러시아군의 주도하에 시작된 사허 작전에서는 이것이 실현될 수 없었다.

넓은 전선에 전개한 러시아군이 지역에 따라 보여준 적극성은 일본군의 입장에서 익숙하지 않은 현상이었다. 따라서 일본군 총 지휘부의 계획이 틀어지게 되었다.

자신의 우익을 전방으로 진군시킨 빌데를링의 소심한 시도는 오야마가 스스로 고안한 최초의 포위 작전 계획을 포기하도록 하는 데 결정적인 역할을 했다. 러시아군 전선을 돌파하기 위해 중앙에 대규모 병력을 집결한 것은 좌익의 약화, 그리고 철도와의 격리라는 위협으로 작용했다.

오야마는 랴오양 작전 이후 다시 러시아군으로부터 벗어나서 자신의 부대에 휴식 시간을 제공하고 더 유리한 결과를 낼 수 있는 작전을 수립하기를 원했던 것이 분명하다. 그러나 만주 주둔군은 자신이 승자라는 사실을 인지하지 못하면서도, 사허 작전의 첫 실패 이후 자신들의 통상적 전술이었던 후퇴를 선택하지 않았다. 10월 15일, 러시아군은 방어 준비에 임하며 진지를 강화했다. 이날 쿠로파트킨은 자신의 부대에 적극적 임무를 부여하지 않았다. 오야마 역시 이날은 큰 적극성을 보이지 않았다. 일본군 총사령부는 명령을 내려 "재차 공격으로 전환할 준비를 하라"라고 요구했다. 군은 "부대를 조직하고 묵덴 방면에서 정찰을 수행하라"라는 임무를 받았다.

그러나 서부집단 전선에서는 구부러진 좌익을 곧게 펴려는 일본군 제2군이 선공에 나서면서 전투가 발생했다. 10월 15일 아침에 리디우툰을 공격한 아키야마 기병대는 격퇴되었다. 그러나 서부집단의 후퇴 가능성을 예측한 쿠로파트킨이 퇴각을 엄호하라는 임무와 함께 젬봅스키 부대를 다창커로 퇴각시킴에 따라, 이 전투에서 러시아군이 입은 희생은 무익한 것이 되었다.

제17군단의 우익에서는 린성푸를 놓고 전투가 벌어져 일본군이 그곳을 장악하는 것으로 종결되었다.

그와 동시에 제17군단의 구역에서는 오해로 인하여 라마툰촌을 적의 수중에 넘겨주었다. 군단장은 제35사단을 지원하기 위하여 예비대를 차출하느라 전날 전진 진지에 배치된 제3보병사단의 일부 부대를 이동시킬 수밖에 없었다. 그런데 제3사단의 일부 부대가 퇴각하는 이유를 이해하지 못한 인접 지역의 부대들이 퇴각 중인 부대의 뒤를 따랐다. 이런 식으로 철도 노선에서 라마툰촌까지의 전 지역으로부터 러시아군이 철수했으며, 그 즉시 일본군이 라마툰을 점령하였고 일부는 사허 우안으로 도하했다.

나머지 전선에서는 일본군이 적극성을 발휘하지 않았다. 사허로 진출한 오야마는 결정적 결과를 도출하기 힘든 불리한 부대 배치 조건 속에서 여러 날에 걸쳐 부대를 피로하게 하는 작전을 마무리 짓기로 결정했다.

오야마는 선로로부터 이탈하고 이전에 경험했던 포위 방식을 실현할 가능성이 사라지면서 적극성이 눈에 띄게 저하했다. 러시아군의 집결된 부대 배치에 의해 저지당하여 자신의 좌익을 전면으로 전진시킬 수 없었던 일본군은 러시아군 중앙에서 공방전을 펼쳤다. 그러나 그것은 러시아군이 일본군의 좌익을 우회할 수 있는 조건을 제공해 줄 뿐이었고, 그 결과는 의존 가능한 유일한 교통로의 상실을 의미하는 것이었다.

오야마는 현재의 경계에서 방어에만 임하기로 결정했다.

한편 쿠로파트킨은 자국 정부의 정치적 문제에 구속되어 재차 공격을 시도하려고 했다. 그러나 공격을 생각한 러시아군의 총사령관은 막대한 전과를 거둘 만한 대규모 작전을 고안해 내는 데는 이르지 못했다. 전황은 그런 대규모 작전에 알맞게 형성되어 있었다. 우익의 부대 배치가 철도 노선으로부터 일본군을 몰아내기 위한 포위 작전의 가능성을 암시했던 것이다.

20만이 넘는 육군의 수장으로서 전제정의 명예를 회복할 만한 화려한 승리를 거둘 임무를 어깨에 짊어진 쿠로파트킨은, 서부집단이 적에게 양보한 공간의 일부를 재점령한다는 참으로 옹색한 전술적 과제를 10월 16일의 자신의 임무로 정했다. 즉, 제17, 제10

군단이 하루 전에 빼앗긴 사허 좌안의 진지와 린성푸·라마툰·사허푸촌 등을 점령하는 것이었다. 그러나 이런 사소한 임무도 완수되지 못했다. 새벽에 일본군이 제1유럽러시아군단 구역의 노브고로드산을 점령했다는 소식을 접한 쿠로파트킨이 예정된 빌데를링 부대의 공격을 취소했기 때문이다. 이마저도 쿠로파트킨은 너무 위험하다고 판단했던 것이다.

일본군이 러시아군의 중앙에서 사소한 전술적 승리를 거두자 쿠로파트킨은 대규모 병력을 동원하여 자신의 우익에서 공격에 나선다는 계획을 포기해 버렸다.

노브고로드산과 푸틸로프산에 대한 공격 (그림 26)

제1유럽러시아군단의 전선에서 두 산을 점령하기 위해 치열한 전투가 발생했다. 사허 좌안을 완전하게 점령하여 방어를 공고히 하고자 하는 일본군은 노브고로드산을 점령하기로 결정하고 샤란쯔촌에 예비 포격을 가하기 시작했다. 결국 그곳에 있던 제10군단 소속의 부대들은 막대한 손실을 입은 채 그곳을 버리고 사허 우안으로 도하했다.

10월 16일 여명이 밝으면서 일본군은 노브고로드산을 목표로 강력한 포격과 기관총 사격을 가했다. 산을 점령 중이던 제22사단 소속의 3개 대대는 산을 버려두고 사허 우안으로 도하했다. 산을 점령한 일본군이 사허옌(沙河沿)에서 전개한 노비코프(B. M. Новиков) 부대(제22사단 소속 3개 연대)에 포격을 가하자 10시에 부대는 우자툰(吳家屯)으로 퇴각하기 시작했다. 사허를 도하한 일본군은 사허옌을 점령했으나 우자툰으로부터 반격에 나선 노비코프 부대의 공격을 받고 격퇴당했다. 사허 계곡의 양 측방을 공격할 수 있는 노브고로드산과 그 산의 서쪽에 위치한 산(후일 푸틸로프Путилов산이라 명명)에 큰 의미를 두었던 쿠로파트킨은 그 두 산을 고수하기로 결정했다.

두 산은 사허옌 근처에서 급경사를 이루며 사허 방향으로 낮아지는 고지에 위치해 있었다. 강폭이 좁고 얕은 사허는 충분히 도강이 가능했다. 이 두 산은 5개 대대와 포 30문으로 편성된 야마다 장군의 혼성 부대에 의해 점령되었다.

그사이에 제10군단을 지원하기 위하여 예비대로부터 푸틸로프(Путилов) 여단(제2시베리아군단 소속)이 샤란쯔와 사허푸로 파병되었다. 푸틸로프는 필요할 경우 제22사단을 지원하여 노브고로드산 전투에 참가하라는 임무도 띠고 있었다.

우자툰에 도착한 푸틸로프는 제22사단장 노비코프와 함께 공격 계획을 수립했다. 노비코프의 3개 연대는 우자툰 방면으로부터 공격해 들어갔으며, 푸틸로프의 여단은 남쪽으로부터 산을 포위하기 위하여 공격으로 전환했다. 그 외에도 제1시베리아군단장은 사허툰 방면으로부터 제36연대를 파병했다. 나중에 산을 공격하기 위하여 2개 연대가 더 배치되었다. 산을 공격하는 데 배정된 25개 대대의 총지휘는 제1유럽러시아군단 사령관 메이엔도르프가 맡았다.

15시에 예비 포격을 개시한 뒤 17시에 러시아군은 일본군의 강력한 포격과 기관총 및 소총 사격 속에서 공격으로 전환했다.

이미 날이 어두워진 20시경 러시아군은 서로 뒤엉키면서 산과 인접한 곳에서 산개했다. 제22사단 소속의 3개 연대장은 모두 전열에서 이탈했다. 그 외에도 다수가 전사하거나 부상을 당했다. 다수의 병사들이 부상자로 이송되었으며, 지휘부는 간신히 부대 질서를 회복할 수 있었다.

그 무렵 제36연대는 동쪽으로부터 공격해 들어와 남쪽으로부터 산을 우회하여 일본군의 전진 참호를 급습했다. 그러나 일본군을 백병전으로 물리친 후, 어둠 속에서 우측으로부터 공격해 들어오던 자신의 부대를 향해 소총 사격을 가했다. 그와 동시에 제36연대는 남쪽으로부터 방어 부대를 지원하기 위해 진군하던 적군의 사격으로 많은 손실을 입었다. 그럼에도 결국 일본군 지원 부대는 사허튼으로 퇴각했다.

푸틸로프는 1개 연대를 전개하고 나머지 연대를 예비대에 남겨둔 후, 서쪽으로부터 공격해 들어갔다. 도하에 성공한 푸틸로프는 이미 어두워진 상태에서 노브고로드산 서쪽의 언덕으로 부대를 이동시켰다. 적의 강력한 화력을 안으며 푸틸로프는 적의 전진 참호로 돌격해 들어갔다. 치열한 백병전을 치르고 자정 무렵 일본군 예비연대가 방어하던 산은 러시아군의 수중에 떨어졌다.

그 무렵 제22사단은 노브고로드산을 계속해서 공격하고 있었다. 밤 동안 산을 점령하라는 명령을 받은 노비코프는 10월 17일로 넘어가는 야간에 산 근방에서 공격 개시 지점을 점령한 후, 사격은 가하지 않으면서 2개 중대를 정상으로 진군시키고 나머지 부대가 그 뒤를 따르도록 했다. 짧은 백병전을 치른 러시아군은 산을 점령했다. 이 공격으로 러시아군에서 3,000명이 넘는 사상자가 발생했고, 일본군은 거의 모두가 전사했다. 러시아군은 이 산에서 대포 14문과 기관총 1정을 획득했다.

푸틸로프산과 노브고로드산에 대한 공격은 야간 전투 훈련을 받지 않은 부대가 각 종대 간의 상호 연락을 확보하지 못한 상태에서 수행했음에도 불구하고 성공적으로 종결되었다. 지나치게 전방으로 전진한 야마다 부대는 필요한 지원을 받지 못했는데, 그 이유는 연락망을 확보하지 못한 데 있었다.

10월 17일 일본군이 샤란쯔촌으로부터 철병하자 그곳을 제10유럽러시아군단이 점령했다. 다음 날 일본군 제5사단 소속 부대와 이동 배치된 우메자와 여단 소속 부대들이 사허푸로 진군한 제3사단이 견고한 위치를 점할 수 있도록 푸틸로프산을 공격했으나 성공하지 못하면서 일본군은 사허푸를 비워줄 수밖에 없었다.

여러 날에 걸친 사허 작전은 이렇게 종결되었다. 푸틸로프산과 노브고로드산에서 거둔 러시아군의 승리가 지닌 의미는 국지적인 것에 불과하여 사허 전투의 전체 흐름에 영향을 미치지 못했다. 양군은 점령 중인 경계에 머물러 있었으며, 상호 근접한 거리에서 기본적인 진지 강화 작업에 착수하여 묵덴 작전이 시작될 때까지 그곳에 머물러 있었다. 정찰대의 활동으로 간혹 양측 간에 발생한 포격전만이 '사허의 대치'라고 불리던 평온을 깨뜨릴 뿐이었다.

이곳에서 러시아군의 일부 집요함을 목격한 일본군 지휘부는 이후 적극적인 군사 행동을 자제했다. 일본 자료에 따르면 일본군은 2만 명의 병력 손실을 입었음에도 결정적인 전과를 얻지 못했다.

러시아군 역시 사허 작전에서 4만 2,000명의 병력 손실에도 이뤄낸 결과가 전혀 없었다.

러시아군은 일본군보다 훨씬 견고하게 참호를 구축했다. 일본군이 경계 부대용 거점을 지닌 단일 참호선으로 진지를 구축한 데 비해, 러시아군은 몇 개의 참호선을 구축하고 각 참호를 교통로로 연결했다. 그와 동시에 주거 지역도 방어에 적절하게 개조되었는데, 나뭇가지와 짚을 섞어 건축된 점토질 건물 구조 및 동일한 재질로 구축된 담장이 이 작업을 용이하게 했다.

사허 작전의 결과

양측에서 6만 2,000명의 희생자를 낸 사허 작전은 양측 모두에게 결정적인 결과를 가져다주지 못하고 종결되었다. 차르 정부는 쿠로파트킨이 전승 행진으로 차르 체제의 권위를 뒷받침해 주길 바랐으나 끝내 그 희망은 좌절되었다. 극동에서의 승전을 갈망하고 있던 전제정 러시아는 적절한 시기에 만주 전장에서 정치적 승리를 얻어낼 수 없었다. 지난 수개월 동안 자신의 진지를 방어하지 못한 러시아군은 빼앗긴 지역을 공격으로 수복할 수 있는 능력을 보여주지 못했다.

지난 전투의 공정한 참관자였던 우리가 생각건대, 러시아 군
대는 지금까지 지휘관들의 지도 아래 수적으로 자신보다 한
참 열세인 적과의 전투에서 막대한 희생을 치르며 지켜내지
못했던 것들을 공세로써 다시 손에 넣을 수 없음이 분명하다.

러일전쟁의 외국인 관전장교 중 하나였던 테타우는 이렇게 기
술했다.

사허 공격에 앞서 승리를 확신하고 그 기회를 열거했던 쿠로파
트킨의 허세 가득한 명령에도 불구하고, 만주 주둔군은 공격 준비
가 안 된 상태였다. 전장에 대한 연구 측면에서도 작전 준비가 이
루어지지 않았으며, 어느 정도 신뢰할 수 있는 지형도마저 없었다.
이는 사허 전장이 아직 만주 주둔군의 후방에 위치해 있을 때 참모
부가 생각했어야만 하는 사안이었다. 예정된 공격의 보안을 유지
하는 것도 지켜지지 않았다. 모든 이들이 예정된 공격에 대해 알게
되고 이에 대해 떠들면서 기습 공격의 이점 또한 상실되었다. 다수
에 걸쳐 이루어진 '승리의 선사'에 관한 기도(祈禱)는 공격 준비를
공표하는 것밖에 되지 않았다.

사허 작전 초기 군의 사기는 꺾인 상태였다. 최고 지휘부 내의
합의도 존재하지 않았다. 그 누구도 열의를 느끼지 못했다. 사허

작전 계획 수립의 행정 관료적 방식, 지휘관의 통일된 창의적 발상의 결여, 작전의 전황에의 부적합성 등은 러시아군의 작전 개념이 지닌 위기를 반영하고 있었다.

마찬가지로 일본군 지휘부도 러시아군이 약간의 적극성을 보이자 이에 영향을 받아 자신의 계획을 실행에 옮기지 못했다. 그 결과 정면 공격 당시 일본군은 각 전선의 개별적인 구역에서 산발적으로 획득한 주도권에 따라 비체계적으로 행동했다.

현대 화기의 위력과 대규모 병력이라는 조건하에서는 광범위한 정면에 걸친 전개가 필요하다. 양측 모두 그런 식의 전개를 추구하고 있었다. 즉, 묵덴의 함락은 "일본군의 거대한 성과가 될 것이며, 이곳 극동 지역 모두, 특히 그중에서도 중국을 상대로 한 일본의 권위를 확연하게 강화시켜 줄 것"으로 본 본국 정부의 정책에 따라 쿠로파트킨은 묵덴으로 향하는 방향을 보호하는 유일한 방법으로서 광범위한 전선에 걸쳐 부대를 전개할 수밖에 없었다. 반면 오야마는 러시아군이 측방으로 우회하는 것을 비롯하여 전선으로부터 조선, 다구산, 잉커우로 직접 연결되는 교통로를 향해 러시아군이 진출할 수 있음을 우려하여 넓은 정면에 걸쳐 부대를 유지할 수밖에 없었다.

바로 이렇게 넓은 전선에서 부대를 전개할 수밖에 없었다는 점은 양측 지휘관의 작전 개념을 제한함으로써 그들이 평정심을 잃게 만들었다. 창의성에 의존하는 것이 아니라 유럽식 작전·전략술의 본보기를 모방하고 있었던 쿠로파트킨과 오야마 모두 사허 작전에서는 적절한 지휘관이 아닌 것으로 판명되었다. 한 명은 내선 작전 방침에 따른 나폴레옹식 집결을 수행하기에 벅찬 것으로 드러났으며, 다른 한 명은 포위 작전을 실현할 수가 없었다. 양측의 군사 행동은 하찮은 전술적 목적을 수행하면서 상호간의 정면 공방전으로 귀결되었을 뿐이다. 여기서 일본군의 적극성은 러시아군의 수적 우세에 의해 상쇄되었다.

그런데 쿠로파트킨은 이전 전투의 쓰라린 경험에 기초하여 포위 행동의 유리함을 인식하기 시작했다. 쿠로파트킨은 자신의 우익에 약 5만 명에 달하는 강력한 부대를 배치했다. 그러나 러시아 지휘관은 이 대규모 병력을 일본군의 측방 우회에 집중 투입할 용기를 내지 못했다. 그는 우익에 배치된 부대를 2~3킬로미터 정도 전진시켰다가 원래의 위치로 되돌리는 소심함을 보여주었을 뿐이다.

일본군의 측방을 포위하려 한 쿠로파트킨은 포위를 목적으로 지나치게 많은 수의 부대를 집결시켰으며, 적진 포위 임무를 맡은 소볼레프 군단과 젬봅스키의 제17군단에 대한 지나친 간섭은 포위 작전을 사소한 전술적 임무 수준으로 격하시켜 버렸다.

러시아 보병의 공격력을 신뢰하지 않은 쿠로파트킨은 기병대의 응집된 병력을 이용할 수 있었다. 그러나 러시아 기병대는 압도적인 수적 우세를 점하고 있었음에도 전투에 투입되지 않았다. 132개의 기병중대와 카자크 기병중대 중에서 76개가 간인노미야의 17개 기병중대 및 구로키의 제1군에 소속된 사단 기병대에 대응하여 산악 지형에서 활동했다. 그러나 러시아 기병대는 이런 수적 우세에도 불구하고 적극적이지 못했다. 서부집단에 소속된 56개의 기병중대와 카자크 기병중대는 아키야마의 17개 기병중대와 오쿠의 제2군 소속 사단 기병대를 상대로 위와 전혀 다를 바 없는 소극적 자세를 견지했다. 만주 주둔군의 우익 뒤편에 펼쳐진 평야 지대에 대규모의 기병대를 집결시켜서 일본군 전개지의 후방을 공격했더라면 사허 작전의 결과는 근본적으로 바뀔 수 있었다.

러시아군의 후방에 있던 철도로 진출하려면 결정적 행동이 필요했다는 의미에서, 대규모 병력을 좌익에 집결하기로 결정한 오야마 역시 계획을 지속적으로 수행하지 못했다. 오야마가 이러한 기동을 실행에 옮겼더라면 쿠로파트킨과 그의 수동적인 장군들이 완전한 혼돈 속에 빠져들면서 만주 주둔군은 무질서하게 북쪽으로 퇴각했을 것이다.

오야마가 이전 전투의 경험에 기초해서 적은 노력으로 러시아군 우익에서 승리할 수 있다고 본 애초의 예상은 성공하지 못했다. 오야마는 상당한 모험을 감수해야 했던 러시아군에 대한 중앙 돌파를 결심하지 못했다. 독일 학파의 유산을 맹목적으로 따르던 일본군 지휘부는 작전 실행에서 그런 군사 행동 방식의 의미를 발견할 수 없었다.

극도로 완만한 러시아군의 공격 전개는 일본군의 적절한 상황 판단과 그에 부응하는 결정에 따른 결과라기보다는 이전 전투에서의 패배, 그리고 강력한 공격이 갖는 유익성에 대한 과소평가 등에서 유래한 러시아군 지휘부의 불필요한 조심성의 결과였다. 러시아군의 공격 개시 후 일본군이 반격으로 전환할 때까지의 시간, 즉 10월 5일부터 10일까지 동부집단은 거의 적의 저항을 받지 않은 상태에서도 겨우 60킬로미터를 진군했을 뿐이며, 서부집단의 진군 거리는 30킬로미터에 불과했다. 적과의 접촉은 공세 작전에 어울리지 않는 '방법론적' 특징을 지녔다. 이는 쿠로파트킨이 만들어낸 것인데, 짧은 진군 후 방어 진지 구축을 위해 정지하는 식으로 나타났다. 이런 식의 진군으로는 공격적 돌파가 불가능할 뿐 아니라, 일본군이 완전하게 상황을 파악하고 반격을 준비하기 위한 시간과 공간을 확보할 수 있게 해주었다.

전체 작전 기간 내내 러시아군의 공격은 일본군의 반격에 직면했다. 그로 인해 사허 작전은 조우전의 성격을 띠게 되었고, 이런 성격은 일본군이 보다 적극적으로 활동한 러시아군의 우익에서 특히 더 확연하게 나타났다. 차르 군대는 조우전에는 준비가 되어있지 않았다. 군부대에서의 다양한 훈련과 기동에서, 그리고 총참모부 학술원의 수업에서 익힌 것은 전투의 오직 두 가지 형태, 즉 공격과 방어뿐이었다. 또한 전술적 방어하에서 전략적으로 공격하는 경향이 있었는데, 이것이 빌데를링의 서부집단 부대가 보여준 군사 활동 모습이었다.

양측이 전개한 이후에는 대체로 러시아군이 일본군에게 공격 주도권을 내주고 진지를 강화하며 방어로 전환하는 경향이 있었다. 쿠로파트킨과 그의 장군들은 진지의 의미를 과대평가했는데, 그 결과 소극적 방어 성향이 형성되어 부대들은 진지에서 움직이지 않았다.

> 기억할 만한 것은 모두의 혀 위에 맴돈 '진지'라는 불행한 단어, 그리고 매번의 결정과 모든 자유로운 행동을 마비시키면서 지속된 수동적 방어 전술뿐이었다.

이와 같이 공격은 소심하게 이루어졌으며, 매 시점 방어로 전환할 수 있는 준비가 갖춰져 있었다.

사허 이전의 전투에서는 방어 측만이 진지 구축에 의존했던 것과 달리, 사허 전투에서는 양측 모두에 진지 작전이 나타났다. 여러 날에 걸친 사허 전투로 인해 지쳐버린 양측은 다음 전투를 위해 병력과 군수품의 증강이 이루어질 때까지 현재 주둔한 정면을 고수해야 했다. 자신이 도달한 경계를 불가피하게 방어하면서 형세를 관망하는 방식은 상대방으로 하여금 인공 장애물을 구축하며 자신의 진지를 사수하도록 만들었다. 한편 다가올 겨울에 대비하여 난방이 가능한 지하 엄폐호와 막사를 건설하기도 했다. 바로 이런 이유에서 묵덴 전투가 시작되기 직전까지 양측의 군사 행동은 진지 주둔의 성격을 갖게 되었다. 상호 포격전과 소규모 부대에 의한 정찰 역시 그런 경향이 반영된 것이다. 근접 거리의 포격전이 벌어지면 각 부대는 엄폐호에 주둔하거나 흉벽 뒤에 숨어있었다.

사허 작전 동안 자신의 지휘 방식에 충실했던 쿠로파트킨은 휘하 지휘관들의 주도권을 제한했다. 10월 12일, 쿠로파트킨은 부대의 활동을 속박하는 일련의 모순된 명령을 내렸다. 지휘 체계를 무시한 채 수시로 군단이나 심지어 사단에까지 직접 명령이 내려갔으며, 게다가 그런 명령은 종종 병력이나 자재의 사용에 관한 가장 사소한 사안까지 규정하여 부하들의 자주성을 없애는 동시에 여러 가지 갈등을 초래했다.

쿠로파트킨은 일련의 문제에 대해서 개별 장교들과 장문의 서신을 교환하면서 대규모 연합 부대장들에게 다양하고 사소한 명령을 내렸다. 그러나 그런 명령들의 특징은 확고하지도, 명백하지도 못했다는 데 있었다.

사소한 사항에 지나치게 많은 관심을 할애하고 크지 않은 전선 구역에서의 전투 지휘에 지대한 관심을 표명했던 쿠로파트킨은 연합 부대의 군사 행동에 대한 총괄적 지휘를 손에서 놓아버렸다. 예하 각 부대의 지휘관들은 통상적으로 총사령관의 명령이나 승인 없이는 아무런 조치를 취하지 않았다.

일반적으로 쿠로파트킨은 전쟁터에 모습을 드러내지 않았으며, 10월 14일 정면 돌파를 격퇴하기 위해 그가 예비대를 직접 통솔하겠다고 내린 결정은 나폴레옹 시대의 지휘관들을 모방한 겉치레에 불과했다. 쿠로파트킨이 실제로 예비대를 직접 지휘했는지는 알려지지 않았다. 나폴레옹 시대에는 전선의 규모와 통신 수단을 고려할 때, 전투에서 예비대를 직접 지휘하는 지휘관이 모든 전선에 대한 전체 지휘권을 유지한 상태에서 전체 전장을 관할할 수 있었다. 그러나 만주에서 쿠로파트킨이 예비대의 활동을 직접 지휘했다면 전체 군에 대한 지휘권의 일관성이 상실될 수밖에 없었을 것이다.

사허 작전에서도 랴오양 작전에서와 같이 총사령관의 거대한 예비대가 적절하게 이용되지 않았다. 제4시베리아군단, 이후 제1 유럽러시아군단은 공동 전선으로 이동했으며, 제6시베리아군단은 만주 주둔군의 우익에 합류했다. 이후 다양한 진영으로부터 부대를 차출하는 방식으로 새로운 예비대가 편성되었는데, 그로 인하여 전투에서 예비대를 지휘하기가 매우 어려워졌다. 러시아군 지휘관과 그 휘하 장군들은 소극적 방어 성향으로 인해 예비대를 편성했으며, 그 주목적은 있을 수 있는 후퇴를 보호하는 것이었다. 그 결과 일반 예비대는 물론 개별 예비대 모두가 거의 사용되지 않고 전투 전선에서의 병력을 약화시킬 뿐이었다. 예비대가 사용되는 경우에도 각 전선의 강화가 필요한 시점에 오히려 예비대를 분할하는 식으로 예비대가 활용됨으로써, 강하게 응집된 병력에 의한 타격이라는 장점이 소멸되고 있었다.

사허 작전에서 일본군의 지휘 역시 명확하게 이루어지지 않았다. 확실한 목적이 결여된 데다 총사령관이 명확한 지휘 구상을 보이지 못한 결과였다. 이전에는 러시아군에게서만 나타났던 문제점들이 사허 전투에서는 일본군에게서도 발견되었는데, 바로 임시 예비대를 편성하기 위해 상비 부대 조직을 분할한 것이다. 정면 여러 부분에서 러시아군이 승리할 수도 있다는 두려움에 일본군 지휘부는 상비 조직을 흔들면서까지 부대들을 재배치했다. 예를 들어 마쓰나가의 여단은 자신을 그다지 필요로 하지 않는 곳으로 서둘러 이동하면서 원래의 소속 사단과 격리되었다. 또한 푸틸로프 및 노브고로드산의 방어에 임한 야마다 부대의 경우는 예비대 및 정규 부대로부터 차출된 혼성 하위 부대들로 구성되어 있었다.

이전 전투의 경험에도 불구하고 사허의 조우전에서도 러시아 보병의 전투 대형은 지나치게 밀집된 형태로 구축되었으며, 산병선으로 급속하게 산개하는 일본군에 저항할 수 없었다. 러시아군 대대는 중대 단위 편성으로 밀도 높은 종대의 형태로 정렬했으며, 그 결과 부대원의 극히 일부만이 사격을 실시할 수 있었다. 크림 전쟁 시기부터 남아있던 이런 전투 대형은 현대 무기의 막강한 화력 앞에서는 막대한 손실을 초래하며 공격을 실패로 몰아넣는 것이었다. 이런 전술이 정당화된 것은 보병의 소총 화력보다 백병전으로 전투를 마무리 짓는 것을 선호하는 집착 때문이었다. 이에 대해 영국군 관전장교 해밀턴은 다음과 같이 기술하고 있다.

근래 내가 퍼레이드 외 그 어느 곳에서도 목격하지 못한 그런 진형을 개활지에서 갖추고있는 거대한 러시아 병력—기병·보병·포병—이 눈에 들어왔다.[75]

드라고미로프가 확립한 전술이 이처럼 러시아군에게 막대한 피해를 입혔다.

서투른 외교와 지각 없는 전략이 동시에 채택된 것만큼이나, 러시아가 인내해야 했던 실패의 원인은 총검 돌격 만능주의 같은 유치한 바보짓에도 있다는 생각이 간혹 들었다.[76]

사허 작전에서 일본군은 야간 군사 행동을 보다 광범위하게 활용했다. 러시아 포병의 우월한 화력이 야간 전투에서는 적절히 운용될 수 없었으며, 그에 따라 러시아군 진지의 저항력 역시 확연하게 약해졌다. 일본군의 야간 군사 행동은 산발적 급습의 성격을 지닌 것이 아닌, 어떠한 전투 계획 완수와 연결된 하나의 단계였다.

러시아 부대는 야간 전투에 대한 준비가 거의 되어있지 않았다. 혼성 부대의 지휘관들은 본의 아니게 야간 전투에 의지했다. 그러나 일본군을 흉내 낸 야간 전투는 결코 성공적이지 못했다. 일본군이 야간 전투를 택한 것은 자신보다 더 강력한 러시아 포병의 포격을 약화시킬 수 있기 때문이었다. 즉, 러시아군의 강점은 바로 포병에 있었고, 야간 전투는 종종 적에 대한 화력을 약화시킬 뿐이었다.

소극적 방어 성향에 젖어있었으며 무능하고 재능 없는 지휘관의 명령을 받았던 차르 군대가 매우 조악하게 준비한 공격조차 적을 저지하고 일본군 지휘부가 평정을 잃게 만들었다. 일본군 지휘부의 계획은 망가졌으며, 중요한 목적의 달성을 포기한 채 광범위한 전선에 걸쳐 부대를 산개해야 했다.

사허 전투는 보어 전쟁의 모호한 전투 경험에 기초하여 현대 전선의 난공불락을 주장한 일부 이론가들의 오류를 증명해 주었다. 제10군단 구역에서 러시아군의 정면을 돌파한 일본군이 전과를 확대하려 들지 않았기 때문에 일본이 결정적 승리를 쟁취하지 못했을 뿐이다. 현대 무기의 위력이 방어 목적에만 이용될 수 있는 것은 아니라는 결론이 바로 여기에서 도출된다. 보병과의 완전한 상호 협력하에서의 포병 화력의 올바른 운용은 현대 무기가 공격 목적으로도 성공적으로 사용될 수 있음을 보여준다.

사허 작전에서 일련의 전투가 보여준 것은 포위뿐만이 아니라 정면 강습 역시 결정적 성격을 지니고 적진의 돌파로 종결될 수 있다는 사실이다. 그러나 양측 모두 돌파의 성공을 위해 모든 병과의 병력을 통합할 수 있는 유능한 지휘부를 보유하지 못했다.

사허 작전에서 일부 러시아 장군은 포위를 시도했다. 예를 들면 마르티노프의 인더뉴루 공격, 또는 빌데를링의 10월 14일의 공격 등이 있다.

장기간에 걸친 사허 전투에서는 원거리 전투 수단으로서 포병의 역할, 그리고 근접전 수단으로서 보병의 역할이 두드러졌으며, 특히 기관총이 선두적인 역할을 얻게 되었다.

현대식 무기 체제하에서 대규모 병사의 투입은 최대 60킬로미터에 이르는 전선에서의 전개로 이어졌다. 더구나 전투 행동은 14일에 걸쳐 지속되었다. 이런 의미에서 사허 작전은 장기간에 걸친 전투, 확장된 전선 길이, 그리고 진지전의 발생 등으로 규정되는 전술 발전의 한 단계로 기억될 수 있을 것이다.

제15장

묵덴 작전 이전의 만주 전황

사허 전투 이후 매우 가까이에서 상호 대치하고 있던 러일 양측은 자신의 진지를 지속적으로 강화했으며, 겨울에 대비하여 막사와 지하 엄폐호를 구축했다. 가을철 우기와 다가오는 겨울 한파는 대규모 군사 행동을 허락하지 않았다. 부대들은 휴식과 충원, 군수품 공급, 그리고 후방 강화가 필요했다.

러시아군은 러시아 유럽 지역에서 파병된 부대로 충원되었다. 제8, 제16군단과 3개 독립소총병여단이 도착했으며, 이들 부대에 기초하여 쿠트네비치(Н. Б. Кутневич)를 지휘관으로 하는 혼성소총군단이 편성되었다. 돈(Дон) 카자크 사단이 도착했으며, 제4군단과

2개 보병여단은 도착을 앞두고 있었다.

부대 통솔 체제도 재편성되었다. 만주에 배치된 러시아군은 3개 군으로 분할되었다. 명목상 극동군의 총지휘관이었던 알렉세예프가 본국으로 소환되면서, 극동 주둔 전체 병력의 총지휘관으로 쿠로파트킨이 임명되었다.

일본군이 뤼순으로 향하는 중요한 접근로를 점령함에 따라 러시아군 지휘부는 오야마 군이 노기의 부대로 강화되기 전에 공격해야 했다. 그러나 만주 주둔군의 충원에 배정된 부대가 모두 도착할 때까지 공격이 연기되었다.

이로 인해 러시아군은 뤼순을 구원할 시기를 놓치게 되었다. 리바바(Либава)로부터 뤼순을 구원하기 위해 이동 중이던 로제스트벤스키의 분함대는 그 누구에게도 신뢰를 주지 못했다. 게다가 쿠로파트킨은 이후의 행동 계획을 정하며 우유부단한 모습을 보였다.

이 무렵 오야마는 뤼순 함락을 기다리고 있었다. 그는 포위 중인 노기의 부대가 자유로워지면서 일본의 야전 부대가 7만 명 정도로 증강되면 공격으로 전환할 생각이었다. 그러나 당분간은 6개 대대로 편성된 여단들을 12개 대대로 재편하는 방법으로 부대 증강을 진행하고 있었다. 그 외에도 일본은 제5군의 재편을 위해 예비대로 새로운 부대들을 편성했다.

이처럼 양측은 현재의 위치를 고수한 상태에서 공격을 준비하고 있었는데, 이후의 묵덴 전투가 군사 행동의 운명을 결정하는 마지막 전투가 된다.

사허 전투부터 묵덴의 마지막 전투로 전황이 결정되기까지의 긴 기간은 차르 체제의 육군이 파국으로 치닫는 과정의 연속이라고 할 수 있다. 뤼순 함락, 잉커우를 목표로 한 미셴코 기병대의 습격 실패, 러시아군의 대패로 종결된 선단푸~헤이거우타이 근교 전투 등이 여기에 해당한다. 이 사건들은 묵덴 작전의 진행에 지대한 영향을 끼쳤다.

뤼순 함락 (그림 27)

뤼순 함락은 이후 이어지는 사건에 중요한 영향을 끼쳤다. 진저우지협을 점령한 일본군은 뤼순에 근접한 지점까지 진군하여 7월 30일에 요새를 포위했다.

뤼순 요새에서 가장 강화된 부분은 동부 구역이었다. 그러나 강화진지의 총좌(銃座)는 상호 지원에 방해가 되었으며, 사각지대가 많아서 오히려 접근이 용이했다. 지나치게 구식인 은폐 포대는 강화 진지 중간의 언덕 정상에 노출된 상태로 배치되어 있었다. 북부 구역에는 영구 보루의 일부가 존재했다. 반면 임시 보루만이 존재했던 서부 구역은 요새 중에서 가장 방어가 취약했다. 서쪽의 전쟁에 대비하고 있던 육군성이 뤼순 요새 구축에 자금 지출을 줄이면서 전쟁 발발 시점까지 요새가 완공되지 않았기 때문이다. 요새는 다양한 구경의 포 646문, 기관총 62정으로 무장되었다. 수비대 병력은 약 4만 명에 달했으나, 나중에 뤼순 항 봉쇄로 갇혀있던 태평양분함대 소속 수병 1만 7,000명도 수비대에 합류했다.

애초 노기는 1894년 청일전쟁 당시 청군으로부터 뤼순을 쟁취했을 때처럼 신속한 공격으로 뤼순을 점령하려 했다. 7월에 장악한 볼치이산과 다구산은 양호한 공성포 진지 및 포 사격용 관측 지점을 제공해 줌으로써 뤼순 요새를 상대로 한 일본군의 군사 행동을 손쉽게 해주었다.

노기 군의 우익에서는 제1사단이 활동했으며, 그보다 왼쪽인 볼치이산에는 제9사단이 배치되었다. 포위군의 좌익은 제11사단으로 구성되었다. 노기의 예비대에는 2개 예비여단이 잔류했다. 포위 초기 제3군의 총병력은 5만 명에 달했으며, 포는 400문이었다.

요새의 각면보에 대한 일련의 공격이 일본 측의 막대한 병력 손실과 함께 실패로 종결된 뒤인 8월 19일, 노기는 동부 구역에서 제

9여단 소속의 1개 연대로 보강된 제11사단의 부대를 이용하여 급습을 감행했다. 제4예비여단이 급습 종대의 예비대가 되었다. 이틀에 걸친 공격 준비 포격으로 러시아 포병이 심각한 타격을 받자 일본군 보병은 수수밭으로 차단된 지역에서 공격을 시작했다.

철조망을 절단한 일본군이 강화진지와 보루에 접근했으나, 러시아군의 소총과 기관총 사격에 막대한 피해를 보고 퇴각했다. 동부 구역의 러시아 포병은 일본 포병에 의해 타격을 받아 거의 전투에 참여하지 못했다.

8월 24일까지 여러 차례 반복된 동부 구역에 대한 일본군의 재공격 역시 실패로 끝났다. 이 시기 동안 일본군은 겨우 전진 보루 몇 개를 점령했다. 뤼순 근교에서 일본군의 총 병력 손실은 2만 명에 달했다. 반면 러시아군의 손실은 6,000명에 불과했다.

노기는 뤼순의 조속한 점령을 원하던 일본 부르주아지 여론의 질타를 받았으나 뤼순 요새로 인한 더 이상의 희생을 원하지 않았다. 그러나 공격에 배정된 병력이 미약했고 일본군의 군사 행동이 서로 연계되지 못했기 때문에 급습으로는 성공을 장담할 수 없었다. 동부 구역의 콘크리트 축조물을 파괴하려던 일본군 포병의 노력 역시 헛수고였다.

속도전 공격의 실패는 일본 지배 계층의 분노는 물론 반역이라는 비난까지 초래했다. 이에 노기는 장기간에 걸친 점진적 공격으로 전환했다. 9월 중순이 될 때까지 일본군은 평행호를 구축하고 이들을 서로 교통호로 연결하는 공병 작업을 진행했다. 동시에 일본군은 280밀리 곡사포를 동원하여 아직 완성되지 않은 요새 방어 시설을 거의 쉼 없이 포격했다.

소모된 병력을 충원한 노기는 재차 공세로 전환했다. 9월 19일, 일본군은 들린나야(Длинная)산과 비소카야(Высокая)산, 쿠미리엔스키(Кумириенский)와 보도프로보드니(Водоопроводный) 보루를 공격했다.

비소카야와 들린나야산에 대한 포격 이후 일본군은 9월 21일 야습을 감행했으나 막대한 손실만 입었다.

일본군은 비소카야산 점령에 중요한 의미를 부여해 그곳을 수차례 공격했다. 비소카야산을 점령하면 뤼순 항에 정박 중인 러시아 분함대를 포격하기 위한 관측 지점으로 활용할 수 있다는 것이 그 이유였다. 그러나 9월 23일까지 6,000명의 병력을 잃고도 공격은 성공을 거두지 못했다.

쿠미리엔스키와 보도프로보드니 각면보를 상대로 한 급습이 보다 성공적으로 진행되어, 9월 20일 두 곳이 일본군의 수중으로 넘어갔다.

이후 포위된 러시아군의 상황이 더 악화되었다. 대호(對壕) 작업[77]으로 제2, 제3 요새와 제3 강화진지의 외부 해자에 거의 근접한 일본군은 280밀리 곡사포를 동원하여 러시아 요새의 콘크리트 구조물을 파괴하기 시작했다. 러시아군의 항적 갱도 작업은 의미 있는 성공을 거두지 못했다. 단지 공병대의 작업을 방해하기 위해 포탄을 굴려 보낸 수차례의 공격만이 일본군에 막대한 병력 손실을 주어 접근로 구축을 지연시킬 수 있었을 뿐이었다.

10월 30일, 일본군은 이틀에 걸쳐 재차 동부 구역을 급습했다. 그러나 이 역시 러시아군이 격퇴했다. 그렇지만 일본군은 강화진지 전면의 제방까지 접근했으며, 11월 말에는 동부 구역에 구축된 강화진지의 모든 해자를 점령했다.

이와 동시에 일본군은 비소카야산을 상대로 갱도 작업을 진행한 뒤, 11월 30일에 공세로 전환했다. 일본군은 5일 동안 전투를 지속한 끝에 결국 비소카야산을 장악했다. 이 승리를 위해 일본군은 8,000명을 잃었다.

비소카야산을 점령한 일본군은 이곳을 중포(重砲)용 관측 지점으로 활용하여, 12월 11일까지 뤼순 항에 정박 중이던 태평양함대의 잔여 전력을 궤멸시켰다.

요새 수비대의 전열이 약해졌으며, 포병은 심각하게 줄어들어

거의 침묵하게 되었다. 다수의 지휘관이 전사했다. 수비대는 말고기로 연명했다. 채소가 부족해지면서 괴혈병이 급속히 퍼졌다. 12월 말에 이르면서 수비대의 전투 병력이 1만 4,000명 이하로 감소했다. 부상하거나 병든 수많은 병사가 치료 기관에 분산되었다.

일본군은 단순히 손실 병력을 보충한 정도에 그치지 않았다. 11월 중순까지 일본군은 포위 병력의 수를 10만 명으로 증강시켰다. 일본 포병은 강화진지를 계속 포격했으며, 곧이어 일본군은 일련의 강화진지와 보루들을 장악했다.

저항 의지를 상실한 스테스셀(А.М.Стессель)은 군사위원회의 결정을 받아들이지 않고 자신의 참모들과 함께 항복했다. 사실 스테스셀은 훨씬 전부터 항복을 준비하고 있었으나 12월 29일 군사 회의에서 다수의 반대에 직면해 항복을 자제했다. 하지만 마지막 이틀간의 패배는 스테스셀의 행보를 정당화했다. 스테스셀은 군사위원회의 결정에 반하여 일본군과의 협상에 임해 1905년 1월 2일 항복 문서에 조인했다.

일본군은 포로 3만 명과 포 530문, 소총 3만 5,000정, 잔여 탄약과 식량을 전리품으로 획득했다.

뤼순 전투에서 일본군의 병력 손실은 10만 명에 달했으며, 러시아군 사상자는 2만 7,000명이었다.

새로운 공격을 준비 중이던 오야마는 제3군이 자유로워지기를 조급하게 기다리고 있었다. 그런 일본군 제3군을 묶어두던 뤼순 요새가 너무 빨리 함락되었다. 뤼순의 항복은 오야마 부대를 강화해 주었으며, 묵덴 전투를 앞당겼다. 11개월에 걸친 관둥반도와 뤼순의 견고한 방어는 오야마의 야전군 중에서 15만 명에 달하는 병력을 유인했다는 점에서 큰 의미가 있었다. 일본군은 급습에 실패하자 사기가 저하하면서 장기간에 걸쳐 휴식을 취하지 않을 수 없었다. 이는 러시아군에게 부대 재배치와 공격의 가능성을 제공해 주었으며, 결국 러시아군의 요새 방어 기간을 연장했다.

일본군의 포 또한 현대적 기술 수준에는 이르지 못했지만, 뤼순 요새에 배치된 신형 포가 부족했다는 점이 일본군의 승리에 도움을 주었다.

관둥 요새화 지역 사령관과 뤼순 요새 사령관의 직무가 명확하게 구분되지 않아 비정상적인 요새 지휘로 많은 차질이 발생했다. 요새 건설이 완비되지 않았다는 것 역시 부정적인 요소였다. 차르 정부는 뤼순 요새를 정치적·군사적 중요성에 부응할 수 있는 수준까지 강화하지 못했다.

태평양분함대는 요새 방어에 상당한 도움을 주었다. 뤼순 함락 직전까지 전함에서 고지로 다양한 구경의 포 120문과 8,000발이 넘는 포탄이 이동 배치되었다. 전함 승조원으로 육전대가 편성되어 보루 2차 방어선 작업에 참여했으며, 나중에 그들은 강화진지와 전진 전선의 진지 방어에 참전했다. 수병들은 일본군 공격을 격퇴하는 데 적극적으로 동참했다. 수병들은 어뢰정의 발사기를 개조하여 일본군 참호에 기뢰를 투척했고, 일본군 참호에 원형 기뢰를 굴려 떨어뜨렸으며, 소구경 화포 탄피로 수류탄을 고안해 내는 등의 활약을 펼쳤다.

뤼순이 함락된 후 외환거래소에서는 일본의 신용도가 제고되었다. 일본은 자신들의 세관 수입을 담보로 책정하지도 않은 상태에서 이전보다 더 유리한 조건으로 영국의 은행가들과 차관 제공에 관한 협상을 시작했다. 당연히 일본의 국내 채권 역시 극동에 있는 외국인들의 적극적인 매입 대상이 되었다.

러시아 기병대의 잉커우 습격 (그림 28)

쿠로파트킨은 기병대의 잉커우 습격이 러시아군의 사기를 되살리고 총지휘관의 개인적 권위도 높여줄 것으로 판단했다. 그러나 습격은 충분히 조직적이지 못했던 데다 서투르게 수행되어 실패로 끝나고 말았다.

습격을 고안한 것은 11월 초였으나 실행한 것은 다음 해 1월 9일이었다. 더구나 만주뿐만 아니라 페테르부르크에서까지도 모두가 이 예정된 습격에 대해 알고있었고 이에 대해 떠들어댔다. 이로써 급습의 장점이 퇴색했다.

이 습격의 근본 목적은 철도를 파괴함으로써 오야마와 합류하려는 노기 군의 이동을 지연시키는 데 있었다. 기병대의 습격은 일본군의 후방에서 습격 경로에 위치한 철도의 노반과 교량, 잉커우에 집중되어 있는 짐마차와 창고 등을 파괴하기 위해 일본군 전개지의 좌익을 우회할 예정이었다.

만주 주둔군의 행동과 연계하지 않고 그 지원도 받지 못한 채 실시된 습격은, 비록 양동작전이었음에도 전반적으로 부정적인 결과만을 낳았다.

습격을 실행하기 위해서 70개 기병중대와 카자크 기병중대, 약간의 기병의용대 등 총 7,500명의 기병이 미셴코의 총지휘하에 쓰팡타이 지역에 집결했다. 기병대 작전 대상 지역의 식량 자원이 빈곤했기에 말 1,500필을 사용해 막대한 수의 짐마차를 동반해야 했으나, 동원된 말 중 다수는 노쇠한 것이었다.

1월 9일, 미셴코는 3개 종대의 형태로 가오리허(高力河)·뉴좡·

잉커우를 향해서 진군하면서 잉커우에 있는 창고들을 파괴하고 노기 군의 진군을 억제하려 했다. 좌측 종대로부터 단 6개의 기병 척후대가 철도 파괴에 배정되었다.

일본군 전개지의 좌익 뒤편 종심에는 소규모 부대들만이 보호를 목적으로 분산 배치되어 있었다. 짐마차가 지체되어 부대의 진군은 지연되었으며, 전진할수록 일본군 후방 부대와 전위 종대 간의 전초전이 잦아졌고, 그에 따라 부상자 이송이 불가피해지면서 진군 속도가 더 느려졌다.

철도 파괴를 위해 파병된 척후대는 심각한 손상을 입히지 못했으며, 몇 군데서 그들이 폭파한 레일과 단절한 전신선은 6시간 만에 일본군이 복구했다.

1월 12일 다스차오 북쪽 도로를 파괴하기 위하여 파병된 2개 기병중대의 성과는 더 형편없었다. 그들은 밤새도록 헛되이 철도 노선을 찾으며 방황하다가 아무 성과도 거두지 못하고 본대로 귀환했다.

일본군은 러시아 기병대의 습격이 예정되어 있음을 인지하고 있었으나, 잉커우에 배치된 유일한 예비대대를 활용하여 일부 방어 준비를 마련한 것을 제외하면 의미 있는 대책을 수립하지 않았다. 러시아군이 후방에 모습을 나타내자 일본군 지휘부는 옌타이에 주둔 중인 제8사단 소속의 3개 대대를 뉴촹으로 파병하라는 명령을 내렸다.

3일 동안 겨우 90킬로미터를 이동하면서 이동로상에 있는 마을로부터 파병된 소규모 일본군 부대를 격퇴하고 곳곳에서 적군의 짐마차를 포획한 미셴코 부대는 1월 11일 저녁 허우가오칸(後高坎)~휘자푸쯔 지역에서 공격 개시에 들어갔다. 미셴코 부대는 다음 날 아침에 약 1,000명의 일본군이 점령하고 있는 잉커우 역을 공격할 계획이었다. 1월 12일 아침 8시, 미셴코는 서로 다른 연대에서 차출된 15개 기병중대와 카자크 기병중대로 구성된 하로노프(Харонов) 부대를 역 방향으로 출병시킨 후 공격을 개시했다. 미셴코는 일본 증원군의 잉커우 이동을 방해하기 위해 슈발로프(Г.С.Шувалов)의 지휘하에 5개 카자크 기병중대를 파견하여 다스차오와 잉커우 중간의 철도 노선을 파괴하게 했다.

42개 기병중대와 카자크 기병중대를 자신의 예비대에 잔류시킨 미셴코는 나머지 부대를 다양한 시위전에 배치했다.

시발로프의 부대는 더디게 이동했기에, 보강된 일본군 기병중대가 다스차오에서 잉커우로 향하고 난 다음에야 철도 노반을 폭파하기 위해 목표물에 접근했다. 잉커우 역의 수비대는 1,600명으로 증강되어 하로노프의 부대보다 수적으로 우세한 것으로 판명되었다.

오후에 하로노프는 지형이 파악되지 않은 데다가 충분한 보호 대책이나 정찰도 실시되지 않은 상태에서 3개 보병 종대 형태로 서둘러 공격에 나섰다. 방향을 잃고 서로 뒤엉킨 종대는 역의 석조 건물로 향했으나 일본군의 화력 앞에 격퇴당했다. 재차 시도된 공격 역시 실패로 끝나고 하로노프는 부상병들과 함께 퇴각했다.

나머지 러시아 부대는 포격전을 벌이며 철도 노반을 부분적으로 파괴하는 데 그쳤다. 역을 공격하기 위해 준비 중이던 포병이 전투 초기에 일본군 창고를 불태운 것이 전과의 전부였다. 그러나 일본군이 러시아 기병대의 돌격에 앞서 퇴각 가능성을 고려하여 스스로 창고에 방화했다는 증거도 있다.

미셴코는 뉴창으로 일본군 보병이 접근하고 있다는 정보를 접하고, 전투를 지속하는 용기를 보이지 못하고 부대에게 후퇴를 명령했다.

408명의 병력과 포 158문을 잃은 미셴코가 거둔 전과는 포로 69명 획득에, 군수품이 적재된 마차 600여 대 중 일부를 파괴하고 일부 탈취한 것이 전부였다. 잉커우에 있는 창고 중 몇 개만이 소각된 것으로 밝혀졌다. 습격의 결과는 하찮은 것이었고 그 희생을 정당화할 수 없었다.

러시아군의 사기를 진작시키고 지휘관인 쿠로파트킨의 권위를 회복시켜야만 했던 기병대의 돌격은 이렇게 끝났다. 심지어 적에게 가한 심각한 물질적 손실마저 러시아군에게 유리한 방향으로 전황을 변화시키지 못했다. 제3군의 이동을 지연하기 위하여 철도를 파괴한다는 특공대의 가장 중요한 임무 역시 달성되지 못했다.

만약 정면에서 주력 부대의 공격과 함께 돌격했더라면 기병대의 습격은 전혀 다른 성과를 거두었을 것이다. 기습의 중요 조건인 신속성과 급작성이 결여되었기 때문에 일본군은 잉커우 방어를 준비할 수 있었다.

이전 전투에서 러시아 기병대를 익히 파악하고 있었던 일본군은 그들이 후방에 나타났음에도 특별히 걱정하지 않았다. 혼성 부대는 소규모 일본군을 상대로 시위전을 벌이면서 잉커우 역을 정면 공격했지만 성공하지 못했다. 측방과 후방에 대한 군사 행동과 동시에 맹렬한 기병 공격을 수행하는 것은 쇠퇴하는 차르 체제 기병대가 습득하지 못한 능력이었다. 이처럼 당시 '거북이 돌격'(총 9일 동안 기병대가 300킬로미터를 이동했다)이라고 불렸던 미셴코의 공격은 중요한 결과를 얻어내지 못했다. 또한 동시에 부대 내에서 그 스스로의 힘뿐만 아니라 지휘부의 힘과 능력에 대한 신념마저 흔들리게 되었다.

습격의 결과는, 러시아에서 반동의 보루 역할을 수행했으나 한편으로 정상적인 군사 훈련은 받지 못했던 카자크 기병대의 성격을 분명하게 확인시켜 주었다.

그리펜베르크의 1월 공격 실패 (그림 29)

사허 전투 이후 증원군이 도착하면서 양측은 모두 병력이 증강되었다.

러시아군은 측면을 보호하는 부대를 제외하고도 약 32만 명의 병력과 포 1,078문을 90킬로미터의 전선에 배치했다. 전선의 우익은 수비 부대와 함께 40킬로미터가 넘는 전선에 걸쳐 전개하고 있는 그리펜베르크의 제2군으로 구성되었다.

공격 개시 이전 제2군의 우익은 츠위튀(茨楡坨)~펜푸쯔(偏堡子) 지역에 배치된 시타켈베르크의 제1시베리아군단으로 구성되었다. 시타켈베르크의 좌측에는 밀로프(Мылов)의 제8군단이 접하고 있었다. 제8군단은 훈허 우안의 창탄 지역에 제14사단을, 훈허 좌안의 저우관푸(周官堡) 지역에 제15사단을 배치했다.

체르피츠키(К. В. Церпицкий)의 지휘하에 제10군단은 찬쉬푸

(Чансыпу)~싼자쯔 전선에 전개했다. 쿠트네비치의 혼성 소총군단은 타우후자(Таухуза)~다왕강푸(大王綱堡) 지역에 주둔했다. 마쥐 안쯔(馬圈子) 지역에 있는 코사곱스키의 랴오허 부대가 제2군의 우익을 보호했다. 코사곱스키의 오른쪽 우바뉴푸(Убаньюлу)지역에는 미셴코의 부대가 배치되었다.

러시아군의 중앙에는 카울바르스(А. В. Каульбарс)의 제3군이 전개했다. 리네비치(Н. П. Линевич)의 제1군이 전선의 좌익을 형성했다.

이 무렵 일본의 전력은 약 20만 명의 병력에 포 666문 정도였다. 구로키의 제1군은 번시호~볜뉴푸쯔~엔타이 갱도 지역에 배치되어 있었다. 그 왼쪽에서 노즈의 제4군이 제1군과 접해 있었으며, 계속해서 그 옆에는 제3, 제4, 제5사단 및 3개 예비여단으로 구성된 오쿠의 제2군이 라마툰~훙링푸 전선의 진지에 부분적으로 걸쳐 주둔하고 있었다. 2군의 좌익은 8개 대대와 17개 기병중대, 포 18문으로 편성된 아키야마 부대의 엄호를 받고있었다. 제8사단은 총사령관의 예비대로 편입되었다.

이처럼 사허와 훈허의 중간 지역을 경계하던 아키야마 부대가 러시아 제2군의 주력과 대치하고 있었다.

쿠로파트킨의 참모부에서는 이미 11월부터 공격을 계획하고 있었다. 그러나 뤼순이 함락되자, 노기의 제3군이 도착하기 전에 공격을 서두르자는 결정이 내려졌다.

쿠로파트킨은 자신의 창의력을 신뢰할 수 없었기 때문에 스스로 공격 계획을 창안하려 들지 않았다. 따라서 서면으로 각군 지휘관들에게 적당한 견해를 문의했다. 그와 동시에 총지휘관 참모부 요원들이 계획을 작성했다. 공격 계획은 앞선 패전의 영향 아래 놓여 사소한 모험마저 두려워하던 러시아군 지휘부의 세기말적 상태를 반영하여 생기 없는 발상의 혼합물에 불과한 것이었다.

작전의 목표는 적의 실제 전력을 궤멸시키는 것이 아니라 단지 적을 타이쯔허 건너로 밀어내는 것이었다. 이 계획 중에서 만주 주둔 3개 군을 모두 동원한 일제 공격은 취소되었다. 즉, 그리펜베르크의 제2군이 일본군의 좌익에 타격을 가하면서 공격에 돌입하면 나머지 군은 제2군이 목표를 달성한 시점에서 공격으로 전환할 것이었다. 이러한 목적에서 제2군은 1월 25일로 예정된 공격에서 헤이거우타이~선단푸~리디우툰~다타이 전선에 있는 적 진지를 점령한 후 사허로 이동하라는 임무를 하달받았다. 제2군의 이후 행동은 나머지 군의 성공 여부에 따라 결정되는 것이었다. 제3군은 제2군이 성공하면 공격을 시작해야 했다. 이어서 제1군의 공격은 제2군과 제3군의 공격 결과에 따라 결정되는 것이었다.

여기에 더하여 일본군이 적극적인 군사 행동을 개시할 경우 수비로 전환하라는 내용의 추가 명령이 전군에 하달되었다.

러시아 총지휘부의 공격 계획은 이렇게 복잡하고 서투른 것이었다. 부대 집결주의자였던 쿠로파트킨이 여기에서는 제2군이 집결하여 오쿠의 제2군의 측방과 후방을 강력하게 공격하는 것에 반대했다. 그러나 양측의 상호 배치를 보면 그런 공격은 가능한 것이었다. 전투에 투입된 것은 제2군 소속의 120개 대대, 96개 기병중대와 카자크 기병중대, 포 464문에 불과했다. 반면 군의 나머지 180개 대대, 71개 기병중대, 포 614문은 아무런 행동도 하지 않았다. 전체 전력을 동원한 일제 공격의 장점을 인식하지 못한 것이다. 그러나 이런 극히 소심한 계획마저 실행 초기부터 쿠로파트킨에 의해 제한당했다. 그는 점령 대상으로 지정된 적군의 요새화 전선에 3~4킬로미터 이상 접근하는 것은 위험하다고 판단했다.

그리펜베르크가 구상한 공격 계획은 총사령관의 전반적 계획과 유사한 발상에 의한 것이었다. 자신의 병력을 둥근 부채꼴로 배치함으로써 양 측방에서 적에게 타격을 가하는 결정적 공격을 위한 조건을 형성한 것이다. 그러나 그리펜베르크는 보다 조심스러운 계획을 선택했다. 그는 제1시베리아군단과 제14사단에게 황라튀쯔(黃臘坨子)~창탄 전선에서 공격해 들어가라고 명령했으며, 제15사단과 제10유럽러시아군단에게는 일본군이 선단푸를 공격할 경우 일본군의 측방과 후방에서 활동함으로써 제1시베리아군단과 협동할 것을 지시했다.

제2군 중에서 일부 부대만이 전투에 투입되었기 때문에 이미 작전 규모가 클 수 없었다.

제1시베리아군단의 공격은 1월 25일로 넘어가는 한밤중에 시작되었다. 적의 전초 부대는 전투를 벌이지 않고 훈허를 도하했으며, 백병전의 결과 일본군을 황라뒤쯔에서 격퇴했다. 이후 게른그로스의 우측 종대는 이동 중에 헤이거우타이 방면으로부터 일본군 2개 대대, 4개 기병중대, 포 4문의 강력한 저항에 직면했다. 일본군은 어둠이 내리고 나서야 마을로부터 후퇴했다. 이날 제14사단은 명령에 따라 헤이거우타이의 점령을 기다리면서 원위치로부터 거의 이동하지 않았으며, 소규모 일본군이 장악하고 있던 선단푸촌을 점령할 기회를 활용하지도 않았다.

러시아군의 성공은 여기에서 사실상 멈췄다. 제1시베리아군단은 수세로 전환할 수밖에 없었으며, 나머지 러시아군이 움직이지 않은 덕분에 일본군 지휘부는 옌타이 지역에 주둔 중이던 다쓰미 나오후미(立見尚文)의 제8사단을 좌익으로 이동시킬 수 있었다. 며칠 후에는 제5, 제3사단 소속 부대들이 이곳으로 이동 배치되었다.

1월 26일이 되어서야 러시아 제14사단이 샤오수쯔(小樹子)와 바타이쯔(拔臺子)를 공격하면서 훈허 좌안에 모습을 드러냈다. 선단푸에 집결되어 있는 적군의 강력한 반격을 두려워한 제8군단장 밀로프는 제14사단에 공격 중단 명령을 내렸다. 그러나 이 명령은 뒤늦게 전달되었다. 제14사단 소속 부대들은 저녁 무렵 양 부락을 점령했지만 샤오수쯔를 선단푸로 오인했다. 선단푸의 점토질 구조물 속에 숨어있던 적군이 인접한 거리에서 바타이쯔를 향해 강력한 포격을 개시하자 그들은 오인했다는 사실을 깨달았고, 바타이쯔는 수차례 포격으로 화염에 휩싸였다. 통합적인 지휘를 받지 못해 흩어진 제14사단 소속 부대들은 어둠 속에 서로 뒤엉킨 채 훈허 방면으로 퇴각했다.

다음 날 러시아군은 선단푸를 공격하지 않았다. 제14사단은 쿠로파트킨이 적 진지의 핵심으로 판단했던 선단푸를 1월 28일에 다시 공격하기로 하고 휴식을 취했다.

1월 27일 시타켈베르크는 미셴코 부대의 협력하에 가장 인접한 마을로 군단을 진군시켰으며 저녁 무렵 쑤마푸(蘇麻堡)를 점령할 수 있었다. 그러나 다음 날 일본군 증원대가 접근해 왔으며, 제1시베리아군단은 8킬로미터에 걸쳐 전개한 10개 대대 병력의 적 앞에서 전진을 멈추었다. 장자워푸(張家窩堡)를 점령한 미셴코는 라브쥰거우(Лавцунгоу)를 향해 이동했으나, 그 마을에 대규모 일본군 부대가 존재한다는 정보를 입수하고는 공격 결정을 내리지 못하고 있었다. 제1시베리아군단에 맞서 군사 행동에 임하고 있던 일본군 후방에 러시아 기병대가 출현했으나 일본군 측에서는 엄호 부대만이 출병했다.

제10군단이 자신의 정면에 보병으로 임시 전환한 약간의 일본군 기병대를 상대한 상태에서 그리펜베르크의 재가를 받아 샤오타쯔(小塔子)와 야바타이(雅拔臺)를 점령하여 선단푸의 후방을 위협했음에도 불구하고 선단푸에 대한 예정된 공격은 실행되지 못했다.

제2군의 그 이상의 군사 행동을 모험이라고 판단한 쿠로파트킨은 처음에는 그리펜베르크에게 자신의 허락 없이는 일부 혼성 부대에 전투 임무를 부과하지 못하도록 명령했다. 그러나 나중에는 공격을 중단하고 쓰팡타이~자탄~야만다푸 전선으로 퇴각하라는 명령을 내렸다.

결과

두 달에 걸쳐 가장 사소한 사안까지 면밀하게 준비된 공격은 이렇게 끝났다. 이 공격으로 러시아가 입은 병력 손실은 1만 2,000명이었으며, 일본군은 9,000명이었다. 다수의 부상자들이 의료 지원을 기다리다 동사했다.

공격을 고안한 쿠로파트킨이 32만 명을 헤아리는 러시아의 병력 중에서 적극적 군사 행동에 투입한 부대는 오직 제2군 10만 5,000명이었다. 그리펜베르크 또한 자신이 보유한 120개 대대와 96개 기병중대 및 카자크 기병중대 중에서 겨우 36개 대대와 53개 기병중대 및 카자크 기병중대를 전투에 투입했으며, 1월 23일이 되어서야 제10군단과 혼성 소총군단 소속 부대들이 전투에 참가했다. 이들 부대가 군사 행동에 임한 시기는 모두 달랐다. 한쪽이 다른 쪽의 공격 결과를 기다렸기 때문이다. 그리펜베르크는 전 병력을 동원한 기습 공격으로 중요한 성과를 거두려 하지 않았다. 그가 첫날 이동한 거리는 겨우 4킬로미터에 불과하여 적군이 공격 대비책을 수립할 수 있는 시간을 제공했다.

러시아군 지휘부는 광범위한 기동이 아닌 지리적 지점들에 대한 점령을 추구했다. 현대의 작전 전술 수준에 뒤떨어진 전술 개념을 가졌던 러시아군 지휘부는 이 지리적 지점들을 '열쇠'로 여겼으며, 이를 점령하는 것이 승리로 직결된다고 생각했다. 카를(Карл) 대공이 선전하고 조미니(Жомини, Антуан-Анри) 장군이 19세기 초반 러시아 군사아카데미에 소개한 '핵심 지역'이라는 개념은 작전 및 전술적 문제를 해결해 주는 지점을 뜻하는데, 20세기 들어서도 러시아 장군들은 이 개념을 중시했다. 그리고 제2군의 배치상 선단푸를 우회할 수 있었음에도 반드시 선단푸를 직접 공격하여 점령해야 한다는 지향이 '핵심 지역' 개념에 대한 맹신을 명백히 드러냈다.

그리펜베르크의 10만 대군은 공격 중에 3만 명의 일본군과 조우했는데, 공격 나흘째까지 일본군의 병력은 4만 7,000명으로 증강되었을 뿐이다. 그러나 러시아의 분산된 군사 행동 덕분에 일본군은 개별 전투에서 수적 우세를 점할 수 있었다.

쿠로파트킨의 사소한 간섭이 러시아 장군들의 주도권을 상당히 제한했다. 그는 사실상 장군들이 자신에게 부여된 임무를 수행함에 있어 자기 휘하 부대를 지휘할 권한을 박탈해 버렸던 것이다. 쿠로파트킨의 재가를 받지 않은 상태에서 쑤마푸를 공격하여 점령한 시타켈베르크는 그 결과 군단장의 직책에서 해임되었으며, 게른그로스가 그를 대체했다. 선단푸의 실패를 낳은 근본 원인은 전투 지휘의 부재였다.

일본군은 러시아군이 나머지 부대를 전혀 움직이지 않고 우익만을 이용하여 공격에 나설 리가 없다고 믿었던 것으로 보인다. 따라서 비록 공격 첫날 제1시베리아군단의 공격을 막아낼 수 없었지만, 나머지 병력의 지원을 받지 못하고 있던 그리펜베르크의 우익이 완만하게 진군함에 따라 일본군은 러시아군을 저지하기 위한 모든 조치를 시행할 수 있었다. 적의 공격을 격퇴한 일본군은 러시아군을 추격하지 않았고, 이는 러일전쟁에서 보인 일본군의 특징이었다.

1월 공격 실패는 쿠로파트킨의 공격 의지를 상실하게 했을 뿐만 아니라, 그에 대한 반감을 지휘관들에게 심어주었다.

이런 모든 조건들은 향후 예상되는 묵덴 작전에서 러시아군에게 불리한 상황을 조성했으며, 동시에 일본군의 사기를 고양시켜 준비 중인 결정적 전투에서 이길 수 있다는 믿음이 자리 잡도록 했다.

제16장

묵덴 작전

쿠로파트킨의 공격 준비

1905년 1월 9일 발생한 혁명 사태는 만주에서 벌어지는 전투에 지대한 영향을 미쳤다. "전쟁은 물러가라" "전제정은 물러가라"라는 구호들이 증원 부대와 함께 만주에까지 흘러들어 왔다. 이미 오래전부터 패배주의적 분위기가 스며들어 있던 군은 1월 9일 노동자들에게 총격이 가해졌다는 소문에 동요할 수밖에 없었다. 뒤이어 병역 의무를 면했던 많은 이들에 대하여 동원이 진행되었다. 주로 러시아의 내륙 주에서 만주로 파병된 예비 부대 내에서 소요가 자주 발생했다. 묵덴 작전 이후에야 차르 정부는 예비군의 전선 파견 비율을 줄였다.

만주 주둔군은 사허에서의 사건들로 낙담해 있었다. 쿠로파트킨을 둘러싸고 극도의 적대적 분위기와 악의가 형성되었다. 병사들이 오랫동안 단조롭게 참호에 주둔하면서 종종 보강 공사의 중노동에 투입되는 것은 혁명 조직의 활동을 용이하게 만드는 한편 군의 사기를 저하시켰다. 기강 역시 눈에 띄게 해이해졌다. 병사들은 본국에서 진행되고 있는 사건에 높은 관심을 보였다. 그사이 우편과 전신이 지체되면서 병사들은 수개월 동안 답신을 기다려야 했다. 향수병으로 인해 탈영병도 늘었다. 러시아군 지휘부는 탈영병을 체포하여 본대에 복귀시키기 위한 특별 부대를 조직했다.

장교단의 나태함은 군 내부의 도박과 음주의 증가를 야기했다. 횡령과 절도도 증가했다.

전선에서 이전에 발생한 사건들로 인해 의기소침해진 쿠로파트킨은 공격에 소극적인 자세를 취했으나 차르 정부의 제국주의적 정책은 쿠로파트킨이 최대한 연기하고 있던 공격을 실행할 것을 지시했다. 쿠로파트킨은 이를 어떻게든 미뤘다.

쿠로파트킨을 위해 방대한 보고서와 그에 첨부되는 공격 계획 의견을 작성하던 참모부 행정 요원들은 느릿느릿 일했다. 쿠로파트킨은 언제나처럼 예정된 공격에 관한 '의견'을 요구한 뒤, 향후 행동 계획과는 상관없이 선단푸촌을 점령해야 한다고 강력하게 주장했다. 그리펜베르크의 견해에 따르면 이는 울타리를 두른 다른 주거 지역과 전혀 다를 것이 없었으나, 쿠로파트킨은 적군이 장악하고 있는 그 '열쇠'가 일본군을 격파하는 데 걸림돌이라 판단했다. 「선단푸에 대한 총지휘관의 견해」라 불리는 문서가 공격 계획 작성자에게 각각 발송되었는데, 그 안에는 마을의 습격과 관련된 자세한 지시가 수록되어 있었다.

러시아군 지휘부는 실패한 1월 공세에서의 실수를 파악하지 못했으며, 예정된 공격 계획에서도 역시 측방에 배치된 군단들의 지원을 받은 제2군이 중앙으로 선단푸를 정면 공격하는 것을 상정했다. 나머지 군의 역할은 이전과 같이 '시위전'에 불과했다. 공격 개시 시점은 2월 25일로 예정되었다(그림 30).

양측의 군사력과 부대 배치

2월 중순 러시아군의 병력은 총 33만 명에 포는 1,266문, 기관 총은 56정에 달했으며, 약 150킬로미터에 걸친 전선(엄호 중이던 부대 포함)을 점하고 있었다.

제2군은 우익의 약 25킬로미터의 전선에 전개되었고 그 규모는 병력 10만 명, 포 439문, 기관총 24정이었다. 제2군은 1월 공격이 실패로 끝난 뒤, 제1시베리아군단은 예비대에 편입시키고 가오화푸(高花堡)~슈안고(Шуанго) 지역에 집중시킨 후 계속해서 쓰팡타이~자탄~야만다푸 전선에 주둔하고 있었다. 페테르부르크로 향한 그리펜베르크의 대리로 총사령관에 카울바르스 장군이 보임됐다.

빌데를링의 제3군이 전선의 중앙에 배치되었다. 20킬로미터에 걸친 헤이린타이~샤란쯔 진지를 점령하고 있던 제3군은 젬봅스키의 제5시베리아군단, 볼코프의 제17유럽러시아군단, 제6시베리아군단 소속의 제55사단 등 총 6만 8,000명의 병력과 포 266문, 기관총 10정 등의 전력을 보유했다.

가장 많은 병력을 보유한 리네비치의 제1군은 사허의 북쪽에 있는 샬라프자(Шалапцза)에서부터 가오투링 고개에 이르는 약 45킬로미터의 전선을 점령하고 있었다. 제1군은 제1유럽러시아군단과 시베리아 제2, 제3, 제4군단, 칭허청(淸河城) 부대 등으로 편성되었다. 제1군의 총군사력은 병력 10만 7,000명에 포 370문, 기관총 22정 등이었다.

제1군 우익의 방어는 우바뉴퓨 지역에 집결해 있던 미셴코의 기병대가 담당했다. 좌익은 신진틴(Синцзинтин) 지역에 배치된 마슬로프(А. А. Маслов)가 보호했다. 토포르닌(Д. А. Топорнин)의 제16군단(제25사단과 제41사단으로 편성), 제6시베리아군단 소속의 제72사단 등 총 4만 명의 병력과 포 144문의 전력은 총지휘관의 예비대에 편입되어 바타이푸(Батайпу)와 석탄용 측선(側線) 지역에 배치되었다.

이처럼 러시아의 3개 군은 상이한 밀도의 전투 대형을 형성하며 전선을 따라 배치되었다. 제2군의 전투 대형 밀도는 1킬로미터당 병력 3,700명에 포 16문, 제1군은 1킬로미터당 병력 2,140명에 포 7문이었다. 제3군이 그 중간으로 1킬로미터당 병력 3,400명에 포 13문이었다.

적군의 포위 기동을 의식한 쿠로파트킨은 일본군의 우회에 대비하여 광범위한 전선을 점하고자 자신의 부대를 초병선(哨兵線)으로 길게 늘어놓았다. 그러나 그로 인해 필요한 경우에 부대를 신속하게 재배치할 수 없게 되었다.

노기의 군대가 도착하고 일본으로부터 병력 충원이 이루어지면서 일본의 전력이 증강되었다. 묵덴 전투 직전 일본의 총군사력은 병력 27만 명, 포 1,062문, 기관총 200정에 달했다. 일본군은 향후 공격에서 적을 양측에서 포위한다는 계획하에 러시아군의 정면에 포진했다.

일본군의 우익에는 노기의 제3군에서 차출된 제11사단과 1개 예비사단으로 재편성된, 러시아군이 전혀 인지하지 못하고 있던 가와무라의 제5군이 배치되었다. 청창(城廠)에 집결한 제5군의 전력은 약 3만 명의 병력과 포 84문으로, 구로키의 제1군의 우익 뒤편에 전개했다. 당시 제1군은 제2, 제12근위사단 및 2개 예비여단 6만 명의 병력과 포 170문을 보유한 상태에서 우이뉴닌~헤셰거우(Хэшэгоу) 전선에 배치되어 있었다. 제1군의 왼편부터 린성푸 지역까지에는 제6, 제10사단, 3개 예비여단 등 총 5만 명의 병력과 포 204문으로 편성된 노즈의 부대가 늘어서 있었다. 린성푸에서 훈허에 이르는 전선에는 제4, 제5, 제8사단 및 타미오코(Тамиоко)의 증원된 예비여단 등 약 5만 명의 병력과 포 200문으로 구성된 오쿠의 제2군이 배치되었다.

제2군의 좌익 뒤편인 샤오베이허~다사링(大沙嶺) 지역에는 제1, 제7, 제9사단 및 1개 예비여단으로 구성되어 병력 5만 명에 포 268문을 보유한 노기의 제3군이 은밀히 집결해 있었다. 제3군의 우익을 보호한 것은 카가타(Karata)의 후임인 다무라 히사이(田村久井)의 제2기병여단이었다.

스리허~옌타이 역 지역에 제3사단, 제3예비여단 등 총 3만 명의 병력으로 구성된 오야마의 예비대가 집결했다. 110킬로미터에

달하는 일본군 전선의 전투 대형 밀도는 1킬로미터당 병력 2,450
명에 포 9.5문으로, 150킬로미터에 달하는 러시아군 총진선의 1킬
로미터당 2,200명에 포 8.5문보다 높았다.

러시아군의 초병선 배치가 러시아군 지휘부의 소극적 방어 개
념을 반영하여 앞선 전투에서 승리를 가져다주지 못했던 병력 집
결을 완전히 배제했다면, 일본군의 부대 배치는 러시아군의 중요
전개지에 대한 포위 개념을 반영하고 있었다. 이것은 전쟁 내내 일
본군 지휘부가 보여준 작전술의 중심 사상이었다.

오야마의 공격 계획

노기의 제3군 및 일본에서 조선을 거쳐 오는 새로운 부대가 도
착하기 이전부터 오야마는 공격을 준비하고 있었다.

스당에서 몰트케의 승전을 직접 목격한 오야마는 러시아군을
포위할 준비를 하고있었다. 러시아 육군의 길게 늘어진 전선은 다
음과 같은 구상을 암시했다. 제5군이 푸순 방면에서 러시아군의
좌익을 포위하면서 공격하여 러시아 총사령관의 예비대를 그곳으
로 유인한다면, 그러한 상황은 러시아군의 우익에 대한 공격을 용

이하게 할 것이며, 러시아군이 예비대를 다시 보내기 전에 승리할 수 있을 것이었다. 러시아군의 주의를 좌익으로 집중시킨 후의 일본군 계획은, 노기의 부대가 러시아군의 우익을 우회하여 적군의 연락망으로 진출하며, 이후 노기와 가와무라의 두 부대가 러시아군 후방에서 합류하는 것이었다.

일본군 전선의 중앙에 배치된 3개 군은 적을 한곳에 묶어놓음으로써 측방 우회에 협력하는 임무를 받았다.

제1군의 지원을 받는 제5군의 공격 개시 일자가 2월 23일로 예정되었다. 나머지 부대는 2월 27일에 공세로 전환하는데, 이 시점까지 러시아군의 모든 주의와 전력을 러시아군 좌익에 집중시켜야 했다. 제1군은 제2, 제3시베리아군단의 진지를 공격해야 했으며, 노즈의 부대는 중앙을 역동적으로 공격하여 러시아군이 중앙으로부터 양 측방을 향해 부대를 보내지 못하게 만들어야 했다. 오쿠의 제2군은 린성푸~선단푸 전선을 공격하면서 자신의 좌익으로 러시아군을 우회해야 했다. 이때 오쿠의 좌익 맨 끝에 있는 노기 부대는 최고 속도로 우회 중이어야 했다. 다시 말해 독일 군사학파의 충실한 추종자인 오야마는 만주라는 조건 속에서 '스당'을 예상했던 것이다.

의심할 여지 없이 만주의 전장에서도 '스당'의 전제들이 존재했다. 병력 수가 증강되었음에도 광대한 만주 전장에는 우회에 필요한 공간이 남아있었다. 하지만 일본군 지휘부가 과감하게 고안해 낸 묵덴 작전은 그다지 과감하게 수행되지 않았으며, 러시아군의 패배는 스당의 비극으로 이어지지 않았다.

일본군 지휘부는 전력 면에서 절대적인 우세를 점하지는 못했으나, 군의 우회 방면에서는 상대적인 우세를 확보할 수 있었다. 3만 병력으로 구성된 가와무라의 제5군은 나중에 다닐로프와 마슬로프 부대로 보강되는 1만 3,000명으로 구성된 칭허청 부대를 공격로상에서 조우했다. 한편 10만으로 구성된 카울바르스의 제2군은 총병력 10만에 달하는 일본군 제2, 제3군의 합동 공격을 받았으며, 여기엔 3만 명의 오야마 예비대가 합류할 수 있었다.

중앙에서 러시아군이 수적으로 우세했음에도 일본군 지휘부는 당황하지 않았다. 소극적 방어에 치중한 러시아 육군은 전선의 중심 돌파 능력이 없었으며, 전투력이 떨어지는 부대를 적진으로 돌입시키는 것은 곧 그들을 함정에 빠뜨리는 것과 같았기 때문이다. 이렇게 일본군의 계획은 차르 군대의 상태와 총지휘관의 심리를 고려하고 있었다.

일본군은 노기의 부대가 블라디보스토크를 포위하기 위해 이동했다는 헛소문을 퍼뜨렸으며, 이에 쿠로파트킨은 선단푸를 급습하기 위해 특별히 편성한 혼성여단을 블라디보스토크로 급파했다. 이로써 일본은 힘의 관계에서 어느 정도 유리함을 확보할 수 있었다. 쿠로파트킨은 증원군으로 도착한 모든 부대를 야전군과 블라디보스토크 사이에 분산 배치했다. 일본군이 러시아군 후방에 있는 철도를 공격하면서 대규모의 러시아 부대가 후방 보호에 차출되었다.

몽골 방향으로부터 철도가 위협받고 있다는 소문을 접한 쿠로파트킨은 제41사단 소속의 1개 여단과 카자크 연대, 증원군으로 도착한 부대 중에서 1만 5,000명 등 총 2만 5,000명을 후방 보호에 배정했다.

기습전의 교환 (그림 31)

상대방의 상황을 파악하기 위하여 습격대가 조직되었다. 2월 초, 일본군 기병대가 러시아군 후방의 철도를 급습했다. 이를 위해 일본군은 각 100명씩 총 200명의 최정예 기병대원을 선발하여 2개 기병중대를 편성했다. 이 중 1개 기병중대가 나가누마의 지휘 아래 1월 9일 쑤마푸에서 출병했으며, 잉커우를 급습하기 위한 미셴코 기병대의 이동 소식을 접한 뒤에는 서쪽으로 향했다. 2월 12일 밤이 되어서야 판자툰 역의 북쪽 5킬로미터 지점에 있는 철교까지 진출한 나가누마는 러시아 국경수비대 소속 병사 42명으로 구성된 교량 수비대를 공격했다. 러시아 부대를 격퇴한 일본군은 다리를 폭파하려 했다. 그러나 폭파조는 다리의 차도만을 폭파할 수 있었고, 다리는 17시간 만에 러시아군에 의해 복구되었다.

교량 폭파 이후 즉시 퇴각한 나가누마는 국경수비대 소속의 4개 카자크 중대 및 포 2문으로 구성된 러시아군 부대와 조우했다. 이들은 후방에서 활동 중인 일본군을 격퇴하기 위해 파병된 부대였다. 그러나 부대장은 일본군을 격파하지 못했을 뿐만 아니라 잠깐의 공격으로 28명의 병력과 포 1문의 손실을 입고 후퇴했다. 이들은 일본군 부대가 4개 기병중대, 기마 상태의 4개 중대, 3,000명의 홍파쯔(紅髮子)로 구성되었다고 지휘부에 보고했다.

나가누마 부대는 본대로 귀환하는 중에는 철도에 더 이상의 심각한 손상을 입히지 못했다.

하세가와가 지휘하는 다른 기병중대의 습격이 거둔 성과는 더 적었다. 샤오베이허에서 출병하여 야간에만 이동한 하세가와는 2월 18일 야오밍(姚明) 역을 습격했지만 별다른 성과를 거두지 못했다.

일본군의 양 부대는 러시아군의 후방을 방황하다가 묵덴 전투가 종결된 다음에야 본대에 합류했다.

하루 평균 이동 거리가 20킬로미터에 불과했던 양 기병중대의 소규모 돌격전은 심각한 결과를 수반했는데, 일본군 역시 그런 결과를 예상하지 못했음이 확실하다. 참모부 소속의 정찰대가 제시한 자료에 따르면 러시아군의 연락망을 위협한 일본군 병력은 3만 명까지 과장되었으며, 그에 따라 쿠로파트킨은 묵덴 회전을 앞둔 상태에서 러시아 육군의 전투 전선을 약화시킨 대책을 수립했다. 블라디보스토크로 파병된 혼성여단은 판자툰 지역에 정지되었다. 이와 동시에 일련의 부대들이 후방 보호를 위해 파병되었는데, 이미 언급된 바와 같이 후방을 방어 중이던 기존의 2만 5,000명을 제외하고도 추가로 2만 5,000의 병력과 포 36문이 파견되었던 것이다. 이 병력은 후방에서 일본군과 전혀 충돌하지 않았음에도 묵덴 회전에 투입되지 않았다.

일본군의 돌격에 대한 응답으로서 하이청 철도 교량을 파괴하기 위해 파병된 러시아 기병대가 후방에 나타나자 일본군은 전혀 다른 형태로 대응했다.

미셴코 기병대 중에서 4개 카자크 중대로 혼성 부대가 편성되었으며, 길렌시미트(Я. Ф. Гилленшмидт)가 지휘관에 임명되었다. 2월 18일 카리마(卡力馬)를 거쳐 출병하여 일본군의 좌익을 은밀하게 우회한 길렌시미트는 3일째 되는 날 저녁 하이청 북쪽 6킬로미터 지점에 있는 철교로 접근했다. 교량 수비대를 격퇴한 길렌시미트는 교량을 폭파했다. 그러나 그 정도가 심각하지 않아서 일본군이 곧 복구했다. 적의 추격을 받은 길렌시미트는 신민툰을 거쳐 본대에 복귀했다. 그가 5일 동안 이동한 거리는 400킬로미터였다. 러시아 기병대의 돌격에 대비하여 일본군은 전선의 약화로 이어질 수 있는 병력 파견을 하지 않았다.

전장(戰場) (그림 30)

묵덴 근교의 전투는 철도 노선을 중심으로 서쪽의 평야 지대와 동쪽의 산악 지대로 나뉘는 공간에서 수일 동안 진행되었다. 철도에서 서쪽 방면은 타이쯔허 작전에서 묘사된 것과 같이 점토 가옥과 토담으로 이루어진 마을들이 수없이 펼쳐진 평원이었다. 이곳에는 외관상 서로 비슷한 마을들이 산재해 있어 측지와 포격에 곤란을 겪었다. 하지만 석조 사당과 중국식 공동묘지들은 편리한 거점으로 이용될 수 있었다. 모래언덕을 따라 구축된 철도 노반이 마댜누(Мадяну)촌에서 사링푸(沙嶺堡)를 거쳐 이어지고 있었다. 제5

시베리아군단은 이 노반을 방어에 활용하기도 했다. 묵덴의 북쪽에는 나무가 짙게 자란 황제릉[78]이라 불리는 것들이 있다. 평야 지대는 얼어붙은 고량 줄기들로 덮여있었다.

철도에서 동쪽은 일련의 산맥과 그 산맥의 지맥들이 가로지르는 지대로서 인구가 적었으며 도로 역시 거의 존재하지 않았다. 동쪽으로 향할수록 산맥을 통한 이동이 더 힘들어지며, 푸순~번시호 전선의 동쪽은 접근이 힘든 지형으로 한정된 길로만 이동할 수 있었다. 일본군은 칭허청에서 다링 고개를 거쳐 푸순으로 향하는 방향, 가오투링 고개에서부터 스후이창(石灰廠)을 거쳐 푸순으로 향하는 방향, 벤뉴푸쯔에서 캉다런산(康大人山)을 거쳐 시니사프거우(Шнисапгоу)로 향하는 방향 등 주로 세 개의 방향을 따라 이동했다. 훈허는 얼어붙었으나 그 위로 이동할 수 있을 정도의 결빙 강도는 아닌 것으로 보였다. 험준한 강안은 장소에 따라 도강이 가능했다.

1904년 5월부터 쿠로파트킨의 명령에 따라 묵덴 방면을 보호할 수 있는 보루가 건설되기 시작했으며, 묵덴 작전의 초기까지 총 4개의 보루가 구축되었다.

방어 구조물 제1선에는 쓰팡타이에서 시작하여 창탄·헤이린타이를 거쳐 사허의 강안을 따르다가 러우쯔거우(樓子溝)를 지나 가오투링 고개까지 약 90킬로미터에 달하는 사허 진지가 이어져 있었다. 쓰팡타이에 있는 마을들은 방어 체제를 갖춘 상태였으며, 각 면보·안경보(眼鏡堡)와 전방에 철조망을 둔 형태의 인공 장애물이 구축된 포대·바리케이드 등을 설치하고 지뢰를 매설했다.

사허 진지 북쪽에는 약 13킬로미터에 걸쳐 묵덴 진지를 구축했다. 일련의 강화진지·각면보·철각보(凸角堡)·안경보 등으로 구성된 이 진지는 라누아(Лануа)촌에서 시작하여 얀주잔자(Янзудянза), 진자완(金家灣), 위수타이(楡樹臺), 잉판 등을 거쳐 톄장툰(鐵匠屯) 방면으로 향하고 있었다. 이 마을들은 방어에 적합하게 개조되었다. 모든 거점의 주위에는 철조망을 이용한 야전 축성과 말뚝이 박힌 함정이 구축되었다. 이 진지의 양 측방 뒤쪽에는 일련의 보루가 서 있었다.

후퇴할 경우 적의 진격을 저지하기 위하여 서남쪽·남쪽·동쪽에서 묵덴 시를 둘러싸는 형태로 톄링 진지를 구축했다. 이 진지 역시 일련의 강화진지·각면보·안경보로 이루어졌으며 전면에는 인공 장애물이 설치되었다.

톄링 근교의 제2 방어선은 주진지의 우익 뒤편에 구축하였다. 가오리툰 진지의 임무는 가오리툰촌 근처에서 랴오허 도하를 엄호하는 것이었다.

러시아군의 좌익 우회를 방어한 것은 칭허청 진지였다. 이 진지는 청창 지역으로부터 다링 고개 지역으로 향하는 유일한 마차용 도로와, 칭허청에서 샤오파핀린(Сяопапинлин) 고개를 거쳐 북쪽으로 향하는 작은 오솔길을 차단하는 형태로 구축했다. 그리고 야쯸린자(Яцзылинза) 진지는 만린, 야쯸린, 실린(Силин) 고개로 이어지는 도로를 차단하고 있었다.

일본군은 공격로상에서 이처럼 강화된 진지들과 조우했다. 그러나 이들 진지는 충분한 종심을 갖추지 못했으며, 그에 더하여 러시아군 주력 부대의 측방이 굽은 형태로 전개하고 있어서 우회가 용이했다.

일본군 전선 우익의 공격 (그림 32)

2월 19일 밤, 일본군 제5군의 선봉 부대가 칭허청 부대의 전위 부대와 충돌했다.

칭허청 부대의 임시 지휘관은 렌넨캄프의 후임으로 임명된 알렉세예프였다. 렌넨캄프는 부상을 당한 미셴코를 대신하여 그의 직책을 수행했다. 에크의 지휘를 받고 있던 부대의 주력 부대는 칭허청에 집결해 있었으며, 전위 부대는 수이둔(Суйдун)과 반리헤(Ванлихэ), 틴

댜유이(Тиндяюй) 등에 배치되어 있었다. 2개 대대, 4개 카자크 중대, 포 6문으로 구성된 류바빈의 부대는 가오링쯔로 파병되어 그곳에 이미 구축되어 있던 진지에 주둔했다. 부대 좌익의 엄호를 담당한 마슬로프의 부대는 4개 대대, 1개 카자크 중대, 포 2문의 군사력으로 신진틴(Синцзинтин) 방면으로 출병했다.

하발린(Хабалин)과 수이둔에서 일본군의 압박을 받은 러시아군 선봉 부대는 후퇴할 수밖에 없었다. 잃어버린 마을을 수복하려는 알렉세예프의 노력은 성공하지 못했다. 매서운 추위와 얼어붙은 산 정상으로 인해 반격에 곤란을 겪었을 뿐만 아니라, 적이 좌익을 우회할 수도 있다고 생각한 알렉세예프가 선봉 부대를 칭허청 진지로 퇴각시켰기 때문이다.

진지 위치의 선택도 좋지 않았다. 칭허청 부대를 우회로부터 보호하기 위해 진지는 량자링(梁家嶺) 고개까지 이어져 있었는데, 그 전면은 측지와 포격을 곤란하게 만드는 산악 지형으로 이루어져 있었다.

2월 23일 아침, 눈보라가 몰아치는 가운데 제5군이 공세로 전환했다. 예비사단은 칭허청 부대의 좌익을 우회하기 위해서 반리혜를 지나 마츈단(馬群鄲)으로 향했다. 칭허청과 량자링 방면으로는 제1사단이 이동했다.

일본군은 7개 대대, 포 16문, 기관총 4정의 군사력으로 편성된 에크 부대가 포진한 칭허청 구역의 진지에 접근하여, 칭허청의 동쪽에 솟아있는 베르세네프산을 공격했다. 말린과 량자링 고개 역시 동시에 공격 대상이 되었다. 이날 러시아군을 진지로부터 몰아내려는 일본군의 계획은 성공하지 못했다.

다른 전선에서 일본군이 의도적인 소극성을 보이자 2월 23일 아침 리네비치는 칭허청 부대를 지원하기 위해 제6시베리아사단 소속의 1개 여단으로 보강된 다닐로프의 분견대를 파병하도록 했다. 그뿐만 아니라 바자쯔와 판쉰(Фаншин)으로부터 출병을 준비하고 있던 부대들도 파병에 배정되었다.

이날 야간에 일본군의 포격이 쉼 없이 이루어졌으며, 24일 아침이 되자 일본군은 재차 칭허청 진지를 공격하는 동시에 일부 포병중대는 베레스네프(Береснев)산에 포격을 가했다. 포격 이후 일본군의 공격이 이어지면서 베레스네프산의 거점이 점심 무렵 일본군 수중으로 넘어갔다. 이때부터 일본군은 산을 방어하는 러시아군을 향해 십자포화를 가할 수 있게 되었다. 그와 동시에 일본군 3개 대대가 칭허청 진지의 좌익을 포위하기 위해 기동했다.

그리고 14시, 러시아군은 베레스네프산을 비워둔 채 샤오댠쯔(Сяодянцзы)의 북쪽에 있는 정상으로 퇴각했다. 이 무렵 포 16문을 보유한 일본군은 2개 연대의 공격을 받은 량자링과 실린 고개에서 포격전을 벌였다. 이곳에서 승리를 확보하지 못한 일본군은 량자링을 우회하기 위하여 말린 고개로 향했다.

마췬단으로 향하는 유일한 마차용 도로가 있는 후방으로 일본군이 진출할 수도 있다는 사실을 걱정한 알렉세예프는 자신의 부대에게 다링으로 퇴각하라고 명령했다.

퇴각은 칭허청 지역의 산 정상에 저녁까지 잔류한 2개 후위 부대의 엄호 아래 진행되었다. 가파른 언덕길로 인해 다링 고개를 지나는 포병과 수송 대열이 이동에 곤란을 겪으면서 병사들의 인력이 필요했다.

2월 25일, 칭허청 부대는 엄호 부대를 틴구알린(Тингуалин)·다링·톄링 고개로 진군시킨 다음, 산룽에 집결했다. 류바빈의 부대는 틴구알린 고개로 퇴각했다.

일본군 제5군의 성공적인 공격은 구로키의 공격 시기를 앞당길 수 있었다. 2월 24일, 각 산들의 정상에 진지를 구축하고 있던 제3시베리아군단을 겨냥한 일본군 제1군의 공격이 시작되었다. 일본군 쪽으로 형성된 산맥의 급격한 경사는 사각지대를 형성하여 적군의 집결을 용이하게 만들어주었다.

제3시베리아군단을 상대로 18개 대대, 3개 기병중대, 포 46문으로 구성된 일본군 제12사단이 장기간 대치하고 있었다. 그러나 공격 개시 무렵 일본군은 15개 대대, 3개 기병중대, 포 42문으로 구성된 제2사단과 예비여단을 이곳으로 집결시켰다. 일부 부대를 칭허청 부대의 지원에 차출하여 약화된 제3시베리아군단이 보유한 전력은 13개 대대, 11개 카자크 중대, 포 52문에 불과했다.

일본군의 공격이 시작되자 제3시베리아군단의 지휘관은 판쉰에서 출병하여 칭허청으로 이동해야 했던 연대를 원대 복귀시킨 뒤 군단 예비대에 잔류시켰다.

2월 24일 아침부터 일본군 제2사단과 예비여단은 가오투링 고개를 향해 진군했다.

제3시베리아군단의 진지 앞으로 출병하여 주력 부대를 차오후안자이에 집결시킨 바움가르텐(Л. Н. Баумгартен)의 시베리아 카자크 사단이 퇴각하기 시작했다. 헨얄린(Хэньялин) 고개를 점령한 일본군은 러시아군의 선봉 부대를 격파하면서 북쪽으로 이동했다. 저녁 무렵 일본군 제2사단과 예비여단은 차오후안자이~판쉰 전선으로 진출했다.

칭허청으로 급파될 예정이었던 1개 연대는 제2시베리아군단 소속으로서 제3시베리아군단을 지원하기 위해 준비된 1개 보병연대와 함께 바자쯔로 향했다. 이후 적군이 가오투링 진지를 왼쪽에서 우회하는 것을 차단하기 위하여 그곳에서 예비대에 편입되었다. 제4시베리아군단 소속의 4개 대대 역시 그곳으로 향했다.

다음 날 구로키 부대는 새로이 공격에 나섰다. 제2사단과 예비 여단은 가오투링 고개를 계속해서 공격했으며, 제12사단은 제3시 베리아군단의 우익을 공격했다.

일본군은 초기 공격 작전을 성공적으로 수행했다. 칭허청 부대 는 산룽으로 퇴각했으며, 제5군의 우회를 방해하지도 않았다. 러시 아군 예비대를 좌익으로 끌어들인다는 일본군 지휘부의 계획이 실 현되기 시작했다.

뤼순에서 가장 먼저 파병된 제1사단이 가와무라의 부대에 소속 되었다. 이를 본 러시아군 지휘부는 노기의 전 병력이 그곳에 집결 될 것으로 예상했으나 그것은 잘못된 판단이었다. 오야마의 시위 공격이 대규모 형태로 이루어지면서 쿠로파트킨은 좌익을 강화하 기 위해 일련의 대책을 수립했다. 그러나 이것은 일본군의 계획에 완벽하게 맞춰준 것에 불과했다. 결론적으로 말하면 제1군의 보강 에 총지휘관의 예비대 및 제2군으로부터 50개 대대와 포 128문이 차출되어 이동 배치되었다. 그 결과 제1군에는 총 178개 대대 병 력이 배치되었으나, 일본군이 대규모 군사력으로 우회했던 제2군 지역에는 단 96개 대대만이 존재했다.

러시아군의 좌익을 대규모 군사력으로 우회하는 것은 실로 힘든 임무였다. 우선 이곳은 단절된 지형으로 인하여 이동이 극도로 어려웠으며, 그 외에도 좌익을 우회하려면 조선을 근거지로 삼으면서 산악마다 후방 제대를 편성해야 했는데, 그러려면 다양하고도 막대한 노력이 필요했다.

일본군은 우익을 우회하면서 '중립' 신민툰에 주둔하고 있었으며, 군수 급양품은 신민툰~산하이관~톈진(天津)으로 이어지는 철도를 따라 이송되었다. 따라서 제3군은 어려움 없이 우회 작전을 수행할 수 있었다.

쿠로파트킨은 좌익으로 예상된 일본군의 주공격을 무력화하는 것 외에도 그곳에서 일본군의 공격을 격퇴한 후 적에게 '특별한 타격'을 가하려면 공세로 전환해야 한다는 이유로 부대 파병을 정당화했다. 2월 25일 저녁, 제1시베리아군단은 첸샤마툰(前下麻屯)으로 이동 배치되었으며, 다음 날 스후이창으로 이동하여 리네비치에게 배속되었다. 제16유럽러시아군단도 이동 배치될 예정이었다.

2월 26일, 리네비치의 제1군 전선에서 전투가 계속되었다. 일본군 제1사단 소속의 부대들은 고개 정상에 있는 칭허청 부대를 압박하기 시작했다. 그 무렵 예비사단 소속 부대들이 포격을 가하면서 우반유푸자(Убаньюпуза)에 접근했으며, 그와 동시에 예비사단 소속 다른 부대들이 우룽거우(五龍溝)에 접근하면서 칭허청 부대를 우회하여 위협했다. 이날 칭허청 부대의 지휘관으로 복귀한 렌넨캄프는 부대를 쥬빙타이(救兵臺)로 퇴각시켰다. 푸순으로부터 이동 중이던 다닐로프의 3개 연대는 구자쯔에서 우회 중이던 일본군 종대를 상대로 조우전을 펼쳐 그들의 이동을 지연시켰다.

2월 27일, 일본군은 칭허청 부대의 전선에서 포격을 교환하는 데 그쳤으며, 다음 날 분견대가 배치된 전 전선을 공격해 들어갔다. 그러나 러시아군은 자신의 진지를 고수했다. 류바빈의 부대만이 다닐로프와 협력하여 다닐로프의 부대를 상대로 군사 행동 중인 일본군의 후방을 공격하기 위해 후먄단린(Хумяндянлин)으로 이동했다.

그사이 제3시베리아군단의 구역에서 일본군이 베이다링거우(北大嶺溝)와 왕푸링(王富嶺) 고개를 공격함에 따라 바움가르텐 부대는 구링쯔(古嶺子) 언덕으로 후퇴했다. 일본군 제12사단이 약간 전방으로 전진했지만, 눈보라로 인해 이후의 공격이 중단되었다.

2월 28일, 제3시베리아군단은 만주에 도착한 증원군으로 보강되어 총군사력이 30개 대대에 달했다. 그 외에도 쿠로파트킨의 명령에 따라 총지휘관 예비대에 배속되어 있던 제1시베리아군단과 제72사단이 제3시베리아군단 지역으로 이동했다.

북쪽을 향한 일본군의 이동이 매우 조심스럽게 진행된 것을 보면, 일본군은 이곳에 러시아군이 증강되었음을 눈치 채고 있었음이 분명하다. 일본군 제12사단의 러우쯔거우 방면 공격이 중단되었다. 일본군이 러우쯔거우의 왼쪽에 있는 각면보 중 하나를 점령했으나, 이후의 진군은 러시아 포병의 집중 포격으로 중단된 것이다. 제12사단은 앞으로 거의 전진할 수 없었다.

2월 28일 하루 동안 일본군은 전혀 적극적인 군사 행동에 임하지 않았다. 이 기간에 제2, 제4시베리아군단의 전선은 평온했다. 일본군이 제1유럽러시아군단의 진지를 11인치 포로 포격하여 군단의 보루가 파괴되는 사건이 있었을 뿐이다.

러시아 제3군의 전선에서는 2월 25일까지 일반적인 포격전만 있었다. 2월 25일 빌데를링은 쿠로파트킨의 명령에 따라 리네비치를 상대하고 있는 일본군 일부를 유인하려는 목적에서 시위 공격을 감행했으나, 성과를 거두지 못하고 불필요한 손실만 입었다.

일본군 좌익의 공격 전환

러시아군 전개지의 좌익에서 일본군이 보여준 적극성으로 쿠로파트킨의 공격 계획이 변경되었다. 이미 알려진 바와 같이 러시아 제2군의 공격은 2월 25일로 예정되어 있었으며, 결정적 공격에 대한 모든 명령도 하달되었다. 그러나 2월 24일 쿠로파트킨은 러시아군의 공격을 예상한 일본군이 카울바르스의 제2군을 상대로 샤오베이허 지역에 배치된 예비대를 제외하고도 10만~12만 5,000명의 병력에 포 340문을 집결시켰다는 정보를 입수했다.

쿠로파트킨은 총공격을 포기한 상태에서 제2군의 공격 전환 여부를 카울바르스의 판단에 맡겼다. 그러나 좌익의 상황이 판명될 때까지 쿠로파트킨 자신은 카울바르스를 지원하기 위하여 '총검 한 자루'도 제공할 수 없다고 경고했다. 카울바르스의 즉각적인 공격 취소는 전적으로 이해할 만하다.

제1시베리아군단이 퇴각함에 따라 카울바르스는 자신의 우익 뒤편에 있던 예비대를 잃게 되면서 전선의 전력을 차출하여 새로운 예비대를 조직해야 했다. 총지휘관 예비대가 좌익으로 이동 배치되면서 제2군의 전력은 96개 대대, 52개 기병중대와 카자크 중대, 포 288문을 넘지 못했다. 제2군 소속의 군단들은 슈안고 지역에서 전선을 따라 7개 대대로 구성된 예비대와 함께 전개한 상태로 계속해서 원위치를 고수하고 있었다.

일본군 우익의 기동이 성공하면서 노기 제3군의 우회 작전이 쉬워졌다. 2월 26일, 일본군 제2, 제3군은 공격을 준비했다. 쓰카모토 가쓰요시의 제4사단과 도미오코의 부대는 리디우툰~야바타이의 남쪽 지역에서 전개했다. 그리고 기고시의 제5사단은 선단푸~쿠친즤(Кучинцзы) 지역에 주둔했으며, 다쓰미의 제8사단은 자신의 좌익 뒤편에 아키야마의 기병여단을 보유한 상태에서 제5사단의 왼쪽에 배치되었다. 노기의 제3군은 제2군의 좌익 뒤편에 있는 샤오베이허~다사링 지역에 주둔했다.

이처럼 일본군 제2, 제3군이 약 100개 대대와 42개 기병중대, 포 468문의 군사력으로 러시아 제2군에 대한 공격 준비를 마쳤다.

2월 27일, 노기의 제3군이 다음 날까지 청자오푸(城郊堡)~카리마 전선으로 돌파하기 위해 공격을 시작했다. 다무라 장군의 일본군 기병대는 랴오허의 우안을 따라 움직이면서 노기의 공격을 엄호했다. 제3군의 우익 뒤편에서 제2군이 아키야마를 시위 공격에 투입하고 러시아 제2군의 진지를 포격하는 방법으로 노기의 공격에 협력했다.

노기의 부대는 좌익 사단이 전면으로 진출해 있는 형태에서 사단 종대를 유지하며 쓰팡타이와 랴오허의 중간 지점을 향해 이동했다.

렌넨캄프가 칭허청 부대로 복귀한 후 미셴코의 후임으로 임명된 그레코프가 지휘하던 러시아 기병대는 일본군 제1사단 소속 부대들이 이미 카리마를 점령한 2월 28일에아 일본군 제3군의 공격을 알아차렸다. 카울바르스 제2군의 좌익에서부터 랴오허까지 전개하고 있던 러시아 기병대는 총 32개 카자크 중대와 포 18문의 전력을 보유하고 있었지만 일본군의 진군에 아무 저항도 하지 않고 퇴각하여, 일본군이 용이하게 카울바르스의 우익을 포위할 수 있도록 해주었다. 러시아 기병대는 쓰팡타이에서야 일본군 제9사단의 이동에 타격을 가함으로써 일본군이 정해진 시간 내에 그 마을을 점령하지 못하도록 할 수 있었다. 한편 노기의 진군 소식을 접한 카울바르스가, 랴오허 부대를 편성한 이후 보병이 존재하지 않는 쓰팡타이에 보병 8개 대대를 파병한 것은 2월 28일 점심 무렵이었다.

제대로 된 예비대를 보유하지 못한 것은 물론, 제대 편성 시 종심을 충분하게 확보하지 못한 상태로 전개한 카울바르스의 부대는 일본군 제3군의 우회 행동을 격퇴할 충분한 능력을 보유하지 못했으며, 선단푸와 리디우툰에 대한 포병의 시위적 포격 또한 노기 부대의 우회 행동을 억제하는 데 아무런 효과를 발휘하지 못했다. 3월 1일, 오쿠의 제2군은 창탄~얼타이즈(二臺子) 전선에서 공격으로 전환하라는 명령을 받았다.

노기의 부대가 쿠로파트킨을 충분히 위협하고 있는데도 쿠로파트킨은 계속해서 '상황 파악'에 주력했을 뿐, 자신의 의지대로 일본군 문제를 처리하지 못했다. 좌익으로 파병된 부대가 복귀하지 않았음에도 쿠로파트킨은 우익의 우회를 무력화시킬 수 있는 대책을 수립했다. 종심 우회를 예상한 쿠로파트킨은 우회 목적이 러시아군의 연락망 위협에 있다고 판단하여, 적군을 저지하라는 명령과 함께 비르게르(A.K. Биргер) 부대(제41사단 소속 1개 여단, 3개 카자크중대와 포 24문)[79]를 가오링툰 진지로 파병했다.

비르게르 부대에 부여된 소극적 임무는 러시아군의 전선을 약화시켰을 뿐 적의 전력을 파악하거나 적의 진군을 억제하는 역할을 다하지 못했다.

가와무라와 구로키의 전선 (그림 30)

3월 1일로 넘어가는 야간에 가와무라가 푸순 방면으로 돌파하기 위해 역동적인 공격을 실시하자 일본군의 주공격 방향에 대한 쿠로파트킨의 판단은 혼돈에 빠졌다. 예비사단은 구자쯔에서 재차 다닐로프의 부대를 공격했으며, 쥬빙타이에서는 렌넨캄프가 일본군 제1사단의 공격을 받았다. 그러나 3월 1일에는 러시아군이 진지를 고수했다. 가와무리의 공격은 제3시베리아군난 소속의 12개 대대가 방어 중인 가오투링 고개를 통해 러시아 연락망으로 진출하려는 구로키 부대의 지원을 받았다. 가오투링 고개의 동쪽에 있는 고개들은 제3군단 소속의 20개 대대가 방어하고 있었다.

이날 구로키는 자기 오른쪽의 부대보다 더 큰 성과를 거두었다. 이시바시(마쓰나가를 대신하여 사단 참모장으로 부임)의 제3여단은 아침에 잉판을 출발하여 공격으로 전환한 후, 곧 두 개 거점을 점령했다. 이에 제3시베리아군단 소속 부대들은 가오투링 고개의 주진지로 퇴각할 수밖에 없었다. 구로키가 공격한 전선의 나머지 구역에서도 일본군은 전방으로 전진하여 사허의 협곡 방면으로 접근했다.

리네비치는 스후이창~잉셔우푸쯔(英守堡子) 지역에 이미 배치되어 있던 군단 병력을 동원하여 반격에 나서기로 계획했다. 그러나 저녁 무렵 전황이 변했다. 마침내 일본군 제3군과 제2군의 기동을 인지한 쿠로파트킨은 제1시베리아군단을 우익으로 이동 배치하라는 명령을 내렸다. 그와 동시에 마주한 적이 공격으로 전환할 위험이 있었던 제2, 제4시베리아군단은 제3군단을 지원하기 위해 보냈던 부대들을 다시 불러들여야 했다.

쿠로파트킨의 행동은 완전히 일본군 지휘부의 의지에 종속되어 있었다. 일본군의 주공격 대상을 좌익이라고 가정한 쿠로파트킨은 구로키와 가와무라 부대의 군사력보다 두 배나 많은 178개 대대를 그곳에 집결시켰다. 이 시점에서 쿠로파트킨에게 필요했던 것은 부대를 다시 우익으로 재배치하는 것이 아니라 자신의 좌익에서 적에게 타격을 가하는 것이었다. 그랬을 경우 노기는 공격 속도를 늦출 수밖에 없을 것이다. 그러나 쿠로파트킨은 좌익에서 예정되어 있던 공격을 서둘러 포기했고, 오히려 일본군이 이미 상당한 전과를 달성한 우익에서 방어 체제를 가동하려고 했다.

일본군 좌익의 전과 확대

노기의 부대는 러시아군 연락망으로 진출하기 위해 계속해서 기동하고 있었다. 그 무렵 러시아군의 측방은 노즈의 제4군 구역에서 행해진 대구경포의 포격을 받고 있었다. 노즈의 제4군은 이미 수일에 걸쳐 러시아 진지를 집중 포격 중이었다. 노즈는 포격을 가하면서 사허푸를 공격하여 점령하려 했다. 오쿠의 제2군 역시 노기의 기동을 돕기 위해 러시아의 전력을 우익으로부터 유인하려고 3월 1일 아침부터 136문의 포를 동원하여 포격을 실시했다.

러시아 제2군은 쓰팡타이로부터 서쪽을 정찰하고 있던 그레코프 기병대에 의해 우익을 보호받으면서 진지에 주둔하고 있었다. 쓰팡타이~청자오푸 진지에는 8개 대대, 8개 카자크 중대, 포 28문, 기관총 2정이 배치되었다. 청자오푸에서 창탄과 훈허를 거쳐 장주앙즈(Чжантаньхэнань) 방면으로 혼성군단의 진지가 이어지고 있었으며, 찐산툰(Циньшантунь)까지의 동쪽에 구축된 진지에는 제8유럽러시아군단이 전개했다. 공격 중 러시아 기병대의 강력한 저항을 받지 않은 노기 부대의 선봉은 3월 1일 정오 이미 러시아군의 후방에 도달했으며, 저녁 무렵 다무라 기병대의 선봉 부대는 신민툰에 도달했다.

노기의 성공적인 군사 행동은 카울바르스의 제2군을 상대로 한 오쿠의 제2군의 공격을 상당 수준 도와주었다. 제8군단은 일본군 제4사단의 지원 아래 이루어진 제5사단의 공격을 받았다. 이와 동시에 일본군 제8사단은 혼성군단의 진지를 공격했다. 일본군 제2군과 제3군 간의 연락은 아키야마의 기병대가 담당했다.

이날 일본군 제2군의 공격은 카울바르스 부대를 유인하기 위하여 매우 강력하게 이루어졌는데, 이런 공격의 본래 의도는 노기가 러시아군 후방으로 아무런 장애 없이 우회할 수 있도록 지원하려는 것이었다.

일본군 제9사단 소속 부대들은 치열한 전투를 거쳐 저녁 무렵 쓰팡타이 진지를 점령했다. 러시아군을 격퇴한 일본군 제9사단은 그날 샤오신민툰(小新民屯) 마을에까지 도달했다. 제9사단의 왼쪽에 있던 제7, 제1사단은 화스강쯔(火石崗子)~파티즈(Патынцза) 전선으로 진출했다. 신민툰에 소규모 부대를 남겨둔 다무라의 기병대는 이미 다민툰(大民屯)을 점령한 상태였다.

노기 부대의 진격과 동시에 오쿠의 좌익 사단들은 노기 부대와 협동하여 러시아군을 철도에서부터 동쪽으로 격퇴한다는 예상하에 자신의 좌익을 전방으로 진군시킨 상태로 우회하여 연합 전선을 형성했다.

일본군 제3군의 강력한 공격을 받고 퇴각하던 그레코프의 육군은 3월 1일이 되어서야 일본 측 공격의 규모를 가늠할 수 있었다. 그러나 쿠로파트킨은 조속한 대응책을 마련하지 못했다. 러시아군의 주력 부대는 100킬로미터가 넘는 거리에 걸쳐 전개해 있었으며, 예비대에는 제25보병사단만이 남아있을 따름이었다. 카울바르스는 우익의 상황이 심각함에도 노기의 공격을 무력화할 대책을 서둘러 수립하지 않았다. 당시 러시아군의 좌익으로는 역동적 공격이 이루어지지 않았다. 쿠로파트킨은 당연히 이런 상황을 놓치지 않고 우회 중인 일본군에 대응하는 차원에서 제1군과 제3군을 이용한, 강력한 전력을 집결하는 빠른 대책을 수립해야 했지만 그러지 못했다. 러시아군 총사령관은 엄호 부대 체제를 포기하지 않았다. 그는 제25사단을 신민툰으로 파병하여 가오리툰 진지를 더욱 견고하게 만들려 했으며, 노기의 공격로를 차단하기 위해서 제2군 사령관에게 군단 병력을 사링푸로 진군시킬 것을 요구했다.

제10군단 소속의 바실리예프 혼성사단을 구성하는 2개 여단이 제16군단에 배속되었다. 이로써 제16군단장 토포르닌을 사령관으로 하는 혼성군단이 편성되었다.

총괄하면 노기의 군사 행동에 대응하기 위하여 제1군 소속의 부대로 보강된 72개 대대 병력을 갖춘 부대가 편성되었으며, 쿠로파트킨이 직접 카울바르스에게 총지휘권을 부여했다. 제2군 소속으로 진지에 잔류하게 된 나머지 부대의 통솔은 라우니츠(М. В. Ш. фон дер Лауниц)가 맡았다. 쿠로파트킨의 의도에 따르면 노기에 대응하여 출병 중인 부대는 바이타누(Байтану)에 있는 총지휘관 예비대로의 복귀 명령을 하달받은 제1시베리아군단 소속 부대 중에서 24개 대대 병력으로 보강되어야 했다.

카울바르스의 혼성 부대가 편성됨에 따라 제2군 진지의 군사적 내구성은 어느 정도 약해질 수밖에 없었다. 그 결과 주둔 중인 진지를 남겨둔 채 더 짧은 진지로 후퇴할 필요성이 제기되었다. 이런 상황은 제3군의 우익마저 약간 북쪽으로 퇴각하게 만들었다.

노기의 성과에 대응한 쿠로파트킨의 이런 소박한 대책마저도 전혀 성공을 거두지 못했다. 사링푸로 향할 예정이었던 밀로프의 제8군단은 3월 1일 저녁에 이루어진 일본군의 공격으로 진지를 벗어날 수 없었다. 결국 제8군단 대신 제8군단 소속의 몇 개 연대로 구성된 골렘바톱스키(М.Г.Голембатовский)의 혼성사단만이 사링푸로 향했다. 러시아 제2군은 우익에서 전력을 집결하기 위해 부대를 재배치하려 했으나 일본군에 의해 저지당했다. 이날 밤 일본군이 제2군의 진지를 수차례 공격하여 퇴각하도록 만든 것이다. 이에 혼성보병군단은 마터우랑(馬頭浪)으로, 제8군단은 터우타이쯔(頭臺子)~저우관푸~구자쯔 전선으로, 제10군단은 얼타이즈~푸자좡쯔 전선으로 각각 퇴각했다.

나머지 전선에서는 포격전만이 이루어졌으며, 노기의 부대는 3월 2일 내내 러시아군의 철도를 향해 계속해서 이동했다. 오쿠의 좌익이 완만하게 이동함에 따라 제9사단의 진군이 지연된 데 비해 나머지 사단은 성공적으로 이동하고 있었다. 제7사단은 정오 무렵 사링푸 지역에 도달했으며, 제7사단의 왼쪽에서는 예비여단이 진군하고 있었다. 제1사단은 뉘무후(諾木琿)에 근접했다. 한편 다무라의 기병대는 신민툰 도로를 점령한 후 다팡션(大房身)에 도착했고, 러시아 기병대는 동북 방면으로 퇴각했다.

그사이 애초에 신민툰으로 파병되었던 러시아 제25사단이 마댠즤(Мадянзы)에 도착했다. 사링푸에 일본군이 있다는 사실을 알고 그곳으로 방향을 바꾼 것이다. 프넵스키(Н. В. Пневский)는 명령받은 방향으로 사단을 이동시켰다. 하지만 일본군이 이미 철도 노반을 점령했다는 소식이 전해지자 전투 대형을 갖추고 노반을 향해 포격을 가했다. 그러나 양 측방이 일본군 제1, 제7사단의 공격에 노출되었다. 사링푸를 공격하기 위하여 토포르닌은 바실리예프 혼성사단 소속의 1개 여단을 사링푸로 파병했으며, 이 여단은 제25사단과 함께 전투에 참전했다. 그 무렵 고립된 비르게르의 부대를 구출하기 위하여 묵덴으로 퇴각하라는 명령이 이 부대에 하달되었다. 제25사단에 머물고 있었던 혼성군단장 토포르닌은 기병대가 없어 전황을 숙지하지 못한 상태에서 일본군 제1, 제7사단 사이를 공격해 들어갔다. 토포르닌은 우월한 군사력에도 불구하고 성과를 거두지 못했다.

일본군 제1사단과 다무라의 기병대가 우회하고 있음을 알아차리지 못한 러시아 기병대의 활동은 지극히 불만족스러웠다. 기병대의 보고는 사링푸에서 묵덴을 포위하는 데 1개 사단만이 투입될 것 같다는 인상을 심어주었다.

그 무렵 일본군 제2군은 왼쪽에 있는 부대의 성공적인 진군으로 보호를 받는 상태에서, 러시아군을 포위한다는 일본군 지휘부의 전체 계획에 따라 3월 2일에도 계속 진군했다. 오쿠 부대는 노기 군과 함께 단일 전선을 형성한 상태에서, 러시아군의 우익을 우회하고 있는 가와무라 제5군의 공격을 이용하여 러시아군을 동북쪽으로 격퇴시켜야 했다.

3월 2일 아침 오쿠는 전 전선에서 공세로 전환했다. 이날 일본군 제4, 제5사단은 제10군단 소속의 부대들을 격퇴하여 얼타이즈와 푸자좡쯔를 점령했다. 그 왼쪽에서는 일본군 제5, 제8사단이 공격을 개시하여 러시아군을 진지에 묶어둠으로써 노기에 대응하여 부대를 재배치할 가능성을 사전에 차단했다. 자신의 좌익을 역동적으로 우회시킨 일본군 제8사단은 터우타이쯔에 도달하여 혼성유럽러시아군단 소속 부대들의 저항을 마주했다. 사링푸에서 군사행동에 임하라는 임무를 이전에 부여받은 골렘바톱스키의 혼성사단이 일본군 제8사단을 제압하기 위하여 파병되었다.

사타즈(沙坨子)촌을 점령하라는 명령을 접수한 골렘바톱스키는 슈안고촌을 출발하여 점토질 구조물 뒤에 몸을 숨긴 일본군의 강력한 저항에도 불구하고 명령받은 방향으로 부대를 이동시켰다. 러시아군은 지정된 마을을 점령하여 64명을 포로로 잡고 기관총 7

정을 획득했다. 그러나 이런 성과는 러시아군에게 큰 의미가 없었으며, 그곳에서 입은 1,000명 이상의 병력 손실을 합리화시켜 줄 수 있는 것도 아니었다. 왜냐하면 혼성군단이 후퇴하자 골렘바톱스키 사단 역시 저녁 무렵에 슈안고로 퇴각했으며, 제8사단과의 전투가 이어져 쿠로파트킨이 필요한 전력을 사링푸로 집결시킬 수 없었기 때문이다.

3월 3일로 넘어가는 밤, 러시아 제2군은 우회 중인 일본군의 압력 때문에 우익을 접어야 했다. 묵덴으로 귀대하라는 명령을 접수하지 못한 비르게르는 계속해서 가오리툰에 머무르고 있었다. 사링푸 지역에서는 낡은 철도용 노반에 토포르닌의 부대가 배치되어 있었다. 혼성군단은 마터우랑~다왕강푸 지역에 자리를 잡았다. 제8유럽러시아군단의 잔여 부대들은 터우타이쯔~장스푸 지역에 주둔했으며, 약간 동쪽에는 제10유럽러시아군단 소속으로서 바실리예프의 혼성사단을 편성하고 남은 부대들이 있었다.

나머지 러시아군은 자신의 자리를 고수했다. 러시아 제2군의 상황이 위태로워진 3월 2일 저녁 쿠로파트킨은 우회 상황을 완전히 인지하게 되었다. 그러나 그는 진지한 대응책을 마련하지 않았다. 노기의 우회를 막기 위해서는 좌익의 부대를 우익으로 이동 배치하여 집결된 군사력으로 노기에게 상당한 타격을 주어야 했다. 쿠로파트킨의 대안은 미봉책에 불과했다. 제1시베리아군단에게는 묵덴의 북쪽에 있는 황제릉 진지를 점령하기 위해 진군 속도를 높이라는 명령을 하달하는 한편, 묵덴으로의 접근로를 보호하기 위해 제3군에서 차출된 12개 대대와 포 42문으로 데비트(В. В. Де-Витт) 부대를 편성하여 파병한 것이 전부였다.

북쪽으로부터의 위협을 걱정하여 제3군에서 파병된 자폴스키(Б. Ф. Запольский)의 7개 대대와 포 8문이 후스타이(虎石臺) 역으로 진군했다. 그와 함께 제2군에게는 16개 대대를 차출하여 카울바르스를 지휘관으로 삼아 노기를 상대로 편성 중이던 부대에 배속시키라는 명령이 내려졌다. 이러한 모든 방책들은 즉흥적인 대규모 부대의 편성과 임의적인 지휘관 임명으로 이어졌다.

러시아군 지휘부가 더디게 상황을 파악하여 우회에 대비한 대책을 늦게 수립한 덕택에 일본군은 손쉽게 러시아군을 포위할 수 있었다. 따라서 묵덴에서 '스당'을 재현하려 했던 오야마의 명령이 실행되고 있었다. 제1, 제5군은 우익을 동원하여 우회했으며, 제4군은 정면을 공격하고, 오쿠의 제2군은 자신의 좌익을 동원하여 우회했다. 한편 제3군은 러시아 연락망으로 계속해서 진격했다.

몰트케의 맹목적 추종자였던 오야마는 보다 깊숙한 종심 우회가 가져올 이점을 거부했다. 몰트케의 전술은 현대의 교통과 통신 수단 아래서는 금방 발각될 수 있는 나폴레옹의 종심 우회를 인정하지 않았다. 서유럽의 전장에서라면 종심 우회는 분명 그런 위험성을 내포하고 있었을 것이다. 하지만 만주 전장의 단절된 지형에서는 종심 우회가 전적으로 가능하고 유리한 것이었다. 결단력이 부족한 오야마는, 러시아 카자크 기병대의 정찰이 극도로 미진하고 차르 군대 지휘부가 당황하고 있었기에 상당한 전과를 거둘 수도 있었을 종심 우회를 택하지 않았다.

다팡선과 사링푸 전투 (그림 34)

3월 3일 하루 종일 역동적으로 진군한 노기는 서부 전선의 몇 곳에서 러시아군과 접전했다. 이날 야간에 비르게르의 부대는 총지휘관의 명령으로 신민툰 도로를 따라 묵덴으로 이동하고 있었다. 종대의 선두가 라오반(Лаобян)에 접근할 무렵 비르게르가 파견한 정찰대가 반냐오(Баньцзяо)~다팡션 구역의 만다린 도로에서 일본군 보병을 발견했다. 그곳에는 다무라의 기병대 소속으로서 보병으로 전환하여 2개 보병대대로 보강된 부대가 있었다. 비르게르는 일본군의 우익을 공격하기로 결정했는데, 그것이 묵덴으로의 돌파를 용이하게 해주었다.

13시 무렵 러시아와 일본 양측은 격렬하게 포격과 총격을 교환했다. 비르게르는 수적으로 열세였던 일본군을 상대로 전투를 성공적으로 수행했다. 그러나 "서부 전선의 전반적인 전황이 불분명하고 어둠이 내리기 시작했으며, 새로운 일본군 대대가 증원되면서" 비르게르는 전투를 포기하고 북쪽에서 묵덴을 향해 가는 길을 따라 퇴각했다. 그레코프의 기병대는 스리허와 다팡션을 정찰하면서 일본군을 발견했으나 보병에 협력하지 않은 채 북쪽으로 향했다.

보다 의미 있는 전투는 사링푸에서 발발했다. 하루 전 사링푸를 계속 공격하기로 결정한 토포르닌은 이 마을을 양 측방에서 공격하라는 전투 명령을 내렸다. 프넵스키의 제25사단 소속 3개 대대와 포 48문의 병력이 좌익을 포위하면서 사링푸를 공격해야 했으며, 샤틸로프(В. П. Шатилов)의 여단(바실리예프의 혼성사단 소속)은 24문의 포를 가지고 타이푸(臺堡)와 궁장푸쯔(弓匠堡子)를 점령한 다음 남쪽에서부터 사링푸를 공격해야 했다. 보병연대와 포 16문으로 보강된 예비대, 즉 혼성사단의 다른 여단은 마단즤(Мадянза)에 잔류했다.

새벽 무렵 시작된 포병의 지원 포격하에 사링푸로 이동한 프넵스키 종대의 선봉 부대가 8시경 마을로부터 700보 거리까지 접근했다. 그때 모습을 드러낸 일본군의 증원 부대가 십자포화로 우익에 있던 연대를 포위하면서 프넵스키의 우익을 위협하기 시작했다.

샤칠로프 종대의 공격은 성공적으로 시작되었다. 그러나 전장에 도착한 카울바르스는 묵덴으로 향하는 신민툰 도로를 따라 사단 병력 정도에 해당하는 종대가 이동하고 있다는 정보를 접한 후 (이것은 비르게르의 종대가 진군하는 것이었다), 공격을 중지하고 제25사단은 위훙툰(于洪屯)으로, 바실리예프의 혼성사단은 황구툰(皇姑屯)으로 각각 퇴각하라는 명령을 내렸다. 성공적으로 시작된 공격이 카울바르스의 불필요한 예민함 때문에 중단되었던 것이다.

부대 간의 조직적인 상호작용이 이루어지지 않은 상태에서 서부 전선에 분산되어 있던 부대들은 방어만을 자신의 임무로 인식하여 공세적인 돌파를 추구하지 않았다. 그 외에도 노기를 상대로 집결된 전력 중 상당수의 부대가 전투에 투입되지 않아 그곳에서도 성공을 거두지 못했다.

러시아 제2군 남쪽 전선의 전황

이날 오쿠는 러시아군 우익을 신속하게 포위할 수 있도록 협력했으며 쿠쟈타이(Куцзятай)~다쾅커 전선으로 이동하라는 임무를 받은 제4사단을 축으로 삼아 자신의 측방을 계속해서 우회 이동시켰다.

3월 3일 아침, 골렘바톱스키의 부대는 둥신푸에 주둔했으며, 제10유럽러시아군단의 나머지 부대들은 장당푸(張當堡)~퉁뤄푸(佟羅堡)의 주진지에 배치되었다. 다왕강푸의 후위 진지에는 제8유럽러시아군단 소속의 16개 대대가 배치되었다. 혼성보병군단이 수후쟈푸(Сухудяпу)에 접근했고, 1개 여단이 후방을 보호하기 위하여 마댜누로 파병되었다.

3월 3일 아침부터 오쿠의 모든 사단이 공세로 전환했다. 러시아군의 소극적인 저항 덕에 오쿠는 부대의 임무를 확대했다. 쿠쟈타이~다쾅커 경계로 진출하려던 3일의 애초 계획이 황디(黃地) 전선까지 진출하는 것으로 수정되었다.

라우니츠의 소극적인 방어 덕택에 오쿠는 3월 3일 하루 동안 예상했던 것보다 더 멀리 진출할 수 있었다. 다왕강푸의 일본군 제5사단은 서둘러 퇴각하는 제8유럽러시아군단 소속 부대들을 포위하기 시작했다. 라우니츠의 부대는 마댜누를 거쳐 계속해서 북쪽으로 퇴각했다. 그러나 이미 얼음이 녹기 시작하면서 교량만을 이용해 훈허를 건너는 데 곤란을 겪었다.

그날 하루 러시아군은 우익에서 상당한 공간을 빼앗겼으며, 비르게르 사단과 그레코프 기병대의 퇴각으로 노기는 손쉽게 우회에 성공했다. 후퇴로 인해 러시아 제2군의 사기는 저하되었으며, 임시 지휘관 하에 급조된 부대는 러시아군에게 아무런 전과를 제공하지 못했다.

3월 4일 러시아군 우익의 형세

다음 날 러시아군의 우익을 포위하려는 일본군의 성공적인 공격이 이어졌으며, 서부 전선에서 러시아군의 산개와 러시아군 지휘부가 보인 일련의 혼란이 일본군의 성공에 일조했다. 급조되어 참모부도 갖추지 못한 부대는 전황을 제대로 파악하지 못했다.

3월 3일이 끝나 갈 무렵 일본군의 공격을 받은 러시아군의 우익은 눈에 띄게 지리멸렬했다. 그레코프 기병대의 정찰 활동은 무기력했으며, 일본군과 관련한 중요 정보를 제공하지 못했다. 타헨툰 (Тахэнтунь)~후아허(淮河)~마취안쯔~치관툰(啓官屯) 전선에는 데비트의 부대가 배치되어 있었다. 토포르닌의 부대는 뉴신툰(牛心屯)~위홍툰 진지에 주둔 중이었다. 황구툰에 집결해 있던 바실리예프의 혼성사단은 토포르닌의 예비대에 편입되었다. 제8군단으로부터 분리되어 16개 대대와 포 48문의 전력을 보유하고 있던 루사노프(Русанов) 부대는 양스툰~마댜누 전선에서 전개했다. 혼성군단과 제10군단의 나머지 부대들은 마댜누~얼타이즈~왕슈좡쯔(王秀莊子) 전선을 점령했다.

그 무렵 제1시베리아군단은 묵덴의 서쪽에 있는 란쥔툰(藍軍屯)에 이미 도착하여 주둔한 상태였다. 후스타이역에 집결한 비르게르의 사단은 자폴스키의 부대와 함께 나란히 북쪽으로부터 묵덴 방면을 엄호해야 했다. 카울바르스는 자신의 참모부를 위훙툰으로 옮겼다.

제2군 소속의 부대들이 후퇴하자 제3군 소속의 제5시베리아군단은 쇼우얄린자(Шоуялинцза)~다렌툰으로 퇴각했다. 제17유럽러시아군단과 제6시베리아군단은 자신의 위치에 잔류했다. 제1군의 부대들 역시 전반적으로 자신의 위치를 유지했다. 총지휘관의 본부는 장샤푸툰에서 묵덴 역으로 이전되었다.

3월 4일 오쿠는 부분적으로 훈허 우안을 따라 계속해서 공격하여 러시아의 전력을 자신들 쪽으로 유인함으로써 노기의 우회를 용이하게 만들어줄 예정이었다. 3월 4일 노기의 제3군은 묵덴 역·황제릉·쿠이쟈툰(Куйцзятунь)으로 향하면서 러시아군과 일련의 접전을 치렀다.

노기의 부대를 공격하기로 계획한 쿠로파트킨은 이 작전을 위해 120개 대대와 포 366문이 넘는 전력을 준비하려 했다. 그러나 예상된 기간 내에 부대를 집결하지 못했다. 임시 편대의 지휘 역시 힘들었다. 카울바르스는 참모부를 보유하지도 못했고 충분한 수의 정찰 조직도 전개하지 못했기 때문에 노기의 전력이나 그의 우회 방향을 몰랐다. 그뿐 아니라, 노기를 공격하기 위해 쿠로파트킨이 준비하고 자신이 지휘를 맡은 부대에 소속된 부대들이 현재 어디 있는지조차 파악하지 못하고 있었다.

카울바르스는 자신의 부대를 통제하고 연락망을 수립할 수 없어, 쿠로파트킨의 재촉에도 불구하고 공격으로 전환하지 않은 채 위협을 받고있는 자신의 측방을 접는 것으로 군사 행동을 한정했다. 반면 일본군 지휘부는 공격 계획을 달성하기 위하여 러시아군의 소극성을 이용했다. 오쿠는 공격을 통해 러시아군을 다렌툰~수후자푸 전선에 묶어둔 상태에서 2개 사단을 훈허 우안으로 도하시킨다는 결정을 내렸다.

오쿠는 새벽에 공격으로 전환했다. 도미오코(Томиоко)의 부대는 다렌툰~관리푸 구역으로 공격하라는 명령을 접수했다. 그보다 왼쪽의 관리푸~왕슈좡쯔 구역에는 사단 병력이 진군했으며, 수후자푸를 향해서는 제5사단이 이동했다. 제8사단의 임무는 타유슈푸 (Таюшупу)~샤오위수푸(Сяоюшупу) 구역에서 공격을 감행하여 훈 허 우안을 향한 제5사단의 도하를 엄호하는 것이었다.

공격에 나선 도미오코의 부대와 제4사단은 제5시베리아군단과 전투를 벌였다. 일본군 제5, 제8사단은 이동 중에 러시아 선봉 부 대를 격퇴하면서 성공적으로 진군했다. 제2군 소속 부대들의 공격 전선이 일부 좁아지면서 훈허의 우안으로 이동해야 했다. 정오가 지난 뒤 제5, 제8사단은 이미 훈허 우안에서 공격을 개시했다. 오 쿠는 도미오코의 부대와 함께 제4사단을 노즈의 부대에 배속시킨 후, 부대 지휘를 위해 훈허 우안으로 도하했다. 저녁 무렵 오쿠는 제4사단을 대신하여 오야마의 예비대로부터 제3사단 병력을 증원 받았다.

이날 일본군의 공격을 상대로 한 급조된 러시아군 부대의 저항 은 미약했으며, 공격적 기질을 전혀 보여주지 못했다. 일본군 제2 군의 우익은 이보다 강력한 저항을 받았다. 그러나 그런 저항 역시 도미오코 부대와 제4사단이 저녁 무렵 관리푸~왕슈좡쯔 전선으 로 진출하는 것을 막지 못했다. 그곳에는 제10군단 소속 부대들 중 에서 카울바르스에게 배속되지 않은 나머지 부대들로 구성된 게르 셸만의 부대와 제5시베리아군단 소속의 부대들이 전개해 있었는

데, 그들 모두 상기 일본군 부대에 의해 격퇴되었다. 제5사단은 전
방을 향해 성공적으로 진격해 들어갔으며, 제8사단은 우량푸(餘糧
堡)~닝관툰 전선으로 진출했다. 그러나 계속해서 전진하려던 제8
사단 소속 선봉 부대의 계획은 성공하지 못했다.

이처럼 러시아군 우익의 전황은 더욱 어려워졌다. 러시아군 지
휘부는 일본군의 우회를 좌절시키기 위해 '응집된 전력'을 대규모
로 집결하지 못했다. 반면 노기의 부대는 3월 4일이 끝나 갈 무렵
이미 묵덴 위쪽에 있는 철도에 근접했다. 오쿠의 제2군 소속 부대
들 역시 그와 비슷한 거리—묵덴으로부터 약 12킬로미터—에 있
었다. 우회는 종심적 성격을 띠지 못해 파멸적 위협으로 작용하지
못했다. 그러나 일본군 좌익의 우회 작전이 성공하는 것을 저지하
기 위해 반드시 결정적 대책이 필요했다. 그런 의미에서 일본군에
게 타격을 가하라는 총사령관의 명령이 카울바르스 부대에 하달되
었다.

만주 주둔군 좌익의 군사 행동

그 무렵 만주 주둔 제1, 제3군 전선의 상황은 비교적 평온하여,

제2군을 증강하고 후방을 엄호하기 위해 지대(支隊)를 구성할 가능성이 생겼다.

3월 2일, 제5시베리아군단과 제17유럽러시아군단이 일본군 선봉 부대의 공격을 받았으나 큰 어려움 없이 격퇴할 수 있었다. 보다 긴 시간에 걸친 전투가 발생한 곳은 일본군 제10사단의 지원 아래 2개 예비연대가 공격을 감행한 제6시베리아군단 구역이었다. 그러나 그곳에서 일본군은 전진 참호 일부분을 우회하는 것에 그쳤다.

다음 날, 이미 우리가 알고 있는 바와 같이 도미오코 부대의 압박하에 제54사단으로 보강된 제5시베리아군단의 좌익이 함께 퇴각 중이던 제2군 좌익의 부대들과 평행을 유지하며 다롄툰으로 후퇴했다.

사허 전투의 경험으로 교훈을 얻은 노즈의 부대는 러시아군 진지에 대한 정면 공격에 특별한 열의를 보이지 않은 채 자기 전선의 포격전과 제10사단 소속의 일부 부대로 사허푸촌을 점령하려는 미약한 시도를 보이는 것에 그쳤다. 3월 4일 노즈는 왼쪽에 인접한 부대와 합동으로 전체 전선에 걸쳐 공격을 감행하는 상당한 적극성을 보였지만 성과는 없었다.

일본군의 진격로를 봉쇄하고 있던 제1군의 전선에서 가장 격렬한 전투가 이루어졌다. 당시 일본군은 푸순을 거쳐 러시아군의 포위를 완성하기 위해 제5군과 제3군의 합류 지점으로 예정된 철도까지 계속해서 행군할 예정이었다.

3월 2일 일본군은 제5군과 제1군, 제4군 소속 1개 여단 등 총병력 약 10만 명으로 13만 명에 달하는 러시아 제1만주군의 전선을 전면적으로 공격했다. 가와무라 부대는 아침부터 칭허청 부대를 공격하여 다닐로프의 부대를 격퇴하려 했으나, 다닐로프는 일본군의 공격을 격퇴하고 진지를 사수했다. 러시아군 진지를 우회할 수 있는 가장 빠른 길을 봉쇄 중이었던 가오투링 진지에 대한 일본군의 공격이 특히 격렬했다. 제2, 제12사단, 예비여단 소속 부대들이 가오투링 진지를 공격하여 많은 희생자가 발생했으나 눈에 띄는 성과는 없었다. 예비여단은 가오투링 고개를 직접 공격했다. 두 개의 각면보를 점령한 일본군은 3월 3일로 넘어가는 밤, 각면보를 하나 더 점령하려 했다. 그러나 야간 공격은 실패로 끝났다. 일본군은 각면보 아래에 2,000구의 전사자를 남겨둔 채 퇴각했다. 예비여단의 왼쪽에서는 제12사단 소속 부대들이 군사 행동에 임했다. 점령 중인 진지로부터 러시아군을 몰아내려 했으나 막대한 손실만 입고 아무런 성과를 거두지 못했다. 제3시베리아군단 전선에서 실패를 겪은 구로키는 공격 대상을 제2시베리아군단으로 바꿔야 한다고 생각했다.

다음 날(3월 3일) 일본군 근위사단과 우메자와 여단 등 총 14개 대대는 자술리치의 제2시베리아군단 진지를 공격했다. 주공격 대상은 러시아군 17개 대대와 포 50문이 포진한 강다런산 진지였다. 와타나베의 근위사단은 3월 3일로 넘어가는 날 밤 와이터우산~양신툰 지역에서 공격 개시 지점을 점거한 후, 해가 지기 전에 완강하게 진지를 방어하던 시베리아 연대들과 교전했다. 일본군은 막대한 손실을 입었고 저녁까지 아무런 성과를 거두지 못했다.

그날 밤, 일본군은 제2시베리아군단의 진지를 점령하기 위해 재차 공격에 나섰다. 그러나 많은 희생을 원치 않은 일본군은 결국 퇴각해야 했다. 자술리치도 리네비치도 이곳의 승리를 활용함으로써 공격으로 전환해 부분적으로나마 일본군에게 패배를 안기는 일은 해내지 못했다.

이날 구로키의 제2, 제12사단 구역에서도 성과가 없었다. 일본군은 포격전으로 군사 행동을 제한했으나 러시아 포병의 강력한 화력은 하루 전 일본군이 점령한 각면보를 격파함으로써 일본군에게 막대한 피해를 주었다. 정면 공격으로 가오투링 고개를 점령할 수 없게 되자 구로키는 동쪽으로부터 남(南)얀타잔(Янтазан)~만야푸자(Маньяпуза)~구링쯔 고개를 거치는 우회로를 탐색했다. 가와무라의 우회 역시 진전이 없었다. 조심성이 많았던 일본군 지휘부는 종심 우회를 결정하지 못하고 있었다. 그런 상황에서 일본군 제1사단 정찰대의 쥬빙타이 진지 공격은 전력의 완전한 고갈로 이어졌다. 다닐로프 부대를 상대로 한 예비사단의 전투 역시 소규모 성과를 거두는 데 그쳤다. 러시아 제1군의 우익에서는 제10사단 소속의 1개 여단이 포병의 대규모 지원 포격하에 수차례에 걸쳐 제1러시아군단을 공격하여 류장툰 진지를 점령하려 했으나 전진 참호를 점령하는 데 그쳤다.

일본군 지휘부는 가오투링과 강다런산을 정면으로 공격하는 한편, 이 진지의 포위 공격을 준비했다. 3월 4일, 제2사단 소속 부대들은 가오투링 진지를 동쪽으로부터 포위한다는 계획하에 남얀타잔을 거쳐 만야푸자로 진군했다. 제12사단 소속의 부대들은 강다런산 진지에 대한 정면 공격이 어렵다는 사실을 고려하여 시핑타이쯔에 부대를 배치하고, 벤뉴푸쯔를 공격했다. 이 마을을 공격한 일본군은 전진 참호를 장악할 수 있었으나 다음 날 다시 러시아군에게 빼앗겼다. 류장툰을 재차 공격한 제10사단 소속 1개 여단이 거둔 성과는 더 보잘것없었다. 이곳에서 일본군을 격퇴한 러시아군은 기관총 3정을 노획했다.

이처럼 일본군 제2, 제3군이 러시아군의 우익을 성공적으로 포위하는 동안 일본군 제1, 제4군은 러시아 제1, 제3군을 우익으로부터 유인하는 임무를 수행하면서 막대한 손실을 입었다. 가와무라 부대는 포위 능력을 상실해 칭허청 부대 앞에서 제자리걸음을 하여, 일본군 지휘부가 고안한 '스당'을 완수하기 위해 푸순으로 전진할 수 없었다.

러시아 제2군이 일본군 2개 군의 압박하에 자신의 우익을 더 접은 것이 러시아의 전황을 더욱 복잡하게 만들면서 일본군이 러시아군 연락망으로 용이하게 진출할 수 있도록 해주었다면, 나머지 러시아군은 계속 자신의 위치를 고수하면서 다른 측방에서 러시아군을 점령하려 했던 가와무라의 의도를 분쇄하는 동시에 러시아군 총사령부에게는 노기의 우회를 물리칠 수 있는 가능성을 제공해주었다.

3월 5일, 총지휘관의 예비대를 편성하기 위해 러시아 제3군으로부터 16개 대대와 포 40문이 차출되었다. 이 때문에 쿠로파트킨은 제3군을 보다 짧은 진지인 얼타이즈~수지아툰(蘇家屯)~구안투프(Гуаньтупь) 진지로 이동 배치했다. 이곳에서는 제3군 소속의 60개 대대, 9개 기병중대, 포 26문의 군사력만으로도 정상적인 전투 대형 밀도를 유지할 수 있었다. 허술한 러시아군 정찰대는 일본군 부대가 훈허 우안으로 이동함에 따라 러시아 제3군 전면에 있는 일본군의 전투 대형 밀도가 그리 높지 않다는 것을 밝혀내지 못했다. 러시아 제1군의 부대들은 진지를 고수하느라 8,000명의 병력을 잃었지만 가오투링과 강다런산 진지의 점령을 목표로 전개했던 일본군의 정면 공격을 무위가 되도록 막아냈다. 결국 일본군은 이 진지의 양 측방을 상대로 새로운 작전을 수립하게 되었다. 그 결과 구로키는 부대를 재배치했다. 제2, 제4시베리아군단에 대응하여 약 40개 대대를 집결시켰으며, 가오투링 진지의 동쪽에는 13개 대대를 배치했다.

리네비치와 쿠로파트킨 모두 일본군 우익의 실패를 이용하여 적군에게 타격을 가하지 않았다. 만약 러시아군이 전투의 마지막 순간에 실패를 거듭하여 기진맥진한 일본군을 상대로 자신의 우익을 동원하여 반격으로 나섰더라면 러시아군은 완전한 성공을 기대할 수 있었을 것이다.

제17장

묵덴 작전의 대단원

양측의 결정적 군사 행동 준비

카울바르스는 훈허 우안에 병력이 집결되기를 기다리며 공격으로 전환할 준비를 하고있었다. 카울바르스는 공격으로 전환하는데 3월 4일 정오 당시 보유하고 있던 36개 대대와 대포 196문의 병력만으로는 부족하다고 여겼고, 그로 인해 공격을 3월 5일로 연기했다. 러시아군 지휘부는 하루라는 시간을 더 낭비했다.

공격 계획을 의논하며 러시아군 지휘부는 두 가지의 가능한 공격 방향을 예상하고 있었다.

첫 번째 방안은 노기 군의 좌익이 배치되어 있는 다스차오였다. 러시아군 지휘부의 견해에 따르면 이 방향에서 공격할 경우 노기는 퇴각할 수밖에 없었다. 그러나 이 작전의 약점은 러시아 제2군의 병력 대부분을 불가피하게 훈허 우안에 집결시켜야 한다는 사실이었는데, 그러려면 하루 이상의 시간이 필요했다.

두 번째 방안은 훈허를 따라 오쿠와 노즈 군의 연결 지점에 타격을 가하는 것이었다. 이 방향에서는 닝관툰~우량푸에서 훈허까지 이어지는 지역에서 일본군 제8사단(닝관툰~우량푸)과 제5사단(훈허)이 활동하고 있었다. 훈허 좌안을 따라 공격하면 일본군 제4사단과 제5사단 소속의 일부 부대들과 조우할 수 있었다. 그리고 이 대안의 경우 러시아군을 좌안으로 다시 도하시켜야 한다는 단점이 존재했다.

카울바르스의 최종 결정은 3월 5일 제2군의 부분적인 공격으로 훈허 좌안에서 전과를 거둔다는 것이었다.

그러나 카울바르스의 이 계획은 실행되지 못했다. 쿠로파트킨의 반대로 결정이 취소된 것이다. 어느 정도 위험을 감수해야 하는 훈허를 따라 이루어지는 공격 대신, 노기 군의 좌익을 공격하여 서남쪽 방향으로 밀어내고 구철도의 노반과 접하는 지역을 확보한다는 결정이 새로 내려졌다.

이렇게 하여 카울바르스의 병력 8만 명과 포 364문으로, 비슷한 전력의 일본군을 상대로 한 공격이 계획되었다. 또한 러시아군 지휘부는 몇 개의 종대를 형성하고, 우익에서 계단식으로 진군하여 노기의 좌익을 포위하는 형태로 공격한다는 전술을 세웠다.

카울바르스의 명령에 따라 모든 보병은 3개 종대로 배치되었다.

제1시베리아군단, 데비트의 부대, 바실리예프의 혼성사단 등 총 49개 대대, 포 115문으로 편성된 게른그로스의 우측 종대는 3월 5일 아침 사허툰~후아허 지역에서 공격 개시 지점을 점령한 다음, 노기의 좌익을 포위 공격하여 남쪽으로 격퇴해야 했다.

토포르닌의 중앙 종대는 제25사단의 16개 대대와 포 48문으로 구성되었다. 중앙 종대는 일본군이 자황(家荒)~야오자툰(姚家屯) 전선 뒤편으로 후퇴할 때까지 대기했다가 일본군의 후방을 위협하면서 마덴자~장스툰(張土屯) 방면에서 공격으로 전환했다.

여러 사단에서 차출되어 추린(А. Е. Чурин)·루자노프(П. Ф. Лузанов)·페트로프(П. И. Петров)의 부대에 각각 편입된 연대들로 편성된 체르피츠키의 좌측 종대는 34개 대대와 포 130문의 병력으로 토포르닌의 좌익 뒤편에 위치하고 있다가 토포르닌 부대와 함께 구철도 노선까지 공격해 들어가야 했다.

총 20개 대대로 편성된 게르셸만과 쿠즈네초프(С. А. Кузнецов)

부대는 훈허 좌안에 주둔했다. 8개 대대로 구성된 예비대는 간넨 펠트(М.П.Ганнсифсльд)의 지휘하에 루관툰(路官屯)촌에 집결했다.

기병대의 임무는 철도와 묵덴~신민툰 도로의 중간 구역 정찰 및 적 측방과 후방을 상대로 한 군사 행동이었다.

아무런 명령을 받지 못한 라우니츠는 카울바르스의 참모부 인력으로 차출되었다.

카울바르스의 명령에서 보이는 것과 같이, 이 공격 계획에서는 러시아군 지휘부의 고질적인 실수가 나타난다. 한 종대의 공격 성공 여부에 다른 종대의 성패가 달려있다는 점이다. 이는 달리 말해 전 전선에 걸친 강력한 일제 공격 대신에 부대를 차례대로 투입하는 것이었다. 통합 편성을 하지 않은 것은 부대 지휘를 어렵게 만들었다.

묵덴 방향을 엄호하기 위해 이동하는 러시아 엄호 부대를 발견한 일본군은 러시아 부대들의 이동을 눈치 챘다. 이에 일본군 지휘부는 러시아군의 가장 강력한 저항이 예상되는 방향인 좌익 끝을 강화했다.

노기의 제3군은 명령에 따라 묵덴으로 계속해서 우회하기 위해 타스차오~다오이자툰(道義家屯) 전선에서 공격을 개시할 위치를 점령했다. 이에 따라 제2군의 좌익은 호훈타이(Хохунтай)까지 전선을 형성했다. 또한 이 명령으로 제9사단이 제3군의 좌익으로 재배치되어야 했으며, 오쿠는 자신의 좌익을 확장해야 했다. 이런 대책은 제3군이 얼마간 활동을 중지했다는 것과 제9사단 측방의 행군을 보호해야 한다는 등의 사정에 따른 것인데, 후자는 오쿠의 제2군이 공격에 나서면 달성될 수 있는 것이었다.

제5, 제8사단은 3월 5일 묵덴으로 향하는 방면에서 공격으로 전환하라는 명령을 받았으며, 제9사단을 교대한 제3사단의 임무는 위훙툰으로 진군하는 것이었다.

제9사단의 측방을 적군과 가장 근접한 지점까지 진군시킨 일본군은 언제나처럼 러시아군 지휘부의 소극성과 러시아의 극도로 미숙한 정찰 능력을 염두에 두고있었다.

앞서 보았듯 카울바르스의 주공격은 노기 군의 집결지 방향으로 예정되어 있었다. 러시아 측이 적절한 시기에 적극적 공격성을 발휘했다면 러시아군은 노기 군이 북쪽으로 전진하기 이전인 3월 4일에 일본군을 포위할 수 있었을 것이다. 공격 전환이 지연되고 진군이 극도로 완만하여 3월 5일 카울바르스는 적과의 정면충돌을 감수해야 했으며, 이후 일본군이 게른그로스의 우익을 포위하는 위험한 상황마저 발생했다.

기병대가 무능력하고 소극적이어서 러시아군 지휘부는 일본군의 부대 재배치 사실을 모르고 있었다. 이에 러시아 공격 종대는 오후에 공격 개시 지점을 점령하고도 저녁까지 아무런 행동을 취하지 않았다.

반면 일본군은 3월 5일의 계획을 보다 순차적으로 완수했다. 제5, 제8사단은 이미 아침부터 마댜누~사타즈~양스툰 지역에서 공격으로 전환했다. 일본군의 이 공격에 체르피츠키·카울바르스·쿠로파트킨 등 러시아군 지휘부는 극도로 당황했다. 체르피츠키는 서둘러 일본군의 공격 사실을 보고하면서 일본의 전력을 지나치게 과장하여 지원을 요청했으며, 카울바르스와 쿠로파트킨은 철도 노선으로부터 수 킬로미터 떨어져 있는 마댜누에 대한 일본군의 공격에 반격을 가하기 위해 일련의 지시를 하달했다. 카울바르스는 게른그로스 부대를 구성하는 제31사단 소속 1개 여단을 파견하여 체르피츠키 휘하에 배속시켰으며, 쿠로파트킨은 자신의 좌익 뒤편에 배치된 일부 부대를 체르피츠키에게 배속시켰다.

결과적으로 체르피츠키 부대는 진지를 고수했지만, 일본군은 그날의 목적을 달성했다. 러시아군을 오쿠의 제2군 정면에 묶어둘 수 있었으며, 그 시간에 노기의 군은 러시아 전체 전선을 보다 종심 포위가 용이한 위치로 기동할 수 있었다.

재공격을 예상하고 있던 쿠로파트킨은 아직 승리의 희망을 잃지 않았다. 그는 최악의 경우 제3군과 제1군을 훈허 전선으로 후퇴시킬 수도 있다고 보았는데, 그로써 전체 전선의 길이를 축소할 수 있으면서 동시에 대규모 예비대 차출도 가능하다는 것이었다. 실패 가능성을 예견한 쿠로파트킨은 모든 사단별 수송대를 후스타이 역으로 후퇴 이동시키라는 명령을 내렸다. 그러나 이 명령은 적시에 각 군단장에게 전달되지 않았으며, 결국 이행되지 않았다.

카울바르스의 공격 실패 (그림 35)

3월 6일 아침, 총사령관의 압력에 카울바르스는 공격을 재개했다. 이 무렵 카울바르스의 부대는 정면을 서쪽으로 한 상태에서 자신의 우익 뒤편에 그레코프의 20개의 기병중대와 카자크 기병중대를 보유하고 있었고, 이들 부대는 주력을 신지아오푸(信家窩堡)~라라트레(Лалатре) 지역에 뒀다. 카울바르스의 참모부는 묵덴 역에 위치했다.

일본군은 공격 개시 지점을 점령하기 위해 기동을 계속하고 있었다. 쿠로파트킨의 소극성 덕분에 부대 재배치 계획을 완수할 수 있을 것이라는 일본군 지휘부의 계산은 전적으로 옳았다. 3월 6일 아침, 제9사단은 지정된 공격 개시 지점인 황투칸(黃土坎)~핑루어푸(平羅堡)에 이미 근접해 있었으며, 제1사단은 벌써 호훈타이의 북쪽으로 이동하고 있었다. 제1사단 뒤편에서 제7사단이 이동했다. 예비여단은 마싼자쯔(馬三家子)에 도달했다.

다무라와 아키야마의 기병대는 핑루어푸 지역에서 합류했다. 훈허까지 전개하고 있던 오쿠의 제2군은 남쪽에서 노기 군과 인접한 상태였다.

러시아군 참모부가 일본군에 대해 갖고 있는 정보는 매우 불확실했다. 노기 군의 좌익은 다스차오로 향할 것으로 추측되었으며, 일본군의 전력에 관한 정보도 매우 모호했다.

3월 6일 노기는 더욱 종심으로 우회하여 철도 노선에 근접하고 있었다. 카울바르스는 일본군에게 결정적 타격을 가하고 제3군과 제2군의 우회 작전을 저지하는 임무를 띠고 있었다. 그러나 카울바르스의 새로운 작전에 따르면 게른그로스의 33개 대대만이 전투에 투입되며, 이들 대대는 당일에 사링푸~더셩쯔(得勝子)~랑지아푸(郎家堡) 전선으로 진출해야 했다. 이들 33개 대대의 공격은 3개 종대의 형태로 이루어질 예정이었는데, 이 종대의 우측이 전면으로 전진한 상태에서 전체 전선에 평행하도록 진군해야 했다.

자폴스키 부대는 신민툰 도로의 엄호 부대였으며, 토포르닌 부대는 군 예비대로 차출되었다. 한편 체르피츠키 부대는 게른그로스가 장스툰과 닝관툰에 대한 공격을 개시한 시점에 맞추어 공격에 나서야 했다. 게르셸만 부대는 방어를 위해 자신의 진지에 머물러야 했으며, 비르게르 부대는 북쪽으로부터 묵덴을 보호하기 위해 후스타이 역에 주둔해야 했다.

결과적으로 모든 병력 중에서 카울바르스가 직접 공격에 투입할 예정이었던 병력은 전체의 4분의 1에 불과했으며, 게다가 이들 33개 대대는 노기의 제3군이 보유한 전체 병력의 공격을 받을 수도 있었다. 반면 오쿠 군의 3개 사단은 러시아군 70개 대대와 조우했다.

그 외에도 카울바르스의 계획은 지나치게 자의적이었다. 경험적으로 성공의 전례가 없었음에도 러시아군 지휘부가 애용한 측방 선회는 우회 중인 일본군을 남쪽으로 밀어내기 위해 러시아군이 전선을 따라 의도적으로 이동하는 것으로 마무리되어야 했다. 카울바르스는 노기 군이 이미 상당히 북쪽으로 진군했다는 사실을 모르고 있었던 것이다.

쿠로파트킨은 카울바르스의 무능한 공격 계획에 동의하지 않았음이 분명하다. 그러나 실패했을 경우의 비난을 두려워한 그는 "법에 의해 부여된" 군 사령관의 권리에 간섭하고 싶지 않다는 핑계를 들어 카울바르스에게 아무런 명령도 내리지 않았다.

러시아 제3군과 제1군은 자신의 진지를 고수하라는 명령을 접수했다.

쿠로파트킨은 제2군의 전선에서 성과가 있을 경우 3개 군 모두가 공격으로 전환할 수도 있다고 명시했지만, 그의 참모부는 선견지명이라도 갖춘 듯 제3군과 제1군에게 훈허 뒤쪽으로 퇴각하라는 명령을 준비하고 있었다.

3월 6일 아침 6시, 게른그로스는 몇 개의 종대를 동원하여 전방으로 진군했다. 그의 우측 종대에 위치한 레시(Леш) 부대는 10시에 주안완(轉灣)춘에서 일본군과 포격을 교환했다. 레시는 이 마을을 통과하여 11시경 다스차오에 근접해 있었다. 이 무렵 일본군 제9사단과 제7사단 사이에 형성된 공간을 채워야만 했던 제1사단 종대의 선두가 그곳으로 접근하고 있었다.

레시가 포격전을 교환하고 있는 동안 일본군 제1사단이 다스차오 지역으로 다가오고 있었다. 제9사단은 제1사단보다 왼쪽에 위치했고, 게른그로스 부대는 일본군 배치 지역을 포위하지 못했을 뿐 아니라 정면 공격을 감행함으로써 자신의 우익이 포위될 수 있는 위험에 처했다. 천천히 이동하며 다른 종대들의 정렬을 기다리던 게른그로스의 나머지 종대들은 레시를 전혀 지원하지 않았다.

그 결과 일본군 제1사단은 다스차오에서 전개할 수 있는 시간을 확보할 수 있었다.

도브보르무스니츠키(И. Р. Довбор-Мусницкий)의 공격 종대는 틴댠툰에서 이동을 멈췄으며, 크라우제의 종대는 뉴신툰에 머물고 있었다. 게른그로스는 레시 부대가 다스차오에 도달하면 나머지 종대들을 공격으로 전환시킬 계획이었다. 그러나 다스차오가 적의 수중에 들어가고 레시가 그곳으로 진군할 수 없게 되자 게른그로스 부대에 소속된 나머지 종대들은 저녁까지 아무 행동을 취하지 않았다.

이와 같이 크라우제와 도브보르무스니츠키 종대의 공격로상에 근접해 있었던 일본군 제3사단 소속의 소규모 부대들은 공격을 받지 않았다.

무너지고 있는 차르 체제의 장군들이 보인 공격 준비가 이런 식이었다. 한 종대의 행동이 다른 종대의 성공에 의존하는 방식은 전쟁 기간 동안 전체 전력 중에서 단지 일부만이 적극적으로 행동을 취하며, 나머지는 공격 중인 일부의 성과를 기다리며 아무것도 하지 않는 식으로 귀결되었다. 일본군은 러시아군 지휘부의 이런 후진성을 가장 중요한 상황 요소 중 하나로 판단하여 작전 수립 시 반드시 고려하고 있었다.

이날 체르피츠키의 전선에 2만 명의 병력과 포 130문이 배치되었지만, 러시아군의 우세한 전력은 적에게 부분적인 타격도 주지 못했다.

이날 부대 재배치를 완수한 노기의 제3군은 향후 러시아군 후방에 대한 결정적 공격을 위해 공격 개시 지점을 점령하는 데 모든 노력을 집중했다. 자신의 전선에서 공격을 감행하여 자기 왼쪽에 위치한 부대의 기동을 보호하라는 임무를 부여받은 오쿠의 제2군은 정오에 공격으로 전환했다. 제5사단은 마댜누~사트호즈 구역에서 공격을 개시했으며, 제8사단의 공격 구역은 푸관툰(富官屯)~양스툰이었다. 제3사단은 전선을 따라서 호훈타이까지 부대를 전개하라는 임무를 부여받았다.

훈허 우안 체르피츠키의 전선 전면 공격에 나선 일본군 전력은 러시아군에 비해 현저하게 열세였다. 일본군의 전력은 겨우 15~20개 대대에 포 60문에 불과했다. 반면 체르피츠키 부대의 병력은 34개 대대에 포 130문이었다. 그럼에도 체르피츠키는 기병을 보내 최소 3개 사단이 넘는 일본군 병력의 공격을 받고있다는 연락을 취하면서 증원을 요청했다.

3월 6일 아침부터 체르피츠키의 전선에서 포격전이 시작되었다. 정오가 지나면서 일본 포병의 포격이 더 격렬해졌다. 그에 더하여 일본군의 포격이 타이푸촌에 집결해 있는 러시아군 예비대에게 피해를 입히기 시작했다.

일본군 제8사단 소속 보병들이 우선적으로 공격에 가담하여 푸관툰 보루를 향해 진군했다. 그러나 루사노프 부대(제8군단 소속 부대)가 이를 격퇴했다. 그와 동시에 일본군은 추린 부대(혼성군단 소속 부대)가 점령 중인 진지를 공격했지만 역시 격퇴되었다. 제8사단의 모든 공격이 체르피츠키 부대에 의해 가볍게 제압되었고 일본군 제5사단의 공격도 적극적이지 않았음에도, 체르피츠키는 일본의 우세한 병력이 자신을 상대로 집결하고 있으며 자신의 부대가 막대한 손실을 입었다는 근거 없는 보고를 그날 하루에만 수차례 상부에 전달했다.

이런 보고로 체르피츠키 부대는 다른 전선으로부터 지원군을 제공받아 어느 정도 보강되었으나, 그것은 전황으로 볼 때 불필요한 것이었다. 그 외에도 체르피츠키의 공황 상태와 같은 보고서에 압도된 카울바르스는 일본군이 대규모 병력을 동원하여 체르피츠키의 전선에서 묵덴으로 돌파하는 것을 억제하기 위하여 다음 날부터 방어로 전환한다는 결정을 내렸다.

저녁 무렵 체르피츠키의 전선에서는 전투가 잦아들었으나 그때까지 체르피츠키는 자신의 예비대를 전혀 사용하지 않았다. 체르피츠키 부대의 병력 손실은 약 750명에 달했다.

게르셸만 부대(제10군단 소속의 병사 6,850명과 포 92문)의 구역에서는 러시아군 전선의 정면에 배치된 일본군 제5사단을 상대로 포격전만 이루어졌다.

좌익이 위험하다고 판단한 체르피츠키는 총사령관을 상대로 게르셸만 부대가 반드시 수후자푸를 공격해야 한다고 주장했다. 그러나 오후가 되면서 일본군이 마댜누와 그 인접 보루에 대한 포격을 강화함에 따라 수후자푸에 대한 반격 문제는 더 이상 부각되지 못했다.

카울바르스가 힘들여 소집해 결집된 병력에 의한 군사 행동은 이렇게 끝났다. 쿠로파트킨의 생각에 따르면 카울바르스는 일본군에게 궤멸적인 타격을 가해야만 했으며, 우익의 우회를 저지할 뿐만 아니라 그가 거둔 승리의 결과가 러시아군의 전체 전선에 걸친 총공격으로 이어졌어야 했다.

노기 제3군의 우회 작전 (그림 36)

일본군은 러시아군의 소극성과 지휘부의 혼란을 이용하여 계속해서 우회 작전을 전개하고 있었다.

카울바르스는 쿠로파트킨과 함께 대규모 병력을 집결하는 방법으로 노기 군에 대한 반격을 계획하고 있었다. 그러나 체르피츠키의 잘못된 보고서를 맹신한 그들은 일본군의 주공격 대상이 어디인지 파악조차 하지 못한 상태에서 아무런 결정도 내리지 못하고 있었다.

지휘부의 이러한 우유부단함은 만주 주둔군이 3월 7일 내내 아무런 행동도 취할 수 없게 했으며, 오야마의 예비대에서 2개 여단의 병력으로 보강된 노기의 제3군이 러시아 후방으로 계속해서 이동할 수 있게 해주었다.

묵덴으로의 우회를 우려한 쿠로파트킨은 24개 대대, 5개 카자크 기병중대, 그리고 포 52문으로 구성된 새로운 부대를 조직하였으며, 라우니츠의 지휘하에 이 부대는 묵덴으로부터 북쪽 방면으로 이동했다. 제2군 사령관에 배속된 이 부대의 편성은 결국 제2군의 측방을 더 안쪽으로 불러들이는 것 이상의 의미가 없었다.

러시아군은 이처럼 소극적 자세로 일관했지만, 당시 오쿠의 제2군도 막대한 병력 손실을 입은 상태에서 여러 날 동안 계속된 전투로 비축 물자를 거의 소진하여 곤란한 상황이었다. 만약 이 시기에 결정적이고도 합리적인 군사 행동을 취했더라면 러시아군은 가장 큰 성과를 거둘 수 있었을 것이다.

오쿠 군은 러시아군 후방, 즉 오야마의 최종 지시에 따라 싼타이 쯔(三臺子)~황제릉 지역으로 진출하려는 노기의 작전 수행이 용이해지도록 노력해야 했다. 그러나 3월 7일 일본 제3군이 러시아군 후방에 대한 마지막 공격 단계에서 보여준 군사 행동은 우유부단했다. 제1사단은 저항을 거의 받지 않으면서 너무나 더딘 속도로 황제릉을 향해 진군했으며, 후스타이 역에 도착한 일본군 기병대가 파괴한 철도는 러시아군에 의해 몇 시간 후에 복구되었다.

제1사단의 소극적인 행동은 러시아군에게 묵덴의 북쪽에 새로운 엄호 부대를 배치할 수 있는 시간을 주었으나, 러시아가 배치한 엄호 부대의 전력은 너무나 빈약했다.

짜오화툰·주안완춘·위훙툰 전투 (그림 37)

3월 7일, 제1, 제7사단은 짜오화툰(造化屯)에서부터 뉴신툰 진지에 이르는 게른그로스 부대의 작전 구역에서 공격을 개시했다. 아침부터 짜오화툰~주안완춘 전선에서 시작된 포격전은 곧이어 부대 전체 전선으로 확대되어 격렬하게 이루어졌다.

아침 10시, 일본군 제1사단 소속 부대들이 우유뉴툰(Уюнютунь)을 점령한 후, 자폴스키의 부대가 점령 중인 짜오화툰으로 공격해 들어갔다. 7사단은 레시 부대가 점령 중인 주안완춘으로 공격해 들어갔다.

일본군의 강력한 화력 아래서 자폴스키 부대(대부분이 보충대대로 구성되었음)는 어렵게 진지를 사수했다. 러시아군 진지에 대한 일본군의 포격은 아군 보병이 공격으로 전환한 17시까지 지속되었다. 짜오화툰과 주안완춘의 중간 지점에 위치한 러시아군 1개 연대는 공격을 감당하지 못하고 포 일부를 방기한 채 물러났으며, 저녁 무렵에는 러시아군이 이 마을들을 완전히 비웠다.

이날 가장 치열한 전투가 전개된 곳은 토포르닌의 작전 구역인 위훙툰이었다. 러시아군을 상대한 난부 신페이(南部辰丙)의 여단은 오시마의 제3사단 소속이었다.

노기 군의 우회 작전에 대한 지원 계획을 수행하고 있던 오쿠는 제5, 제8사단과 제3사단 소속 1개 여단을 동원하여 체르피츠키와 게르셸만 부대를 공격했다. 리부안푸에 배치되어 있던 제3사단 예하의 난부 여단은 36문의 포로 강화되었고, 제2군과 제3군 사이의 공간을 보호하기 위하여 위훙툰을 공격하라는 명령을 받았다.

토포르닌은 부대 예비대로 편성되어 나중에서야 도착한, 1개 연대가 빠진 제25사단의 병력으로 진지에 주둔하고 있었다. 이 진지는 뉴신툰에서부터 짠툰(贊屯)촌의 남쪽에 위치한 보루까지 이어져 있었으며, 이미 강화된 상태였다. 모든 마을은 방어에 유리하도록 개조되어 있었다.

날이 밝기 훨씬 전부터 공격에 나선 난부의 여단은 짠툰을 공격하라는 임무를 주어 1개 연대를 파병하고, 다른 연대를 동원하여 남쪽으로부터 위훙툰을 공격했다. 위훙툰으로부터 가해지는 포격에 부딪힌 일본군은 야음 속에서 공격을 시작하여 백병전으로 전투를 마무리 지었다.

몇 채의 농가로 이루어진 짜오화툰촌을 방어하던 부대원은 모두 전사했으며, 위훙툰의 남쪽 일부에서는 러시아군이 막대한 손실을 입은 상태로 후퇴했다.

날이 밝으면서 러시아군은 수차례에 걸친 반격으로 전세를 복구하려 했다. 그러나 난부 여단이 러시아군의 포격으로 막대한 손실을 입었음에도 불구하고 그 시도는 매번 실패로 돌아갔다.

쿠로파트킨은 이 마을의 방어에 커다란 의미를 부여하여 위훙툰에 증원 부대를 보내라는 일련의 지시를 내렸다. 카울바르스와 게른그로스 역시 토포르닌을 지원하라는 명령을 내렸다. 이번에는 체르피츠키가 토포르닌을 지원하기 위해 자신의 부대를 파병했다.

이 무렵 일본군 부대는 탄약 부족과 함께 러시아군의 포격에 의한 병력 손실로 어려움을 겪고있었으며, 결국은 자신들이 장악한 위흥툰의 남쪽 부분을 비워두고 퇴각해야만 했다.

토포르닌에게 파병된 지원군 중 일부는 다른 이유로 인해 지연되고 있었으며, 다른 일부는 너무 느리게 이동했다. 결국 낮 12시, 토포르닌으로부터 일본군 제25사단 전체가 퇴각하고 있다는 소식이 들어왔다.

위흥툰 방면에 도착한 카울바르스는 토포르닌과 함께 증원된 예비대를 이용하여 위흥툰을 목표로 하는 새로운 반격을 준비했다. 러시아군은 마을로 진입했으나 견고한 구조물에 몸을 숨긴 일본군이 지붕에서 러시아군을 공격하고 수류탄을 투척하면서 마을을 지켜냈다. 포격으로 구조물을 파괴하려던 러시아군의 시도 역시 아무런 효과를 보지 못했다. 유산탄으로는 점토질과 석조 건물을 파괴할 수 없었던 것이다. 또한 위흥툰으로 이동할 때 가져온 2파운드 포 역시 위력이 약했다.

저녁 무렵 위흥툰을 포위한 러시아 부대 병력이 35개 대대로 증강되었다. 그러나 난부 여단의 잔여 병력은 계속해서 이 마을을 고수하고 있었다. 어둠이 내리고 나서야 일본군은 하나둘씩 위흥툰을 이탈하기 시작하여 리관푸로 도주했다.

러시아군은 위훙툰에서 5,400명의 병력을 잃었다. 총병력 4,200명을 헤아리던 닌부의 여단 중에서 사상자를 제외한 잔여 병력은 437명에 불과했다.

핵심 지역인 위훙툰 구원을 위해 러시아군 지휘부가 보인 적극성은 일본군의 사기를 떨어뜨렸다. 이에 일본군은 러시아 측의 계속된 압박을 예상하여 일시적으로 방어에 임한다는 결정을 내렸다. 그러나 위훙툰 탈환전에서 보여준 러시아군의 적극성은 곧 고갈되어 버렸으며, 쿠로파트킨이나 카울바르스 모두 공격으로 전환하면 얻게 될 이점을 걷어찼다.

이와 같이 위훙툰 전투에서 일본군 1개 여단은 러시아군 35개 대대를 자신 쪽으로 유인함으로써, 노기 군의 용이한 작전 수행을 위해 적을 유인하는 임무를 완수했다.

단 1개 여단을 상대로 러시아군이 이런 대규모 병력을 집결시킨 것은 러시아군 지휘부가 '핵심 지역'의 의미를 지나치게 높게 평가했기 때문이다. 일본군을 위훙툰으로부터 몰아내는 것은 더 작은 규모의 병력으로도 가능했을 것이다. 위훙툰의 남쪽 부분을 조기에 포기한 것은 방어 병력의 할당이 상당히 잘못된 데 기인한다. 위훙툰 남쪽 부분의 진지 강화는 미약한 수준에 불과했으며, 휴식 중 경계 역시 이루어지지 않았다.

위훙툰 전투에서 러시아 야전포병에게 고폭탄이 보급되지 않았던 것 역시 매우 아쉬웠다.

훈허 뒤쪽으로 후퇴한 제1, 제3만주군

그사이 러시아 만주 주둔 제3군과 제1군의 전선에서도 교전이 이루어졌다.

3월 5일, 제5시베리아군단과 제17군단은 얼타이즈~사허푸 전선으로 퇴각했다. 일본 제4군 소속의 부대들은 자신들이 점령한 지역의 방비를 공고하게 갖추고, 퇴각 중인 러시아군의 뒤를 바싹 쫓았다.

이 군단들의 퇴각은 제6시베리아군단과의 관계에서 일본 측에게 유리한 상황을 조성해 주었으며, 일본군은 그 상황을 이용하고자 했다. 반면 56개 대대와 포 130문의 노즈 군과 대치하고 있던 빌데를링의 제3군은 62개 대대, 9개 기병중대, 그리고 포 226문 등의 병력을 보유하고 있었다. 그러나 빌데를링은 부분적인 공격으로의 전환마저 결정하지 못하고 있었으며, 그에 더하여 제17군단 예하 부대들과의 전투에 일본군 사단이 몰입되어 있는 시점을 이용하여 다쑤자푸를 공격하려는 제54보병사단[80] 지휘관의 주도적 공격 행위마저 제지하고 있었다. 철도 방면에서는 일본군 제6사단 소속 부대들이 인구아(Ингуа)와 쓰팡타이를 점령했다. 이로써 이 마을을 탈환하려던 러시아군의 시도는 실패로 돌아갔다.

성공 가능성에 대한 믿음을 상실한 쿠로파트킨은 3월 6일에 이미 사허 진지를 버려둔 채 부대를 훈허 방면으로 퇴각시킨다는 결정을 내렸다. 그러나 빌데를링은 퇴각을 하루 연장하도록 설득했다.

3월 7일, 일본군 지휘부의 전체 계획을 담당하던 노즈는 베이다진(Бейтацзин)과 수지아툰 점령을 위해 제4사단을 파병했는데, 이로 인해 러시아 제3군의 전선이 관통될 수도 있었다. 그러나 공격로에 위치해 있으면서 진지 강화가 이루어진 샤오키쉰푸(Сяокишинпу)촌을 점령하려던 일본군의 시도는 좌절되었다.

한청푸(韓城堡)를 점령한 일본군 제6사단의 군사 행동은 더 성공적이었다. 이 마을을 탈환하려던 러시아군은 막대한 병력 손실만 입고 목표를 달성하지 못했다.

제1만주군의 전선에서 일본군은 아직까지는 별다른 적극성을 보이지 않고 있었다. 그러나 3월 5일 제1군단은 일본군 제10사단의 공격을 받았다. 하지만 인접한 마을을 점령하려던 제10사단의 시도는 막대한 병력 손실과 함께 실패로 끝났다.

방어 중인 러시아군 지휘부가 보여주는 소극성에 용기를 얻은 일본군은 가오투링 방향에서 이 진지의 우회를 시도하면서 강력한 급습을 감행했다. 짜오다링(Цаудалин) 고개로 진군한 일본군은 짜우달린·구링쯔·싀달린(Сыдалин) 고개를 엄호하고 있던 부대를 격퇴한 후, 러시아군 진지를 동쪽으로부터 포위하기 시작했다. 그러나 류바빈과 다닐로프 부대를 상대로 한 가와무라의 공격이 실패하면서 일본군은 더 이상 진격하지 못했다.

일본 제1군 전선에서 러시아군의 우월한 전력은 리네비치의 정력적인 군사 행동을 요했다. 그러나 리네비치는 러시아군 진지에 대한 일련의 일본 측 공격이 막대한 병력 손실과 일본군의 퇴각으로 종결되었음에도 불구하고 반격을 시도하지 않았다. 러시아군 총사령관은 리네비치와 공격 실행을 논의했으나 아무런 결정을 내리지 못했다.

러시아군 전선의 요지부동에 가와무라는 푸순으로 진출하기 위해 쥬빙타이를 서쪽으로부터 우회하여 러시아군 진지를 포위 공격했다. 그러나 러시아 제1군은 진지를 고수하며 일본군을 격퇴했다.

오야마가 생각한 '스당'은 실현되지 않았다. 일본군 전선의 좌익이 러시아군의 연락망을 위협하면서 성공적으로 진군한 것에 반해, 강력한 저항을 받은 우익은 현재의 위치로부터 전진하지 못했다. 그럼에도 불구하고 러시아 제3군과 제1군은 퇴각을 준비했다. 거점 포병은 후방으로 퇴각했으며, 가능한 모든 것들을 철수시켰다.

전선의 복잡한 전황은 러시아에게 유리하지 않았다. 우측 전선에서 일본군의 우회는 계속되었고, 이미 후방을 상당히 위협하고 있었다. 우회하는 일본군을 무력화시키려는 목적에서 카울바르스가 집결시킨 대규모 병력은 며칠이 지나도록 적절하게 운용되지 못했다. 제2군의 측방을 거두어들이는 대가로 라우니츠 부대가 형성한 북쪽 전선은 전술적 포위와 유사한 정도에 불과했다. 제3만주군의 전선에서 일본군은 이미 사허의 경계에 도달했다. 러시아제1만주군은 일본군에 비해 압도적인 전력에도 불구하고 모든 전선의 전반적 전황을 변화시켰을지도 모르는 공격성을 보여주지 않은 채 적의 공격을 물리치는 선에서 그쳤다.

그 무렵 일본군의 우회 작전이 마무리 단계에 접어들면서 조속한 승리를 쟁취하기 위한 새로운 활력을 불어넣어 일본군의 사기를 고취해 주었다.

러시아의 암울한 전황 때문에 쿠로파트킨의 참모부에서는 이미 3월 5일부터 제3, 제1만주군을 훈허 뒤편으로 퇴각시키자는 의견이 나타나고 있었다. 그것은 전체 전선을 현저하게 축소시킴으로써 우회에 맞설 대규모 예비대를 차출할 수 있게 하자는 것이었다.

3월 7일 날이 어두워진 후, 러시아 제3군과 제1군이 쿠로파트킨의 명령에 따라 훈허를 향해 퇴각하기 시작했다. 제3군은 자신의 우익을 게르셸만 부대에 인접시키고, 좌익을 무찬에 위치한 제1군단과 인접시킨 상태로 훈허를 따라 진지를 점령해야 했다. 제1군은 이미 준비되어 있던 푸링과 푸순 진지에 주둔했다.

러시아군 지휘부는 사허 전선에서의 퇴각을 일본군의 관측으로부터 감추고자 했다. 그러나 각 부대들이 현지에 남아있는 일부 비축 물품을 소각하면서 퇴각 시점이 일본군에게 발각되어 버렸다. 제3군과 제1군이 훈허로 퇴각하는 것을 러시아군의 결정적 후퇴로 받아들인 오야마는 적군을 추격하기 위해 우익 부대에게는 테링으로 향하도록 지시했으며, 제2, 제3군에게는 묵덴에서 러시아군을 공격하라고 명령했다.

만주 주둔군의 퇴각은 힘들게 진행되었다. 압박해 들어오는 근위부대를 격퇴시켜야 했던 제4시베리아군단은 더욱 힘든 후퇴를 감당해야 했다. 도로가 수송용 수레로 가득 차면서 퇴각 속도 또한 느려졌다. 소심한 일본군은 퇴각 중인 러시아군의 뒤를 따라 이동했으나 접전하지는 않았다.

결과적으로 노기의 공격을 무력화하려던 러시아군 지휘부의 모든 노력은 성과를 거두지 못했다. 서부전선에 대규모 병력을 집결시켜 일본군에게 강력한 타격을 가한다는 쿠로파트킨의 구상이 합당한 것이었을지 몰라도, 러시아군이 저돌적으로 공격하지 않음에 따라 그 구상은 실현되지 못했다. 카울바르스 부대를 구성하고 있던 조직적이지 못한 부대의 활동은 지나치게 미약했으며, 지휘 역시 어려웠다.

전투 구역을 점령하면서 제3군과 제1군은 40개 대대를 차출하여 총사령관의 예비대에 배속시켰다.

3월 8~9일 전투 (그림 30)

3월 8일 아침 무렵, 제2만주군 소속의 부대들은 북쪽과 서쪽으로부터 묵덴을 에워싸면서 남쪽의 제3만주군 전선과 합류하는 둥근 형태로 전개했다.

그레코프의 기병대는 동북쪽을 향해 더 뒤쪽으로 이동하여 진행 중인 전투를 방관하기만 했다.

'북부' 부대라고 불린 라우니츠의 부대는 자폴스키·비르게르,

그리고 다른 여타 부대에서 소집된 26개 대대, 10개 기병중대, 포 72문의 병력으로 97번 철도 분기점에서부터 바자쯔까지 이어진 진지를 점령했다.

그 왼쪽에 위치한 사허툰~뉴신툰 전선을 따라서는 게른그로스 부대가 배치되었으며, 위홍툰 전투 이후 현 위치에 잔류하고 있던 토포르닌 부대가 그와 인접해 있었다. 체르피츠키의 부대 역시 묵 덴 도로~찬신툰(장스툰의 오기인 듯)에서 훈허까지 이어진 자기 진지에 계속해서 주둔했다.

게르셸만 부대는 제2군 예비대로 차출되어 란쿼툰에 집결했다.

노기의 제3군은 다음 날 러시아군을 공격하여 그들의 퇴각로를 차단하라는 임무를 부여받았다. 그와 동시에 오쿠는 교란책으로써 제3군에 협력할 수 있도록 준비 중이었다.

제2군 소속 사단들은 아침부터 러시아군 진지에 집중 포격을 가하라는 임무를 받았으며, 다시 제2군으로 복귀한 제4사단은 아침에 훈허 좌안을 따라 묵덴 방향으로 공격해 들어가라는 명령을 접수했다.

구로키 군은 주력 부대를 제1군단과 제4시베리아군단의 연결 지점으로 진격시키면서 공격으로 전환해야 했다.

3월 8일, 노기는 라우니츠 부대를 공격했다. 정오 무렵 제1사단이 라우니츠의 좌익을 공격했으나 밤까지 이어진 사격전에서 승리를 거두지 못하고 아음을 이용하여 퇴각했다. 그러나 이후 벌어진 격렬한 전투를 통해 일본군은 바자쯔를 점령했다.

훈허 우안에서는 오쿠의 제2군 소속 제5사단만이 적극적으로 활동했다. 제5사단은 오후부터 체르피츠키의 진지를 공격했다. 예비대에 편입되었으나 아직 얼타이즈와 마댜누에 잔류하고 있다가 일본군의 공격을 받은 게르셀만 부대가 그곳으로부터 후퇴하자 5사단은 방치된 이 마을에 입성했다.

오후부터 제2군이 전 전선에서 공격을 개시했다. 그러나 저녁까지 오쿠는 아무런 성과를 거두지 못했다. 그러나 일본군이 철도에 접근하면서 러시아군의 전반적인 상황은 악화되었다. 라우니츠 부대를 상대로 군사 행동에 임하고 있었던 일본군은 부분적이나마 러시아 제2군의 후방을 위협했다.

이에 경악한 쿠로파트킨은 제3군과 제1군의 병력으로 부대를 조직했다. 부대는 밀로프의 지휘하에 묵덴의 북쪽에 집결한 다음 라우니츠 부대의 지원을 받아 노기 군에 타격을 가해야 했다. 노기를 패퇴시키는 것만이 이미 상당히 진행된 일본군의 러시아군 우익에 대한 전술적 우회를 막을 수 있는 것으로 보였다. 그러나 일본군은 보다 폭넓게 러시아군을 포위하기 위하여, 북쪽으로 제9사단을 보낸 후 새로운 압박을 준비하고 있었다.

3월 9일, 노기 군의 주력 부대가 구어치툰(郭七屯)~톈이툰(田義屯)~바자쯔 전선에서 라우니츠 부대와, 그리고 주얼툰(朱爾屯) 지역에 부대를 집결시킨 밀로프 부대와 바로 대치하고 있었다. 이 전선에서 밀로프 부대가 보유한 병력은 29개 대대와 포 80문이었으나, 제3군 및 제1군에 소속된 각 부대의 도착으로 90개 대대까지 증강될 예정이었다. 서부 전선에 배치된 러시아군과 대치한 것은 일본군 제3, 제8, 제5사단이었으나 몇 개의 예비여단 병력이 더 있었던 것으로 보인다.

제5시베리아군단과 제17유럽러시아군단의 전선에서는 일본군 제4사단과 도미오코의 제2예비여단이 활동하고 있었다. 계속해서 제6시베리아군단과 제1유럽러시아군단, 그리고 제4시베리아군단의 진지 전면에는 제6, 제10사단과 노즈 군의 예비여단이 집결되어 있었다. 그 오른쪽에는 구로키의 근위사단과 제12사단이 배치되었다. 즉, 러시아 제1군 중앙 전면의 일본군 부대 배치는 돌파 가능성을 경고하고 있었다.

3월 9일, 북부 전선에서의 전투는 라우니츠 부대를 황제릉 방면으로 밀어내고 일본군 제1사단이 싼타이쯔를 점령하는 것으로 시작되었다. 이 무렵 밀로프 부대는 톈이툰을 공격해 들어갔다. 첫 공격에 실패한 러시아군은 두 번째 공격을 단행했으나 두 번째 공격 역시 지형을 숙지하지 못하고 통제 수단이 비비한 데다 갑작스런 모래 폭풍까지 겹쳐 실패했다. 잠시 공격을 중단하고 있던 제9사단은 후스타이 역을 점령하기 위해 1개 여단을 차출했다. 그 무렵 노기의 나머지 사단들이 감행한 공격은 라우니츠 부대의 강력한 화력으로 인해 저지되고 있었다. 서부 전선에서는 포격전만이 이루어졌다.

일본군의 제4시베리아군단 돌파

일본군 좌익은 3월 9일에 의미 있는 성과를 거두지 못한 반면, 러시아 제1군의 전개지에서는 일본군이 전선을 돌파했다.

쿠로파트킨은 제4시베리아군단 사령관 자루바예프의 지휘하에 새로운 부대를 창설하여 다와~푸허 지역으로 보내기로 결정했다. 그러나 이 결정은 지난해 가을에 구축되어 반파된 진지에 주둔 중인 전선 수비대조차 지형을 숙지하지 못하고 있던 제1만주군의 전선을 약화시키는 것이었다.

3월 9일 아침, 러시아군 전선의 우익은 메이엔도르프의 지휘하에 제1군단과 제4시베리아군단이 묵덴부터 다런툰(大仁屯)까지의 진지를 점령했다. 계속해서 디타이(滴臺)촌까지 자술리치의 제2시베리아군단의 진지가 이어졌다. 그 뒤쪽으로 이바노프의 제3시베리아군단이 주둔했는데, 그의 좌익은 카오산툰(靠山屯)촌에 다다랐다. 류바빈과 다닐로프 부대가 배속된 렌넨캄프 부대는 톄링으로 향하는 도로를 엄호했다. 가장 방어가 취약한 곳은 찌쟈펑(Тидяфын)~가오칸~다렌툰 전선으로서, 7킬로미터의 좌익에 단 9개 중대로 구성된 메이엔도르프의 부대가 주둔하고 있었다.

이 구역에 대한 충분한 수준의 정찰이 이루어지지 않았음에도 불구하고 일본군은 이곳에 대규모 병력을 집결했다.

정오 무렵, 일본군은 메이엔도르프의 부대가 점령하고 있는 진지에 접근했다. 근위사단과 제2사단 일부 부대의 공격은 격퇴당했으며, 훈허를 도하한 제12사단은 제4시베리아군단 소속 부대들이 점령한 키우잔 근처의 약한 전선을 관통했다. 제4시베리아군단은 1개 사단을 예비대로 파병하였으며, 그에 따라 키우잔 전선의 방어력이 약해졌다.

일본군은 훈쉰푸(Хуншинпу)를 점령했다. 자신의 병력으로 훈쉰푸를 수복하려던 리네비치의 노력은 성공하지 못했다. 이처럼 가와무라가 러시아군 병참선에서 노기 군과 합류하기 위해 서북쪽으로 돌파하는 데 실패했다면, 3월 9일에는 이미 노기와 구로키 군이 후방에서 합류할 가능성이 높아졌으며, 진징에서 일본군 지휘부의 주도권은 이를 용이하게 했던 것이다.

당시의 전반적인 전황은 쿠로파트킨에게 불리했다. 노기의 7만 병력은 러시아 후방에 거의 근접해 있었으며, 일본군의 우회 행동은 전선의 상당한 연장을 요했다. 한편 일본군은 일련의 거점들을 강력한 방어에 응용할 줄 알았으며, 다수의 기관총을 보유하고 있었다. 일본군 거점에 대한 러시아 포병의 공격은 매번 경험했듯이 효과가 적었다. 밀로프와 라우니츠의 병력으로 노기의 제3군을 궤멸시킨다는 계획 역시 성공하지 못했다. 주얼툰 지역에서의 부대 편성은 극도로 더디게 진행되었다. 3월 9일 아침에 도착한 부대의 수는 예정되어 있던 28개 대대의 절반에 불과했다. 이에 이미 돌파된 전선이 존재하고, 노기 군이 러시아군의 후방에 있었으며, 각 중대의 중대원 수가 줄어든(각 대대 병력의 경우 250~300명까지 줄었음) 막대한 병력 손실 상황하에서 밀로프의 지휘 체계에 90개 대대를 배속시킨다는 계획은 의문시되었다.

결정적 공격으로 전환하여 일본군을 격퇴하기에는 (2월) 25일(서력 3월 10일) 아침 생존한 병사의 수가 충분하지 않았다는 사실은 명백합니다. 전면으로 진군해도 승리를 예측할 수 없었지만, 묵덴 전면에 구축된 진지에 소극적으로 남아있는 것 역시 불가능했습니다. 따라서 퇴각하여 그곳에서 자리를 잡고 강화한 뒤 이미 획득한 경험을 활용하여 적과 전투에 돌입하는 것 외에 남아있는 다른 대안이 없었습니다.

쿠로파트킨은 자신의 보고서에서 이렇게 기술했다.
묵덴에서 더 이상의 전투가 합당하지 않다고 판단한 쿠로파트킨은 가오칸에서의 돌파 소식을 모르는 상황에서 3월 10일 밤에 톄링으로 퇴각하라는 명령을 내렸다.

러시아군의 퇴각

총사령관의 퇴각 명령은 가장 앞으로 진출한 러시아 제3만주군이 묵덴에 머무르지 않고 명령에 따라 만다린 도로를 따라 이동함으로써 전선으로부터 최초로 철병하는 것으로 되어있었다.
제2군은 주얼툰~푸허 전선에서 제3군이 퇴각할 때까지 일본군을 저지하다가, 그 이후 서쪽으로부터 전체 퇴각을 엄호하면서 철도를 따라 퇴각해야 했다.

제1군은 푸순 진지를 점령 중인 군단들을 이용하여 제3군의 퇴각을 엄호하다가 잉판~푸순, 그리고 푸링으로부터 테링으로 향하는 도로를 엄호하면서 퇴각하라는 명령을 접수했다.

언제나처럼 일본군은 러시아군의 퇴각을 눈치 채지 못했다. 3월 10일 정오가 되어서야 러시아군의 퇴각을 발견한 오쿠는 추격하기 시작했으며, 일부 러시아군 후위대가 묵덴을 통과할 것임을 미리 예측하여 일부는 격퇴하고 나머지 일부는 포로로 잡은 후, 16시가 넘어서 묵덴을 점령했다.

러시아군의 퇴각은 힘든 조건 속에서 진행되었다. 퇴각 명령을 내릴 당시 쿠로파트킨이 모르고 있던 가오칸 전선의 돌파 사실이 알려지면서, 지휘부의 명령에 의해 이미 예정되었던 퇴각로를 변경해야 했다.

사단 수송대를 후방으로 이송하라는 쿠로파트킨의 3월 4일 명령은 문서 행정 과정 중 어딘가에서 지체되다가 3월 9일이 되어서야 군단장들에게 하달되었다.

퇴각 중인 모든 도로에서 개시된 일본군의 공격으로 수송 대열은 빽빽하게 도로를 메운 상태에서 앞다투어 후퇴했으며, 일부 장소에서는 퇴각 중인 보병과 뒤섞이기도 했다. 많은 병사들이 방치된 창고 속에 남아있는 알코올을 '폐기 처리'하고 만취 상태가 된 것으로 밝혀졌다.

일본 제3군을 저지하고 있던 밀로프와 게르셸만 부대의 엄호하에 제2만주군은 3월 10일 저녁 일본군의 영향권을 벗어나 후스타이 역에 근접했다.

제3군 또한 무질서하게 후퇴했다. 일부는 만다린 도로를 통해서 후퇴했으며, 나머지 일부는 다와와 누헤(Нухэ)를 일본군이 점령함에 따라 동북쪽으로 방향을 틀어 이동했다. 이 모두가 무질서 속에서 이루어졌다.

다와와 누헤에 포병을 배치한 일본군은 빽빽하게 몰려서 퇴각하는 러시아군에게 포격을 가했다. 러시아군은 양 측면에서 일본군의 포격을 받으며 폭 10~12킬로미터의 좁은 통로를 따라 북쪽으로 향했다. 돌파당한 지점의 서쪽에 남아있는 제1만주군 소속 부대들은 일본군의 압박하에 서북쪽으로 향할 수밖에 없었다. 렌넨캄프·류바빈·다닐로프의 부대들은 통행이 어려운 산악 지형 속에서 독자적으로 퇴각했다.

일본군의 추격을 받지 않는 리네비치는 다른 부대를 지원했다.

연락 수단이 없어서 부대 통제가 극도로 곤란했다. 러시아군 지휘부의 수중에는 기병대조차 존재하지 않았는데, 기병대가 보병

보다 먼저 퇴각했기 때문이었다. 포병의 상황 역시 좋지 않았으며, 퇴각 중인 보병의 엄호를 포기한 채 서둘러 후방으로 피했다.

다만, 일본군이 더 이상 추격하지 않은 덕에 러시아군의 퇴각이 파멸로 이어지지는 않았다.

3월 11일 아침, 일본군 제3군과 제1군은 푸허에서 합류했으며, 아직 퇴각하지 못한 일부 러시아 부대를 고립시켰다. 그러나 러시아군 대부분은 이미 위험을 벗어났다. 노기와 구로키의 연합 전력에 의해 실시된 추격전은 병사들의 피로 때문에 완수되지 못했다.

3월 11일 저녁, 퇴각 중인 러시아군 종대의 선두가 톄링에 접근하기 시작했다. 3월 13일, 제2군과 제1군은 차이허(柴河)를 따라 구축된 진지에 주둔했다. 한편 제3군은 예비대에 편입되었다. 러시아군은 그곳에 오래 머물지 않았다. 3월 14일 밤, 구로키가 차이허에 접근하여 제2시베리아군단의 주둔지를 부분적으로 공격하기도 했다.

일본군의 공격으로 쿠로파트킨은 계속해서 후퇴할 수밖에 없었다. 체력과 정신력을 소진한 러시아군은 전투 능력을 상실한 상태였다. 그 무렵 총참모부 정찰과는 일본군이 양 측방을 우회하는 새로운 공격을 준비 중이라는 정보를 입수했다. 이런 모든 것이 쿠로파트킨으로 하여금 1903년에 이미 파괴된 쓰핑(四平) 진지로 병력을 철수시키게끔 했다.

3월 30일, 러시아군은 쓰핑 진지에 전개를 마치고 강화조약이 체결될 때까지 그곳에서 주둔했다.

차르 정부는 패전의 원인을 쿠로파트킨의 무능에서 찾고자 했다. 러시아군이 쓰핑으로 이동하고 있을 무렵 쿠로파트킨은 직위에서 해임되었으며, 그를 대신하여 리네비치가 총사령관에 임명되었다.[81] 쿠로파트킨은 제1군 사령관 자격으로 전선에 남아있었다.

묵덴 작전의 결과

묵덴 작전에서는 양면 포위 작전을 스당 방식으로 마무리 지으려 한 일본군 지휘관 오야마의 작전 성향이 다른 작전에 비해 더 명확히 드러났다. 그러나 일본군 지휘부는 스당을 재현할 수 없었다. 압도적으로 우월한 전력을 보유하지 못한 상황에서 전술적으로 포위하기에는 전선이 너무나 광범위했다.

결정적 역할은 종심 포위를 더 완벽히 했어야 하는 노기의 제3군의 기동에 있었는데, 종심 포위가 실현되었다면 러시아군은 파멸적 상황에 처했을 것이다. 오야마는 가와무라와 노기 군을 보다 북쪽으로 진군시켜 훨씬 깊숙이 우회함으로써 러시아군의 양 측면을 완전히 포위하도록 하는 결정을 내리지 못했다.

종합적으로, 묵덴 작전에서 러시아군의 손실이 일본군의 손실보다 현저하게 많지는 않았지만, 그럼에도 일본군은 묵덴에서 상당한 성과를 거두었다. 러시아군 사상자와 포로가 총 약 8만 9,000명 정도였던 반면, 일본군의 병력 손실은 7만 1,000명이었다. 이 중 사상자는 러시아군 5만 9,000명, 일본군 7만 명이고 나머지는 포로다.

비록 오야마가 러시아군을 포위하는 구상은 성공하지 못했지만 일정한 계획을 수행했던 데 반해, 쿠로파트킨은 아무런 계획이 없었다. 일본군 지휘부의 포위 작전에 심리적으로 위축된 쿠로파트킨은 랴오양 작전에서와 같이 내선 작전 방침에 따른 군사 행동에 모든 전력을 집결시키려는 의지를 보이지 않았다. 그 결과 쿠로파트킨은 포위에 대응하여 소규모 전력으로는 포위가 힘들어지도록 광범위하게 전선을 전개했다.

묵덴 작전에서 쿠로파트킨과 그의 지휘관들은 아무런 작전 개념도 가지고 있지 않은 상태에서 일본군의 공격에 대해 수동적인 반격에만 몰입했다. 공세 시도는 부대를 전투에 차례대로 투입하는 것으로 끝나는 우유부단한 성격을 띠었다. 대규모 병력으로 일

제 공세에 나서는 것은 위험하다고 여긴 것이다.

병력을 집중하여 공격을 가한다는 쿠로파트킨의 의도는 묵덴 작전에서도 드러났다. 그러나 묵덴에서의 이런 군사 행동은 우회 중이던 노기 군의 공격을 무력화시킨다는 부분적 의미만을 지닐 뿐이었다.

국내의 정치적 사건 및 그로 인해 팽배해진 패배의식으로 묵덴 작전에서 러시아군의 사기가 저하된 것은, 노기의 우회에 대응하기 위하여 쿠로파트킨이 편성한 임시 부대의 전투 행위에도 의심할 바 없이 영향을 끼쳤다.

랴오양과 사허 작전에서는 내선 작전 방침에 따른 쿠로파트킨의 기동이 실패했어도 전력의 집결에는 어느 정도 성공할 수 있었다. 그에 반해 묵덴 작전에서는 러시아군의 전투 능력이 저하된 나머지 기동력마저 사라졌다. 쿠로파트킨은 집중 타격을 가하기 위해 전력을 집결하는 능력을 보여주지 못했다.

차르 군대의 소극성과 불만족스러운 무기 성능 덕분에 노기는 전선 후방인 북쪽으로 이동할 수 있었다. 일본 제3군의 좌익이 적절한 시기에 북쪽으로 진출하면서, 러시아군 지휘부가 예정했던 측방 공격은 정면 공격으로 바뀌었다. 카울바르스 부대는 지나치도록 길게 늘어서 있었다. 러시아군 지휘부의 예상에 따르면 90개 대대로 편성되었어야 하는 밀로프 부대의 병력은 총 30개 대대를 넘지 못했다. 러시아군 지휘부가 부대 집결에 관한 명령을 하달했지만 실현되지 않은 것이다.

20세기의 전환기에는 독일 통일전쟁기에 완성되었던 포위 작전이 그보다 역사가 긴 나폴레옹식 전략 단위 집결 방법에 비해 더욱 효과적인 것으로 나타났다. 무기가 강력해지는 상황에서 전투에 대한 열의를 상실하고 적에게 포위당한 대규모 병력은 무기력한 것으로 드러났다.

혁명의 열기가 충만한 군대를 가지고 나폴레옹이 훌륭하게 수행해 낸, 내선 작전 방침에 따른 군사 행동을 위한 병력 집중은, 나폴레옹의 정복 정책에 대한 반발이 일던 1813년에 벌써 효용성이 없는 것으로 드러났다. 나폴레옹에 대한 반발이 프랑스군의 창의적 역량과 기동성을 박탈해 버린 것이었다. 라이프치히에 집결한 나폴레옹의 군대는 연합군의 포위 작전 앞에 무력한 모습을 보였다.

쇠락하고 있는 전제정의 육군이 만주라는 전장에서 응용한 나폴레옹 전술이 완전한 파멸로 이어지지 않은 것은 일본군 지휘부가 최소의 모험으로 승리에 도달하려 했기 때문이었다.

러시아군이 노기 군의 우회 기동을 발견한 즉시 자신의 우익 뒤편에 대규모 부대를 배치한 다음 지체 없이 공격으로 전환했더라면 승리할 수 있었을 것이다. 러시아의 이런 대응은 또한 오야마의 계획을 무산시킬 수도 있었을 것이다.

쿠로파트킨은 자신의 우익을 동원하여 공격으로 전환할 계획이었다. 그러나 나머지 부대들이 소극적으로 제자리걸음을 하는 상황에서 제2군만을 동원한 공격은 성공을 보장해 줄 수 없었다. 포위에 대응하여 측방을 줄이는 소극적 방법은 치명적인 것으로 드러났다.

길게 늘어선 러시아군 전선은 일본군 지휘부에 완벽히 이용당했다. 초기에 오야마는 주공격 방면과 관련해 쿠로파트킨을 기만할 수 있었다. 쿠로파트킨은 가와무라 군에 대응하여 러시아 예비대를 파견했는데, 그로 인해 예비대는 우회 중인 노기를 제지하기 위한 군사 행동에 때맞춰 참가하지 못했다.

묵덴 작전 말기에는 러시아군의 길게 늘어진 전선이 키우잔에서 간단하게 돌파되었다. 예비대로 강화되어 10만 7,000명을 헤아리는 병력을 좌익에 보유한 쿠로파트킨과 리네비치는, 전력이 훨씬 약한 일본군의 우익에 대해 공세로 전환하면 노기의 제3군의 행동을 저지할 수 있으리라는 가능성을 생각지도 못했다. 전개지의 작전 종심 부족은 러시아군 전선을 굼뜨게 만드는 동시에 충분한 속도로 대응 기동을 수행할 수 없게 하여 돌파될 위험이 상존했다.

러시아군의 이런 부대 배치는 만주와 중국 주민들 사이에서 자국의 명망을 유지하기 위해 묵덴을 고수하려는 제정 러시아의 정책의 결과였다. 묵덴은 적당한 후방 기지로서도 유리한 지점이었다. 쿠로파트킨은 보다 합리적인 방법으로 차르 체제의 정책을 유지할 능력을 지니지 못했다.

노기의 우회를 차단하기 위해 급하게 편성된 혼성 부대들은 비합리적으로 이용되어 효과를 거두지 못했다. 이 부대 전력 중 전투에 투입된 것은 일부에 불과했으며, 게다가 공격이 아닌 수비에 임하고 있었다. 혼성 부대를 구성하는 상이한 부대들의 군사 행동은 서로 단절되어 있었다. 즉, 한 부대의 구역에서 예상되는 전과를 더 확대하기 위해 옆에 위치한 부대들이 동원되지 않았던 것이다. 상비 부대 조직의 와해와 혼선은 전투 중 부대 운용에서도 부정적으로 반영되었다. 종심으로부터의 예비대 지원은 존재했으나, 전선을 따라서는 그런 지원이 존재하지 않았다. 또한 각 부대의 지휘관들은 언제나 서로 지원하지 않았다.

서부 전선에서는 명료한 지휘 체계가 존재하지 않았는데, 그것은 상급 부대 내에서도 지휘 체계가 존재하지 않았다는 뜻이다.

처음으로 우회에 대응하기 위해 창설된 부대의 지휘관은 카울바르스였으나, 그는 형식적 지휘관이었을 뿐 실질적으로 부대를 지휘한 사람은 쿠로파트킨이었다. 라우니츠 역시 쿠로파트킨과 카울바르스의 명령을 받고있었으며, 이렇게 하달된 명령들은 이따금 상반되는 것들이었다.

급조된 카울바르스 부대에는 참모부도 존재하지 않았다. 이로 인해 병사들의 통제가 어려웠을 뿐만 아니라, 카울바르스는 자기 부대의 위치조차 파악하지 못했다.

이에 관하여 『쿠로파트킨의 전략』을 집필한 소볼레프는 다음과 같이 기술했다.

라우니츠를 제2군의 임시 지휘관으로 임명하고, 제3군의 전략예비대와 제2군에서 각각 차출된 부대로 편성된 특별부대의 지휘관인 카울바르스에게 우회 중인 노기 군에 대응하여 작전을 수행하라는 명령을 하달한 후, 쿠로파트킨은 그렇지 않아도 전력이 약해진 제2군은 물론 제3군까지 혼란스럽게 만들면서 훈허의 북쪽을 따라 혼돈을 확산시켰다. 제2군의 참모부가 라우니츠에게 소속되면서, 필수적인 행정 조직을 갖추지 못했던 카울바르스는 잡다하게 편성된 부대 내에서 거의 외톨이가 되었다.

조직의 와해와 더불어, 군단장들은 종종 자신의 군단이 없는 상태로 남았으며, 부대가 어디로 사라졌는지도 몰랐다. 예를 들어 제6시베리아군단 소속의 부대들은 3개 군으로 각각 분산 배치되었다.

묵덴 작전에서 공격적 돌파가 결여된 러시아 보병의 군사 행동은 대부분 소극적 방어로 귀결되었다. 보병은 변덕이 심한 지휘부와 후퇴적 성향에 익숙해져 있었으며, 적과의 전투에 무관심으로 일관했다. 일본군의 질적 수준과 일본군 지휘부의 긍정적 측면이 과장되면서 병사들은 승리에 대한 신념을 잃게 되었다.

보병에 의지하며 보병 뒤에 몸을 숨기고있던 기병대의 활동은 전무했다. 러시아군 지휘부가 묵덴 작전 동안 적군에 대한 정보 부족을 겪은 이유가 바로 여기에 있었다. 쿠로파트킨은 모든 노력에도 불구하고 일본 제3군 좌익의 위치를 밝혀낼 수 없었으며, 카울바르스는 오쿠의 부대를 우회 중인 노기 군으로 착각했다. 5,000명에 달하는 러시아 기병대는 타격 활동에 적절하지 못했으며, 정찰에도 적합하지 않은 것으로 판명되었다.

종심 우회를 위해 필요했던 일부 위험을 감수하지 않음으로써 만주에서 스당을 재현하고자 한 오야마의 시도는 성과를 거둘 수 없었다. 러시아군 지휘부가 일반적으로 보여준 소극성 덕택에 오야마는 중앙의 병력을 약화시키는 대가로 양 측방에 강력한 부대를 배치할 수 있었다. 중앙을 약화시키는 모험이 특별히 심각한 것은 아니었다. 일본군 전선의 중앙은 강력하게 보강된 사허 진지에 의지하고 있었기 때문이다.

묵덴 작전에서 일본군의 승리는 일본군이 적극적 공격을 전제로 고안한 계획을 일관되게 수행함으로써 달성한 것이었다. 일본군은 대규모 병력을 전투에 투입했고, 발달된 상호 지원 시스템을 갖춘 상태에서 이런 병력 운용은 긍정적 결과를 가져왔다. 예를 들어 오쿠의 제2군의 활동은 노기의 제3군이 우회 작전을 수월하게 수행하도록 도와주는 데 초점을 맞추고있었다.

전장의 전력에서 일본군이 우세했던 것은 예비대에 병력을 적게 분배하였기 때문이다. 반면 러시아군은 대규모 병력을 예비대에 남겨둠으로써 스스로 자신의 전선을 약화시켰다. 특히 러시아군 예비대는 일반적으로 전장에 늦게 도착했으며, 전투에 참가하지 않는 경우도 종종 있었다. 묵덴 작전에서 일본군이 보여준 전력 배분은 전적으로 성공을 보장하는 형태였다. 즉, 일본군은 중요한 전투 구역에서 전력이 상대적으로 우월해지도록 병력과 화력을 배분할 줄 알았다.

묵덴 작전이 이 전쟁을 결정 짓는 전투는 아니었다. 일본군이 상당한 승리를 거두었음에도 그것이 러시아군의 패배를 의미하지는 않았다는 말이다. 새로운 병력[82]의 부재, 그리고 그보다 더 중요한 것은 기병대의 부재로 인해 퇴각하는 러시아군을 궤멸시키지 못했기 때문이다. 러시아군은 막대한 피해를 당하고 전투에서 빠져나왔으나 다시 충원되었고, 충분한 휴식을 취하면서 새로운 전투를 수행할 준비를 갖추게 되었다.

일본군이 성공적으로 묵덴 작전을 수행했음에도 불구하고 이 작전은 일본군 지휘부의 창의력 빈곤을 명확하게 드러냈다. 우선, 공격 전선의 우익에서는 눈앞에 펼쳐진 제한된 지형으로 인해 큰 성과를 올릴 수 없었다. 전력이 우월하지도 않은 상황에서 러시아군의 광범위한 전선을 양 측방에서 포위한 것 역시 그 결과가 심히 의심스러운 사안이었다. 정면에 적을 묶어둔 상태에서 대규모 병력을 동원하여 러시아군 전선의 우익을 종심 우회했다면 대규모 성과를 거둘 수 있었을 것이다. 그러나 '스당'이라는 밑그림이 전쟁 내내 일본군 지휘부의 작전 개념을 압도하고 있었다. 스당의 밑그림이 모든 전황과 모든 조건에 부합하는 본보기가 되어버렸다.

전쟁술의 발전에서 묵덴 작전은 넓어진 전선의 폭과 연장된 작전 수행 시간을 특징으로 하는 새로운 단계를 규정하는 것이었다. 150킬로미터 넘게 이어지는 전선(양측방을 방어하는 부대 포함), 시간 상으로 21일에 걸친 묵덴 작전은 후에 1차 대전에서 느린 속도로 진지 작전이 전개되는 상황에서 전선의 밀도를 위해 수백만 병력을 필요로 하는 가장 광범위한 전선의 원형이 되었다.

묵덴에서의 러시아군의 패전은 러시아 혁명 운동의 새로운 기폭제가 되었다. 1905년 봄, 프롤레타리아트의 파업이 유례없이 강화되었으며 대규모 농민 운동이 발생했다. 혁명의 열기가 확산하는 상황에서 반혁명적 러시아 부르주아지는 닥쳐오는 혁명의 돌풍에 대응하여 강화조약의 체결을 요구하는 언론에 대한 탄압을 강화했다. 모스크바 외환 시장에서는 대규모 자본가들이 협의회를 소집하여 사할린과 블라디보스토크를 잃는 한이 있더라도 강화조약의 조속한 체결을 탄원하는 청원서를 차르에게 제출하기로 결정했다.

극단적 민족주의 언론은 어떠한 대가를 치르더라도 '내부적 파멸'로부터 러시아를 구원하기 위해 종전 및 혁명을 궤멸시킬 조속한 대책 수립을 요구했다.

제18장
묵덴에서 포츠머스까지

묵덴 작전 이후 양측의 병력과 부대 배치

남만주로부터 러시아군을 몰아내면서 일본의 전쟁은 사실상 종결되었다. 일본군은 더 이상 공격에 나서지 않았다. 일본군은 강화조약 체결에서 보다 유리한 여건을 만들기 위해 사할린 원정을 준비하는 동시에 전반적인 방어 작업에 착수했으며, 러시아군이 공세로 전환할 가능성에 대비하여 주둔지를 강화했다.

쓰핑 작전 시기의 일본 병력에 관한 정확한 정보는 존재하지 않는다. 만주군 참모부의 자료에 따르면 1905년 5월 중순 무렵 일본군은 33만 4,700명의 병력에 포 922문을 보유했다. 그 외에도 만주에 주둔 중인 예비군이 9만 6,000명이었는데, 전투로 발생한 병력 손실분을 이 예비군에서 충원했다. 일반적으로 일본군은 부대의 병력 손실을 지체 없이 충원하기 위해 편제 외에 25퍼센트의 예비 병력을 보유하려 노력했다. 따라서 일본군 부대는 전쟁 중 거의 대부분 편제 기준을 충족하고 있었다. 그러나 그에 비해 러시아군 병력은 항상 기준에 미달한 상태였다.

3월 말경 러시아 육군의 병력은 약 36만 4,000명이었으나 증원 병력이 도착함에 따라 증가하기 시작하여 55만 5,000명까지 충원될 예정이었다. 러시아군 총지휘부는 대대의 인원수를 정원(1,000명)에 맞게 충원하는 것은 물론, 일본의 예에 따라 근접 후방에 10만 명의 예비대를 확보하려 했다. 리네비치는 대대를 편제에 맞게 충원하는 것보다 대대의 인원수 자체에 큰 의미를 두었다. 즉, 달리 표현하면 대대의 질보다 양에 더 큰 의미를 두고 있었다.

1905년 8월 만주 주둔군은 562개 대대를 헤아렸으나, 대대 병력 부족률은 11퍼센트에 달했다. 차르 정부는 활동 중인 부대를 예비군으로 충원할 경우의 모든 단점을 전쟁 경험을 통해 확인할 수 있었다. 이런 경험을 고려하여 묵덴 작전 이후 부대 충원에는 징병된 병사들이나 신병들을 우선적으로 배정했다. 그 결과 예비군의 비율이 17퍼센트를 넘지 않았다.

묵덴 작전 이후 극동으로 파병된 증원대는 총 20만 명이 넘었으며, 그중 약 1만 7,000명은 프리아무르주로 파병되었다. 그 외에도 새로운 연합 부대들이 도착했다. 활동 중인 부대에서 결원율이 35퍼센트에 달하는 간부층의 충원 문제는 어느 정도 해결되었다. 유럽 지역 러시아에서 장교의 부족으로 인해 대규모의 병사들이 예비소위보와 전시소위보로 승진되었다.

이러한 수치가 전쟁 전 기간에 걸쳐 유지된 것은 아니었다. 랴오양의 러시아군은 13만 명에 불과했으며, 사허 작전에서는 17만 명, 묵덴 작전에서는 27만 5,000명이었다. 보유한 기관총은 374정으로 증가했다. 1905년 8월 말, 예비군 25퍼센트를 포함한 총 33만 7,500명의 일본군 병력에 대응하여 러시아군은 이미 언급한 바와 같이 44만 6,500명의 병력을 보유하고 있었다. 당시 일본은 이미 일본열도의 방어에 배정된 병력까지 모두 사용하고 있었다.

종합해서 말하면 만주에 배치된 러시아 육군의 병력은 후방 부대와 연아무르 군관구에 배속된 부대를 제외해도 1905년 8월 말 기준으로 78만 8,000명에 달했다. 이 무렵 일본군의 정확한 수는 알려지지 않았으나, 일부 계산에 따르면 일본은 4,500만 인구의 1.8퍼센트를 전쟁에 투입했다고 한다. 반면, 극동에 거주하는 러시아 주민은 전체 1억 4,500만 인구의 0.55퍼센트에 불과했다. 이 수치에는 러시아와 일본 양측의 병력 손실에 대한 충원이 고려되지 않았다.

쓰핑으로 후퇴한 러시아 육군은 자오수타이허(招蘇臺河)의 높은 우측 강안을 따라 이어지다 베이링(北嶺)산맥을 지나서 호스링즈(後石嶺子)촌의 동쪽 정상으로 연결되는 진지를 점령했다. 러시아군 진지의 전체 길이가 처음에는 24킬로미터를 넘지 않았으나, 증원 부대가 도착하면서 60킬로미터까지 연장되었다. 이 진지는 1903년에 이미 구축되었는데, 지형적 특성의 도움을 받아 방어에 알맞게 성공적으로 개축되었다. 전체적으로 이곳에 200개 이상의 거점이 구축되었다. 일부 구역에서는 두 개, 심지어 세 개의 방어선이 구축되었으며, 지역에 있는 모든 마을들 역시 방어에 알맞게 개조되었다. 모든 참호는 유산탄으로부터 안전하도록 구축되었으며, 앞에는 인공 장애물이 설치되었다.

앞선 전투 경험에서 혹독한 교훈을 터득한 러시아군 지휘부는 진지와 후방을 연결해 주는 일련의 도로 및 전선 간의 용이한 연락을 위하여 전선과 평행으로 이어지는 연락로의 부설에 주의를 기울였다. 각 측방에는 일본군의 우회 가능성을 예상하여 각 부대 간의 진지선이 계단 모양으로 구축되었다.

이와 동시에 일본군의 강화 작업도 진행되었다. 일부 장소에서는 2~3중으로 참호가 구축되었으며, 각각의 참호는 교통호로 연결되었다. 일련의 마을들 역시 방어 상태로 들어갔으며, 러시아군의 좌익 우회에 대응하기 위하여 각각의 모래언덕에 서북쪽과 서남쪽을 바라보는 참호가 구축되었는데, 이것은 러시아 기병대의 격퇴를 우선적으로 고려한 결과였다.

자오수타이허에서부터 만다린 도로보다 5킬로미터 동쪽에 위치한 정상까지 60킬로미터에 걸쳐 연속적으로 형성된 러시아군의 전체 전선은 러시아 엄호 부대를 제외하면 일본군의 전선에 비해 절반밖에 되지 않았다. 당시 일본군 보루는 보다 더 종심으로 제진이 형성되어 있었다는 점에서 러시아군 보루에 비해 우수했다.

리네비치는 쓰핑 진지의 우익에 제1시베리아군단, 제8, 제10, 제16유럽러시아군단, 그리고 혼성 소총군단 등으로 구성된 제2군을 배치했다. 군단들은 철도에서부터 서쪽으로 전개하고 있었다. 제2군의 우익은 다랴오허(大遼河)를 따라 서쪽 방면에서 정찰을 수행하고 있는 미셴코의 부대가 엄호했다.

철도에서부터 동쪽으로 제1유럽러시아군단, 제2, 제3, 제4시베리아군단, 그리고 렌넨캄프 부대 등으로 구성된 제1군이 주둔하고 있었다. 렌넨캄프 부대는 지린으로 향하는 도로를 보호하기 위하여 하이룬청(海倫城)으로 진군했다. 제3군은 예비대로 편입되었다. 러시아군이 보충 병력으로 도착하는 부대에 의해 증강됨에 따라 전투 전선이 더욱 넓어졌으며, 전투 대형의 밀도 역시 높아졌다. 5월 중순 제2군의 진지에는 1킬로미터당 2,590명이 배치되었다. 이에 비해 제1군의 밀도는 1,860명에 불과했다. 이후 방어 계획이나 공격 계획의 수립 여부에 따라 쓰핑 진지의 부대 배치에 몇 차례 변화가 있었으며, 그에 더하여 각 군 사령관과 총사령관은 예비대를 축적할 수 있는 제반 대책을 수립하여 예비대가 전체 보병의 57.6퍼센트까지 증강되었다.

8월 만주 주둔군의 전선은 측방을 보호하는 부대까지 포함하여 총 200킬로미터에 달했다. 당시 일본군은 더 넓은 전선에 걸쳐 전개하고 있었다. 톄링에서 후퇴한 이후 러시아군은 일본군과 접촉하지 않았으며, 그들의 부대 배치 상황을 전혀 모르고 있었다. 첩자에 의한 첩보 획득 역시 상당히 어려웠다. 일본군이 러시아군의 첩보원으로 의심되는 중국인들을 잔혹하게 처형했으므로 러시아군 참모부는 첩보 요원을 거의 보유할 수 없었다. 1905년 4월, 러시아군은 중국 주민들로 구성된 첩보원을 양성하기 위해 학교를 설립했다. 이 학교의 3주 과정은 얼마 안 있어 3일 과정으로 줄어들었다. 결과적으로 600명의 중국인 첩자를 배출할 수 있었다.

러시아군 기병대가 제공하는 일본군 정보는 대부분 극도로 빈약했다. 일련의 정찰 활동을 강화한 이후인 4월 중순이 되어서야 노즈의 제4군이 톄링~카이위안(開原) 지역에 전개하고 있음을 확인할 수 있었다. 오쿠의 제2군에 소속된 아키야마의 기병대는 창투푸(昌圖堡) 지역에서 발견되었으며, 제3군의 다무라 기병대는 랴오허의 샤오타쯔에 주둔하고 있음을 알게 되었다. 일본군의 배치와 관련된 보다 자세한 정보는 두 달 반에 걸친 다수의 정찰과 첩보원 활동을 통해 입수되었다. 그러나 일본군의 증강과 관련된 정보 수집은 매우 어려웠다. 일본 군부가 만주에 배치된 일본군 전력을 조금이라도 드러낼 수 있는 자료는 언론을 통해 유출되지 않도록 면밀하게 감시했기 때문이었다.

일본군의 부대 배치와 관련하여 러시아군 참모부가 보유한 정보는 다음과 같았다. 쓰핑 시기의 최초 2개월 동안 일본군 주력 부대는 철도 근처에 배치되어 있었으며, 노즈 부대는 자신의 우익과 좌익에 각각 가와무라 부대와 노기 부대를 보유한 상태에서 전위 부대가 되었다. 구로키와 오쿠의 부대는 철도 양쪽을 따라 형성된 제3 방어선에 위치하고 있었다. 이후 전선에 따른 일본군의 전개 현황 및 구로키와 오쿠 부대가 제1 방어선으로 진출했다는 사실이 밝혀졌다.

8월 무렵 일본군은 215킬로미터의 전선에 전개하고 있었다. 우익에서는 가와무라의 부대가 우판로우(Уфаньлоу)~시먀오쯔(西廟子) 전선에 전개하고 있었다. 계속해서 구로키·노즈·오쿠의 부대가 전개했다. 좌익은 중차오툰(中橋屯)에 이르렀다.

오쿠의 좌익 뒤편에는 노기의 제3군이 층을 이루며 전개했다. 파쿠먼~툰쟈커우(Тундзякоу) 지역에는 총사령관의 예비대로 편입된 2개 예비여단이 주둔하고 있었다. 전선에서 전투 대형의 총 밀도를 보면 러시아군이 1킬로미터당 2,293명, 일본군은 1,255명이었다(그림 38).

방어 및 공격 계획의 수립

쓰핑 진지의 군 배치를 완료한 리네비치는 향후 행동 계획을 수립하면서 일련의 회의를 열었다. 그 결과 일본군이 우익으로 우회할 가능성이 가장 높다는 결론이 도출되었다. 당연히 방어 계획이 채택되었다. 이 계획에 따르면 제3군과 제2군의 협동 작전으로 동시에 우회에 대응하는 한편, 제2군과 제1군의 병력으로 전선에서부터 적군을 저지할 예정이었다.

그러나 여러 번의 회의를 거치면서 쓰핑 진지에서 적을 저지할 가능성에 대한 지휘관들의 전적인 불신이 드러났다. 쑹화강 전선으로 퇴각하기 위해 서둘러 후방을 준비한 것은 그러한 불신의 결과였다. 그와 동시에 우회하는 적군과의 소극적 조우를 위해 각 측방에 후위 진지를 구축하기 시작했다.

대부분의 병사들은 승전에 대한 신념을 완전히 상실한 상태였다. 반면 군 내부의 혁명 선동과 좌절감은 강화되었고, 귀향을 갈망하는 병사들이 늘었다.

7만 5,000명으로 구성된 대규모 증원 부대가 도착한 5월 말이 되어서야 러시아군 지휘부는 현 진지에서 적군을 저지할 수 있다는 희망을 갖기 시작했으며, 적극적 방어 계획의 수립에 착수했다.

7월 초, 총사령관이 개최한 회의에서 공격을 준비하자는 결정이 내려졌다. 그러나 공격 전환은 일본군의 공격을 성공적으로 격퇴하는 단 한 가지 경우에만 추진하는 것으로 결정되었다. 즉, 공격 주도권을 일본군에게 넘겨주는 것이었다.

적의 행동에 따른 두 가지의 공격 방안이 마련되었다. 방어 조건에 따라 전체 전개지의 양 측방을 보호하기 위해 제3군에 소속된 4개 군단이 균등하게 둘로 나뉘며, 적의 공격을 성공적으로 격퇴한 다음에는 제3군 소속의 2개 군단으로 보강된 제1군 부대들이 공격으로 전환한다는 것이었다. 이 경우 제2, 제3군 소속의 나머지 부대들은 정면 공격으로 제1군의 승리를 위해 협력해야 한다. 만약 방어 과정에서 제3군 전체가 우익으로 집결될 경우 나머지 군의 협력하에 우익의 병력으로 적에게 타격을 가하는 것이었다.

일본군이 군사 행동을 취하지 않는 상황에서 증원 부대가 도착함에 따라 러시아군 지휘부 내에서는 일본군의 선제공격을 기다릴 것이 아니라 우선적 공격 전환을 고려하고 준비해야 한다는 의견이 나타나기 시작했다. 수차례의 토론 중단을 겪은 후 공격 계획의 전반적 개념이 도출되었는데, 결론은 우익을 동원하여 적에게 타격을 준다는 것이었다.

그러나 고령의 리네비치는 아군이 먼저 공격하기에는 병력이 충분하지 않다고 판단하여 공격을 늦추고 있었다. 그 외에도 우익을 동원한 선제공격에 요구되는 후방 준비가 극도로 곤란하다는 사실이 밝혀졌다. 공격에는 500킬로미터 이상의 마차용 도로와 철도가 필요했고, 좌익을 동원한 공격에는 345킬로미터의 도로가 필요했던 것이다. 게다가 이 공격은 실행되지 못할 운명이었다. 러시아군 지휘관들의 각 참모부가 공격 계획을 완성하기 이전에 강화 조약이 체결된 것이다.

러시아 기병대의 파쿠먼 습격 (그림 39)

러일전쟁 중 쓰핑 시기에는 교전 상대 간에 대규모 접전이 이루어지지 않았다. 각 부대의 전투 행동은 경계 근무와 정찰 업무에 한정되었다.

양측은 강화된 정찰에 주력했다. 첩자의 정보에 의거하여 5월 중순에 일본군이 공격에 나설 것이라는 소문이 돌았다. 이에 러시아군 지휘부는 미셴코의 기병대를 이용하여 파쿠먼을 공격함으로써 일본군의 공격 전환을 지연시킨다는 결정을 내렸다.

54개 대대와 포 18문의 병력으로 편성되어 제2군의 우익에 집결한 미셴코의 부대는 적군의 후방을 습격하여 중요한 교통로 중의 하나인 잉커우~신민툰~파쿠먼 간 도로가 정상적으로 기능하지 못하도록 만들고, 이 지역에 위치한 창고를 파괴하라는 명령을 받았다. 잉커우~신민툰 간 철도는 중립 철도로 취급하여 공격하지 않는다는 결정이 내려졌다.

미셴코는 이전의 잉커우 습격이 실패한 경험에 기초하여 기관총 1정당 탄환 300발(그중 250발을 사수가 직접 보유), 포 1문당 포탄 218발만을 보유하기로 결정했다. 미셴코는 자신에게 배속된 18문의 포 중 단 6문만을 전투에 투입하기로 결정했다. 양식은 말린 빵

2일분, 차와 설탕은 10일분을 휴대했다. 그 외의 것은 현지 주민으로부터 징발되었다.

5월 15일 저녁, 흩어져있던 미셴코 부대는 랴오양워핑(遼陽窩平)에 집결했다. 5월 17일, 부대는 2개 종대로 진군했다. 우측 종대는 24개 카자크 기병중대와 포 4문의 화력으로 카르초프(B. A. Карцов)의 지휘하에 랴오양워핑~캉핑산(康平山) 도로와 평행하게 도로를 이용하지 않고 이동했으며, 22개 카자크 기병중대와 포 2문, 그리고 기관총 2정으로 편성된 좌측 종대는 로그비노프(А. П. Логвинов)의 지휘하에 도로 위로 이동했다. 각 종대 간의 연락은 이동 전선의 전면에 연속적으로 이어진 척후병 행렬 및 특별히 차출되어 각 종대 사이를 이동하는 소대를 통해 이루어졌다.

이동로상에 위치해 있는 기병 척후대와 소규모의 일본군 보병 부대들이 퇴각했으며, 샤오수쯔강의 남쪽 3킬로미터 지점에서 일본군 중대가 좌측 종대의 척후병을 향해 총격을 가했으나 그것이 전부였다. 아무런 저항을 받지 않은 우측 종대는 야영 장비가 실린 일본군 짐수레 일부를 탈취하여 모두 소각했다. 산 정상을 우회한 부대의 이동 방향은 서쪽을 향해 기울어졌다. 류자워푸(劉家窩堡) 지역에서 숙영을 마친 부대는 펑치푸(鳳岐堡) 방면으로 계속해서 이동했다. 그러나 일본군이 진군로상에 위치한 진지를 점령하고 있어서 부대는 왕자주앙(王家莊) 방면으로 방향을 바꾸었다.

그곳에서 일본군과 대면한 미센코는 장자워푸로 부대를 퇴각시켜 그곳에서 야영했다. 파쿠먼~신민툰 도로 방면으로 이동한 미센코는 5월 20일 8시 스라쯔(石砬子)촌에 들어서면서 마을 북쪽에 위치한 산 정상으로부터 사격을 가하는 일본군과 마주쳤다.

러시아 기병대는 말에서 내려 산 위에 구축된 일본군 참호를 공격하여 격퇴한 후 일부를 포로로 잡았다. 그와 동시에 나머지 부대들은 치샤푸(棲霞堡)를 공격하여 일본군을 몰아내고 기관총 2정을 획득한 뒤 그 마을을 점령했다.

부대의 전과 덕택에 치타 카자크 연대는 교통로까지 진군하여 군수품이 적재된 800대의 소달구지로 편성된 대규모 수송 대열을 탈취한 뒤 모두 소각했다.

한편 돈샤자(Донсяза)촌으로 계속 진군한 좌측 종대는 포병의 지원 포격하에 몇 개의 카자크 기병중대가 마을을 공격하여 점령했으며, 그곳에 위치한 일본군 급양 창고를 소각했다. 그와 동시에 다신툰에 도달한 우측 종대는 그곳에서 1시간 30분 동안 전투를 전개했는데, 전투 중 러시아군은 18명의 병력을 잃었다. 미센코는 그 마을 점령을 포기하고 카자크 부대에게 퇴각 명령을 내렸지만, 카자크 기병 1개 중대가 독단적 판단으로 전투를 전개하여 일본군

140명을 생포했다.

샤오팡선(小房身)촌에서 야영을 마친 미셴코 부대는 5월 24일 랴오양워펑으로 귀대했다. 미셴코의 습격 결과 일본군 사상자는 270명에 달했으며 234명이 생포되었고, 기관총 2정을 잃었다. 반면 러시아군 전사자는 37명이었으며, 150명이 부상을 당했다.

파쿠먼 습격이라는 명칭으로 잘 알려진 이 습격에 의미를 부여할 수는 없을 것 같다. 일본군이 입은 물질적 피해는 크지 않았으며, 전투에도 본격 가담하지 않은 탓에 일본군 후방 작업에 지장을 주지도 않았다. 그러나 이 습격전은 묵덴 전투 이후 가라앉았던 러시아군의 사기를 어느 정도 상승시키는 효과를 발휘했다.

쓰시마

파쿠먼 습격이 러시아군의 사기를 어느 정도 진작시켜 주었다면, 3일이 지난 후 발생한 쓰시마의 재앙은 러시아군을 거대한 동요에 빠뜨렸다.

전쟁 발발 전 차르 정부는 극동 해군력이 일본과의 전쟁 수행에 전적으로 충분하다고 여겼다. 그러나 페트로파블롭스크호가 침몰한 후, 러시아에서는 발트해에 잔류 중이던 군함들을 동원하여 제2태평양분함대를 창설하자는 결정이 내려졌고, 그 조직은 로제스트벤스키 제독에게 일임되었다.

함대 편성은 매우 더딘 속도로 진행되었으나 1904년 8월 10일 서해에서 발생한 사건으로 인해 태평양에서 상실한 차르 체제 러시아의 전력을 일부라도 복구하기 위해서 서두를 수밖에 없게 되었다.

10월 15일, 장갑함 7척, 장갑순양함 1척, 경순양함 7척, 지원함 8척, 수뢰정 8척, 그리고 수송선 편대 등으로 구성된 제2분함대가 리바바 항을 출항했다. 나중에 로제스트벤스키의 분함대에 합류한 네보가토프(Небогатов) 편대를 포함하여 제2태평양분함대의 전력은 총 47척에 달했다. 그중 전투함은 38척이었으며, 장교와 수병이 각각 640명과 1만 명이었다.

항로상에 단 하나의 해군 기지도 보유하지 못한 분함대는 막대한 거리를 이동해야 했으며, 외국 공급자의 도움을 받아야 석탄을 공급받을 수 있었다. 급하게 구성된 수병들의 전투 준비는 거의 이루어지지 않았다. 결과적으로 분함대는 완전하고 강력하게 구성된 조직이 아니라 다양한 형태의 전함 다수가 합해진 것에 불과했다.

로제스트벤스키의 분함대는 긴 여정 중에 일본 수뢰정이 도처에 존재하고 있다는 소문을 접하게 되는데, 그 소문으로 인해 뜻하지 않은 문제적 사건이 발생했다. 10월 22일 밤 분함대가 도거뱅크(Dogger Bank)[83]를 지날 무렵, 영국 어선을 일본 수뢰정으로 오인한 로제스트벤스키가 함포 사격을 가하여 일부 어선을 침몰시켰다. 이 사건으로 영국과의 관계가 복잡해졌으며, 헤이그 법정의 심리를 거쳐 러시아 정부는 영국에 대규모 배상금을 지불했다.

탕헤르(Tangier)에서 분함대는 둘로 나뉘었다. 흘수선이 낮아 수에즈 운하를 통과할 수 있는 일부 함선들은 지중해로 향했으며, 함대의 주력은 남쪽으로 향하여 아프리카를 돌아가는 항로를 택할 수밖에 없었다. 힘든 항해 끝에 1904년 12월 29일 주력 함대는 해상에서 석탄을 적재하기 위해 마다가스카르(Madagascar)에 도착했으며, 1월 7일 수에즈 운하를 통과한 함선들이 그곳에서 함대 주력과 합류했다.

그 누구도 제2태평양분함대의 전력을 신뢰하지 않았다. 뤼순이 함락되자 로제스트벤스키는 태평양으로의 항해가 갖는 당위성에 의문을 제기했다. 그러나 정부의 압력에 떠밀린 로제스트벤스키는 원거리 항해의 난관을 무릅쓰고 앞으로 나아갔다. 분함대를 보강하기 위해 3척의 소형 연안 방어 장갑함과 1척의 구형 장갑함 및 구형 순양함 1척으로 편성된 네보가토프 제독의 편대가 로제스트벤스키에게 배속되었다. 1905년 2월 16일이 되어서야 네보가토프의 함대가 출항했으며, 로제스트벤스키는 마다가스카르에서 그들을 기다려야 했다.

마다가스카르에서의 정박이 연장되자 대기 중 수병 훈련을 실시하려 했다. 그러나 열대의 혹서라는 열악한 정박 조건과 포탄을 절약해야 한다는 제약으로 그마저 여의치 않았다. 1905년 3월 16일, 분함대는 네보가토프를 기다리지 않고 인도양으로 출항하여 말라카해협을 통해 태평양으로 나섰다.

일본 전함 및 잠수정과의 대면이 예상되는 순다열도(Sunda Islands)를 무사히 통과한 로제스트벤스키는 프랑스의 식민지인 안남(安南, 베트남)의 연안에서 네보가토프를 기다리기로 결정했다. 그러나 프랑스 정부의 요구에 따라 한 곳의 항만에서 장시간 정박할 수 없었던 러시아 분함대는 만(灣) 내에서 가장 한가로운 장소를 선택하여 그곳을 정박 수역으로 삼아야 했다. 5월 9일 마침내 네보가토프의 편대가 도착했으며, 5월 15일 로제스트벤스키는 북쪽으로 출항했다.

러시아 분함대는 두 개의 항로를 통해 블라디보스토크로 향할 수 있었다. 하나는 조선해협과 쓰시마해협을 통과하는 직선 항로이고, 다른 하나는 일본열도를 돌아 쓰가루(津輕)해협[84]을 통과하는 항로였다. 로제스트벤스키는 제한된 석탄 보유량을 고려하여 일본 함대와 조우하면 해전에 돌입한다는 계산하에 쓰시마해협을 택했다. 로제스트벤스키는 8월 10일 해전의 결과에 기초하여 일부는 블라디보스토크로 돌파할 수 있을 것이라는 가능성을 기대하기로 했다. 그는 전혀 전투 계획을 세우지 않았으며, 자신의 의도에 대해 아무에게도 언급하지 않았다. 그는 전함과 항해 속도에서 우위를 점하고 있던 일본 함대가 전투의 주도권을 장악할 것으로 판단하고 있었다.

5월 23일에 마지막 석탄 적재가 이루어졌다. 각 전함들은 기준보다 많은 양을 예비로 적재했는데, 이로 인하여 모든 전함은 과적 상태가 되었으며 그중 일부는 장갑판 전체가 물속에 잠겼다.

5월 25일부터 잉여 수송선을 상하이로 향하게 한 뒤 분함대의 이후 항해는 완전한 전투태세를 갖춘 상태에서 이루어졌다. 적에게 분함대가 발각되는 것을 원치 않는다는 이유로 정찰 편대를 조직하지 않았다. 조악한 급양, 리바바에서 안남까지 2,500킬로미터에 걸친 항해 과정에서 감당해야 했던 고충, 그리고 일본 함대에 견주어 전반적인 열세 등을 의식해 함대 승조원들의 사기는 저하되어 있었다.

1905년 1월부터 일본군은 러시아 분함대가 나타나기를 기다리고 있었다. 도고는 러시아 분함대가 블라디보스토크로 돌파하거나 아니면 타이완 근처의 힝만 중 한 곳을 점령한 뒤 일본을 상대로 작전 수행에 임할 것이라 판단했다. 도쿄에서 개최된 회의에서는 방어적 군사 행동을 취하며, 그런 의도에서 모든 해군력을 조선해협에 집결시킨 후 상황에 따라 행동한다는 결정이 채택되었다.

러시아 분함대를 기다리는 동안 일본 해군은 전함과 탑재 무기를 완전히 수리했으며, 수리가 불가능한 함포는 새것으로 교체했다. 제2태평양분함대와의 교전 직전 일본 함대는 전투 경험으로 공고하게 결집되어 있었으며, 앞서 해상에서 쟁취한 승리로 고무된 막강한 병력을 보유하고 있었다.

러시아 분함대와의 조우에 대비하여 일본 함대의 주력은 세 개의 분함대로 나뉘었으며, 각 분함대는 2~3개의 편대로 구성되었다. 장갑함 4척, 장갑순양함 2척, 경순양함 4척으로 편성된 도고 제독의 제1분함대는 구경 300밀리, 250밀리, 200밀리의 대형 함포에 150밀리 구경의 중형 함포 다수를 장착한 상태에서 최고 속도를 18노트까지 낼 수 있었다. 가미무라 제독의 제2분함대는 장갑순양함 6척과 경순양함 4척으로 구성되었다. 제3분함대는 구형 장갑함과 경순양함으로 편성되었다. 구축함은 제1분함대와 제2분함대에 각각 배분되었다. 그 외에도 상선으로 구성된 지원 선단을 보유하고 있었다.

러시아 분함대가 말라카해협에 모습을 드러낸 후 일본군은 항로에 관한 정확한 정보를 입수하고 있었다. 5월 중순, 블라디보스토크에 정박 중이던 순양함의 출항은 도고에게 러시아 분함대의 도착이 임박했음을 알려주는 것이었다. 이에 일본 함대는 적 함대와의 접전에 대비하여 계획된 위치를 선점했다. 제1분함대와 제2분함대(장갑함 및 장갑함과 거의 비슷한 위력의 장갑순양함)는 조선해협의 남쪽 연안에 있는 마산포에서 대기하고 있었으며, 제3분함대는 쓰시마에서 대기하고 있었다. 지원순양함은 함대의 주력으로부터 남

분함대	장갑 함수	구경별 함포 수			장갑 면적	운항 속도
		300mm	200mm	150mm		
러시아	12	41	6	52	40%	12~14노트
일본	12	17	30	80	60%	12~18노트

함포	구경 300, 250, 200 mm			구경 150, 120mm			총계		
	분당 발사수	방출량(kg)		분당 발사수	방출량(kg)		분당 발사수	방출량(kg)	
		파편	폭약		파편	폭약		파편	폭약
러시아 분함대	14	3,680	92	120	4,500	108	134	8,180	200
일본 분함대	60	9,500	1,330	300	12,350	1,670	360	21,850	3,000

쪽으로 120해리 거리를 두고 구축된 초계 전선을 100해리에 걸쳐 형성했으며, 주력 함대의 경순함과 초세정이 그 뒤를 잇고있었다. 모든 전함은 무선 전신으로 연결되어 있었으며, 조선해협으로의 입항을 감시했다.

접전시 해군력을 구성하는 주요 요소의 상호 비율은 러시아에 불리했다. 앞의 표는 일본 함포의 발사 속도가 러시아보다 2~3배 가량 우세했으며, 일본 함대가 분당 방출하는 파편의 양이 러시아에 비해 2.5배 많다는 것을 보여준다. 포탄에 들어가는 작약 역시 일본군의 포탄이 러시아군에 비해 5~6배 정도 많았다. 러시아군이 사용한 포탄은 두께가 두꺼운 반면 작약이 적어, 일본군 전함의 장갑을 관통하더라도 일본군 포탄의 강력한 작약이 러시아 전함에 가하는 파괴나 화재 같은 효과를 발휘하지 못했다.

5월 25일 아침, 러시아 분함대는 제주도 연안 남쪽으로 항로를 잡아 쓰시마해협으로 향했다. 분함대는 중간에 수송선을 배치한 2열 종대로 항해했다.

5월 27일 밤, 러시아 분함대는 일본의 초계 전선을 통과했다. 각 전함은 불을 밝히지 않았으나 분함대의 뒤를 따르는 두 척의 병원선이 조명을 밝힌 상태였는데, 바로 그 뒤를 따르던 한 척의 일본 순양함이 2시 25분에 분함대 전체를 발견해 냈다. 러시아 분함대는 이 순양함을 발견하지 못한 상태였다.

동이 트면서 러시아 분함대의 사정을 벗어난 거리에서 한 척의 경순양함이 아침 해무 속에 나타났다가 사라지기를 반복했으며, 그 수는 후에 여러 척으로 늘었다.

오전 10시, 러시아 분함대는 종대를 단일 항로로 재편성하고 4척의 수송선, 2척의 예인선, 2척의 병원선을 후미에 배치한 다음 3척의 순양함이 엄호하도록 했다.

11시 10분, 해무 속에서 일본 순양함 편대가 나타나자 일부 러시아 전함이 포문을 열었다. 로제스트벤스키는 포격 중지 명령을 내리고 블라디보스토크를 향해 동북쪽 23도 방향으로 항로를 잡아 정오까지 운항했다. 해무 속에 일본군의 모습이 사라지자 로제스트벤스키는 분함대의 우측 종대를 전투 대열로 재편성하려 했다. 적군을 다시 확인한 로제스트벤스키가 기동을 중지시켰으나 장갑함들이 2개 종대로 남게 되었다.

앞서 5월 27일 아침, 정찰선으로부터 러시아 분함대가 접근하고 있다는 정보를 접수한 도고는 러시아 분함대를 예의주시하도록 명령한 후, 즉시 마산포로부터 조선해협 동쪽 방향(오키노시마沖之島 방향)을 향해 출항했다. 도고는 "정찰 보고서를 통해 마치 내 두 눈으로 적을 확인한 듯했다"라고 했다.

정오 무렵 양 분함대 간의 간격이 30마일로 줄어들자 도고는 장갑함 4척, 장갑순양함 8척, 경순양함 4척, 16척의 구축함으로 구성된 주력 2개 편대를 이끌고 러시아 전함을 상대하러 나섰다. 장갑전함의 2개 편대는 러시아 분함대의 선두를 공격해야 했다. 순양함 편대는 후방으로부터 우회하여 수송선을 공격하기 위해 출항했다.

13시 30분, 러시아 장갑함의 우측 종대가 속도를 11노트로 증속한 후 좌측 종대의 선두로 나서서 동일 항로의 장갑함 종대를 형성하기 위해 좌측으로 항로를 잡았다. 순양함과 수송선에게 오른쪽으로 벗어나라는 명령이 내려졌다. 이 무렵 동북쪽으로부터 일본 분함대가 모습을 드러냈다. 도고는 15노트의 속도로 러시아 분함대의 항로를 차단하고 들어오다가 러시아 분함대 항로의 좌측 전방에서 (한 지점에서 앞선 전함의 뒤를 따라) 차례대로 반대 방향으로 선회하기 시작했다. 이런 기동을 이용하여 일본 분함대는 러시아 분함대의 전방에 위치하게 되었다.

일본군이 위험을 감수하며 선회하던 13시 49분, 러시아 전함은 45카벨토프(약 8킬로미터)[85] 거리에서 포문을 열었으나, 선두 전함들만이 포격에 가세할 수 있었고 나머지 전함들은 너무나 먼 거리에 위치해 있었다. 일본 역시 지체 없이 응사했다. 일본 전함은 두 척의 기함 수보로프(Суворов)호와 오슬랴바(Ослябя)호[86]에 집중 포격을 가했다. 로제스트벤스키는 일본 함대의 항로와 평행을 유지하기 위하여 오른쪽으로 선회했다. 그러나 일본군은 빠른 속도를 이용하여 러시아 분함대의 선두를 계속해서 포위하여 블라디보스토크로의 항행을 저지했다.

10분이 지나 일본군이 조준 사격하자 일본군의 고폭탄이 러시아 함선들의 장갑으로 방호되지 않은 부분에 막대한 손상과 화재를 발생시키기 시작했다. 화염과 연기가 러시아군의 포격과 전함 조타를 방해했다.

14시 26분, 장갑함 수보로프호의 왼쪽 기관, 전신과 조타 구동 장치 등이 파손되면서 전함이 오른쪽 방향으로 틀어지기 시작했다. 오슬랴뱌호는 이미 전열에서 이탈했으며, 14시 40분 전복되어 침몰했다. 몇 분 후 전열에서 이탈한 수보로프호의 돛대와 굴뚝이 파손되면서 전함의 승조원들은 짙은 연기 속에 휩싸였다. 로제스트벤스키는 부상을 입은 것으로 판명되었으며, 사전에 내려진 명령에 따라 알렉산드르 3세(Александр III)호가 지휘해야 했으나 일시적으로 해당 함선이 전열에서 이탈하면서 보로디노(Бородино)호가 선도하게 되었다. 러시아 전함들은 일본군의 압박으로부터 탈출하려 애쓰며 상대적 대형을 유지한 상태에서 항행했다. 그러나 일본 분함대는 큰 손상을 입지 않은 상태에서 러시아 분함대의 항로를 계속해서 차단했다.

15시 무렵, 러시아 분함대의 후방에 모습을 느러낸 일본군 순양함들이 러시아 순양함 및 수송선들과 전투를 개시하여 한곳으로 몰아세웠고, 이 과정에서 러시아 병원선을 나포했다. 15시 이후 갑자기 안개가 바다를 뒤덮었다. 러시아 전함은 안개 속에 동남쪽으로 선회하여 일본 분함대와 멀어졌다. 전투는 중단되었으며, 러시아 분함대는 블라디보스토크로 돌파할 수 있기를 바라면서 재차 동북쪽 23도로 항로를 잡았다. 그러나 일본의 순양함이 러시아 함대를 발견하면서 전과 같이 전투가 재개되었다.

한 시간이 지난 후 다시 안개가 끼기 시작하자, 러시아 분함대는 상당히 손상된 일본 순양함을 향해 포격을 가하면서 남쪽으로 선회했다. 그사이 전투 현장에 도고의 함대 주력이 도착하여 수보로프호에 화력을 집중했다. 포격과 연기에 휩싸인 장갑함은 아직 작동하고 있던 75밀리 함포로 일본군 수뢰정에 포격을 가하면서 약 10노트의 속도로 계속해서 항행했다. 17시 무렵, 수뢰정 부이니(Буйный)호가 수보로프호에 접근하여 로제스트벤스키와 그의 참모부원 일부를 승선시켰다. 약 2시간이 흐른 후 4척의 일본 수뢰정이 수보로프호에 여러 발의 어뢰를 발사하자 장갑함이 전복되면서 침몰했다. 니콜라이 1세(Николай I)호에 승선해 있던 네보가토프 제독이 함대 사령부를 지휘했다.

장갑함 보로디노호의 지휘를 받는 러시아 전함들은 17시 15분 동북쪽 23도로 항로를 잡았으나, 도고 외에도 접근 중인 가와무라 부대를 전면에 두고 있었다. 전투를 재개한 러시아 분함대는 큰 손실을 입었다. 18시 50분, 알렉산드르 3세호가 전복되면서 침몰했으며, 19시 10분에는 보로디노호 역시 같은 형태로 침몰했다.

해가 지기 시작하자 도고는 전투를 중단하고 모든 편대에 5월 28일 아침 다줄레(Дажелет, 울릉도)에 집결하라는 명령을 내렸으며, 수뢰정에게는 러시아 분함대를 포위하여 야간 공격으로 그날 공격의 성과를 완수하라는 임무를 부여했다.

5월 27일 하루 동안 러시아 분함대는 4척의 최고 장갑함과 순양함, 수송선 그리고 기선을 잃었다. 나머지 전함들은 상당한 피해를 입었으며, 특히 장갑함 오룔(Олёл)호의 피해가 더욱 심각했다. 일본 전함 중 상당수는 포탄에 의해서 선체에 구멍이 생겼다.

전투에 임하면서 승리를 기대하지 않았던 로제스트벤스키는 사태의 흐름에 몸을 맡긴 채 소극적인 자세를 견지했다. 원거리 정찰을 실행하지 않은 그는 일본 분함대가 러시아 분함대 근처에 있던 11시쯤, 적 전함에 타격을 가할 수 있는 유리한 기회를 이용하지 않았다. 로제스트벤스키의 모든 목표는 가능한 한 빨리 블라디보스토크로 향하는 것이었다.

전함 알렉산드르 3세호와 보로지노호 함장은 성공적으로 기동하여 두 번이나 일본 함대로부터 벗어날 수 있었다. 이런 기동에도 불구하고 블라디보스토크로 돌파하지 못한 이유는 일본 함대의 운항 속도가 월등했다는 점, 일본 함대의 지속적인 무선 교신, 그리고 러시아 전함의 수적 열세 등에서 찾을 수 있다. 그러나 러시아 전함은 생존 능력은 물론 안정성조차 지니지 못하여 선저(船底)가 위로 올라간 상태로 전복되는 모습을 보였다.

일본 분함대는 성공적으로 기동했지만 두 번이나 러시아 분함대를 놓쳤다. 일본 분함대의 성공은 기동과 포 사격 경험이 많았다는 점, 함포의 발사 속도가 압도적으로 우월했다는 점, 그리고 장갑 상태가 충분하지 못한 러시아 전함에 강력한 고폭탄을 사용했다는 점 등에 기인했다. 그에 더하여 흑색으로 도색된 러시아 전함에 비하여 일본 전함은 올리브 회색으로 도색되어 눈에 적게 띄었다는 점도 승전에 일조했다.

어둠이 시작되면서 전투는 종결되었다. 일본군 수뢰정 45척은 북쪽·동쪽·남쪽으로부터 러시아 전함을 포위했다. 니콜라이 1세호에 승선한 네보가토프는 분함대의 선두에 서서 블라디보스토크로 향했다. 야간 전투에서 임무를 부여받지 않은 순양함과 수뢰정을 포함하여 손상되지 않은 수송선들은 분함대에서 분리되어 다른 방향으로 향했다. 순양함 3척은 마닐라(필리핀군도)로 향하여 그곳에서 무장 해제되었으며, 한 척의 순양함은 다줄레 근처에서, 그리고 다른 한 척은 조선 연안 근처에서 침몰했다. 알마즈(Алмаз)호만이 블라디보스토크로 돌파했으며, 한 척의 순양함은 상하이로 향했다.

네보가토프의 휘하에 남은 네 척의 장갑함과 한 척의 순양함은 5월 28일 아침에 포위된 상태에서 항복했다. 장갑함 아드미랄 우샤코프(Адмирал Ушаков)호는 전투에 임했지만, 더 이상의 포격이 불가능해지자 승조원은 함을 자침시켰다. 부상당한 로제스트벤스키를 선현에 눕힌 상태로 운항하던 수뢰정은 일본 수뢰정들에 의해 추월당하자 항복했다.

제2태평양분함대의 항해는 전반적으로 모험적 성격을 띠고 있었다. 이 분함대가 편성된 것은 군사적 의미에서가 아니라 "제국의 명예를 구원"하려는 정치적 측면에서 이루어진 것이었다.

리바바에서 쓰시마까지의 항해가 엄청난 곤경을 극복한 세계 역사상 선례가 없었던 것이었다면, 쓰시마 해전은 러시아 함대의 선박 건조와 무장 기술의 후진성, 러시아 분함대의 불충분한 전투 준비, 그리고 러시아 해군 지휘부의 후진성 등을 폭로한 것이었다.

러시아의 해군력은 태평양에서 궤멸되었다. 쓰시마 사건은 결정적으로 로마노프 왕조 군사 체제의 모든 부패를 낱낱이 드러내었다.

프롤레타리아 계급 내에서 혁명 운동이 강화되어 러시아의 대도시들에서 파업과 소요로 나타났다. 농민 운동도 노동자 운동만큼 증대되었으며, 일부 지역에서는 농민 운동이 노동 운동에 동조했다. 군부대, 특히 그중에서도 혁명 조직이 장기간 활동해 온 흑해 함대에서 소요와 폭동이 빈번하게 발생했다.

쓰시마 해전 이후 1905년 여름에 흑해 함대의 혁명 조직은 해군 기동 작전 중 함대에서 궐기할 예정이었다. 그러나 다양한 색채를 띠고 있던 각 혁명 조직 간의 합의 도출에 실패하여 함대의 폭동은 실행되지 못했다. 단 한 척의 장갑함 크냐지 포춈킨타브리체스키 (Князь Потёмкин-Таврический)호만이 폭동을 일으켰다. 이러한 러시아의 국내 사정은 차르 체제가 종전을 서두르고 국내 질서 확립에 착수할 수밖에 없도록 했다.

그와 동시에 일본 역시 더 이상 전쟁을 치를 수 없을 만큼 극도의 소모 상태에 도달했다. 전쟁 말기에 생포된 일본군 포로들 중에는 노인과 어린이들이 있을 정도로 군사 훈련을 받은 인적 자원이 고갈되었다. 애국주의적 열기는 현저하게 사그라졌다.

일본이 미합중국 정부에 중재를 요청한 이후 루즈벨트(T. Roosevelt)가 주도적으로 중재에 나섰다. 러시아와 일본 사이에 포츠머스(Portsmouth)에서 강화회담이 개최되었다.

8월 23일, 강화조약이 체결되었다. 이 조약에 의거하여 러시아는 일본에게 동청철도의 남만지선(南滿支線)을 무상으로 양도했으며, 랴오둥반도와 남만주로부터 철수하는 한편, 사할린섬의 북위 50도 이남을 일본에 할양했다. 이렇게 러시아 차르 체제는 자신의 무력함을 인정했다.

제19장
2선의 군사 행동

사할린 방어 계획

사할린 방어 계획은 전략적 관점에서 수립되었다. 인구밀도가 낮고 산지와 숲으로 뒤덮인 사할린은 차르 정부의 유배지로 이용되고 있었다. 그러나 일본의 입장에서 사할린은 그보다 더 중요한 가치를 지니고있었다. 엄청난 양의 석탄, 개발되지 않은 광물·삼림·해양 자원은 이미 오래전부터 일본이 갈망해 오던 것이었다.

묵덴 작전을 성공적으로 완수하고 신속한 강화를 예상한 일본은 조약 체결 시 유리한 지위를 선점하기 위해 러시아 영토의 일부분이라도 차지하려는 의도에서 사할린 원정에 착수했다.

1899년에 이미 프리아무르 군관구 참모부는 2,000킬로미터가 넘는 해안선에 3만 명의 주민 대부분이 유형수인 사할린섬의 방어가 어렵다는 것을 인정했다. 사할린 방어 대책은 사할린 총독 랴푸노프(М. Н. Ляпунов) 장군이 수립했으며, 1903년 전쟁장관 쿠로파트킨이 사할린을 방문한 직후 아래와 같은 방어 조직 정책이 수립되었다.

1) 사할린 방어 시설을 알렉산드롭스키(Александровский) 거점과 코르사콥스키(Корсаковский) 거점 등 두 개의 중심지에 집중할 것.

2) 현지 부대 중에서 알렉산드롭스카야(Александровская), 두이스카야(Дуйская), 티몹스카야(Тымовская) 부대와 총 1,160명의 병력을 섬의 북부 지역에 배치하고, 총병력 330명으로 편성된 코르사콥스카야(Корсаковский) 부대는 섬의 남부 지역에서 전개할 것.

3) 일반 주민, 종신 유형수, 단기 유형수를 이용해 총병력 3,000명으로 구성된 14개 민병대를 조직할 것. 그중 8개 민병대는 알렉산드롭스키와 티몹스키 지구에서, 나머지 6

개 민병대는 코르사콥스키 지구에서 운용할 것.

4) 정치범 유형수의 노동력을 동원해 일련의 거점을 구축할 것. 사할린에 존재하는 6문의 포 중 4문을 코르사콥스키 거점에 할애하고, 2문은 알렉산드롭스키 거점에 배치할 것. 포병 부대 강화는 블라디보스토크로부터 지원받는 방법으로 할 것.

5) 블라디보스토크에 필수품을 예비로 비축해 동원과 동시에 사할린으로 수송함으로써 급양을 보장할 것.

사할린의 주 병력은 단기 유형수들로 구성되었으나 지휘부는 그들을 신뢰하지 않았다. 따라서 랴푸노프는 정규 부대에만 의존할 수밖에 없었다. 그와 동시에 일련의 사할린 강화 계획이 수립되었다. 그러나 연해주 총독 리네비치와 알렉세예프 극동 총독, 전쟁 장관 쿠로파트킨 사이에 교신이 지연되면서 전쟁 직전까지 단 하나의 계획도 실현되지 않았다. 만주에서 이미 전쟁이 발발했을 때도 랴푸노프는 매우 기초적인 수준의 야전 보루 건설 계획을 세우고 있었다. 결과적으로 북사할린에는 두에(Дуэ)에서부터 폴로브니키(Половники)촌에 이르는 서부 연안을 따라 소총 및 화포용 참호가 구축되었으며, 남사할린에도 동일한 형태의 참호가 코르사콥스키 거점과 솔로비욥카(Соловьевка)촌, 블라디미롭카(Владимировка) 촌에 각각 마련되었다.

사할린의 병력과 무기

전쟁 초, 사할린에 동원령이 선포되었다. 당시 사할린에는 두에 거점, 알렉산드롭스키 거점, 리콥스키(Рыковский) 거점, 코르사콥스키 거점에 4개의 지역 부대가 존재했다. 그와 함께 사냥꾼, 종신 유형수, 단기 유형수로 각각의 편제가 200명인 민병대 12개가 구성되었다. 그중 8개 민병대는 북사할린 수비를 담당하고 나머지 4개 민병대는 남사할린에 배치되었다. 민병대와 지역 부대를 아울러 통합 부대를 결성했다. 이들은 베르당카(Верданка, 19세기 후반의 러시아군 소총)로 무장했다.

민병대는 거의 전투에 적합하지 않았다. 민병대원의 다수는 고령자거나 허약했으며, 심지어는 장애가 있는 사람도 있었다. 정치범들은 자발적으로 민병대에 들었는데, 이는 '최고 특혜'로 사할린 복역 기간이 크게 줄어들 것이기 때문이었다.

특혜 단축 복역 형기를 채운 다수의 민병대원들이 1905년 여름까지 각종 구실로 군역 해제 청원을 제출했다. 이렇게 사할린에서 전투가 시작되기도 전에 민병대원의 수가 절반으로 줄었다. 민병대원들이 교도소에서의 노역을 계속해야 했기에 군사 훈련 시도 역시 아무런 성과를 거두지 못했다. 간혹 진행된 교과 훈련을 통해 정치범들에게 애국심을 불어넣기는 매우 어려웠다. 또한 정치범들에게 그들이 혐오하는 섬을 방어할 필요성을 인식시키는 것은 더욱 힘들었다. 게다가 군 지휘부의 직책을 교도소 관료들이 담당했다. 이들은 추후에 파견된 현역 장교로 교체되었다.

본토로부터 증원 부대가 도착하면서 모든 부대는 예비대대로 전환되었다. 이에 알렉산드롭스키 대대는 4개 중대로 편성되었으며, 두에와 코르사콥스키 대대는 각각 2개 중대, 티몹스키 대대는 병력 150명의 1개 중대로 재편성되었다. 기관총 8정으로 구성된 기관총중대가 북사할린에 충원되었으며, 4정의 기관총이 남사할린에 배치되었다. 1904년 여름, 포 8문으로 구성된 포병중대가 북사할린에 배치되었다. 그러나 포가 회전 장치와 포미(砲尾)에 고정 장치가 없는 1877년식 구형 포가(砲架)에 장착되어 있어서 포 사격이 극도로 곤란했다. 또한 포대에서 축력으로 사용할 말 역시 부족했다.

그 무렵 일본은 사할린 점령에 상대적으로 강력한 부대를 배정했다. 즉. 재편성된 하라구치 겐사이(原口兼濟) 장군의 제15사단은 12개 대대, 1개 기병중대, 포 18문, 1개 기관총분대, 총 1만 4,000명의 병력을 보유하고 있었다. 10척의 기선으로 구성된 수송선단은 40척의 함선으로 편성된 가타오카 시치로(片岡七郎) 제3분함대가 호위를 맡았다. 이와 같이 사할린은 병력의 수나 무기의 상태, 공병의 시설 준비 차원에서 전혀 방어 준비가 되어있지 않았다.

사할린 전장의 특성 (그림 40)

광대하고 황량한 공간인 사할린은 알렉산드롭스키 거점을 행정 중심지로 하는 북사할린과 코르사콥스키 거점을 행정 중심지로 삼는 남사할린의 둘로 나뉜다.

북사할린은 알렉산드롭스키 요새에서 아그네보(Агнево)촌까지의 산악 지대로, 남쪽으로는 알렉산드롭스키 요새부터 아그네보촌까지 길 이외 지대로는 통행할 수 없는 구릉지를 이룬다. 알렉산드롭스키 요새 부근의 지형은 분지로 바뀌면서 개활지를 형성하고 있어 바다로부터 포격이 가능했다.

알렉산드롭스키 요새는 사할린의 캅카스(Кавказ)라고 불리는 필렝(Пиленг)산맥의 산기슭에 위치하고 있다. 그리고 알렉산드롭스키의 북쪽에는 협소한 산마루 형태를 띤 연안이 블라디미르스키(Владимирский) 광산을 거쳐 므가치(Мгачи)강까지 이어지고 있다. 므가치촌으로부터 아그네보촌까지는 연안 지대가 펼쳐져있는데, 이곳은 일본군 상륙에 편리한 지점이었다.

이상의 지형에는 크지 않은 강들인 아르코바야(Арковая), 말라야 알렉산드롭카(Малая Александровка), 볼샤야 알렉산드롭카(Большая Александровка), 두이카(Дуйка), 아그네바야(Агневая), 티마(Тыма)가 교차하고 있다. 유역은 저지이며, 부분적으로는 늪지이다. 농사에 편리해서 사할린의 주민들은 주로 이곳에 집단 거주하고 있었다. 북사할린의 나머지 모든 공간은 길이 없으면 통행이 불가능한 야생 타이가 지대로 덮여있다.

숲이 우거진 지형, 잦은 산불, 주기적인 강우는 북사할린 도로 교통의 발달을 저해하는 원인이었다. 이곳에 존재하는 도로 중에서 유념할 만한 것은 므가치와 아르코보(Арково)에 이르는 비포장도로다. 그 외에 므가치 광산과 아그네바야강 계곡을 연결하면서 해안을 따라 형성된 도로가 있었으나 깊은 모래밭 때문에 이동이 불편했다.

북사할린과 남사할린은 알렉산드롭스키 거점에서 오노르(Онор)

촌과 나이에로(Найэро)촌을 거쳐 코르사콥스키 거점으로 향하는 개발되지 않은 도로로 연결되어 있다. 이 도로는 시골의 마을길 같은 것인데, 오노르를 지나면서부터 쓰러진 나무들로 뒤덮여 있다. 이 도로 외에도 알렉산드롭스키 거점과 리콥스코예(Рыковское)촌을 연결하는 도로가 있었다. 리콥스코예촌은 민병대를 조직한 장소로서 급양 창고와 물품 창고가 위치해 있었다.

북사할린에는 은폐된 작은 만이 없기 때문에 강의 하구와 계곡이 일본군 상륙에 용이한 지역이었다. 가장 유력한 일본군 상륙 지점은 알렉산드롭스키 거점을 직접 위협할 수 있는 장소인 아르코보와 두이카강이었다.

일본과는 라페루즈해협(소야宗谷해협)을 사이에 두고 마주 보고 있으며, 남쪽으로는 아니바만을 두르고 있는 울창한 산들로 둘러싸인 남사할린은 더욱 확실한 일본군의 목표가 되었다. 아니바만 해안에 코르사콥스키 요새가 배치되었다.

남사할린의 지형은 북사할린과 마찬가지로 삼림으로 뒤덮인 산악 지대다. 이 지역은 북쪽에서 남쪽으로 향하면서 수시(Сусь)와 나이바(Наиба)강의 계곡에 의해 형성된 수스나이(Суснай) 저지로 단절되어 있다. 대부분의 강은 아니바만으로 흘러들며 목재 수송에 유리했다. 남사할린 주민들은 대체로 수스나이의 비옥한 저지에 집중적으로 거주하고 있었다. 이곳에는 나이부치(Найбучи)에서 코르사콥스키 거점으로 이어지는 비포장도로가 존재했다. 장소에 따라 오솔길로 좁아지는 미개발 상태의 도로가 류토가(Лютога)촌에서 마우카(Маука)촌으로 이어져있었다.

남사할린의 거점, 코르사콥스키 확보를 위해 일본군은 ① 나이부치 거점~블라디미롭카촌~코르사콥스키 거점, ② 아니바만의 서안(西岸)~류토가~코르사콥스키, ③ 아니바만 동안(東岸)의 세 가지 방향을 택할 수 있었다. 사할린 지형의 전반적인 특성상 방어군은 상당히 긴장해 산악과 산림 지형에서의 군사 행동을 진지하게 준비해야 했었으나, 사할린의 방어를 책임진 러시아 부대는 그것을 충족시키지 못했다.

남사할린의 유격대 부대의 군사 행동 (그림 41)

랴푸노프의 계획에 따르면, 코르사콥스키 부대는 일본군 상륙 부대가 아니바만 연안에 상륙하는 즉시 정규전이 아닌 게릴라 활동으로 전환하여 저항해야 했다.

남사할린의 전체 부대는 5개 부대로 나뉘었으며, 각 부대마다 행동 구역이 지정되었다. 병력 415명, 포 8문, 기관총 3정의 병력으로 편성된 아르치솁스키(И. А. Арцишевский) 부대는 코르사콥스키 거점 지역에서 군사 행동에 임해야 했다. 침몰한 순양함에서 분리해 낸 120밀리와 47밀리 포 각 2문씩 총 4문의 포로 구성된 연안 포대가 이 부대에 배속되었다. 그로도슬레피콥스키(Б. В. Гротто-Слепиковский) 부대는 190명의 병력과 기관총 1정으로 체피산니(Чеписаны)촌 지역에 배치되었다. 폴루보트코(Я. В. Полуботко) 부대는 병력 160명으로 세바스티아놉카(Севастьяновка)촌 지역을 담당했다. 다이르스키(И. М. Даирский) 부대는 180명으로 페트로파블롭스코예(Петропавловское) 지역에 주둔했다. 비코프(В. П. Быков) 부대는 225명의 병력으로 나이부치 지역에 배치되었다.

1905년 7월 5일, 하코다테(函館)에서 승선을 마친 하라구치 사단은 7월 7일 9시 아니바만에서 메레야(Мерея)촌, 사비나(Савина)촌 사이 연안에 상륙했다. 일본의 완전한 제해권 장악이 사할린 작전을 용이하게 해주었다.

처음으로 적과 접전한 것은 아르치솁스키 부대였다. 이 부대는 건물, 창고, 코르사콥스키 요새에 위치한 선창을 불태우기 위해 포라온토마리(Пораонтомари)촌 근처의 진지에 주둔 중이었다. 연안 포대가 일본군 수뢰정을 향해 포문을 열었다. 곧이어 120밀리 포가 작동 불능 상태가 되었으며, 47밀리 포의 포탄이 고갈되었다. 결국 러시아군은 연안 포대의 모든 포를 파괴해야 했다.

17시 무렵, 아르치셉스키의 부대는 일본군을 경계하기 위해 기병대를 코르사콥스키 거점에 남겨둔 채 솔로비욥카촌으로 퇴각했다. 다음 날 로소세이(Лососей)만으로 진입한 일본군 구축함 두 척이 정면과 배후에서 솔로비요프(Соловьев) 진지에 포격을 가했다. 아르치셉스키의 부대는 호무톱카(Хомутовка)촌으로 후퇴할 수밖에 없었다.

7월 9일, 고립될 것을 두려워한 아르치셉스키는 전투력이 떨어지는 후위대를 남겨둔 채 달니(Дальний)와 블리즈니(Ближний)촌을 향해 계속해서 퇴각했다. 한편 후위대는 일본군의 공격에 전사자 2명과 부상자 2명의 손실을 입고 후퇴했다. 잔류하고 있던 정찰대의 보고에 따르면 7월 9일 저녁 일본군 2개 연대가 코르사콥스키 거점을 출발하여 북쪽 방면으로 향했다.

7월 11일, 부대는 진지에 참호를 구축하고 일본군에 저항하려 했다. 그러나 일본군이 양 측방을 우회하자 아르치셉스키는 포탄과 탄약이 떨어진 포와 기관총을 못쓰게 만든 후 산으로 피신했다. 퇴각을 엄호하기 위해 남겨둔 1개 중대의 절반에 해당하는 병력 중에서 일부는 흩어졌고 일부는 포로가 되었다.

7월 16일, 일본과의 협상을 거친 뒤 아르치셉스키의 부대원 135명은 항복했다. 나머지 병력은 뿔뿔이 흩어졌다.

슬레피콥스키 부대는 상대적으로 조금 더 버텼다. 후방과의 연락 두절을 두려워한 슬레피콥스키는 7월 7일 타이가 내에 있는 투나이치(Тунайчи)호로 퇴각하여 그곳에서 7월 15일까지 머물렀다. 이후 약간 북쪽으로 이동해 참호를 구축했다.

8월 2일 아침부터 일본군이 참호에 주둔 중인 슬레피콥스키의 부대를 공격하기 시작했다. 이에 슬레피콥스키 부대는 24명의 사상자를 내고 점심 무렵 후퇴했다. 다른 부대와의 연락망을 구축하려는 슬레피콥스키의 노력은 허사로 돌아갔다. 일본군의 추격을 받던 슬레피콥스키의 부대는 포격으로 양 측방과 후방에서 포위당했다. 부대 지휘관 슬레피콥스키는 전사했으며, 그의 부관은 부대가 포위된 것을 인지하고 항복했다.

폴루보트코 부대는 아르치셉스키 부대가 퇴각한 다음 날 합류하기로 결정했다. 블라디미롭카로의 퇴각로상에서 대원의 절반 이상이 도주했으며, 일부는 타이가로 후퇴해 나중에 비코프의 부대와 합류했다. 반면 폴루보트코는 나머지 부대원들과 함께 포로가 되었다.

다이르스키 부대의 활동 역시 아무런 소용이 없었다. 오랫동안 타이가 숲속에서 방황하던 다이르스키는 8월 30일 의도와는 상관없이 나이바강에서 일본군과 접전하다 항복했다.

가장 역동적인 활동을 펼친 것은 비코프 부대였다. 일본군 상륙 부대가 상륙했다는 소식을 접한 비코프는 오트라드나(Отрадна)를 향해 이동했다. 이후 민병대원 49명이 추가되었고, 비코프는 오트라드나 근처에 매복해 작전을 펼쳐 일본군에게 병력 손실을 입혔다. 비코프는 북사할린의 부대들과 합류하기로 결정하고 시라오코(Сираоко)로 향했다. 그러나 랴푸노프가 항복했음을 알게 된 그는 포기비(Погиби)곶으로 향한 후, 그곳에서 니콜라옙스크시에 도달했다. 이 과정에서 54명의 병력을 잃었다.

북사할린에서의 작전 (그림 42)

북사할린의 방어 계획은 리콥스코예와 오노르를 향해 사할린의 깊숙이 후퇴해, 공격해 들어오는 일본군의 측방과 후방에서 게릴라 투쟁을 전개하는 것이었다. 강력한 저항은 아르코보 1호촌~두에 거점 구역에서 펼쳐질 것으로 예상되었다.

북사할린에는 4개 부대가 있었다. 볼디레프(В. Г. Болдырев)의 아르코보 부대는 4개 중대, 2개 민병대, 기병 15명, 포 4문, 총병력 1,230명으로 구성되었으며, 아르코보 연안 구역의 방어 임무를 맡고 있었다. 만일 적의 거센 공격을 받으면 카미셰비(Камышевый) 고개를 거쳐 제르빈스코예(Дербинское)촌으로 후퇴하라는 명령을 받았다. 폴로빈카(Половинка)촌에서 보예보츠카야(Воеводская) 습곡까지 이어지는 알렉산드롭스키 연안 구역의 방어에는 8개 중대, 4개 민병대, 기병 30명, 포 4문, 기관총 6정, 총병력 2,413명으로 편성된 타라센코(Тарасенко)의 알렉산드롭스키 부대가 투입되었다. 돔니츠키(Домницкий)의 두에 부대는 4개 중대, 2개 민병대, 기병 15명, 기관총 2정, 총 병력 1,120명으로 연안의 두에 구역을 방어해야 했으며, 필요한 경우 베르블류지(Верблюжий)와 필렝 고개를 거쳐 리콥스코예촌으로 퇴각해야 했다. 두에 부대와 아르코보 부대는 퇴각 시 1개 민병대를 게릴라 부대로 지정해야 했다. 다닐로프(В. Н. Данилов)의 리콥스키 부대는 150명 병력의 예비대로 비콥스키촌에 주둔했다. 북사할린에서 랴푸노프의 총병력은 약 5,000명에 달했다.

남사할린의 수비대를 궤멸시킨 일본군은 북사할린에서 군사 행동을 펼쳤다. 7월 23일 아침, 사할린 서안 알렉산드롭스키 거점의 맞은편에 모습을 드러낸 일본 함대는 아르코보 유역과 두에 거점을 포격했다. 오후에 일본 함정은 비아흐타(Виахта)촌의 맞은편에 도착했으나, 일본 수뢰정이 데카스트리(Де-Кастри)에 포격을 가했다는 소식을 접한 것은 훨씬 뒤였다.

다음 날 아침, 일본 분함대는 므가치알렉산드롭스키 거점 구역의 연안에 접근했다. 해군의 엄호 포격하에 일본군 보병이 아르코보 유역의 북쪽에 상륙하기 시작했다. 아르코보 부대에게 적군을 지연시키라는 명령을 내린 랴푸노프는 예비대인 리콥스키 부대를 카미솁스키 고개 방면으로 보냈다. 또한 랴푸노프는 두에에서 일본군을 기다리지 않고 돔니츠키 부대에게 2개 민병대를 현 위치에 잔류시킨 상태에서 나머지 병력으로 카미솁스키 고개 방면으로 뒤따르도록 명령했다.

그 무렵 일본군은 두에의 북쪽에서 상륙을 개시했다. 이에 랴푸노프는 두에 부대의 군사 작전을 정지시킨 후, 베르블류지 고개에 두에 부대를 배치했다. 일본군은 알렉산드롭스키 부대 구역에서 적극적으로 작전을 전개했다. 존키예르(Жонкиер)곶 뒤편으로부터 일본군 구축함들이 모습을 드러냈으며, 상륙 부대가 탑승한 수송선이 그 뒤를 따랐다.

알렉산드롭스키 부대는 곶 정상을 점령하여 일본군 대대의 상륙을 저지하려 했다. 그러나 일본군이 아르코보 유역에서부터 알

이곳 우수리변강주 해안에 이 지역의 유일한 러시아 거점이자 러시아 함대의 기지인 블라디보스토크 요새가 위치했다. 남우수리 변강주의 연안에는 정박하기 편리하고 대규모 부대의 상륙에 유리한 다수의 크고 작은 만이 존재한다. 겨울철에는 결빙으로 인해 남우수리 변강 지역 연안에서 상륙 작전이 불가능하다. 블라디보스토크 이외에 군사 작전 대상이 될 수 있는 도시는 니콜스크우수리스크와 라즈돌노예다. 이 도시들은 블라디보스토크와 포시에트로 향하는 도로의 교차점으로서, 러시아 내륙으로의 이후 행동의 주 기지가 될 수 있었다.

블라디보스토크는 전쟁 초까지도 방비가 빈약한 소규모 함대용 기지였다. 요새로서 블라디보스토크가 지닌 의미는 수비대의 규모나 요새의 포위 가능성 측면에서 볼 때 그다지 중요하지 않았다. 남우수리변강주의 연안 방어를 위한 초기 계획에 따르면, 적군의 침투나 부대 상륙이 예상되는 조선의 동북 방면과 표트르대제(Пётр Великий)만에서 연해주 보호를 임무로 하는 남우수리 부대의 창설이 예정되어 있었다. 그 외 남우수리 부대의 임무로는 블라디보스토크 요새의 기동예비대가 되거나 일본군이 지린을 공격할 경우 적군의 측방과 후방을 공격하는 만주 주둔군 지원 부대의 역할을 맡는 것이었다. 남우수리 부대의 병력은 당초에 8개 대대,

6개 기병중대, 포 32문 정도였으나, 뤼순 함락 이후 지역의 전력이 상당 수준 강화되었다. 또한 블라디보스토크의 포위 준비와 관련해 일본군이 유포한 소문이 전력 강화에 일조했다.

1904년 5월 중순, 남우수리 부대는 아니시모프(К. А. Анисимов)의 지휘하에 몇 개의 부대로 나뉘었다. 4개 대대와 포 16문은 제조르지(Дежорж)를 지휘관으로 니콜스크우수리스크에서 전개했으며, 아세예프(Асеев)의 2개 대대, 4개 카자크 기병중대, 포 12문은 남우수리 부대의 참모부와 함께 라즈돌노예에 배치되었다. 시코토바(Шкотова)촌에는 3개 중대가 주둔했다. 나머지 부대는 포시에트·노보키옙스코예(Новокиевское)·훈춘 등 각 부락에 분산 배치되었다. 기병대는 표트르대제만과 아무르만의 서부 연안을 경계했다. 그러나 뤼순 함락 전까지 이 지역에서 일본군의 공격 가능성이 특별히 관측된 바는 없었다.

1904년 5월 말, 몇 척의 일본 함선이 아스콜트(Аскольд)섬 근처에서 목격되었다. 9월 초에는 표트르대제만 근처에 일본군 수뢰정이 모습을 드러냈다. 지역 주민의 보고에 따르면 10월에는 훈춘으로부터 서쪽으로 200킬로미터 지점에서 일본군 부대가 목격되었다. 이에 러시아군은 조선의 북쪽에서 작전에 임하고 있던 베르노프(Э. И. Бернов) 부대를 고립시키려는 목적으로 일본군이 동쪽으로 진군한 것이라고 여겼다.

뤼순 함락 이후 남우수리변강주의 연안에서 일본군이 상륙 작전을 전개할 예정이라는 소문이 들리자 러시아군 지휘부는 경계를 강화했다. 프리아무르 군관구 부대 지휘관은 아니시모프에게 라즈돌노예~나데진스카야(Надеждинская) 역 일대로 사단을 집결시키라는 명령을 내렸으며, 조선에서 소환된 베르노프 부대에게는 프리아무르주 연안의 감시 임무를 부여했다.

아니시모프의 제2동시베리아소총사단 소속 연대들은 2개 대대에서 4개 대대로 강화되었으며, 1905년 2월에 아니시모프가 블라디보스토크 요새의 외부 예비대 지휘관에 임명되었다. 만주 주둔군이 남우수리 부대를 지원하기 위해 파병한 부대 역시 그에게 배속되었다. 이후 남우수리 부대는 정확한 임무를 부여받았다. 블라디보스토크와 니콜스크우수리스크로 향하는 도로를 차단하는 것이었다.

1905년 3월 말에 즈음하여 남우수리 부대의 병력은 보병 1만 730명, 기병 230명, 포 48문에 이르렀다. 이 병력은 부대의 배치 지역에 따라 몇 개의 예하 부대로 나뉘었다. 시코토바, 포시에트, 라즈돌넨스키, 타이바즈(Тайваз, 우수리스크만의 북쪽에 위치한 작은 만) 부대, 니콜스크우수리스크 지역과 외곽 지역에 배치된 시코토바

예비대가 그것이다. 선두 부대는 포시에트 주둔 부대였으며, 조선의 동북 지역에서 일본군이 공격해 들어올 경우 남우수리 부대의 주력 부대 방향으로 퇴각해야 했다.

남우수리 부대의 전력은 점진적으로 강화되어 1905년 4월 말에는 보병 2만 2,600명, 기병대원 306명, 포 64문으로 이전의 두 배 전력을 보유하게 되었다. 니콜스크우수리스크시 남쪽에 임시 보루 구축 작업이 시작된 것도 그 무렵이었다. 보루는 적의 공격이 조선 방향에서 시작되고 그와 동시에 가시케비치(Гашкевич)와 표트르대제만에 일본군이 상륙할 것을 예상하여 구축되었다. 남우수리 부대 소속 부대들은 만주 주둔군 소속 부대들이 도착할 때까지 적군을 저지해야 했다. 보루 구축 작업 후 서쪽을 정면으로 하여 진지 구축 작업이 개시되었다.

4월 말, 남우수리 부대는 해산된 후 일련의 독립 부대로 재편성되었다.

블라디보스토크 방어 대책

요새의 전쟁 전 상태는 불만족스러웠다. 수뢰정과 정찰용 선박이 부족한 까닭에 적극적인 해상 방어도 부재했다. 요새의 무장은 일본군이 블라디보스토크를 상대로 사용할 수 있었던 강력한 포병에 상응하지 못했다.

1903년 5월 쿠로파트킨은 블라디보스토크를 방문했는데, 그의 일기에는 다음과 같이 기록되어 있다.

> 전반적인 인상은 부정적이다. 지형을 이용하는 발상이 보이지 않는다. 보루와 포대는 지형상 유리한 지점에 위치해 있으나 우리가 고안한 전체적인 발상과 연관된 것은 아니다.
> …… 포는 전반적으로 구식이다.

쿠로파트킨이 블라디보스토크를 방문한 이후 일련의 요새 강화 대책이 수립되었다. 그러나 개전 직전까지 요새의 전반적인 상태는 전적으로 만족스럽지 못했다. 도시에서 3~5킬로미터 떨어진 곳에 북쪽과 남쪽 전선을 형성하고 있는 주 방어선에는 장벽으로 연결된 일련의 보루들이 구축되었다. 육지 공격에 대비한 요새 방어는 4개의 요새, 3개의 임시 강화진지, 5개의 보루와 초승달형 방어 진지, 12개의 포대에 의존하고 있었다. 그 외에도 10개의 포대가 추가로 구축되기 시작했다. 주 방어선은 거리상 포격으로부터 도시를 보호할 수 없었다. 구조물 중 일부의 전면에는 감제(瞰制) 고지가 있었으나 일부 보루의 전면에는 지나치게 많은 사각지대가 존재했다. 요새에는 400문의 포가 배치되었으나 그중 요새포는 겨우 80문에 불과했다. 반면 일본군 공성포는 120~180문에 이르렀다. 연안의 콘크리트 구조물은 훨씬 더 본연의 목적에 부응했다. 함대와의 포격전을 벌일 수 있는 포의 총수를 200문으로 증강할 예정이었지만, 그 역시 부족했다.

개전과 함께 블라디보스토크의 강화 작업이 집중적으로 이루어졌다. 요새 수비대는 9,000명을 넘지 않았다. 1904년 2월 25일, 루스키(Русский)섬 근처에 일본 분함대가 출현했다가 공격 없이 2시간 후에 사라진 사건이 있었다. 하지만 이것은 블라디보스토크 수비대를 즉각적으로 야전군으로 강화할 충분한 근거가 되지 못했다. 그럼에도 불구하고 이후 일본 함대가 적극성을 보임에 따라 요새 수비대 역시 점진적으로 증강되기 시작했다.

3월 6일, 아스콜트섬 근처에서 다시 7척으로 구성된 일본 분함대의 모습이 보였다. 우수리스크만으로 진입한 일본 분함대는 러시아군 동부 연안 전선의 사정거리 밖에 머물렀다. 정오가 지난 후 블라디보스토크로 접근한 5척의 일본 군함은 일부 강화진지와 도시에 포격을 가했다. 이 전선에 위치한 러시아 포대는 막 계획된 정도에 불과했으며, 요새는 반강습포와 기관총만으로 무장된 상태였다. 일본 분함대는 이런 상황을 이용하여 소볼(Соболь)만에서 기동하며 러시아 포의 사거리가 미치지 않는 선까지 접근하여 블라디보스토크에 포격을 가했다. 1시간에 걸친 포격 후 물러간 일본 군함은 다음 날 재차 모습을 드러냈다.

3월 7일, 일본 분함대는 전날 블라디보스토크를 포격했던 장소로 접근했으나 포격을 가하지 않고 남쪽 방향으로 사라졌다.

러시아군 지휘부가 근시일 내에 블라디보스토크에서의 대규모 작전을 예상한 것은 아니었으나, 블라디보스토크 수비대는 점진적으로 늘어났다. 1904년 3월까지 요새의 수비대는 보병 1만 8,000명, 수병 3,000명, 그리고 360명의 민병대원으로 구성되었다. 그러나 요새 포병은 심각한 결원 상태였다. 요새가 포위될 경우 이 전력으로는 부족했으며, 극도로 단절된 지형으로 인해 부대를 소규모로 나눌 수밖에 없었다. 요새에는 기병대가 없어 이는 전투 초기의 정찰에 부정적일 수 있었다. 민병대원 60명으로 기병 부대를 구성했지만 정찰 임무 훈련을 충분히 받지 못했다.

블라디보스토크 항에 정박 중인 러시아 함대는 총 3척의 순양함, 쇄빙선 1척, 약간의 비전투 보조 선박으로 구성되었다. 시타켈베르크 제독의 순양함 편대가 블라디보스토크에 도착하면서 함대가 강화되었다. 태평양함대의 지휘관으로 재임명된 스크리들로프가 블라디보스토크에 도착하기 전까지 육군과 함대 지휘부가 통합되지 않았다. 새로운 지휘관의 임무는 요새가 포위될 경우 육·해군의 군사 행동을 통합하는 것이었다. 나중에 태평양함대 지휘관직이 폐지되면서 스크리들로프는 페테르부르크로 복귀했다.

프리아무르 군관구의 지휘관은 블라디보스토크로 향하여 요새와 항만, 제1태평양분함대 소속으로부터 차출된 순양함 편대를 통괄 지휘하라는 명령을 받았다. 카즈베크(Г. Н. Казбек) 장군이 요새 사령관으로 임명되었다.

결론적으로 말하면 1904년 4월의 요새는 불의의 습격에 대비되어 있었으나 대구경포를 동원한 포격에는 무방비 상태였다. 그 외에도 블라디보스토크에 배치된 포병으로는 일정한 수준의 단기전만을 방어할 수 있었다. 따라서 일본군이 공성포를 보유한 상태에서 이루어질 수 있는 지구전에 대한 대책은 마련되어 있지 않았다. 요새가 포위될 경우에 대비한 예비 물자는 6개월분이 넘었다. 1904년 4월 블라디보스토크 요새를 시찰한 리네비치는 극동 총독에게 "우리의 요새는 현재 우리의 극동 지역에서 강력한 성채"라고 보고했다.

8월 말 극동 총독 알렉세예프는 요새를 시찰한 뒤, 필요 사항을 논의하기 위해 위원회를 설립했다. 위원회는 블라디보스토크의 강화와 관련한 일련의 대책을 숙의했다. 위원회의 결정 사항은 수비대를 증원할 것, 육상 전선 전면의 강화진지 구축을 서두를 것, 만으로 들어오는 입구에 기뢰를 설치할 것, 포위에 대비하여 외부 세계와 연락을 취할 수 있도록 무선 전신망을 구축할 것, 다양한 종류의 비축품을 보충할 것 등이었다.

알렉세예프는 요새의 포병이 현대적 요구에 부응하지 못한다는 내용을 페테르부르크에 보고했다. 아무르만 연안 포대에 배치된 현대식 포는 겨우 26문에 불과했으며 나머지는 구형이었다. 결과적으로 블라디보스토크는 카네(Канэ)식 포 몇 문을 수령했으며, 전함에서 분리된 중구경포가 배치되었다.

뤼순이 함락되고 블라디보스토크를 상대로 한 일본군의 작전이 보다 더 확실해지자 블라디보스토크 요새의 방어 준비가 집중적으로 이루어졌다. 뤼순이 함락되면서 블라디보스토크가 태평양함대의 유일한 해군 기지가 되었다. 따라서 이곳마저 잃게 되면 로제스트벤스키의 발트분함대가 향해야 할 목적지 자체가 사라지게 되는 상황이었다.

일본군은 러시아군 지휘부를 자극하여 야전군을 블라디보스토크로 보내게 하여, 만주 주둔군을 상대로 한 다가올 결전을 보다 수월하게 하고자 블라디보스토크 요새의 포위가 임박했다는 소문을 유포했으며, 괜찮은 결과를 얻었다. 쿠로파트킨이 블라디보스토크에 부대를 보내기 시작했던 것이다. 쿠로파트킨은 프리아무르 군관구 사령관에게 연해주와 블라디보스토크 방어를 위해 필요한 병력의 수를 질문했다. 군관구 사령관은 블라디보스토크 수비대의 강화에 2개 보병사단, 블라디보스토크의 외부 예비대와 니콜스키(Никольский) 거점 보호를 위해 4개 보병사단과 1개 기병여단 이상의 병력, 그에 상응하는 포와 공병이 필요하다고 답했다. 그 외에도 위원회는 요새의 공병 시설 보강을 위한 일련의 대책이 필요하다고 건의했다. 일본군의 공격을 예상해 요새 강화를 위한 보강 작업이 이루어졌으며, 수비대의 규모가 증강되어 여름 중반쯤에는 병력이 5만 명으로 증강되었다. 병력이 분산되는 것을 원하지 않은 일본은 블라디보스토크를 상대로 적극적인 군사 행동을 취하지 않았다. 이리하여 개전 무렵에도 반영구적 강화 거점이었던 블라디보스토크는 이처럼 전쟁 기간에는 장기간에 걸친 포위도 견딜 수 있는 요새로 변신하였다.

강화진지 구조물의 방어 능력은 현저하게 상승하였다. 임시 방어 시설들은 약 80킬로미터에 걸쳐 원형을 이루고있었으며, 다양한 구경의 포 1,500문이 배치되었다. 그 외에 일련의 도로가 부설되었고 사계 청소도 이루어졌다. 과거에 방어 시설이 갖추어지지 않았던 우수리스크만 연안은 충분히 무장되었다. 전쟁 초 단 하나의 강화진지만 존재하던 루스키섬에는 일련의 포대와 야전 진지망이 구축되었다. 일본 군함이 도시를 포격하려면 반드시 아무르만에 진입하여 러시아군 연안 포대의 사정권 내로 들어가야만 했다. 그 외에 아무르만과 우수리만의 입구에 기뢰가 설치되었다. 전서구(傳書鳩)와 무선 전신을 이용한 요새와 외부 부대 간 연락 방법이 구축되었다. 확보된 요새용 예비품은 5만 명의 병력이 1년간 사용할 수 있는 분량이었다.

포츠머스 강화조약이 체결되면서 요새 강화는 중단되었다. 남우수리변강주에 집결한 대규모 병력은 만주에서 진행 중인 사건의 무익한 방관자로 남아있었다. 러시아군 지휘부는 만주 주둔군을 상대로 활동 중이던 일본군 병력 일부를 유인하기 위한 작전을 실행하지 않았다.

제20장

전쟁의 결과

러일전쟁은 동아시아 침략을 추구하던 러시아 전제 체제와 일본 제국주의 정치의 연장선상에 있다. 동시에 이는 여러 제국주의 국가들의 이익과도 연관되어 있었다.

극동 지역에서 러시아 차르 체제의 지위 강화와 영국의 이익은 날카롭게 대립하고 있었다. 영국은 일본에게 명백한 공감을 표명했으며, 전쟁 중에는 일본을 물질적으로 지원했다. 만주와 조선 시장에 자신의 상품을 자유롭게 수출하기 원하는 미국 자본주의는 일본을 지원할 준비가 되어있었다. 서부 국경으로부터는 영국과 프랑스, 동부 국경으로부터는 러시아의 위협을 받고있던 독일은 러시아의 관심을 유럽에서 극동으로 끌어내기를 원했기에 러일전쟁 기간 일본과 호의적인 관계를 유지했다. 영국과 미국의 지원을 받은 초기 제국주의 단계의 일본은 적극적인 전쟁 계획을 이끌어냈다. 일본은 공세적 작전으로 개전에 임했다.

한편 쇠락하고 있던 차르 체제는 모험적 정책을 벌였는데, 서쪽에서는 영토 확장을 원하면서 정작 극동에서는 전쟁에 대비하지 않았다. 러시아는 소극적인 전쟁 계획을 수립했다. 공격으로 전환하는 것은 동원령을 발표하고 6개월은 지나서 가능한 것으로 생각되었는데, 그 즈음에서야 랴오양~묵덴 지역에 대규모 병력을 집결시킬 수 있으리라 여긴 것이었다. 바로 여기서 적대적인 양측의 작전·전략적 움직임의 차이가 발생했다.

러시아군의 총사령관은 내선 작전 방침에 따른 나폴레옹식 집중 공격을 성공적으로 해낼 만한 기반이 없었다. 이것을 성공적으로 수행하는 데는 집단의 창의적 에너지가 필요하다. 그 에너지는 군의 고양된 정치적 사기에 의해 촉진된다. 그러나 광범위한 노동 대중의 이익과 무관한 전쟁을 치르고 있던 차르 체제 육군에서는 그것이 없었으며, 존재할 수조차 없었다. 바로 그런 이유에서, 대담하게 적을 궤멸시키는 나폴레옹 전략은 쿠로파트킨에 의해 만주 전장에 적용될 때는 방어와 후퇴의 전략으로 나타나게 되었다. 이런 작전 방침은 적군의 행동을 용이하게 만들어줄 뿐이었다.

다른 측면에서 볼 때 오야마 이와오는 지휘관으로서 큰 모험을 회피하며 행동했기에 러시아군을 궤멸시킬 수 없었다. 일본군은 작전을 펼칠 때마다 공간과 시간만을 벌었을 뿐, 힘의 관계에서 일본에 유리하게 변화된 것은 없었다. 따라서 일본군은 다음 전투에서 승리할 가능성을 보장받지 못했다.

양국은 싸움을 중단해야 했다. 차르 체제는 국내 질서를 회복하기 위해 전쟁을 중단할 수밖에 없었다. 한편 모든 병력과 자금을 동원하여 묵덴 전투에서 승리한 일본은 경제적으로 더 강대한 러시아를 상대로 전쟁을 지속하기 어려웠던 만큼 강화에 동의해야만 했다.

러시아 차르 체제의 패전 원인

결과적으로 러시아 차르 체제는 가혹한 패전을 경험했다. 패전의 중요한 원인은 전제정이 머나면 만주에서 치르는 침략 전쟁에 대해 러시아 인민들이 적대적이었다는 점이다. 인민에 만연한 패배주의가 전선의 군대에도 전해졌다. 공격 의욕을 상실한 데다 현대전에 필요한 전투 능력을 결여한 지휘부가 이끄는 차르 체제 러시아군이 쇼비니즘적 선전으로 선동되는 일본군과의 전투에서 패배를 면할 수 없었던 것은 충분히 이해할 만하다. 쿠로파트킨 역시 이러한 점을 인정할 수밖에 없었다.

일본과의 전쟁에 대한 여론을 부정적으로 만든 전반적 원인들이 전쟁 중인 부대의 전투력에도 영향을 미쳤습니다. 진정한 무공도 있었지만, 한편으로 개별 부대와 개인들이 전투에 임함에 있어 치열함이 결여된 경우도 보았습니다. 러일전쟁에서 부상을 입지 않은 상태로 항복하여 생포되는 경우가 하급 구성원들은 물론 장교들 중에서도 있었습니다.

병사들은 물론 심지어 대부분의 장교들 역시 만주에서 벌어지는 전쟁의 목적을 이해하지 못했다. 이와 함께 거의 모든 사회 계층을 감싸고 있던 현존 체제에 대한 불만이 전쟁 혐오를 야기했다. 이런 사실을 이해한 쿠로파트킨은 자신의 보고서에서 다음과 같이 기술했다.

병사들이 이국땅에서 이해하기 힘든 이익을 위해 피를 흘리며 전투를 수행했지만, 러시아의 무관심에 강력한 전사들의 마음마저 흔들리지 않을 수 없었습니다. …… 혁명당의 대표자들은 이번 기회를 불행으로 전환시키기 위해 극히 열성적으로 노력했습니다. …… 자신의 지휘관에 대한 장교들의 신뢰와 장교에 대한 병사들의 신뢰, 정부에 대한 군 전체의 신뢰를 약화시키는 반체제 유인물이 등장했습니다.

군에서 패배의식이 팽배했던 원인은 특히 동원령이 주로 노년층을 대상으로 했다는 점에 있었습니다. 이들은 육체적으로 허약했고, 그에 따라 정신적으로 극히 신뢰도가 떨어졌습니다. 이들은 전쟁 자체를 이해하지 못했던 것입니다. 게다가 본국에서는 전공(戰功)에 대한 호소 대신 일본군과의 전투에 임할 것이 아니라 장교를 살해하라고 부추기는 선전물이 보내져 왔습니다.

묵덴 전투에서 총사령관의 참모부 요원들은 무기를 버리고 전선을 이탈하는 병사들을 직접 목격했다.

전제 체제의 붕괴는 전쟁에 대한 러시아의 준비성이나 군대 자체의 질적 수준에도 반영되었다. 차르 체제의 러시아는 특수한 성

송이 실현되지 않았다. 쿠로파트킨은 니콜라이 2세에게 보낸 상주(上奏)에서 전장과 중앙 정부의 정상적인 연락을 위해서는 하루 48편의 왕복이 유지되어야 한다며 시베리아횡단철도와 동청철도 전노선의 복선화가 필요하다고 주장했으나 실행되지 못했다.

혼성 부대의 극동 파병은 병력 손실분에 대한 충원을 지연시키는 것이었다. 예를 들어 1904년 5월 1일부터 10월 1일까지 만주 주둔군은 전사와 부상·발병으로 총 10만 명의 병력 손실을 입었으나, 5개월 동안 증원된 병력은 겨우 2만 1,000명에 불과했다. 이처럼 전쟁 동안 러시아군의 각 단위 부대는 항상 완전하게 편제된 상태가 아니었다.

러시아는 강화조약 체결 즈음에야 극동에 100만 부대를 집결시킬 수 있었으며, 필수 급양품도 공급할 수 있었다. 100만이라는 병력은 후방 부대, 후방 조직, 남우수리변강 부대, 연아무르 군관구의 병력을 모두 합한 것이다. 그러나 혁명 운동의 성장으로 러시아는 강화조약 체결을 서둘렀다.

일본군은 편제상의 부족을 경험하지 않았다. 손실된 병력은 전장에 대기하고 있던 예비대에 의해 즉각적으로 충원되었다.

화려한 전쟁 경력을 지닌 러시아 장군과 장교들은 만주 전선에서 이름에 걸맞은 활약을 전혀 하지 못했다. 이에 총사령관은 일부 인사들을 유럽으로 소환하기 위해 중앙 정부에 청원서를 제출해야 했다.

> 특히 군사 행동의 첫 시기 동안 우리 최고 지휘부의 주된 특성은 주도권의 결핍, 공격적 전투 수행 능력과 불굴의 투지 부족이라고 언급하면 거의 틀리지 않을 듯합니다. 그 결과는 언제나 대규모 단위 부대의 행동 불일치, 인접 부대의 상황에 대한 무관심, 패전을 서둘러 인정하는 것이었습니다. …… 전방을 향한 용감한 돌파 같은 것은 그 누구에게서도 거의 찾아볼 수 없었습니다.

쿠로파트킨은 연대장들이 전투에서 수행한 임무에 대해서는 조금 더 높게 평가했다. 반면, 전반적인 전황이나 지형 모두에서 연대장들이 무능력했음을 지적하기도 했다. 총참모부 장교들은 실전 지식을 갖추지 못했으며, 상이한 전황에서 하달된 명령을 제대로 판단하지 못했다. 평상시에는 각 부대를 성공적으로 지휘한 장군들이 전장에서는 조금이라도 비중 있는 결정에 책임을 지려 하지 않았다.

러일전쟁 당시 차르 군대 지휘부의 전술적 준비 수준은 매우 낮았으며, 부대 지휘의 경험마저 없었던 것으로 판명되었다. 크림 전쟁과 마지막 러시아·튀르크 전쟁에서도 러시아군 지휘부는 공동의 목적을 달성하기 위해 다양한 병과의 전투 활동을 결합시키는 능력을 보여주지 못한 바 있다. 그 당시 이미 주공격 방면을 결정하는 과정에서 러시아군 지휘부의 무능이 드러났다. 충분한 정찰 정보 결핍 역시 그런 무능력에 일조했다.

부대의 각 단위 지휘관들은 현존하는 전술 교범마저 숙지하지 못한 것으로 밝혀졌다. 일본과의 전쟁 경험에 기초해 일부 명령과 지령에서 다양한 종류의 무기 이용에 대한 '새로운' 지침이 하달되었으나, 그것들은 실제로는 모두가 오래된 전술 교범에 이미 기술되어 있는 것들이었다. 그럼에도 부대 지휘를 담당한 장군들조차 그런 지식을 이해하지 못한 상태였다.

기병대 운용 역시 불만족스러웠다. 기병대는 종종 기병 정찰대 없이 보병을 방치한 상태에서 작전 범위 내에서 우선적으로 사용되었다. 이론적으로 이러한 전략적 기병대는 적 기병대를 탐색하며 단독 교전에 돌입해야 한다. 그러나 전쟁 기간 동안 러시아 기병대는 그런 식으로 운용된 사례가 없었으며, 심지어 부대 선임 지휘관들마저 기병대를 보유하지 못했기에 적과 관련해 수집된 정보가 지나치게 적었다.

현대 전쟁술에 뒤떨어진 러시아 지휘관들은 극히 무력한 것으로 판명되었다. 부르주아 역사학자들은 패전의 책임을 쿠로파트킨에게 일방적으로 전가하려는 경향을 보이고 있다. 만주 패전의 책임이 쿠로파트킨에게 있는 것은 분명하다. 그러나 패전의 근본적인 원인은 지휘관의 무능보다, 20세기의 경계에서 차르 군대에 팽배했던 전제정 체제의 전반적인 내적 모순에 있었다.

전신·전화 수단, 공병, 기타 장비와 재원의 부족으로 나타난 차르 군대의 기술적 후진성 역시 지적해야 한다. 후방 조직을 위한 철도의 분기선 부설에 투자할 재원 역시 부족했다. 야전 철도를 완전히 확보하지 못했을 뿐만 아니라, 장비·유자철선(有刺鐵線)·폭파 도구도 부족했다.

러시아군 포병은 수적으로 일본군에 비해 우세했지만 기술적으로는 약했다. 러시아군 포병은 유산탄만을 보유하고 있었기 때문에 파괴력이 떨어졌다. 반면 일본군 포병의 화력은 러시아군 보루를 파괴할 정도였다. 오랜 기간 동안 러시아군은 산악포병을 보유하지 못했으며, 야전포병은 산악 지형이나 도로가 없는 지형에서 산악포병의 역할을 절대 대체할 수 없었다. 따라서 일본군이 보유한 대규모의 산악포병은 큰 장점이었다. 묵덴 전투에만 소수의 산악포대가 러시아군에 공급되었다. 그 외 러시아군은 곡사포를 보유하지 못했다. 유일한 곡사포병이 강화조약 체결 직전 전장에 도착했다.

기관총에서도 러시아군은 결코 우세하지 않았다. 강화조약을 체결하는 시점에서야 러시아군의 기관총 보유 수가 374정이 되었다.

동시에 일본군은 승리를 결정지은 여러 장점을 가지고 있었다. 일본 정부는 다양한 인위적 방식으로 자국 군대의 사기를 진작시켰다. 일본 정부의 선전이 특히 성공을 거두면서 침략 전쟁은 일본 민족의 자주 발전 보장이라는 구호 아래 진행되었다. 일본군은 셀 수 없이 많은 비밀 요원과 일반 요원들의 도움을 받으며 러시아군과 전장을 분석했다. 그 결과 일본군은 잘 훈련된 육군과 함대를 보유하게 되었다.

그러나 묵덴 작전 이후 일본군은 매우 곤란한 상황에 처하게 됐다. 물리적·정신적 힘이 눈에 띄게 저하했다. 애초에 산정된 예비 병력(42만 5,000명)은 부족한 것으로 밝혀졌다. 전쟁 기간 동안 118만 5,000명을 징병하기 위해 일본은 막대한 노력을 기울였다. 1906년 징병 대상 청년들을 징집해야 했으며, 예비대 복무 기간까지 채운 노병들을 다시 소환해야 했다. 인적 자원이 서서히 고갈되었으며, 일본군의 사기 역시 급속히 떨어지고 있었다.

전쟁 말기에 접어들면서 이미 일본군은 러시아와의 전쟁에 대한 초기의 광신을 보여주지 못했다. 포로가 된 일본군 병사들은 전쟁에 따른 피로를 호소했다. 일본 국민들은 전쟁으로 인한 높은 세금을 감당해야 했다. 생활필수품의 가격이 폭등했다. 생산량의 저하는 실업을 유발했다. 각 연대 중 노동자 지역 출신으로 편성된 1개 연대가 공격을 거부했다는 소식도 들려왔다. 만약 강화조약이 체결되지 않았더라면 이후의 전투들이 어떻게 종결되었을지 장담할 수 없다. 그러나 차르 체제의 러시아가 승리했을 것이라고도 가정하기 어렵다. 역사 발전의 법칙에 의해 차르 체제 러시아의 패배는 이미 예정되어 있었기 때문이다.

전선 폭 확대와 전투의 장기화

20세기 전환기에 발전하고 있던 군사 기술과 대규모 부대는 러일전쟁의 새로운 현상으로서, 후일 제1차 세계대전을 통해서도 지속적으로 발전하게 된다. 현대 화기의 위력으로 인해 정면 공격을 위한 전개는 더 이상 유용한 것이 되지 못했다. 일본군은 보어 전쟁의 경험에 의거해 이런 현상을 숙지하고 있었다. 그러나 전쟁 초기 러시아군은 이것을 이해하지 못했다. 일본의 군사 행동이 우회와 포위를 지향함으로써 적군의 화력에 의한 손실을 상당한 수준에서 최소화할 수 있었던 데 비해, 러시아군은 무기의 의미를 과소평가하고 병사들의 용맹성을 과대평가하여 정면 공격을 전술의 기본으로 삼았다. 최대 규모의 부대를 전투에 투입하면서 포위형 전개를 지향함에 따라 전선의 폭이 확대되었다. 이전의 전쟁과 비교해 러일전쟁 당시의 전투 행위에서 전선이 늘어난 것은 물론, 전투의 시간마저 상당히 늘어났다.

19세기 군대는 20킬로미터의 전선에 전개한 상태로 하루 만에 전투를 마쳤다. 러일전쟁 당시 전선의 길이는 150킬로미터까지 확대되었으며, 전투는 전 전선의 독립된 구역에서 치러진 일련의 전투의 총합으로서 최대 21일(묵덴 작전) 동안 지속되었다.

전쟁이 진전되고 군대의 규모가 커질수록 전선은 더 확장되는 모습을 보였다. 5월 1일 압록강에서 일본군 3개 사단으로 이루어진 주력 부대는 3만 명의 병력으로 약 12킬로미터에 달하는 전선을 점령했다. 현대 무기의 화력에도 불구하고 전투 대열의 밀도를 과도하게 높인 결과 막대한 손실을 입은 일본군은 이후의 전투에서는 보다 광범위한 전선에 걸쳐 부대를 전개했다. 또한 포위 전선의 구축을 추구하면서 전선이 더욱 확장되는 결과를 초래했다.

동일한 예를 진저우에서도 확인할 수 있다. 진저우 근교에서는 일본군 3개 사단이 10킬로미터의 전선에 포진했으나 진저우 진지에 접근함에 따라 사단의 전선은 6킬로미터로 축소되었다. 이곳에서 막대한 병력 손실을 입은 일본군은 지나치게 높은 밀도의 전투대형이 병력 손실을 배가할 뿐, 보다 강력한 공격으로 이어지지 않는다는 것을 확인하게 되었다.

랴오양 근교에서 전투 전선이 크게 확대되었고, 전투는 상이한 구역에서 개별적 작전으로 진행되었다. 이전의 전쟁에서는 전장의 한 구역에서 거둔 승리가 전투의 전반적 결과에 즉시 반영되었다. 그러나 러일전쟁에서는 전선의 폭이 확대됨에 따라 전선 한 구역의 전투 결과가 그 당일에는 다른 구역의 전투에 영향을 미치지 못했다. 이와 같이 전체 전선의 각 전투는 일련의 개별적인 전투로 진행되었다. 랴오양 근교 전투에서 12만 5,000명의 일본 야전군은 35킬로미터의 전선에 전개했다. 따라서 1킬로미터 전선의 강화진지에 대한 공격에 약 3,500명의 병력과 약 15문의 포가 투입되었다.

사허 작전 당시의 조우전에서 일본 제2, 제4군이 처음에는 25킬로미터의 전선에 전개했다. 10월 12일 일본 제3, 제6사단은 러시아 제17, 제10군단이 방어하는 양 측방을 포위하기 위하여 15킬로미터의 전선에 전개했으나, 10월 14일 치열한 전투가 진행되는 동안 일본 제3, 제4, 제6사단은 약 20킬로미터의 전선에 걸쳐 전개했다. 10월 6일 러시아군이 사허에 형성한 전선은 양 측방을 방어하는 부대를 제외하고도 45킬로미터에 달하여 전선 1킬로미터당 평균 약 2,500명의 병사가 배치되었다. 10월 11일 러시아군의 전선은 60킬로미터로 확장되었다. 묵덴 전투에서는 전선의 길이가 더욱 확대되어 러시아군은 양 측방을 방어하는 부대를 포함하여 150킬로미터의 전선에 전개했다. 러시아군 주력 부대를 포위하는 전선을 형성하려 한 일본군은 제4군을 105킬로미터(가와무라 부대 제외)의 전선에 배치해야 했다.

전쟁 중 전투의 지속 시간이 증가하는 현상이 관측되었다. 전투 지속 시간의 연장에 영향을 준 것은 전선 폭의 확장은 물론, 포위 작전상 필요한 무기의 특성이었다. 포위는 그 자체로 많은 시간을 필요로 했다. 현대 화기의 위력으로 인해 공격은 방어로부터 상당한 거리를 두고 전개해야 했고, 은폐를 유지하며 서서히 이동했다. 일반적으로 공격 첫날 공격 측은 공격 개시 지점을 점령하는 것에 그쳤으며, 공격 착수는 그다음 날 이루어졌다. 작전 2일째 저녁이나 3일째 새벽에야 공격의 결과를 확실히 알 수 있었다.

방어 측의 강력한 화력으로 첫 공격이 실패하면 공격 측은 다음 날 공격을 개시하려는 의도에서 방어 측과 밀접한 지점에 참호를 구축했다. 병력이 고갈되면 공격 측은 그때까지 도달한 경계에 주둔한 상태로 다음 공격을 위해 부대 보강을 기다리며 사격전을 벌이는 경우가 빈번했다. 전체 전선에서 즉각적인 반격을 받지 않고, 방어하는 측이 진지를 두고 퇴각하는 것은 에피소드에 지나지 않았다. 이런 모든 상황이 전투의 지속성 확대에 영향을 주었다.

진지전의 발생 원인

사허 작전까지의 전쟁이 주로 진지전의 초기적 형태를 보이면서 기동적 특성을 지니고있었다면, 이후의 전쟁은 확연하게 진지전의 특성을 지니고있었다. 물론 사허 전투 이전에도 진지전 작전의 전제 조건들이 존재했다는 것은 의심의 여지가 없다. 그러나 일본군 지휘부의 포위 작전으로 인해 러시아군이 자신의 진지에서 공고하게 주둔하기 전에 퇴각하는 현상이 발생하기도 했다. 사허 전투에서 광범위한 전선에서 전개하고 있던 양측이 어느 정도 균형을 이루게 된 것은 예기치 못했던 러시아군의 적극성에 기세가 꺾인 일본군 지휘부가 포위 작전을 단념했기 때문이다.

당연히 러일전쟁 당시 진지 작전의 발생 원인이 이러한 사실에만 있었던 것은 아니다. 극동에 대한 러시아 전제 체제의 공세는 서구에서의 전쟁 준비를 중단시킨 것은 아니었다. 그 결과 압도적 병력이 집결될 때까지 만주에서의 군사 행동은 지휘부의 방어적 경향을 반영하면서 지연전의 특성을 지니게 되었다. 이 방어적 경향은 러시아 중앙으로부터 대규모 지원군을 기다리면서 만주 주둔 군이 더욱 진지 주둔에 집착하도록 만들었다.

단기간 내에 대규모 병력의 만주 집결이 불가능했던 데는 여러 원인이 존재했다. 시베리아횡단철도의 낮은 수송 능력, 서부 국경 으로부터 병력 파병 불가, 촉발된 혁명 운동의 진압을 위해 러시아 국내에 부대 주둔 필요성이 원인이었다. 이런 상황들이 러시아군 지휘부로 하여금 지연전의 특성을 지닌 군사 행동을 되풀이하도록 만들었으며, 방어적 성향과 진지전의 발생에 영향을 주었다.

현대식 무기의 화력 때문에 정면 공격이 어려워진 것 역시 진지 작전의 발생에 영향을 주었다. 속사포, 탄창식 소총과 기관총이 밀 집 배치되면서 방어 측 전선의 취약성이 개선되었다. 대규모 병력 손실에 대한 두려움으로 인해 공격 측은 방어 측 보루의 정면에 참 호를 구축할 수밖에 없었다. 러시아·튀르크 전쟁 당시 참호가 무 시되었던 데 비하면 러일전쟁에서는 '진지'에 과도하게 의미가 부 여되었다. 러시아군이 참호에 집착한 것은 산악으로 형성된 만주 전장의 특성 때문이었는데, 산악 지대에서 훈련을 받지 않은 러시아군은 길이 없는 산악 지역에서 기동하는 대신에 고지의 반대편 경사면에 몸을 숨기는 쪽을 택했다.

전반적으로 극동 전장의 조건에서 러시아군의 기동은 후방의 특성 때문에 심각한 제약을 받았다. 철도 노선으로부터 격리되어서는 안 된다는 원칙은 차르 군대가 실행한 모든 작전의 근본이 되었다. 협궤 철도와 경편 철도의 부족, 심지어 러시아군의 수송용 수레가 만주 전장의 특성에 적합하지 않은 데 따라 각종 보급품의 지속적 공급 자체가 위기에 처하게 되었다. 그 결과 러시아군 지휘부는 약간이라도 넓은 기동은 거부했으며, 참호를 구축해 둔 철도와 가까운 지점에 부대를 붙잡아 두었다. 그 무렵 일본군은 사허 작전 이후 일본 국내의 경제력이 고갈되기 시작하면서 보급품과 탄약의 부족을 경험했다. 일본군이 참호를 구축하고 군수품과 병력의 보충을 기다린 이유는 바로 거기에 있었다. 다가오는 겨울을 대비해 양측은 엄개호(掩蓋壕)·막사·지하 엄폐호 등을 구축했으며, 적의 공격을 예상해 요새화 구조물과 인공 장애물을 개량했다. 강화된 진지를 공격해야 했던 양측은 포위포를 준비해야만 했다. '사허 주둔' 시기에는 지뢰전도 부분적으로 전개되고 있었다.

지휘 방식과 참모부의 활동

전쟁 초기부터 극동에서 부대 지휘가 정확하게 이루어지지 못했다.

러시아군 총사령관은 전쟁 전부터 장기간에 걸쳐 차르 체제의 극동 정책을 수행해 온 극동 총독 알렉세예프 제독이었다. 알렉세예프의 외교적 무능력은 대일 관계의 첨예화와 외교 관계의 때 이른 결렬로 이어졌다. 군무 지식이 풍부하지 못했던 알렉세예프는 쿠로파트킨과 지휘 체계상 마찰을 일으켰으며, 중요한 작전 사안을 놓고 이견을 보였다. 사허 전투 이후에야 알렉세예프가 소환되고 총지휘권이 쿠로파트킨에게 이양되었다.

쿠로파트킨이 전투를 직접 통제하기 어려웠던 것은 전선의 폭이 넓어지고 전투가 전선을 따라 개별적인 형태로 진행되었기 때문이다. 한편 쿠로파트킨의 지휘는 일반적으로 통상 집단 토의에 의해 고안된 작전 계획을 그가 승인하는 형태로 반영되었다. 적의 병력, 부대 배치, 적의 의도와 관련하여 웬만큼 신뢰할 만한 정보를 보유하지 못했다는 점에서 쿠로파트킨이 전투 과정에 영향력을 행사하기는 힘들었으며, 전투가 진행 중인 상태에서 내려진 쿠로파트킨의 모든 지시는 대체로 공격의 무기력화로 이어졌다. 달리 표현하면, 그의 지시로 인해 전투의 주도권이 완전하게 일본에게 넘어갔다는 것이다.

다른 측면에서 쿠로파트킨은 자신에게 배속된 단위 부대를 통제하면서 사소한 간섭에 집착했는데, 그로 인해 자기 휘하의 장군들이 준비한 작전 계획은 종종 엉망이 되었다. 그와 동시에 쿠로파트킨은 전투 중 결정적인 순간에 각 단위 부대 지휘관들의 다양한 실수를 발견했을 때에도 이에 개입하여 자신이 판단하기에 가장 합리적인 방향이라고 생각되는 명령을 내리는 과단성을 보여주지 못했다. 쿠로파트킨은 전투나 대회전의 승패를 판가름할 중요 전투 지역을 직접 참모부와 함께 시찰하지 않았다. 그는 전반적으로 현장 전투 지휘권을 장악하려는 시도를 한 번도 하지 않았다. 전선의 폭이 넓어지면서 전장을 조망하는 것이 불가능했으며, 최고위 지휘관들의 부대 통제는 더욱 관념적 특성을 띠게 되었다.

러시아군 지휘의 후진성은 속사포가 등장하면서 의미가 없어진 방식을 답습한 데서도 나타난다. 쿠로파트킨은 종종 백마를 타고 어딘가 고지에 나타나서는 전투 지역을 지켜보았다. 간혹 다른 장군들도 그처럼 백마를 타고 등장했다. 나폴레옹의 백마는 19세기 초 전쟁 기술의 조건하에서는 나름대로 부대 지휘의 의미를 지니고 있었다. 프랑스군이 대규모로 밀집된 상황을 지켜보기 위하여 백마를 타고 나폴레옹이 등장한 것은 총공격의 신호였다. 나폴레옹의 백마가 부대의 지휘를 돕는 것이었다면, 20세기 초입의 전쟁 조건에서 쿠로파트킨의 백마는 병사들을 격려하기 위해 참호로 접근하는 데 방해나 될 뿐이었다.

과거의 전쟁들과 비교해 러일전쟁에서 지휘 기술이 현저하게 고도화되었다는 점에서도 백마는 더더욱 불필요한 것이었다. 전화가 광범위하게 사용된 것은 아니었지만, 이미 편리하고 신뢰할 만한 통신 수단임이 증명되었다. 일본군의 부대 지휘 수단은 더 효율적이었다. 배치된 전화기 수가 더 많았다. 고지에는 신호용 장비가 적용되었는데, 주로 일광 반사기를 사용했다.

일본군의 통제 방법에는 상당히 융통성이 있었다. 즉, 부대 지휘관에게는 목표만이 부과되었으며, 목표 달성을 위한 수단은 일반적으로 지휘관이 선택했다. 러시아군 총사령관의 참모부는 전투 행위 통제에 어떤 중요한 역할을 수행했다고 보기 어렵다. 지휘부는 그 구성상 작전 지휘 임무를 수행할 수 없었다. 참모부의 책임자는 1900년 하바롭스크(Хабаровск) 부대를 지휘하며 소극적인 모습을 보였던 블라디미르 사하로프(В. В. Сахаров)였다. 쿠로파트킨이 그를 초빙한 것은 근무 경력 때문이 아니라, 그의 형이자 노쇠한 관료에 불과한 국방장관 빅토르 사하로프(В. В. Сахаров)와 긴밀한 관계를 구축할 수 있다는 사실을 고려해서였다.

쿠로파트킨은 빌렌스키(Виленский) 군관구의 병참선 담당관이자 1812년 전쟁 연구자였던 하르케비치(В. И. Харкевич) 장군을 참모부의 병참 담당으로 임명했다. 하르케비치는 1812년 전쟁에서 바르클라이(Барклай, 1761~1818)가 보여준 프로이센 장군 푸엘(Pfuel)의 형이상학적 전략을 군 전술 중 최고 업적으로 생각했다. 푸엘의 영향하에 당시와 동일하게 방어 설비가 갖추어진 드리스키(Дриский)와 보브루이스키(Бобруйский) 숙영지가 구축되었다.

하르케비치는 시타켈베르크 군단이 와팡거우 방면으로 진군하자 군단 후방에 방어 시설을 갖춘 숙영지를 건설해야 한다고 주장했다. 하르케비치의 생각에 따르면 시타켈베르크 군단이 병참선으로부터 고립될 경우 그 숙영지로 대피할 수 있었다. 푸엘이 주장한 바와 같이 방어 설비가 갖춰진 숙영지를 지지한 사람이 러시아와 오스트리아 방면으로부터의 전술적 포위에 대비해 1761년에 '분첼비츠(Bunzelwitz) 숙영지'를 건설한 프리드리히 2세(Friedrich II)다. '후퇴 전략의 교수'로 불린 하르케비치는 쿠로파트킨의 후퇴 전략에 가장 큰 영향을 주었다.

총사령관 참모부의 행정 업무를 비롯해 주로 육군 참모들을 관리하는 전령 직책에 블라고베셴스키(А. А. Благовещенский)가 임명되었다. 그는 훗날 타넨베르크(Таненберг) 전투(1914)에서 처참한 명성을 얻게 된다. 러일전쟁 당시 블라고베셴스키는 군사 통신 분야의 전문가로 알려져 있었으나, 군사 통신 담당으로는 그가 아니라 전쟁부 관방 책임자의 보좌관이었던 자벨린(А. Ф. Забелин)이 임명되었다. 그는 이전 행정 및 재정 담당으로 다양한 경험을 거친 인사였다. 그와 동시에 러시아군 참모부의 행정 및 재정 문제를 주관하는 행정 책임자에는 총참모부 산하 학술원의 전술학과 교수였던 다닐로프(В. Н. Данилов)가 임명되었다. 육군 위생 담당관에는 전직 키예프(Киев) 총독이었던 기병대 장군 트레포프(Ф. Ф. Трепов)가 임명되었다. 그는 옌타이 갱도에서 사용하던, 석탄 가루로 얼룩진 화차 편으로 부상병이 이송되는 장면을 수차례 목격했다. 부상병들은 시커먼 석탄 분진을 깔고 누웠는데, 그는 이 사실에 대해 단한 번도 이의를 제기하지 않았다.

이처럼 적절하지 않은 인물들이 쿠로파트킨 참모부의 주요 보직을 담당했다. 다른 분야였더라면 이들 모두 자신의 몫을 할 수도 있었을 것이다. 위의 인물들 외에도 참모부에서는 고문·부관·고위 촉탁들이 활동하면서 쿠로파트킨을 둘러싸고 있었다. 러시아군 참모들은 직접 가져온 고급 가구를 사용했으며, 각 보병 부대의 참모들은 화려한 객차에서 생활하며 철도를 떠나지 않았다.

참모들의 업무는 사소한 문제와 관련된 막대한 양의 왕복 서신 및 부대의 전투 행위가 예상되는 모든 경우와 관련한 개략도가 부록으로 들어간 다양한 형태의 연구와 계획이었다. 관계자들은 총사령관이 부여한 과제로 힘들어했다. 군단 참모들 역시 부대 전투의 실질적 지휘 업무보다 더 많은 양의 행정적 업무에 종사했다. 러일전쟁 회고록을 쓴 드루지닌은 사허 작전 당시 자신이 관찰한 제3시베리아군단장 이바노프와 그의 참모들의 업무에 대해 다음과 같이 기록했다.

> 부대 예하 상이한 하위 부대들의 단독 공격, 그들의 끔찍한 손실, 깎아지른 듯한 바위산에서 펼쳐진 백병전 당시 병사들의 영웅적 공적, 우리의 영웅적 공격을 격퇴한 일본군에 관한 정보가 사방으로부터 입수되었다. …… 이 모든 것들을 경청하고 모든 것을 판정하고 감독했지만, 합당한 전투 지휘에 상응하는 지령과 명령이 내려진 일은 전혀 없었다. 모든 지휘부 상관들은 중요한 전투의 지휘관들이 아니라 사소한 기동의 관객에 불과하다는 인상을 받았다.

이와 동시에 러시아군 참모들은 자신의 업무와 보호를 위해 대규모 부대를 요구하기 일쑤였으나, 일본군 총참모부는 필요한 경우에만 보호 부대를 배치했다.

> 만약 카자크 순찰대가 우연히 옌타이를 통과해 지나갔다 할
> 지라도 군사 조직의 중추에 집결되어 서로 뒤엉켜 있는 다수
> 의 전화선과 전신선을 간과했다면 그 순찰대는 그곳에 만주
> 주둔 일본군 사령부가 위치해 있다는 그 어떤 징후도 눈치 채
> 지 못했을 것이다. 초병이나 순찰대 등 아무 부대도 없었다.

비효율적인 업무로 과부하 상태였던 러시아군 참모들이 부대 통제 업무로 역할이 극도로 제약되었던 데 비해, 일본군 참모들은 작전 역량을 펼쳐 보일 수 있었다. 일본군은 공식적으로는 군부대 참모장에게 규약·외국어·전쟁사에 대한 지식 정도만 요구했으나, 실전에서 참모장의 임무는 매우 광범위했다.

러일전쟁의 역사적 의의

러일전쟁은 구식 전략에서 신식 전략으로의 전환을 의미한다.

확대되는 전선의 폭과 증대되는 전투의 지속성, 진지전의 특성, 향상된 전투 수단 같은 문제들이 새롭게 제기되었다.

많은 국가가 러일전쟁을 연구했고 교범과 공격법을 재검토했다. 러일전쟁을 스스로의 작전·전술의 위대한 업적으로 인식한 일본군 지휘부는 현재까지도 부대 내에서 포위 작전을 지속적으로 장려하고 있다. 현대의 새로운 전투 수단을 고려해 개선이 불가피하다는 사실을 감안하면서도 일본군은 포위 작전을 주요 기동으로 인정하고 있다.

그러나 1932년의 상하이 전투로 인해 일본군 지휘부는 다른 형태의 기동도 필요하다는 사실을 알게 되었다. 그에 따라 일본군의 교범이 재검토되었다.

러일전쟁 당시 효율적인 것으로 드러난 포위 작전이 향후에도 만주 전장에서 의미를 지닐 수 있을 것이라는 사실은 의심의 여지가 없다. 광대한 만주 전장의 지형적 교차성은 산악 지형에서는 진지 고수, 평원에서는 우회에 각기 적절할 것이다. 관측과 포격이 제한된 조건에서는 기병대의 활동이 큰 의미를 지닐 수 있다. 이상과 같은 상황에서 작전의 성공을 위해서는 과감한 군사 행동과 공격 주도권이 결정적 의미를 지닐 것이었다.

현 시점에서 변화하고 있는 만주 전장의 조건은 종심 포위 작전의 실행을 용이하게 만든다. 기계식 교통수단이 존재하는 가운데 철도망·고속도로와 비포장도로의 증가는 물론 발전 중인 하천 운항은 부대의 작전적 이동에 적합할 것이다. 기계화된 전투 수단들에 의해 우회 작전의 속도가 증가하고 있으며, 기계화된 운송 수단은 우회 중인 부대에 군수품 공급을 용이하게 만들고있다. 항공 수단의 발달로 적군 후방의 고개와 험로의 점령이 가능해졌다.

강력한 현대 무기로 인해 적에 접근하기가 어려워짐에 따라 야간 전투가 활발해질 것이나, 이를 위해서는 전술적·정신적 측면의 특별한 준비가 요구된다. 전장이 기지로부터 먼 곳에 위치해 있다는 것은 작전 전개를 위한 통신의 의미를 강조한다. 러일전쟁 당시 전장이 원거리에 위치하고 있다는 사실은 작전의 전개 과정에 대한 중앙의 영향력 행사 가능성을 배제했다. 초기 단계에 머물러있던 무선 통신은 뤼순과 외부 세계 간의 연락에 부분적으로 이용되었을 뿐이며, 항공 수단 역시 존재하지 않았다.

교전국 당사자들의 막대한 희생을 요구한 전쟁은 이렇게 종결되었다.

전비로 약 20억 엔을 지출한 일본의 국채는 6억 엔에서 24억 엔으로 늘었다. 채무에 대한 연리만 1억 1,000만 엔에 달했다. 전사자를 비롯해 부상과 질병으로 사망한 일본 병사들은 약 13만

5,000명에 달했다. 의료 기관을 거쳐 간 부상자와 병자들이 약 55만 4,000명이었다. 약 150만 명의 인력이 전쟁으로 인해 생산 노동에 종사하지 못했다.

러시아는 전쟁의 대가를 더 비싸게 치렀다. 전비로 지출된 23억 4,700만 루블 외에도 일본인의 손에 넘어간 철도, 여러 항구들, 함대·무역선단의 침몰로 약 5억 루블의 추가 손실을 감당해야 했다. 러시아의 병력 손실은 전사자와 부상자, 전쟁 중 실종자, 부상으로 후송된 병사를 총망라해 40만 명에 달했다.

차르 체제의 러시아는 패배를 경험했으나 전쟁으로 혁명이 앞당겨졌다. 바로 이것이 러일전쟁이 지닌 위대한 역사적 의미다.

옮긴이의 말

러일전쟁은 제국주의 전쟁이자 세계 전쟁이다. 러일전쟁은 한편으로 19세기 내내 유라시아에서 대결한 두 개의 제국 러시아와 영국 사이 '그레이트 게임(Great Game)'의 최종판이지만 다른 한편으로는 세계 전체를 전쟁으로 물들인 세계 대전의 서곡(World War 0)이었다.

러일전쟁이 갖는 정치적 의미의 무게가 이 전쟁의 군사적 의미를 압도했을 때, 러일전쟁을 군사사(軍事史)의 시각으로 천착한 사람이 레비츠키(Н. А. Левицкий, 1887~1942)다. 그는 1918년부터 붉은군대에 복무했고 1919년엔 제1기병사단 참모장으로 러시아 내전에 참전했다. 1925년 사단장을 마지막 경력으로 군에서 전역한 레비츠키는 자신의 군 경험을 기반으로 우선은 프룬제 군사대학에서, 1936년부터는 총참모부대학에서 전쟁술과 전쟁사를 가르쳤다.

러일전쟁에서 러시아가 패배할 수밖에 없었던 주요한 원인으로 레비츠키가 주목한 것이 전쟁사 연구의 문제였다. 그의 주장을 따르면, 러시아는 러일전쟁이 발발하기 전 이미 전쟁사 연구에서 일본에게 패배했다. 러시아의 전쟁사 연구가 나폴레옹 전쟁 연구에 매몰되어 이후에 발발한 전쟁을 연구하지 않은 것은 러시아군의 치명적 약점이었다. 레비츠키가 강조한 전쟁은 청일전쟁(1894~95)과 제2차 보어 전쟁(1899~1902)이었다. 러일전쟁 이전 러시아 어느 군사학교에서도 이들 전쟁을 연구하거나 가르치지 않았다는 점은 러일전쟁의 승패를 예측하는 데 중요한 기준이었다.

1931년 일본이 만주를 침략하고 소련에서 새로운 러일전쟁의 기운이 감지되기 시작하자 레비츠키는 러일전쟁 연구를 본격적으로 진행했다. 마침 프룬제 군사대학이 그에게 러일전쟁 교재 집필을 의뢰했다. 그가 이 책을 완성하는 데는 무엇보다 전쟁 직후 구르코(В. И. Гурко) 장군을 위원장으로 진행된 전사 편찬 작업의 결과 출간된 『1904~05년의 러일전쟁(Русско-японская война 1904~1905 гг.)』(Работа Военно-исторической комиссии по описанию русско-японской войны: В 9 тт. СПб., 1910)이라는 기초 작업의 힘이 컸다. 레비츠키는 자신의 책을 위해 러일전쟁에 관한 러시아와 일본의 자료뿐만 아니라 제3국에서 종군 기자나 관전무관으로 파견된 사람들이 남긴 저술까지 분석했다. 레비츠키가 1935년 처음 출판한 『러일전쟁』은 프룬제 군사대학뿐만 아니라 총참모부대학에서도 교재로 채택되었고, 1938년 일본과 다시 군사 충돌이 있기까지 반복해서 출판되었다.

이 책이 출판된 후 소련은 일본과 무력으로 세 번 대결했다. 1938년 하산호 전투(Хасанские бои, 장고봉 사건)와 1939년 할힌골 전투(бои на реке Халхин-Гол, 노몬한 사건), 그리고 1945년엔 소일전쟁이 있었다. 세 차례 모두 소련이 승전했다.

러일전쟁에 관해 단 한 권의 고전을 골라야 한다면 아직은 단연 로마노프(Б. А. Романов)의 저서 『만주의 러시아(Россия в Маньчжурии, 1892~1906)』(Енукидзе, 1928)[1]다. 로마노프는 소일전쟁이 끝난 후 출간한 『러일전쟁 외교사 개설』의 서문에서 독자들에게 '러일전쟁

1 러일전쟁 관련 러시아 연구서로 일본어(山下義雄 譯, 『滿州に於ける露國の利權外交史』, 鴨右堂書房, 1934)와 영어(*Russia in Manchuria* (1892~1906), J. W. Edwards for American Council of Learned Societies, 1952), 그리고 중국어(『俄国在满洲(1892~1906)』, 商務印書館, 1980)로 모두 출간된 책은 아직 로마노프의 책뿐이다.

에 관한 '단 한 권'의 책을 언급하고 추천했다.[2] 그 책은 레비츠키의
『러일전쟁』이다.

"군사사의 관점에서 러일전쟁을 연구하고자 하는 자는 레비츠
키의 책을 보라."

이는 소일전쟁을 직접 목격하지 못하고 세상을 떠난 전쟁사가
(戰爭史家) 레비츠키를 향한 로마노프의 헌사였다.

이 번역의 저본은 『러일전쟁』 1935년판이지만, 이 책이 출판된
1930년대 소련 사회의 특수한 사정에 의해 불필요하게 본문에 삽
입된 내용들은 부득이 생략했다.[3] 이 경우 역자의 자의적인 판단
대신에 2003년 출판된 『러일전쟁』[4]을 기준으로 삼았다.

2003년 『러일전쟁』은 전쟁 100주년을 기념하기 위한 사업으로
기획되었고, 그 사업은 러일전쟁에 관해 지난 100년 동안 출간된

---

2 Б. А. Романов, *Очерки дипломатической истории русско-японской войны.* М, 1947.
   c. 5.

3 예를 들면 "러시아에 부과된 재앙은 유럽의 모든 부르주아에게도 '대단'했다. 이 재앙은 전 세
   계적으로 자본주의 발전과 역사의 진보를 촉진할 것이다. 부르주아는 쓰디쓴 경험을 통하여
   이러한 촉진이 사회주의 프롤레타리아 혁명을 앞당긴다는 것을 알 수 있다."(『레닌 전집』 제3
   판, 제7권, 44~45쪽; Н. А. Левицкий, *Русско-японская война 1904~1905, гг.,* Государст
   венное Военное Издательство, 1935, c. 7).

4 Н. А. Левицкий, П. Д. Быков, *Русско-японская война,* Эксмо, 2003.

연구서 중에서 지상전과 해전과 관련하여 각 한 권을 선정하여 재출판하는 일이었다. 해전으로는 1942년 첫 출판된 비코프의 『해상에서의 러일전쟁(Действия на море в Русско-Японскую Войну)』이, 지상전으로는 레비츠키의 『러일전쟁』이 선정되었다.

이 책의 번역을 권유하신 분은 조광 선생님이다. 오래전 주신 숙제를 이제야 마칠 수 있게 되었다. 고마운 마음을 전하고 싶다.

책이 나오기까지 여러 분들의 큰 도움이 있었다. 우선 이 책을 처음 접하고 함께 읽었던 김종헌 박사님, 이 책에 등장한 일본군 관련한 질문에 꼼꼼히 답해 준 조명철 교수님께 감사한다. 책에 등장하는 지도는 전적으로 전갑기 교수님께 의존했다. 고려대학교 사학과 세미나에서 이 책을 갖고 함께 씨름했던 대학원생들, 특히 진수인과 이병엽은 마무리 작업을 도왔다. 감사한다.

2020년 12월

민 경 현

미주

서론

1 (역주) 레닌은 『제국주의』의 프랑스어와 독일어판 서문에서 초과 이윤(sur-profit)을 "자본가가 자국의 노동자로부터 착취한 이윤(profit) 이상으로 얻어낸 것(il est obtenu en sus du profit que les capitalistes extorquent les ouvriers de leurs pays)"이라고 설명했다. V. Lenine, *Oeuvres choisies*, vol.1, Editions du Progrès, 1982, p.677. 이하, 역주는 맨 앞에 역주임을 표시하며, 다른 표시 없는 주는 원주임.

2 (역주) 군사 용어로서의 정면은 한 부대가 한 측방 끝에서 다른 측방 끝까지 점령한 횡적 공간을 뜻한다.

제1장 전쟁 이전의 극동 상황

3 (역주) 실제 조약 체결은 미국 · 영국 · 독일 · 이탈리아 · 러시아 순.

4 관둥 서남쪽 350킬로미터.

5 푸젠 · 저장 두 성은 중국 동남 해안에 면해 있다.

6 (역주) 만주어로 묵던(Mukden). 일본이 이 지역을 지배했을 때는 펑톈(奉天)이라 했고, 중국은 선양(瀋陽)이라고 부른다. 이 책에서는 '묵덴'으로 쓴다.

제2장 러시아의 전쟁 준비

7 Работа военно-исторической комиссии, *Русско-японская война*

8 (역주) 카자크(казак)는 16세기부터 러시아 농노제를 피해 흑해 연안과 볼가강 하류로 도망간 러시아 농노와 그 후손들을 일컫는 말이다. 이들은 러시아 남부의 스텝 지역에서 주변 민족에 대한 약탈을 비롯한 자유로운 생활을 이어가는 한편, 러시아 남부에 대한 유목민들의 침략을 방어하기도 했다. 카자크 가운데 일부는 예르마크의 시베리아 원정에 참여하였고, 그 후 이들은 러시아 극동 진출 정책의 선봉에 섰다. 러일전쟁 기간 일본군 지휘부는 카자크 기병대와는 접전을 피하라는 훈령을 일본 기병대에 내리기도 했다.

9 (역주) 우랄산맥에서 러시아의 서쪽 국경선까지 이어지는 영토를 일컫는다.

10 (역주) 공격 준비를 갖추지 않은 상태에서 첩보에 의해 최소의 계획으로 실시하는 공격 작전의 형태.

제3장 전쟁 전의 일본

11 (역주) 1867년 설립되어 무기와 군용 자동차를 주로 생산했고 1904~54년에는 일반 자동차를 생산한 프랑스 회사이다.

12 (역주) 1859년 설립된 보헤미아(현재 체코)의 무기 회사. 슈코다 자동차(Skoda Auto, 한국 등록명 스코다)의 전신. 설립 당시는 오스트리아 제국 내 보헤미아 왕국에 속해 있었고 러일전쟁 당시는 오스트리아·헝가리 제국 소속이었다.

13 (역주) 랴오닝(遼寧)성 선양시 랴오허(遼河) 평야 하류.

제4장 20세기 초 차르 군대

14 (역주) 군대에서 장교와 병사 중간의 신분으로 병사를 통솔하는 하사·중사·상사·원사.

15 (역주) 19세기 말 아프리카에서 제국주의적 확장을 추구하던 영국이 남아프리카의 네덜란드계 보어인 세력과 두 차례에 걸쳐 충돌한 전쟁. 보어 전쟁은 1차(1880~81)와 2차(1899~1902)로 구분할 수 있고, 러시아인 수백 명이 참가한 전쟁은 2차 전쟁이다.

16 (역주) A B Суворов(1729~1800). 나폴레옹 전쟁기에 러시아군을 이끈 지휘관, 대원수. "속도가 전쟁의 핵심"이라고 주장한 수보로프는 러시아군을 이끌고 알프스산맥을 넘어 프랑스군에 심각한 타격을 주기도 했는데, 세계 전쟁사에서 그는 한니발·알렉산드로스·나폴레옹과 함께 가장 위대한 지도자 중 한 명으로 평가받는다.

17 (역주) 부사관보다 높고 소위보다는 낮은 준사관.

18 (역주) Ludovic Naudau (1872~1949). 러일전쟁기 프랑스 종군 기자. 전쟁 중 일본군에 체포되어 포로 생활을 했다.

19 (역주) 화약을 사용하지 않는 칼이나 창 등의 무기.

20 Людовик Нодо, Письмо о войне.

21 (역주) 동역학과 대비되는 개념으로 정지한 대상에 대한 학문을 가리킨다.

22 (역주) Фёдор Фёдорович Палицын (1851~1923). 제정 러시아 참모총장(1905~1908)을 역임했으며, 참모총장에 임명된 후 독일식의 독립된 총참모부의 중요성을 역설했다. 1차 대전에서는 프랑스 원정군 사령관을 맡았다.

1877년 총참모대학을 졸업하고 러시아·튀르크 전쟁에 참전, 1895년 기병 감찰관을 역임하며 기병 운용 혁신을 위한 과업을 담당했다.

23 (역주) 외부에서 포위·협공 등의 공격 형태로 전진해 오는 적에 대응하여 중앙에 위치하여 펼치는 작전. 신속한 기동과 집중 및 분산의 이점을 획득하고 양호한 통신, 짧은 병참선을 이용할 수 있다.

24 (역주) Михаил Дмитриевич Скобелев(1843~1882). 1877~78년 러시아·튀르크 전쟁에 참전하여 플레벤 전투 등에서 승리를 거두고 아드리아노플과 콘스탄티노플 인근까지 진격했다.

25 (역주) Михаил Иванович Драгомиров(1830~1905). 19세기 후반 러시아 제국의 대표적인 군사이론가. 폴란드 봉기 진압과 러시아·튀르크 전쟁에 참전. 1878년부터 총참모대학의 총장을 역임했고, 1879년에 저술한 『전술 교범』은 몇 세대 동안 러시아 생도들의 주 교재로 사용되었다.

26 (역주) 전체 군부대의 앞이나 측면에서 적을 관찰하거나 저지하는 역할을 하는 소규모 부대의 위치.

27 (역주) 적의 공중 및 지상 공격으로부터 인원·장비 및 물자를 보호하기 위해 구축한 시설물.

28 (역주) 분할된 예하 부대들을 차례로 전후좌우로 위치하는 대형으로 배열하는 것이다.

29 제정 러시아의 무게 단위. 1푸트는 약 16.38킬로그램.

제5장 일본의 군사력

30 (역주) 1873년 1월 일본 징병령에 의하면 현역 3년, 제1후비군 2년, 제2후비군 2년이었고, 1879년엔 현역 3년, 예비역 3년, 후비역 4년으로 개정되었다가 1889년 다시 개정된 병역법에 의해 현역 3년, 예비역 4년 4개월, 후비역 5년으로 바뀌었다.

31 (역주) 일본제국 육군의 3대 기관(陸軍三官衙)은 1876년 창설된 육군성(육군대신), 1878년 설립된 참모본부(참모총장) 그리고 1900년 설치된 교육통감부(교육통감)이지만, 전시에 육군은 전시 최고 통수 기관인 대본영의 지휘를 받았다.

32 (역주) I. Hamilton(1853~1947). 영국의 장군. 아프가니스탄 전쟁과 보어 전쟁

에 참가했고 러일전쟁에는 일본군 측에서 무관 자격으로 참관했다.

33 (역주) 러시아와 일본의 육군 계급 체계에서 위관(Младшие офицеры)과 병사(Солдаты) 사이에 러시아는 준사관(Прапорщики), 부사관(Сержанты и старшины)이 있고 일본은 준사관(准士官)과 하사관(下士官)이 있다.

34 프로이센·오스트리아 전쟁(1866)과 프로이센·프랑스 전쟁(1870~71).

35 (역주) 프로이센·프랑스 전쟁 기간 중 1870년 9월 1일 프로이센군이 스당 요새에서 프랑스군을 결정적으로 격파하고 나폴레옹 3세를 포로로 잡은 전투.

36 러일전쟁 계획의 입안자이며 전쟁 당시 참모총장.

37 (역주) Helmuth von Moltke (1848~1916). 프로이센·프랑스 전쟁 때 프로이센 참모총장으로서 근대적 참모 제도를 주도.

38 독일의 국수주의 역사학자들은 프로이센·오스트리아 전쟁과 프로이센·프랑스 전쟁에서 나타난 양면 포위 작전이 새로운 물질적 요인(강선이 들어간 무기, 철도, 전신선)에 의거한 몰트케의 창조물이라고 주장한다.

39 (역주) 러일전쟁에 사용된 보병용 아리사카 소총은 '30년식 보병총'이라 부른다. '30년'이란 메이지 30년, 즉 1897년을 가리킨다. 제1차 세계대전에는 메이지 38년(1905년) 개발된 '38식 보병총'으로 교체되었다.

40 (역주) 사브르(sabre)는 유럽에서 기병 부대가 사용하던 검으로, 그 특성상 가볍고 길게 만들어졌다.

41 (역주) 크루프사(Friedrich Krupp AG)는 30년 전쟁(1618~48)부터 소총 등 군수품을 공급했던 크루프 가문이 1881년 창업한 독일 무기 제조사로 20세기 초반엔 유럽 최대 규모로 발전했다.

42 (역주) 슈네이더사(Shneider er Cie)는 1836년 프랑스에서 설립된 강철 회사. 1870년 프로이센·프랑스 전쟁에서 프랑스가 패배한 후 티에르(A. Thiers) 대통령의 요청으로 군수산업에 본격적으로 진출했다.

43 (역주) 현재는 라트비아의 항구 도시이나, 러시아제국 거점 군항으로 러일전쟁 시기 발트함대가 이곳에서 출항했다.

44 3. П. Рожественский(1848~1909). 러시아제국의 해군 제독, 러일전쟁 시기 발트함대의 사령관으로 쓰시마 해전에서 패배하여 일본군의 포로가 되었다.

45 (역주) L. A. Berthier(1753~1815). 프랑
스 장군, 나폴레옹이 "그를 대신할 사람
은 아무도 없다"라고 할 정도로 나폴레
옹의 절대적 신임을 받았던 참모장.

46 Теттау, *Куропаткин и его помощники.*

47 (역주) 세이난(西南) 전쟁(1877)을 말한
다. 지나치게 조심스러운 정부의 대외
정책에 불만을 느낀 사무라이와 봉건주
의자들의 폭동.

48 (역주) 베네데크(Ludwig von Bene-
dek)는 독일 통일전쟁 당시 오스트
리아군 원수, 바젠(François Achille
Bazaine)과 마크마옹(Patrice de Mac
Mahon)은 프로이센·프랑스 전쟁 당
시 프랑스군 총사령관 및 1군 사령관으
로, 모두 우유부단한 지휘관의 표상이
다. 특히 마크마옹은 이 전투에서 프로
이센군의 포로가 되기까지 했다.

49 (역주) 프로이센·프랑스 전쟁 당시 프
랑스군이 사용한 샤스포(Chassepot)
소총은 1866년 프랑스에서 개발한 것으
로 당시 프로이센군이 사용한 1836년형
드라이제(Dreyse) 소총보다 빠른 탄속
등 우월했다.

제6장 전장(戰場) 개관

50 (역주) 환바이칼 구간은 시베리아횡단
철도 중 가장 험난한 공사 구간이었다.
1899년 시작한 공사는 1904년 9월에 완
공되었으나 단선이었고, 복선은 1911년
시작해서 1915년 완공되었다.

51 (역주) 1해리는 약 1,850미터.

제7장 양측의 계획 및 육군의 전개

52 *Работа военно-исторической ком
иссии по описанию русско-японс
кой войны т. I.*

53 *Отчёт Куропаткина.*

54 유럽 러시아 지역에서 만주 지역으로
이동한 부대.

제8장 압록강에서 랴오양까지

55 Теттау, *Куропаткин и его помощник.*

56 (역주) 농노 해방 후 토지 대금으로 농
민이 내던 연부금.

제10장 전진 진지에서

57 러시아 측 대대의 수가 많았으나, 일본군 대대가 전쟁터에 집결된 예비대 병력을 이용하여 완편으로 편제되었던 것에 비하여 러시아군 대대의 편제는 상당히 불완전했다.

58 (역주) 러시아 구력이다. 서력 8월 31일.

59 러일전쟁 기록을 위한 전사위원회의 저작.

60 이안 해밀턴, 『러일전쟁 관전장교의 비망록』.

제11장 랴오양 작전의 결정적인 날들

61 러시아 병사들은 이 산을 네진스카야 언덕이라고 불렀다.

62 해밀턴, 『러일전쟁 관전장교의 비망록』.

63 『쿠로파트킨의 답변서』 1권.

64 『쿠로파트킨의 답변서』.

65 바르도니오(Бардонио), 『압록강에서 랴오양까지』.

66 『전사위원회의 러일전쟁 기술 업무』.

67 (역주) Вячеслав Константинович Плеве (1846~1904). 제정 러시아의 비밀경찰 총수로, 1904년 모스크바 대학의 한 학생이 투척한 수류탄에 사망.

제12장 사허 작전

68 해밀턴, 『러일전쟁 관전장교의 비망록』.

69 기병연대는 랴오양에서 잉커우까지의 연락망 보호 임무를 수행했다.

70 이 숫자에는 충원 병력으로 도착한 부대 역시 포함되어 있다.

71 (역주) 러시아의 거리 단위. 1베르스타는 약 1.067킬로미터.

72 공격 중인 집단과 예비대의 지도부에는 다섯 명의 남작이 있었다. 서부집단의 지휘관인 빌데릴링 남작, 그의 참모부장 티젠가우젠(Тизенгаузен) 남작, 동부집단 지휘관 시타켈베르크 남작, 그의 참모부장 브링켄(Бринкен) 남작, 제1전열군단 총예비대의 선임 지휘관 메이엔도르프 남작이 그들이다. (역주) 남작, 즉 '바론(барон)'의 형용사는 '바론스키(баронский)'다. 병사들이 이 단어를 '바란(баран)', 즉 숫양이라 부른 것은 아마 양의 완고함 또는 아둔함에 빗댄 것으로 보인다. 러시아어에서 '산양'이라는 단어 역시 비슷한 의미를 지닌 비속어로 사용되기도 한다.

73 서부집단의 그레코프와 성이 같은 다른 사람.

74 제54사단에서 차출되었다.

제14장 공세에서 수세로

75 이안 해밀턴, 『러일전쟁 관전 장교의 메모 노트』

76 이안 해밀턴, 같은 책.

제15장 묵덴 작전 이전의 만주 전황

77 (역주) Сапные работы. 과거 요새 포위전 시 공격 측이 좁고 깊은 호를 파서 점차적으로 방어 요새에 접근하는 전술을 일컫는 말.

제16장 묵덴 작전

78 (역주) 청 태종 홍타이지의 무덤인 소릉(昭陵)을 말하는 듯하다.

79 41사단의 남은 병력들의 일부는 철도 수비에, 일부는 다른 부대에 배속되었다.

제17장 묵덴 작전의 대단원

80 제5시베리아군단 소속.

81 (역주) 리네비치도 적극적 공격을 택하지 않았고, 쿠로파트킨과 마찬가지로 강화조약의 체결에 반대했다. 1906년 2월에 총사령관 직에서 해임되었다.

82 (역주) 전투 손실을 입지 않아 전투력을 온존하고 있으며, 전투 능력이 소진되지 않은 부대를 뜻한다.

제18장 묵덴에서 포츠머스까지

83 (역주) 독일 북부 해역의 남쪽 지점, 발트해에서 도버해협으로 향하는 항로상에 위치한 모래톱.

84 (역주) 일본 혼슈와 홋카이도 사이의 해협이다.

85 1카벨토프(Кабельтов)는 10분의 1해리, 약 185미터.

86 수보로프호에 로제스트벤스키가 참모부와 함께 승선해 있었다. 장갑한 오슬랴뱌호에는 전투 발발 수일 전에 사망한 펠케르잠(Фелькерзам) 제독의 함기가 게양되어 있었다. 로제스트벤스키는 그의 사망을 비밀로 하라는 명령을 내렸다.